증산 강일순

증산 강일순

김 탁 著

한국학술정보(주)

서 문

현재 한국사상사 연구는 새로운 인물과 자료에 목마른 상태다. 동학의 창시자와 계승자에 대한 연구에서 대부분의 서술이 멈춰져 있는 실정이다. 현재적 시점과 좀더 가까운 시대를 살다간 인물의 행적과 사상에의 천착을 통해 사상사의 지평을 확대하고 심화하는 일이 요청된다.

증산(甑山)을 어떤 존재로 보며 또 어떻게 신앙하는지의 여부와는 상관없이 일단 세속적이고 역사적인 관점에서 본다면, 증산 강일순(姜一淳, 1871~1909)은 인간에 대한 새로운 생각을 토대로 삼아 세계를 새롭게 봄으로써 발상의 대전환을 이룬 인물 가운데 한 사람이다. 나름대로 독창적인 사고를 체계화함으로써 증산은 한국 근대사상사의 주요한 원천으로 자리를 잡았다.

증산은 부(符)와 짧은 글로 이루어진 『현무경(玄武經)』이라는 신비한 책자를 남겼지만, 자신의 견해와 언행을 일관된 저술의 형태로 남긴 일은 없다. 역사의 무대에서 사라진 이후 그의 삶의 자취는 『증산천사공사기(甑山天師公事記)』(1926)를 거쳐 『대순전경(大巡典經)』으로 집대성되어 후대에 전승되었다.

신이한 행적을 통해 많은 사람들의 고통과 질병을 낫게 했으며, 주변의 인물들을 교화시켜 새로운 세계에 대한 이상을 제시하고 그에 따른 실천을 강조했던 스승이요 지도자였던 증산은 '한국의 예수'로까지 불리는 위대한 종교가요 창조적 사상가였다. 지금까지 무려 120여 개의 다양한 형태의 교파가 세워졌고 수십만 명에 의해 우주의 주재자요 상제로 믿어졌던 증산은 한국근대사를 서술할 때 결코 빠뜨릴 수 없는 영향력을 행사했고 현재도 그러하다. 증산에 대한 본격적인 연구와 이해가 요청되는 강력한 이유가 바로 여기에 있다.

이번에 출판사의 요청에 의해 1995년에 발표된 필자의 「증산 강일순의 공사사상」이라는 박사학위논문을 맞춤법을 고쳐서 거의 그대로 한권의 책으로 묶게 되었다. 학위논문의 특성상 일반인이 접근해서 그 내용을 살펴볼 수 있는 기회가 주어지지 못했기 때문에, 많은 사람들에게 읽히고 비판을 받는 과정을 거쳐 공동의 담론으로 제기되기도 어려웠다. 다양한 의견을 가진 연구자를 포함하여 증산교단의 신앙인들이 이 책을 읽고 자신의 주장을 제시할 수 있는 소중한 계기를 마련하여 앞으로 증산사상에 대한 획기적인 연구와 홍보를 위한 토대가 만들어졌으면 좋겠다.

　물론 필자가 학위논문을 발표한 이후 10여 년 동안에도 증산사상에 대한 연구서와 논문이 다수 발표되었고, 여러 증산교단에서 각자의 입장에서 바라본 교리서들을 출간하였다. 그러나 여전히 증산사상에 대한 근원적 탐구는 부족한 형편이며, 증산사상의 본질을 파악하려는 시도보다는 각 교파의 주장을 강조하려는 경향이 강하다.

　결국 증산사상의 원천을 이해하려는 기초적인 연구로서 「증산 강일순의 공사사상」이 가지는 핵심적 역할은 아직도 유효하다고 볼 수 있다. 이번 기회에 새로운 시각과 분석에 입각하여 보다 광범위하고 다각적이며 객관적인 증산사상에 대한 총체적인 연구가 지속적으로 나오기를 기대한다.

2006년 3월

담선당(談禪堂)에서 필자 쓰다.

목 차

I. 서 론

　역사 이래 인간이 만들어낸 모든 사상이 독창적인 것은 아니다. 사상에는 그것이 태동할 수 있도록 작용한 역사적인 배경이 있고, 그를 성숙시킨 사회적 정황이 있으며, 새롭게 주장한 사람이 있다. 한 시대를 대표하고, 한 사회를 움직이고, 뭇 인간을 매료시킨 새로운 사상은, 그를 서술하는 만큼의 많은 조건들을 기초로 한다. 따라서 사상은 최소한 역사, 사회, 인간이라는 틀 안에서 창출된다.

　인간은 생각하는 존재이다. 그러므로 인간의 생각에는 한계가 없다. 인간은 무엇이든지 사고할 수 있고, 생각을 통해 어떤 일이든지 가능하다. 인간이 이제까지 이루어낸 모든 사상도, 옛날에 살았을 천재성을 지닌 한 인간의 머리 속에 이미 다 포함되어 있었을는지도 모른다. 그러나 특정한 시간대에 이루어진 특정의 사상은 항상 '특정'이라는 조건하에서 고찰해 보아야 한다. 나아가 시대적으로 후대에 발생한 사상은, 항상 이전에 있었던 사상들을 흡수하고 이를 극복하는 과정에서 체계화된다. 그리고 무엇보다도 그 사상의 태동을 가능하게 만드는 동시대인들의 시대적인 요청에 의해 형성된다. 결국 특정한 사상은 특정의 시간대에 살았던 특정의 인간들의 요청에 의해 만들어진 결과물이다. 인간의 사유를 통해 생겨나는 의식의 내용인 思想은, 사회와 인생에 대한 原理的으로 통일된 견해나 태도이다. 이러한 개인이나 집단의 사상이 일정한 양식 아래 문화적인 체계를 이루어 정신적 공동체를 형성한 것이 종교이다. 따라서 인간의 사상이 강력한 구심점에 의해 집약된 표현인 종교라는 체계는 기본적으로 사상의 대표적인 한 형태이다.

현재를 살고 있는 우리가 오래전에 살았던 역사적 인물의 행적에 대해 알 수 있는 방법은 별로 없다. 우리는 단지 전승된 여러 기록들을 통해 그의 행적을 재구성할 수 있을 뿐이다. 그리고 한 사람의 생애는 후대 사람들의 믿음이 반영되면서, 항상 가변성이 있는 형태로 신축성을 지닌 채 변화한다. 후대의 사람들이 믿고 싶은 대로 애초의 그의 삶은 제멋대로 바뀌는 것이다. 적당한 이유를 덧붙이면서, 그의 삶은 본래의 모습과는 전혀 다른 양상을 드러낸다. 바로 이렇게 바뀌는 것 자체가 '종교적 진실'이며, 여기에는 후대인들의 시대적인 요청이 집약되어 있다.

증산교는 현재 한국에서 가장 활발히 움직이는 신종교[1] 가운데 하나이다. 1970년대 이후부터 증산교에 대한 관심이 새로이 고조되기 시작했다. 1980년대에 들어와서는 증산교에[2] 대한 상당한 양의 서적이 보급되었고, 학계에서도 많은 논문이 발표되었다. 그리고 대학가에서도 연구모임과 신앙모임이 결성되었으며, 사회 각계각층으로 점차 관심의 폭이 확대되었다. 1980년대 후반부터는 증산을 믿는 신앙단체와 교인들이 급증하였으며, 1990년대에 접어들어서도 이러한 경향은 계속 유지되는 실정이다. 최근 일부 증산교파에서는 해외포교활동에도 주력하며, 교리해설서의 외국어판도 간행하였다.[3] 현재 몇몇 증산교파는 자칭 수백 만 신도를 가졌노라고

---

1) 이강오는 『한국신흥종교총감』(한국신흥종교연구소, 1992), 27쪽에서 한국 신종교를 13계통으로 분류했으며, 김홍철은 『한국신종교사상의 연구』(집문당, 1989), 37쪽에서 12계통으로 분류했다. 두 사람 모두 甑山系라는 용어로 증산교단을 지칭하였다. 현대에 살아있는 종교현상을 이해하자면 반드시 신종교에 대한 연구가 요청된다. 신종교의 개념, 연구방법론, 이론적 조명, 사회적 문제 등에 대해서는 김종서, 『현대 신종교 연구의 이론적 문제』, 『현대 신종교의 이해』(한국정신문화연구원, 1994), 1쪽-48쪽이 자세하다.

2) 필자는 증산교라는 용어를 甑山 姜一淳을 신앙대상으로 믿는 종교단체 즉 '증산교단' 내지 '증산계 신종교'를 총체적으로 지칭하는 말로 사용한다. 증산교단은 甑山 死後 불과 80여년 만에 100여개의 교단으로 분파되어 종교사에 유례가 없을 정도로 폭발적인 분열상을 보이고 있다. 증산교단의 많은 분파들에서 각기 주장하는 교단명이 있지만, 현재로서는 이들 모두를 통칭하는 일반적인 용어로 '증산교'를 사용해야 한다는 것이 필자의 견해이다.

일컬을 정도로, 증산교는 대표적인 한국 신종교로 발전하였다. 따라서 증산
교는 현재 한국 신종교 가운데 가장 영향력이 크고, 사회적 인지도도 높고,
활발한 종교 활동을 통해 교세확장에 주력하고 있는 종교단체이다.

1. 기존의 연구 성과와 문제점

증산교에 대한 기존의 연구 성과를 비판적으로 검토해 보면 다음과 같
다. 증산교에 대한 단순한 소개나 일반적인 기술은 일제침략기에 발행된
책,4) 한국종교를 다룬 책,5) 정부의 조사보고서6) 등이 있다. 이러한 연구서
나 조사서에서 증산교는 많은 한국종교의 하나로 서술되었을 뿐이다. 이는
증산교에 대한 연구라기보다는, 많은 한국종교를 연구하는 데 있어서 부분
적인 개괄로서 접근되었을 따름이다. 따라서 대부분의 연구서조차도 증산
교에 대한 피상직이며 개략적인 언급에 그친 것이었다.

李能和(1869~1943)7)는 증산교단에 대해 공식적으로 최초로 언급한 인물

---

3) 『大巡典經』의 日本語版은 富岡興永이 번역하여 1986년에 『回天の聖者』(姜甑山先
    生顯彰會)라는 제목으로 발행되었다. 그리고 1994년 12월에 甑山道의 교리해설서
    인 『다이제스트 開闢』 일본어판이 "후천개벽과 지구대변혁의 실상"이라는 부제를
    붙여 증산도번역위원회의 번역으로 대원출판사에서 간행되었다.
4) 조선흥문회 편집국, 『朝鮮諸宗敎』(1931), 361면~368면. 村山智順, 『朝鮮の類似宗
    敎』(조선총독부, 1935), 293면-350면.
5) 김득황, 『한국종교사』(대지문화사, 1963), 473쪽~490쪽, 장병길, 『한국고유신앙연
    구』(서울대학교 동아문화연구소, 1970), 108쪽~187쪽 가운데 일부분, 유병덕, 『한
    국민중종교사상론』(시인사, 1985), 47쪽~54쪽과 281쪽~317쪽 등의 연구 성과가
    있다.
6) 한국종교학회, 『한국신종교실태조사보고서』(문화공보부, 1985)가 대표적이다.
7) 이능화는 근대 한국종교학의 아버지로 평가받는 인물이다. 그의 종교연구에 대해
    서는 김종서, 『韓末, 日帝下 韓國宗敎 硏究의 전개』, 『한국사상사대계』 6(한국정
    신문화연구원, 1993), 289쪽~294쪽과 이능화의 宗敎史學에 대한 특집인 『종교연
    구』 제 9집(한국종교학회, 1993)이 있다.

이다. 그는 『朝鮮佛教通史』(1918)에서 1911년 9월경에 창립된 太乙教에 대해 최초로 객관적인 언급을 했다.[8] 이후 그는 『朝鮮基督教及外交史』(1928)에서 "普天教主 車景錫"이라는 짧은 기록에서 보천교를 『鄭鑑錄』을 신봉하는 미신으로 파악했다. 나아가 그는 『朝鮮道教史』에서는 신문기사를 중심자료로 삼아 증산→차경석으로 이어지는 인물중심으로 普天教를 이해하고자 했다. 그러나 이능화는 증산교에 대해 연구한 것이 아니라, 전해지는 말이나 단편적인 기록을 토대로 하여 서술했을 뿐이다.

1960년대 후반에 이강오에 의해 증산교에 대한 본격적인 연구가 시작되었다.[9] 그러나 그는 있는 그대로의 자료제공이란 측면에서는 훌륭한 연구업적을 남긴 것으로 평가되지만, 증산교의 교리가 함축하고 있는 의미를 밝히지 못했다는 한계를 지녔다.

이후 증산교 연구에 획기적인 전환점을 마련한 것은 1974년에 증산사상연구회가 창립된 일이다. 증산사상연구회에서는 1975년부터 매년 1권씩의 『증산사상연구』를 발행하여, 1995년 현재까지 20집에 이르렀다. 지금까지 모두 합쳐 국내외학자 130여명이 쓴 200여 편 정도의 논문을 싣고 있는데, 대부분의 논문이 증산교에 대한 피상적인 연구로 끝나버리거나 護教論的 입장에서의 연구이다. 따라서 증산교의 실체나 증산사상의 핵심을 이해하는 데는 미진하다고 평가된다. 물론 학계에 증산교에 대한 관심을 널리 고조시켰다는 측면에서 증산사상연구회의 그 동안의 활동은 매우 높이 평가해야 하겠지만, 본격적인 연구가 없었다는 한계를 벗어날 수는 없었다.

1980년대 이후 여러 증산교파에서 간행한 서적들이 있다. 그러나 이러한 교단 발행서적들은 기본적으로 특정 교단의 독선적 입장을 대변하며 선전적인 자세를 벗어나지 못하였기 때문에 객관적인 연구가 될 수는 없었다.

---

8) 김탁, 「이능화의 한국 신종교 연구」, 『종교연구』 제 9집(한국종교학회, 1993), 153쪽.
9) 이강오, 「한국의 신흥종교 자료편 제 1부-증산교계 총론-」, 『전북대 논문집』 제 7집 (1966)과 「普天教-증산교계 각론에서-」, 『전북대 논문집』 제 8집 (1967)이 있다.

한편 1980년대 후반부터 증산교에 대한 학위논문들이 몇 편 나오면서
점차 학문적 접근도 시도되었다. 1985년에 Dwan Sean이 증산사상에
대한 연구로 박사학위를 받았다.[10] 그는 신종교 운동이 어떻게 다른 사람
에게 전달되는가에 관심을 가지고 연구했는데, 증산의 말은 계시적이고 그
의 행위는 기적적이라고 평했다. 그는 신종교운동은 모든 공식적인 견해에
대한 도전을 '특별한 언어형태'로 나타낸다고 보았다. 또한 그는 환상적이
고 유토피아적인 언어로써만 기존의 친숙한 규범과 사고의 틀을 벗어날 수
있다고 주장했다. 결론적으로 그는 증산은 샤머니즘과 유교의 두 종교를
조화시키는 중재자 역할을 수행했다고 주장했다.

1986년에는 필자가 증산교의 경전변천사를 분석하고 경전 내용의 변화
와 그 원리에 대해 연구한 석사학위논문을 발표하였다.[11] 이 글은 증산교
단의 경전에 대한 최초의 학문적 접근이라는 점에서 의의가 있다.

1988년에 최준식은 중국의 三敎合一의 원리가 한국에 전래되어 한국
신종교를 형성했다고 보았으며, 그 진형적인 예로서 증산의 종교사상을
연구했다.[12] 그는 증산은 모든 기존 종교전통의 본질을 추출했다고 주장
했는데, 그 속에는 질서와 구조가 있다고 주장했다. 특히 그는 Judith
Berling[13]의 home tradition이라는 개념[14]과 H. B. Earhart의 orienting

---

10) Dwan Sean, Autobiography of a New Korean Religion, Ph. D. dissertation,
    Chicago University, 1985. 그는 원하림이라는 한국이름을 지닌 아일랜드계 가톨
    릭신부로서, 다년간 한국에서 선교활동을 했던 사람이다.
11) 김탁, 『증산교의 교리체계화과정』(한국학대학원 석사학위논문, 1986)
12) Joon Sik Choi, The Development of the "Three-Religion-are-One" Principle
    From China to Korea: A Study in Kang Chungsan's Religious Teachings
    as Exemplifying the Principle, Ph. D. Dissertation, Temple University, 1988.
13) Judith A, Berling, The Syncretic Religion of Lin Chao-en, New York,
    Columbia University Press, 1980. 明代 林兆恩(1517~1598)의 유교를 중심으로
    한 삼교합일론을 연구한 책이다. 그녀는 전통사상의 조합은 선택과 적응에 의한
    동적인 과정의 결과이며, 기존 전통의 핵심을 종합하고 잘못된 견해를 바로 잡는
    다는 종합적 선택력의 작용이라고 결론짓는다.
14) 대부분의 혼합주의자들은 나름대로의 "중심적 전통"을 가지고 있으며, 이것을 중

force 개념에 주목하여,[15] 증산은 샤먼적 원리인 解冤을 그의 중심적 전통으로 삼아 다른 종교교리를 조화시켰다고 보았다. 그는 종교간 차용은 여러 종교요소의 멋대로의 조합이 아니라, 특별한 필요에 맞추어 어떤 교리를 선택하고 빌린 요소를 재해석하는 것이라고 결론짓는다. 또한 그는 증산이 제도종교에 소속되지 않을 수 있었던 원인을 고도의 샤머니즘적 경향을[16] 지녔기 때문이라고 강조했다. 결국 최준식은 유교, 불교, 도교, 샤머니즘의 전통들을 종합한 형태로 증산사상을 이해한다.

최근에는 증산사상을 다룬 몇 편의 석사학위논문도 나왔다.[17] 교육학, 체육학 등에서 다각도로 접근을 시도했지만, 여전히 기본 자료도 살피지 않은 성급한 연구에 그쳤다. 그리고 증산의 친필저작으로 전하는 『현무경』과 증산교단의 발전사에 관한 시론적인 연구 성과도 있다.[18]

결국 지금까지의 증산교에 대한 연구는 부분적이고 피상적인 고찰에 그친 실정이다. 그러므로 이제 증산교에 대한 연구는 지금까지의 자료모음적인 성격을 벗어나서, 구체적인 실증과 새로운 해석이 시도되어야 하겠다. 이를 위해서는 특히 기본 자료에 충실하여 증산사상의 본래적 의미

심으로 교리를 차용하는데, 이 차용된 교리들이 중심적 전통을 더 풍부하게 하고 새롭게 하기 위해 재해석되어 적소에 배치된다는 주장이다.

15) H. B. Earhart, "Toward a Unified Interpretation of Japanese Religion," *The History of Religions: Essays in the Problem of Understanding*, ed., Joseph M. Kitagawa(Chicago University press, 1967), p.221. 최준식은 "중심교리"라고 번역했다. 최준식, 「증산의 가르침에 나타나는 혼합주의의 구조」, 『종교신학연구』 제2집 (서강대학교 종교신학연구소, 1989), 46쪽.

16) 이러한 맥락에서 증산의 사상을 shamanistic system으로 규정하고, Anthony Wallace의 revitalization movement로 파악하기도 한다. James Huntley Grayson, *Korea-A Religious History*, Oxford, Clarendon Press, 1989, p.244.

17) 윤재근, 「증산사상의 교육원리에 관한 연구」(동국대학교 교육대학원 석사학위논문, 1991), 김정태, 「증산 강일순의 체육사상에 관한 연구」(청주대학교 대학원 석사학위논문, 1993).

18) 이용찬, 「玄武經의 符와 후천개벽사상에 대한 연구」(건국대학교 대학원 석사학위논문, 1992), 안후상, 「보천교운동연구」(성균관대학교 교육대학원 석사학위논문, 1992).

를 살펴보는 연구가 요청된다. 나아가 증산교를 옹호하려는 입장과 단순히 선전하려는 연구자세를 탈피하여, 이제는 좀더 객관적인 입장에서의 연구가 요망된다.

2. 연구목적과 연구방법

인류 역사상 수없이 많은 사람들이 태어났으며 죽었다. 그들은 나름대로 일정한 기간동안 삶을 영위하다가 지상을 떠났다. 죽음 너머에 어떤 세계가 펼쳐지는지 혹은 우주의 원초적 에너지로 화하는지는, 현재로서는 알 수 없는 일이다. 어쨌든 그토록 많은 인간들 대부분은 후대인들의 기억 속에 잠시 머물다가 잊혀진다. 현재보다 앞선 시간 속에 어떤 사람이 살았었다는 사실은, 훗날까지 전해지는 그에 대한 이야기와 기록을 통해서만 확인가능하다. 특정인이 죽은 시기기 현재에서 서슬러 올라가면 갈수록, 그에 대한 말과 글은 정확성과 완전성이 위협받는다. 시간이 흘러갈수록 후대인의 기억은 희미해지며, 이에 따라 이미 죽은 특정인은 그의 정신적인 생명마저도 점차 사라진다. 즉 기억되지 않는 자의 삶과 죽음은, 사라짐 자체로 완성된다. 이제 그가 이 땅에 살았다는 사실은 어디에서도 찾아볼 수 없다. 그러나 몇몇 인간들은 기록이 보존되는 한, 아직도 정신적으로 이 땅에 살아있다. 그리고 매우 드물게 위대한 소수의 인간들은, 그들의 삶에 대한 기록들이 대를 이어갈수록 덧붙여지고 재해석되면서, 아직도 현재를 살아가는 사람들의 가슴 속에 엄연히 살아있다.

특정인이 이 세상을 떠난 뒤에 그가 살았었다는 역사적 사실은 어디까지나 말과 글을 통해 형성된 기억이나 이미지라는 점을, 오늘날의 우리는 받아들여야 한다. 비록 어떤 사람의 사상이 기록된 책자나 그의 행적에 얽힌 실물이 현존하더라도, 그 자체가 그 사람의 실존을 증명하는 것은 아니다. 결국 시간이 흐른 다음에 사는 사람들은 과거에 그 사람이 쓴 글이나 그와 관련된 물건이라고 '믿을 수밖에 없는' 것이다.

이처럼 오늘을 사는 우리는 이미 지나간 시대를 살아간 특정인의 삶이 현재까지 전해지면서 엮어낸 虛像 또는 이미지를 보고 그를 느끼고 이해할 수밖에 없다. 그렇다면 지금의 시점에서 전해지는 그의 모습은 단순히 '실재하던 것과는 다른 어떤 것'일까? 그렇지 않다. 실제의 그의 삶과는 전혀 다를 수도 있을 현재 전해지는 그의 모습 그 자체가, 바로 오늘날 實在하는 그의 삶의 진솔한 표현인 것이다. 이것을 우리는 '虛構의 眞實'이라고 이름붙일 수 있을 것이다. 사실이 아닐 수도 있을 터이지만 사실 보다도 더욱 곡진한 진실, 바로 여기서 지난 시대를 살았던 인물이 오늘을 사는 우리에게도 의미 있는 인물로 되살아난다. 따라서 우리는 현재의 시점에서 형성된 이미지를 토대로 하여, 지난날 이 땅 위에 살았다고 전해지는 인물을 판단할 수밖에 없다.

이제 이러한 입장과 견해에서 1871년부터 1909년까지 한반도에서 살았었다고 전하는 甑山 姜一淳이라는 인물을 조명해 보도록 하자. 현재 '증산에 대한 이야기'는, 생전의 그로부터 직접 전해 듣지 못했던 사람들에 의해, 여러 갈래로 산발적으로 전한다. 이러한 '증산에 대한 이야기'는 신빙성이 부족하거나 체계적이지 못하며, 기준이 될 만한 잣대가 없는 형편이다. 따라서 '증산에 대한 이야기'는 그의 삶을 이해하는 데 작은 도움이 되거나 요긴하지 않다. 반면 증산의 생애에 대한 글이 몇 편 전해진다. 글이란 많은 말을 간추려서 중요한 내용을 체계적으로 옮긴 것이므로, 설명과 분석이 가능하다. 현재 우리가 선택할 수 있는 증산의 삶에 대한 자료가 별로 없다는 점을 고려해 볼 때, 증산의 행적을 기록한 글은 그의 생애를 살펴보는 데 매우 유용하다. 물론 글이 기록된 시기나 기록의 주체와 기록의 의도 등에 유의하여야 할 것이다.

무엇보다도 지금 우리가 관심을 가지는 증산이라는 사람이 '종교적 인물'이라는 점이 고려되어야 한다. 뚜렷한 사회적 활동을 하지도 않았고 드러난 역사적 사건에 관여하지도 않았기 때문에, 대부분의 종교적 인물들은 그의 행적을 객관화시키기 어렵다. 종교적 인물들의 생애는 이른바 '경전'을 통해 전승된다. 흔히 경전은 특정 인물의 삶에 대해, 후대인들을 감명시킬 만한 특징적인 내용들만을 취사선택하여 부각시키기 마련이다. 그리고 기본적으로 경전은 해당 인물의 삶에서 인생의 지침이 될 만한 측면이 있다고 판단하고, 이를 후세에 전해주기 위한 목적으로 일부 집단이나 단체에서 만들어 간행한 것이다.

한편 모든 사람의 입장과 주장을 만족시킬만한 '객관'은 따로 존재하는 것이 아니며, '개개인들의 주관의 합'이라는 허상을 뜻한다. 주관이 모여서 객관을 형성한다는 생각은, 실은 같은 성향을 가진 주관들의 입장에서 객관화를 추구하는 것일 따름이다. 따라서 믿는 자의 입장에서 정리된 종교단체의 경전도 활용하기에 따라 그 내용이 지향하는 의미를 파악하는 데 쓸모가 있다. 더욱이 종교적 인물의 생애에 대해서는 경전기록 이외에는 자료가 거의 없는 실정이므로, '그'에 대한 연구를 위해서는 선택 가능한 유일한 방법이 경전기록을 통한 분석이다.

이미 특정한 종교의 신앙대상이 되어버린 인물에 대해 믿느냐 안 믿느냐의 주관적인 신앙성의 판단과는 달리, "그의 삶의 어떠한 점이 후대인들에 의해 과연 어떻게 믿어지고 있느냐?"라는 비교적 객관적인 종교성의 평가를 내리는 것이 이 논문이 목표하는 바이다.

이러한 필자의 주장에 따르면, 이제 증산의 생애를 기록한 경전기록들은 그의 가르침이 갖는 역사적 의의와 종교적 의미를 찾아볼 수 있는 중요한 자료가 된다. 역사적 사실과는 다른 종교적 진실이 엄연히 존재한다는 것이 필자의 생각이다. 실제로 그러한 사건이 있었는지의 여부가 중요한 것이 아니라, 그러한 사건이 일어났었다고 믿는 사실이 현존하며 의미가 있다. 설령 특정한 사건이 발생하지 않았다고 하더라도 사람들이 그 사건이 일어났다고 생각할 수도 있으며, 그렇다면 그 사건은 정말로 일어난 것과 다름없다. 따라서 사건이 있었느냐 없었느냐를 따지는 역사적 사실과 사건이 뜻하는 바가 무엇이냐를 묻는 종교적 진실은 차원을 달리한다.

이제 우리는 역사적 사실을 진술하는 것이 아니라 종교적 진실을 밝히고 있는 '증산의 생애에 대한 글'을 통해서, 역사적으로 그러했다고 믿어지는 증산 강일순의 삶을 분석해보자.[19]

한국 신종교의 대표적인 교단인 증산교의 신앙대상은 증산 강일순이다. 이 글에서는 그의 중심사상을 公事思想이라고 명명하고, 이를 종합적·체계적으로 분석하고자 한다. 즉 새로운 종교를 세우는 일이 어떻게 해서 가능한지를, 역사적 인물로서의 창시자의 행적과 사상적 편력과정의 분석을 통해 실증적으로 밝혀보고자 한다.

하나의 종교를 창조적으로 세계에 드러내는 일은, 무엇보다도 창시자가 기존의 다양한 전통들을 극복하고 재통합하는 역동적인 과정에서 가능했다. 그 실제적인 모습은 창시자의 언행을 통해서만이 알 수 있다. 이러한 작업은 기존의 증산교에 대한 연구들이 지녔던 부분적이고 단편적인 한계들을 일정하게 해결할 수 있을 것이다. 그리고 이 연구는 향후 한국인의 종교적 심성을 잘 반영한 사상의 하나로 평가될 公事思想의 독창성을 규명해 보는 기회도 될 것이다. 나아가 한국종교사에서 증산의 공사사상이 과연 어떻게 자리매김 될 것이며, 그 영향과 의의가 여하히 평가될 수 있을지를 살펴본다.

증산은 단순한 聖人이 아니라, 증산교라는 특정 교단의 신앙대상으로서

---

19) 이제 종교는 적절한 문화적 맥락(cultural context) 안에서 사회적·역사적 실체 (social and historical entities)로서 연구되어져야 한다. 즉 종교는 시간이 지나면 변하는 현상으로서 그리고 고유의 내적 역동성의 결과로서 연구되어져야 할 뿐만 아니라, 특수한 사회적·역사적 배경 안에서 광범위한 갈등과 긴장의 표현으로서 연구되어져야 한다. 나아가 종교는 변화와 갈등의 매개체(전달수단)로서 이해되어야 한다. 종교연구는 사회적 맥락과 역사적 과정에 관심을 가져야 할 것이며, 종교가 작용하는 세계인 사회와 역사에 대해 주목해야 할 것이다. 그리고 종교가 記述하는 세계뿐만 아니라 종교가 하는 일, 그리고 종교가 이루고자 주장하는 것에도 관심을 집중해야 한다. Cristiano Grottanelli and Bruce Lincoln, *A Brief Note on (Future) Research in the History of Religions*, College of Liberal Arts, University of Minnesota, Center for Humanistic Studies, 1985, pp.9~12 참고.

절대적인 존재 그 자체로서 믿어져 왔다. 실재했던 역사적 인물로서의 증산이 오늘날까지 여러 사람에 의해 기억되는 것이 아니라, 세계 구원을 위해 지상에 내려왔었던 종교적 신앙대상으로서의 증산이 그를 믿는 이들에 의해 神界 最高의 神格으로 믿어진다.

따라서 이 글에서 필자는 특정 종교 발생의 출발점이 된 창시자의 생애를 분석하여, 종교 발생의 실제적 모델의 하나로서 증산의 삶을 이해해 보고자 한다. 이러한 연구를 통하여 한국적 맥락에서 종교발생의 요인들이 추출될 수 있을 것이며, 나아가 역사와 사상의 상관관계와 그 결합과정이 밝혀질 수 있을 것이다.

요약하면 인간 증산의 삶의 단초적인 면모가 특정 종교의 교조로 神格化되는 과정 속에서 公事思想을 이루었는데, 이 공사사상의 성립과정, 내용, 구조와 특성, 영향과 의의 등을 구명하는 것이 이 글의 목적이다. 이러한 목적을 이루기 위해 이 연구는 다음과 같이 분화된 3가지 목표를 갖는다.

가. 증산이라는 인물에 대한 전기적 고찰
나. 공사사상에 있어서 전통사상들의 통합내용과 원리에 대한 파악
다. 공사사상의 구조와 특성에 대한 종교적 평가

결국 증산의 公事思想 자체를 宗教史學的 입장에서 다루려는 것이 이 연구의 중심적인 연구방법이다. 즉 증산의 삶으로부터 기원한 공사사상이 역사적 변모를 거듭하여, 후대의 증산교의 교리체계 속에 어떻게 수용되었으며, 나아가 오늘날에는 어떤 형태로 정립되었는가를 고찰한다. 따라서 이 연구는 공사사상의 성립과정을 알아보는 부분, 공사사상의 내용을 다루는 부분, 공사사상의 구조와 특성을 알아보는 부분, 공사사상의 영향과 의의를 서술하는 부분 등 크게 4부분으로 나뉜다.

공사사상의 성립과정을 다루는 부분에서는 역사적 접근방법을 사용하여, 공사사상의 기원, 정의, 창시자인 증산의 생애에 대한 분석 등을 시도하겠

다. 여기서는 먼저 공사사상이 역사상 일정기간 동안의 삶을 영위했던 증산 강일순에 의해 처음으로 제시되었다는 점을, 증산교의 경전기록을 중심으로 분석한다. 그리고 경전에 나타난 公事라는 용어의 쓰임새를 자세히 알아본 후 공사사상에 대한 정의를 시도한다.

다음은 공사사상을 창시한 증산의 삶에 대해, 오늘날까지 전하는 자료들을 분석하여 현재적 입장에서 재구성해 본다. 즉 경전기록을 비판적으로 검토하여, 증산의 가족관계, 증산이 머물렀던 장소, 증산이 만났던 사람들, 증산이 거론한 인물들, 증산이 보았다고 믿어지는 책, 증산의 생계유지방법, 증산에 대한 호칭과 그 변화과정 등을 가능한 한 자세히 밝히겠다. 이러한 연구를 통해 역사적 인물로서의 증산의 생애를 구체적으로 알아본다.

나아가 필자는 증산이 공사사상을 제창할 수 있었던 근본적인 요인이 濟生醫世하고자 했던 그의 의지라고 규정한다. 증산의 역사적 삶 자체가 종교적 삶으로 승화되는 특징적인 측면들을 濟生醫世라는 틀을 중심으로 살펴서, 종교적 인물로서의 증산의 생애를 알아본다.

공사사상의 내용을 다루는 부분에서는 공사사상에 있어서 전통의 통합원리, 공사사상의 다양한 연원과 그 유입과정, 공사사상의 전개과정 등에 대해 알아본다. 먼저 전통사상의 종교적 수용과 그 원리에 대한 규명을 시도한다. 공사사상이 어떠한 입장에서 각 종교 전통을 받아들이고 변용했는지를 분석하여, 과연 어떤 목적으로 이들 전통이 이른바 公事思想에 통합되었는가를 살펴본다.

또 실제로 공사사상을 구성하고 있는 요인들이 무엇인가를 알아보기 위해, 동학적, 유교적, 도교적, 불교적, 耶蘇敎的, 민간신앙적, 지적 요인들을 각 부류별로 상세히 추출해낸다. 이를 위해서 증산교의 대표적인 경전인 『大巡典經』과 그 연원이 된 해당 종교전통의 원전자료를 찾아서 비교 분석한다. 이러한 고증과정은 공사사상을 다양한 연원별로 해체하는 작업이라고 할 수 있다. 그리고 증산의 언행이 기록된 경전의 증보과정을 고찰하여,

공사사상이 체계적으로 전개되는 모습을 확인하겠다.

공사사상의 구조와 특성을 알아보는 부분에서는 공사사상의 구조, 공사사상의 구조에 보이는 특징, 공사사상의 특성 등을 구명한다. 먼저 공사사상의 구조를 증산이 사용했던 용어를 중심으로 이상론, 현실론, 방법론, 결과론 등의 항목으로 세분하여 일목요연하게 설명한다. 공사사상의 구조적 특징은 각각의 論들이 유기적으로 결합되어 있다는 점이다. 아울러 공사사상은 기본적으로는 원한을 풀어 없앤다는 解寃의 원리에 의해 작용하고 있다는 특징이 있음을 살펴본다.

한편 공사사상의 신앙적 특성을 최고신신앙, 지상천국신앙, 실천적 개벽운동, 역사신앙 등의 항목으로 나누어 보며, 이념적 특성을 인간중심주의, 현세주의, 한민족중심주의, 통합주의, 실천주의 등의 세부항목으로 나누어 살펴보겠다.

공사사상의 영향과 의의를 서술하는 부분에서는 지금까지의 논의를 집약하여, 교단사와 사상사의 상호관계에 유념하면서 甑山 死後 증산에 대한 믿음의 변천과정, 증산에 대한 다양한 신앙들, 공사사상에 대한 해석의 차이와 결과, 한국종교사에서의 공사사상의 자리매김 등을 고찰한다. 먼저 공사사상의 창시자인 증산이 죽은 다음 그에 대한 이야기들이 경전으로 결집되면서 교리의 체계화가 이루어지는 과정을 살펴본다. 현재까지 약 80여년에 이르는 증산교단의 발전사에서 신앙대상인 증산을 어떻게 믿어왔는지를 교단간행자료를 중심으로 분석한다.

그리고 공사사상이 증산교인들에 의해 어떻게 해석되었으며, 해석이 다름으로 인해 과연 어떤 결과가 생겼는지를 살펴본다. 다음에는 공사사상이 지니는 한국종교사에서의 위상을 다각도로 조명하여 평가한다. 이러한 작업을 통하여 공사사상이 궁극적으로 이야기하려는 것의 의미가 과연 무엇인가에 대해 논할 것이다. 즉 역사 속에서의 공사사상과 인간구원과 관련된 '일꾼'의 의미가 각기 서술되어, 종합적으로 공사사상의 의미체계를 구축하는 작업이 될 것이다.

3. 연구 자료에 대한 검토

경전이란 개인의 깨달음의 내용을 '공식화시킨 것'이다. 따라서 거시적인 안목으로 본다면, 僞經이란 존재하지 않을는지도 모른다. 결국 증산이 행했던 역사적 사실로서의 語錄이 모여진 것만이 증산교의 경전이 될 수는 없고, 또 그렇게 되어서도 안 된다. 따라서 증산의 제자들이 바라보았던 증산의 모습이나 증산의 제자들이 행했던 행적과 어록도, 넓은 의미에서 증산교의 경전이 될 수도 있다. 그리고 100여 년 전의 증산의 말이나 행동만이 증산이 목표했던 公事의 온전한 내용이 될 수는 더욱더 없다. 현재를 살아가는 증산교인들 각자가 세상을 바로잡으려는 마음자세로 행하는 일체의 모든 행위가 公事의 내용이 되어야 할 것이다. 즉 증산의 눈과 마음으로 세상을 바라보고 구원하려는 행위는 모두 증산의 이른바 公事에 포함되는 것이며, 이에 관한 모든 기록을 증산교의 경전으로 보아도 무방할 것이다.

그러나 이처럼 포괄적인 안목에서 경전을 규정하는 자세는 기준이 불분명하고, 자칫하면 나만이 옳다는 행위를 결과하기 쉽다. 따라서 증산교의 신앙대상인 증산에 대한 기본적인 언행기록집이 증산신앙과 그의 가르침의 잣대가 되어야 한다. 이러한 관점에서 우리가 선택 가능한 유일한 자료는 『大巡典經』이다.[20] 『大巡典經』이 1995년 현재 모든 증산교 교리체계의 모체기록이라는 점은 분명하다. 증산교의 신앙대상인 증산의 말과 행동에 대해 최초로 정리한 『甑山天師公事記』(1926)가 李祥昊(1888~1967)에 의해 처음 간행된 이후, 이를 종교적 경전으로 재구성한 『대순전경』 초판 (1929년)이 발행되었다. 초판이 발행된 후에도 『대순전경』은 기록의 증보

---

20) 증산이 남긴 친필저작으로 믿어지는 『玄武經』이 있다. 『현무경』은 난해한 符와 짧은 글귀로 이루어진 책자이다. 현재 원본은 전하지 않으며, 내용이 거의 비슷한 이본이 20여종 유포되어 있다. 증산이 그린 符는 곡선과 점이 많이 사용되었다는 점에서 도교나 불교 계통에서 주로 사용하는 文字符와 다른 독특한 특성이 있다. 『현무경』의 符는 객관적 분석의 대상이 되기 어려우며, 『현무경』의 글귀는 거의 『대순전경』에 수록되어 있다.

를 거듭하여, 마침내 1965년에 편찬자 이상호의 손에 의한 최종본인 6판이 간행되었다. 이상호가 죽은 다음에 『대순전경』은 약간의 오자와 철자법만 고친 채 그대로 간행되어, 현재 유통되는 『대순전경』은 12판이다.

한편 증산의 언행을 기록한 증산교단의 경전으로는 『대순전경』 이외에도 『敎團略史』(1935), 『二師全書』(1948), 『普天敎誌』(1964), 『宣道眞經』(1965), 『典經』(1974) 등이 있다. 그러나 이들 경전들은 『대순전경』의 내용을 거의 그대로 전재하거나, 특정 교파의 입장을 강조하기 위해 편찬된 것이다.[21] 따라서 발행한 연대로나 기록된 분량을 보더라도, 『대순전경』이 증산의 행적을 가장 방대하고 체계 있게 기록한 증산교단의 대표적인 경전임을 부인할 근거는 전혀 없다. 최근에 『天地開闢經』(1992), 『甑山道 道典』(1992) 등의 경전이 발행되기도 했지만, 이들 경전도 『대순전경』의 기록이 없으면 해석되지 못하거나 그 의미를 알 수 없는 기록들로 이루어졌다. 더욱이 이들 경전들은 증산을 매우 신비화하여 절대적인 신격으로 기록했다는 공통점이 있다. 그러므로 증산의 언행을 체계적으로 기록하고 있고, 시간적으로 다른 기록보다 앞서 있으며, 후대에 발행된 경전의 원형이 되는 경전은 역시 『대순전경』이다. 따라서 이 논문에서는 『대순전경』 6판(1965)을 기본적인 연구 자료로 삼고, 기타 증산교단발행기록들을 보완적인 자료로 삼는다.

그렇다면 이제 『대순전경』이 어떠한 배경에서, 누구에 의해, 무엇을 말하기 위해 성립되었는가? 성립된 『대순전경』은 어떻게 구성되어 있으며, 이를 어떻게 받아들여야 할 것인가? 등의 질문이 물어져야 한다. 이러한 질문은 증산이라는 역사적 인물을 이해하기 위해서도 기초적인 것이며, 나아가 현재 완성되어 있는 증산사상에 대한 연구를 위해서도 필수적이다. 그럼에도 불구하고 증산사상이 의존하고 있는 『대순전경』 자체에 대한 연구를 무시한 채, 대부분 피상적인 연구에만 편중한 것이 지금까지의 실정이었다. 따라서 증산사상에 대한 연구는 많은 한계를 가질 수밖에 없었다.

---

21) 증산교단의 경전에 대해서는 김탁, 『증산교의 교리체계화과정』, 『증산교學』(미래향문화, 1992)을 참고하시오.

결국 증산사상의 연구를 위해서는, 증산사상의 모체가 되는 경전 그 자체에 대한 연구가 반드시 필요하다는 입장에서 이 논문은 준비되었다.

한편 『대순전경』을 면밀히 검토해 보면, 증산사상을 이루는 요소들은 다양한 사상적 연원을 지녔음을 알 수 있다. 그리고 이들 요소들은 어떤 원칙에 의해 유기적으로 결합되었음을 발견할 수 있다. 초기의 소박한 신앙형태에서 탈피하여 점차 새로운 교리를 형성시켜가는 과정에서, 전체적으로 하나의 사상체계를 구성하기 위한 조직화의 원칙들이 부가됨으로써, 증산사상은 좀더 체계적인 사상으로 발전하였다.

다양한 전통에 대한 소화력과 수용능력은 있을수록 좋다. 다만 특정한 방향을 지닌 것이어야만, 새롭고 독창적인 사상으로 정립될 수 있을 것이다. 여기서 일단 종교 교리는 거대한 유기체로 이해해야 할 것이다. 고정되고 굳어진 것이라면, 이미 죽어있는 것으로서 살아있는 생명활동을 할 수 없다. 결국 교리는 살아있고, 성장하고, 커나가는 체계로 보아야 한다.

그렇다면 증산사상의 핵심적인 믿음과 주장은 과연 무엇인가? 우리는 그를 한국종교사의 맥락에서 어떻게 이해해야 할 것인가?

무엇보다도 증산사상이 형성될 즈음의 한국종교사의 최대 과제는, 동양과 서양의 다양한 종교를 통일적으로 해석하려는 일종의 통합적 해석이론의 창출이었다. 바로 이러한 이론적인 틀을 증산은 '公事'를 통해 만들고자 시도했다.

증산교의 교리체계는 당시 한국 사회에 존재했던 다양한 전통사상과 설화, 속담, 漢詩 등의 공급원으로부터 소재를 추출하여 이루어진 것이다. 증산교의 교리체계를 이루고 있는 하나하나의 구성요소들은, 모두 다른 지역적 배경과 사상적 특색을 지닌 전통들에서 유입된 것이다. 그러나 이 흐름들이 하나로 합쳐져서 증산사상이라는 교리체계를 이루었을 때, 거기에는 하나의 독특한 물결과 水質을 지닌 새로운 사상체계가 형성되었다. 이미 유입과정이 완료된 단계에서는 기존 사상의 흐름과 흐름들을 이어주는 경계선이 흐려질 뿐만 아니라, 개개의 흐름들이 갖고 있던 본래적인 속성들도 변질된다. 또한 개개의 흐름들의 총합은 그 개개를 전부 합친 그대로 보다 더 큰 흐름으로 확대되어 물결치는 것이다.

전통에 대한 비판은, 정통성을 거부하는 입장에서, 다양한 종교적 믿음들과 전제들 그리고 편견들을 따져보고 의심하는 행위이다. 이처럼 전통적 유산을 재해석하고 선택적으로 여과시켜 받아들임으로써, 종교의 개념을 새롭게 재구성하는 것이 증산이 가졌던 중요한 과제였다. 그러므로 증산이 추진했던 전통사상의 재통합과정은 개별 종교 전통들의 단순한 竝列的 合이 아니라, 다양한 신념유형의 복합적 상호작용으로 보아야 할 것이다.

증산사상은 이미 다양한 사상적 흐름들 사이에 완전한 결합이 종결되어 하나의 거대한 물결을 이룬 상태이다. 따라서 '증산사상의 해체'는 이미 희미해진 흐름들 사이의 경계선을 찾아내고, 그 자취를 더듬어 전체 증산사상을 이루는 하나하나의 흐름들을 정의하고, 그 하나하나의 흐름이 가지는 기원과 특성을 찾아보는 일이다. 따라서 필자는 여러 흐름이 모여서 이룬 하나의 독창적인 종합이 증산의 공사사상으로 재통합되었다고 보고, 이를 '증산사상의 결합'으로서 다루어 보겠다.

Ⅱ. 公事思想의 성립과정

1. 공사사상의 기원과 정의

公事라는 용어는 『大巡典經』에 가장 많이 나오는 용어이다. 天地公事라는 용어는 모두 16개 구절에 16번 사용되었으며,[22] 公事라는 용어는 모두 69개 구절에 81번 사용되었다.[23] 이 외에도 증산은 神明公事, 淸國公事, 戊申臘月公事, 납월공사, 冥府公事, 解冤公事, 上樑公事, 開闢公事 등의 용어를 사용하였다.[24] 결국 증산의 종교적 행위와 관련된 일에 으레 붙여지는 독창적인 용어가 公事이다. 증산의 공사가 神明과 함께 판

---

22) 『대순전경』 2장 2절, 2장 5절, 2장 29절, 2장 42절, 2장 84절, 3장 12절, 3장 162절, 4장 3절, 4장 26절, 4장 49절, 4장 93절, 4장 165절, 4장 173절, 5장 33절, 6장 44절, 9장 19절 등에 보인다. 이 글에서 『대순전경』은 특별한 명시가 없으면 6판(1965)이다.

23) 『대순전경』 2장 15절(2번), 2장 39절, 2장 40절, 2장 42절(2번), 2장 51절, 2장 76절, 2장 84절, 2장 85절, 2장 91절, 2장 108절(2번), 2장 128절, 2장 130절, 3장 1절, 3장 15절(2번), 3장 34절, 3장 85절, 3장 162절, 4장 3절, 4장 10절(3번), 4장 13절, 4장 18절, 4장 21절, 4장 23절, 4장 25절, 4장 27절, 4장 29절, 4장 39절, 4장 40절(2번), 4장 44절, 4장 47절, 4장 48절, 4장 51절, 4장 54절, 4장 83절, 4장 90절, 4장 104절, 4장 106절, 4장 113절, 4장 115절, 4장 119절, 4장 123절(2번), 4장 128절(2번), 4장 132절, 4장 135절, 4장 136절, 4장 137절, 4장 138절, 4장 139절, 4장 140절, 4장 141절, 4장 142절, 4장 143절, 4장 144절, 4장 145절, 4장 146절, 4장 147절, 4장 148절, 4장 153절, 4장 163절, 4장 166절(2번), 4장 167절, 4장 169절, 4장 174절(2번), 4장 175절(2번), 6장 153절, 7장 14절, 7장 16절, 9장 5절, 9장 19절 등에 보인다.

24) 『대순전경』 2장 9절, 2장 54절, 2장 105절, 2장 107절, 4장 1절, 4장 105절, 4장 128절, 4장 173절 등이 관련 기록이다.

단하고 결정된다는 의미에서 신명공사라는 용어가 사용되었고, 중국의 장
래 일을 결정짓는다는 의미에서 청국공사라는 용어가 사용되었으며, 12월
에 조상에게 제사지낸다는 의미에서 납월공사라는 용어가[25] 사용되었고,
신명들의 회합에 의해 중론을 모은다는 의미에서 명부공사라는 용어가 사
용되었다. 그리고 쌓인 원한을 풀어준다는 의미에서 해원공사라는 용어가
사용되었고, 새로운 세상의 기초를 정한다는 뜻에서 상량공사라는 용어가
사용되었으며, 새 세상을 연다는 의미로서 개벽공사라는 용어가 사용되었다.

한편 큰 公事, 大公事, 後天 五萬年 첫 公事, 여러 가지 큰 公事, 世界
一家 統一政權의 公事, 신방죽<神濠>公事 등의 사용례도 보인다.[26] 여기
서도 공사의 규모를 설명하기 위해 큰 공사, 대공사, 여러 가지 큰 공사
등의 용어가 사용되었고, 세계 일가를 목표로 한 통일정권을 이룩하겠다는
의미로 세계일가 통일정권의 공사라는 용어가 사용되었으며, 日本의 神濠
라는 지명과 유사한 전라도 泰仁의 신방죽에서 특정한 종교적 행위를 행
했다는 의미에서 신방죽공사라는 용어를 사용했다.

또 "하루 公事", "하루아침 公事" 등의 표현으로 볼 때[27] 하루 만에 처
리될 수 있는 일과 하루아침이면 해결할 수 있는 일 등 그 처리기간이 각
기 다르다는 점도 알 수 있다. 즉 증산의 공사는 일의 경우마다 걸리는 시
간이 다르다는 사실이 확인된다. 또 『대순전경』에는 "三人會席에 官長의
公事를 處決한다."라는 속담도 언급된다.[28] 이는 세 사람이 모여서 의견을
교환하여 결정하면, 관청의 으뜸가는 관리가 결정하는 것 못지않게 훌륭히
일을 처리할 수 있다는 뜻이다.

---

25) 음력 12월을 臘月이라고 하는데, 이 臘字는 獵에서 유래한다. 우리나라에서는 冬
至로부터 제 3의 未日을 납향이라 정하고, 멧돼지와 토끼고기로 나라에서 제사지
냈다. 이상옥, 최근학 공저, 『韓國故事』(경학당, 1980), 280쪽.
26) 『대순전경』 4장 16절, 4장 62절, 4장 175절, 4장 55절, 4장 40절, 4장 62절, 4장
101절, 4장 169절 등이 관련 기록이다.
27) 『대순전경』 2장 108절.
28) 『대순전경』 3장 18절, 4장 57절.

더욱이 『大巡典經』 제 4장의 章 제목이 바로 天地公事이다. 제목 아래에 "辛丑年 七月부터 本宅에 머무르시며 쉼 없이 천지공사를 행하셨으나, 參觀한 사람이 없으므로 전하지 못하였느니라."라는 기록이 있다. 따라서이 4장에 실린 증산의 행적에 관한 기록은 모두 公事에 관련된 내용이라는 의미로 해석될 수 있다. 결국 『대순전경』 6판의 전체 구절이 420절이며, 이 가운데 제 4장 천지공사가 175절이라는 사실과 4장 이외에도 상당히 많은 구절에서 公事 내지 天地公事라는 용어가 사용되고 있다는 점을 고려해볼 때, 『대순전경』에서 가장 많이 사용되는 용어가 (天地)公事이다.

그리고 天地公事의 天地는 하늘과 땅에 관련되었다는 의미이므로, 공사라는말에 붙은 수식어로 보아야 한다. 증산의 公事는 하늘과 땅의 온갖 사물과 사건에 영향을 미친다는 뜻에서 천지공사라는 용어를 사용하였기 때문에, 공사는곧 천지공사의 약어이다. 따라서 공사나 천지공사는 같은 용어로 볼 수 있다.

한편 후대의 증산교단에서는 公事의 종류를 다양하게 분류했다. 李正立은 神政整理公事, 世運公事, 敎運公事로 대분하였으며,[29] 洪又는 공사를크게 분류하면 天改造公事, 地改造公事, 人改造公事(人乃天公事)로 나눌수 있고, 이 외에도 神明公事, 世運公事, 朝鮮國運公事, 解寃公事, 仙境公事 등으로 분류할 수 있다고 주장했다.[30] 이처럼 후대의 증산교단에서는公事라는 용어를 붙인 새로운 조합어를 사용하기도 한다. 따라서 필자는증산의 사상을 총체적으로 해석할 수 있는 개념적 용어로서, 그가 가장 빈번하게 사용하였고 후대인들에게 깊은 인상을 남겨준 '公事'를 선택한다. 이에따라 필자는 증산의 독창적인 사상을 公事思想이라고 이름을 짓는다.

公事는 공적인 일을 뜻하는 말이며, 개인적인 일을 의미하는 私事와 대

---

29) 이정립, 『大巡哲學』(대법사편집국, 1947), 140쪽-156쪽.
30) 홍우, 『東學入門』(일조각, 1977), 78쪽. 그에 따르면 거의 모든 형태의 술어가 公事로 표현된다. 예를 들면 不義와 不正를 없애는 공사, 24万位공사, 地軸을 바로잡는 공사, 道通公事, 陰陽公事, 産兒統一공사, 제 3차 세계대전공사, 흉년을 없애는 공사, 남북관계공사, 담배공사, 四時長春공사 등 수많은 공사의 종류가 열거된다. 홍우, 위의 책, 78쪽-155쪽.

비된다.[31] 일반적으로 공사는 관청이나 공공단체의 일을 가리키는데, 公과 私가 각각 정부와 민간, 사회와 개인, 공식과 비공식에 배당될 수 있다는 점을 고려하면, 그 용어가 함축하는 의미를 짐작할 수 있다.

그리고 公事라는 말은 원래 동양 전래의 治世用語로서, 특히 조선왕조의 官衙에서 官長이 공무를 처결하기 위하여 수하 관원들을 모아 회의를 열 때 "공사를 본다."는 말을 사용했다고 한다.[32] 따라서 公事란 어떤 공적인 모임에서 회장이 회원들을 소집하여 회의를 열고 모든 의견을 수렴하여 최선의 방침을 결정하는 것을 의미한다. 그런데 증산의 公은 세계구원과 우주질서의 변혁에 이르는 광범위한 종교적인 내용을 포함하고 있다는 특징이 있다.

나아가 증산은 자신의 이러한 이상적인 목적을 이루기 위해 일련의 종교적 행위를 실제로 '행한다.'고 믿어졌는데, 이것이 바로 증산의 (天地)公事이다. 이처럼 理想을 이루기 위하여 실제적인 행위를 행한다는 사상이 바로 公事思想이다. 기존의 종교 창시자들이 이상사회를 정신적인 차원에서 설정하거나 죽음 뒤의 이상향으로 관념화시킨 데 비해, 증산은 현재의 세상을 바꾸어 지금 바로 여기에서 이상을 이루어 나가자고 외친 사상의 대전환을 이룩했다.

증산은 이상사회를 이 세상에 만들어나가는 일련의 행위를 실제로 행했다고 믿어지는 인물이다. 결국 이상의 현실화작업을 나름대로의 방법을 통해 실현시키려 했다는 점에서 그는 하나의 독특한 사상을 형성한 것이다.

비록 종교라는 신비적 세계관을 벗어나지 못한 종교적 이상주의에 불과하다는 비판이 있을 수 있지만, 인류가 꿈꿔오던 이상사회를 지상에 실현시키겠다는 희망을 집약시켰다는 점에서 증산은 뛰어난 인물이다. 그리고

---

31) ……내 일은……한 가지라도 사사로히 못하노니……(『대순전경』 2장 36절) ……私事일이라도 天地公事의 度數에 붙혀두기만 하면, 그 도수에 이르러 公事와 私事가 다 함께 끌리나니라 하시니라.(『대순전경』 2장 84절)
32) 洪凡草, 『甑山敎槪說』(창문각, 1982), 77쪽.

단순히 희망 자체에 머무르지 않고 이상은 인간의 구체적인 행위를 통해 이룰 수 있다는 자신의 생각을 체계화하여 이를 일정한 사상으로 산생시킨 점에서, 증산은 독창적이라는 평가를 받아 마땅할 것이다.

관념적 유희나 철학적 사색 그리고 절대의존적인 믿음 차원의 이상향에서 벗어나, 이제 구체적인 인간행위를 통해 실제로 이 땅 위에 이상향을 건설하자는 생각은, 증산에 의해 비로소 하나의 사상으로 구현되었다. 그러므로 증산은 이상사회를 실현하고자 하는 인류 공동의 바람에 대해 독특한 모범을 보였던 인물이자 그 틀과 내용을 일정하게 제시한 위대한 인물로 평가되어야 하겠다.

이러한 이상의 현실화라는 증산의 궁극적인 목표에 도달하기 위해서는 무엇보다도 먼저 인간의 능력에 대한 무한한 신뢰감과 인간에 대한 전혀 다른 해석이 요구된다. 인간 자신이 주체가 되어 만들어가는 이상향의 건설, 자기가 스스로의 주인이 되는 주인의식의 진정한 실현 등으로 요약되는 인간완성의 추구를 위해서는, 먼저 기존의 사상과 종교에서 이야기되던 인간관이 과감히 폐기되어야 한다. 신과 동물 사이에서 방황하는 인간, 신의 계시와 의지에 무조건 따라야 하는 숙명을 지닌 인간, 주어진 현실 속에서만 이해하는 나약한 인간, 인간행위의 결과인 業에 의해 윤회를 거듭하는 인간 등의 기존의 인류의 사고를 지배해 오던 인간관에서 과감히 탈피하여야, 비로소 증산의 '현실세계에서의 이상향 건설작업'이 생각될 수 있고 시작될 수 있을 것이다.

일부 후대인들은 증산이 그의 생애 가운데 공적인 생애라 할 수 있는 1901년 7월의 成道 이후에 1909년 6월 그의 죽음에 이르기까지 약 9년 동안 公事를 행한 인물이라고 믿는다. 증산이 행한 일은 '천지의 운행법칙을 뜯어고쳐서 앞으로 올 새 세상의 모든 세세한 질서까지 결정한 일'이다. 증산의 公事에 의해 세간의 모든 사건과 물건이 일어나고 생겨난다는 것이, 그의 공사에 대한 신앙인들의 믿음이다. 그들은 증산이 9년간 행했던 공사가 무수히 많았을 것이지만, 현재 전하는 내용은 극히 일부분에 불과하다고 생각한다.

우주의 질서와 인간의 질서가 묘하게 합해져 있고, 이러한 질서에 응해서 인간이 행할 일의 기미를 만들어내고 하늘이 움직여나갈 방향을 결정짓는 행위가 증산의 公事이다.

증산은 하늘과 인간을 지배하는 대국적인 질서를 상정하고 있으며, 이러한 질서를 새롭게 짓고 짜는 일이 자신이 할 일이라고 확신했다. 그는 기존질서의 흐름을 급격하게 거스르거나 단절시키는 행위는 결코 바람직하지 않으며, 자연의 존재법칙에도 어긋난다고 본다. 따라서 증산은 이를 무시하고서 억지로 일을 꾸미면 천하에 재앙을 줄 뿐이며, 결국 수많은 생명을 빼앗는 결과만 초래할 것이라고 말했다. 그는 새로운 창조는 결코 갑자기 이루어지는 일이 아니며, 가능한 한 최소한의 희생을 치르면서 기존의 체제를 변화시키는 일이라고 선언하였다. 다소 시간이 걸리더라도, 시일이 천연하더라도, 차마 할 수 없는 일이 바로 갑작스런 변혁을 결과할 억지로 일을 '꾸미는' 행위이다. 결국 증산의 공사는 일을 꾸미는 것이 아니라, 짓고 짜내는 새롭고도 독창적인 창조행위이다.

公事라는 개념은 '造化政府'와 '度數'라는 용어를 중심으로 설명된다.[33] 造化政府란 증산이 모든 天地神明들에게 새로운 위계질서와 맡은 바 부서를 정하여 각기 일을 주장하게 한 뒤에, 神明들과 온 인류의 뜻을 상징적으로 대변하는 從徒들을 합석시켜서, 先天의 그릇된 세상을 바로 잡아 後天의 仙境世界를 건설할 모든 일을 상의·결정하고 그 결정된 바를 그대로 집행하는 宇宙的 統治機關을 뜻한다.[34]

그리고 度數 또는 天地度數라는 개념은 順序節次, 즉 프로그램(program)을 의미하는 것으로서, 조화정부에서 결집된 神明들의 총력을 발동하여, 과거의 세계질서가 점진적으로 해소될 프로그램과 새로운 질서

---

33) "내가 삼계대권을 주재하여 천지를 개벽하며, 무궁한 선경의 운수를 정하고, 造化 政府를 열어, 災劫에 쌓인 신명과 민중을 건지려 하니,"(『대순전경』 4장 1절) "내가 天地 運路를 뜯어고쳐 물샐 틈 없이 度數를 굳게 짜놓았으니, 제 度數에 돌아 닿는 대로 새 기틀이 열리리라."(『대순전경』 4장 173절)

34) 홍범초, 앞의 책, 76쪽-77쪽.

가 점진적으로 생성될 프로그램을 결정함으로써, 세계 역사 및 사회의 변혁이 그 프로그램에 맞추어 점진적으로 이루어진다는 의미이다.[35]

이를 종합하면 公事란 우주를 주재하는 권능을 지닌 증산이, 파멸의 위기에 처한 인간과 신명을 구원하기 위하여 우주적 통치기관을 설치해서 선천세계를 뜯어 고쳐 후천의 이상세계를 건설하는 프로그램의 企劃作業을 의미한다.

증산은 公事라는 용어를 사용하여 이른바 "공사를 (집행)한다."고 선언하면서 자신의 독창적인 사상체계를 구축한 인물이다. 증산이 주장한 내용은 후천이 언제 온다는 것이 아니라, 후천이 올 것이고 와야 할 때가 이르렀다는 것이다. 이러한 절박한 때를 맞이하여, 증산은 직접 이 세상에 태어나서 낡은 세상을 종식시키고 새 세상을 만드는 일을 행했노라고 스스로의 임무를 확신한다.

뜯어고치고, 바로잡고, 풀고, 열고, 교화시키는 구체적인 일을 행하는 것이 증산의 公事이다. 나름대로 현실을 진단하고 이를 지양한 이상을 제시하고 나서, 증산은 이를 실현시키는 실제적인 일을 행한다는 실로 파천황적인 선언을 했다.[36] 이것이 공사사상의 독창적인 가치이자 제대로 평가받아야 할 점이다. 증산은 이러한 자신의 사상의 독보적인 위치에 대해 스스로 "오직 내가 처음 짓는 일", "새 배포를 꾸민 일"이라고 평가한다.[37]

한편 증산은 자신의 公事에 神明이 모이게 하며, 이들에게 특정한 명령을 내린다.[38] 그리고 증산은 "鬼神은 天理의 至極함이니 公事를 행할 때

---

35) 이정립, 『대순철학』(증산교본부, 1984), 141쪽-142쪽. 이정립, 『증산교사』(증산교본부, 1977), 23쪽.
36) 지금까지 인류 역사에 있어서 현실 진단과 이상 제시는 몇몇 위대한 사상가와 종교가에 의해 제시되었으며 아울러 그 실현 방법에 대해 나름의 의견을 제기한 적은 있지만, 직접 그 일을 하고 있고 앞으로 해 나가야 할 것이라는 사상을 내세운 사람은 드물었다.
37) 『대순전경』 5장 1절.
38) ……天師 公事를 행하실 때 형렬에게 神眼을 열어주어 神明의 會散과 聽令을 참관케 하시니라.(『대순전경』 2장 5절)

에 반드시 귀신으로 더불어 판단하노라."라고 말했다.39) 즉 증산이 공사를 하는 행위는 항상 귀신 혹은 신명과 관련되어 집행된다고 믿어진다. 결국 증산은 인간의 인지능력으로는 알 수 없는 신비한 영역에 존재한다고 믿어지는 신명들에게 특정한 명령을 내리기도 하고 그들과 함께 특정한 일의 결정을 내린다고 믿어진다.

증산은 자신의 공사가 인간들의 협력으로만 이루어지는 일이 아니라, 인간 이외의 특별한 존재와 함께 행해지는 종교적 행위라고 밝혔다. 눈에 드러나지 않기 때문에 확인할 수 없는 비일상적인 힘으로 행해지는 증산의 공사는, 현상계를 초월한 차원의 일이다.

바로 이 점에서 증산의 공사는 결코 논리의 정합성이나 철학적 사색의 결과로는 도저히 이해될 수 없는, 성스러운 영역에서 일어나는 종교적 행위이다. 이해할 수 없으며 보이지도 않으며 만져질 수도 없다고 존재하지 않는다고 확언할 수만도 없는 신명의 존재와 더불어 행해진다고 믿어지는, 증산의 공사는 신비 그 자체일 수도 있다. 그러나 증산의 공사가 신명들과 함께 이루어지고 있다고 믿어지는 역사적 사실 또한 분명한 것이다. 그러므로 그렇게 믿어진다는 사실 자체에 대해서는 객관적으로 설명되어져야 하고 밝혀져야 할 것이다.

다음에는 증산이 공사를 행하는 방법에 대해 알아보도록 하자. 무엇보다도 증산은 자신의 공사에 神明을 부른다. 물론 이러한 행위는 육안으로는 살필 수 없고 확인할 수도 없다. 그런데 증산이 공사를 행할 때 두드러진 현상은 종이에 글을 쓰는 일이다.40) 그는 글이나 그림을 써서 불에 태우기도 했다.41) 그 까닭에 대해 증산은 "이것은 天地公事에 神明을 喇하

---

39) 『대순전경』 4장 23절.
40) 『대순전경』 2장 91절, 4장 3절, 4장 113절, 4장 119절, 4장 135절부터 148절까지
　　가 관련 기록이다.
41) 종이에 物形略圖를 그려 불에 태운다.(『대순전경』 2장 51절) 매양 公事를 보실 때
　　글이나 物形을 써서 불사르시므로 그 물형의 뜻을 알 수 없고……(『대순전경』 7
　　장 14절) 이 밖에도 『대순전경』 2장 11절, 2장 25절, 2장 54절, 2장 87절, 4장 25

는 符號이니라."라고[42] 말했다고 전한다. 즉 신명을 부르기 위해 종이에 특정한 글귀를 쓰거나 이상한 그림을 그렸다는 것이 증산의 대답이다. 눈에 보이는, 눈으로 확인할 수 있는, 글이나 그림을 써서 불에 태우는 행위가 바로 눈에 보이지 않는, 눈으로 확인할 수도 없는 신명을 부르는 종교적 행위라는 주장이다.

나아가 증산은 공사를 볼 때 글이나 각종 物形을 그렸던 것을 "귀신의 길"이라고 표현한다.[43] 한편 증산이 공사를 행하면서 글이나 그림을 쓴 종이를 불태운 양은 엄청날 정도로 많았다고 전한다.[44] 그리고 증산은 공사를 볼 때 우뢰와 번개를 쓰기도 했으며, 바람이 불게 하기도 했다. 결국 증산의 공사는 천지대권을 임의로 사용하는 행위이므로 이러한 자연변화도 수반하는 일이라고 믿어진다.

증산이 행했던 公事에는 술, 고기, 식혜 등의 음식을 마시고 먹고 나누는 행위가 반드시 있었다.[45] 이제 증산에 의해 술과 음식을 나누어 먹는 인간의 일상적 행위는 하늘과 땅의 질서를 바꾸는 공사과정에서 항상 행해지는 성스러운 행위로 승화되었다. 그것도 증산 혼자만이 아니라 제자들과 더불어 혹은 지나가는 행인들과 함께 마시고 먹었다고 전한다.

증산은 사람들이 음식을 먹음으로써 비로소 신명들이 그 음식을 먹을 수 있게 된다고 설명했다.[46] 신에게 바쳐지고 드려지는 일방적인 인간의

절, 4장 85절, 4장 104절, 4장 153절, 4장 154절 등이 관련 기록이다.

42) 『증산천사공사기』, 18면.

43) 天師 가라사대 圖書臨本은 鬼神의 길이라. …… 『증산천사공사기』, 63면. 이는 글이나 그림으로써 귀신을 불러낼 수 있다는 뜻으로 풀이할 수 있다.

44) 어떤 사람이 증산을 비방하여 종이만 보면 사지를 못 쓴다고 말하니, 증산이 듣고 "내가 辛未生이라. 통속에 未를 羊이라 하나니, 나는 종이를 잘 먹느니라."라고 말했다. <『대순전경』 초판 (1929), 8장 60절> 증산은 자신의 띠가 양띠임을 들어, 公事에 종이를 많이 사용한다는 사실을 재치 있게 이야기해 주었다.

45) 공사를 행하실 때에는 반드시 술과 고기를 장만하여, 여러 사람들로 더불어 함께 잡수시며, 혹 식혜를 만들어 종도들로 더불어 함께 마시시니라.(『대순전경』 2장 130절)

46) "神은 사람 먹는 데 따라서 歆享이 되느니라."(『대순전경』 6장 100절)

행위가 아니라, 인간이 먹는 행위가 우선되고 이에 응해 신이 비로소 혜택을 받을 수 있다는 독특한 생각이다. 증산은 특정한 공사를 행한 뒤에는 흔히 제자들과 함께 밥을 먹었다. 밥을 한 그릇에 비벼서 함께 먹었는데, 이를 일러 증산은 不死藥이라고 표현하기도 했다.[47] 결국 증산에게 있어서 술을 마시고 밥을 먹는 행위는 "신명을 대접하는 일"이다. 그러므로 증산은 환자의 질병을 고쳐주고 나서도 지나가는 행인들에게 술과 음식대접을 빠뜨리지 않았던 것이다. 증산은 신명의 도움으로 질병을 고칠 수 있었으므로 이에 감사하는 의미로, 술과 음식을 행인들과 나누어 먹음으로써 그들과 함께 존재하는 신명들을 대접했던 것이다.

증산은 밥을 한 그릇 얻어먹는 일도 잊지 말라고 가르친다. 나아가 그는 밥 반 그릇을 얻어먹은 은혜도 반드시 갚는 報恩의 마음을 가지라고 가르쳤다.[48] 밥은 생명을 유지시켜주는 물질이므로 반 그릇의 밥은 곧 그만큼의 생명과 맞먹는다. 증산은 생명과 관련된 밥의 중요성을 강조하면서, 반 그릇이라는 얼핏 보면 작은 양의 음식을 얻어먹은 일도 반드시 갚는 보은의 정신을 지니는 일이 相生의 길이라고 가르쳤다. 그리고 신명들이 인간의 은혜에 보답해야 하는 이유도 비로 여기에 있는 것이다.

한편 증산은 제자들에게 공사를 대신 행하도록 맡기기도 했다.[49] 공사는 증산만이 행할 수 있는 일이 아니다. 여기서 중요한 것은 증산의 공사가 증산 단독으로 행해질 수 없다는 사실이다. 증산의 제자는 물론 증산의 사후에도 증산의 가르침을 이어받고 그 공사를 실천하는 '일꾼'들의 활동에 의해 공사가 진행되어야 하는 것이다.

---

47) 『대순전경』 4장 15절.

48) ……밥을 한 그릇만 먹어도 잊지 말고, 반 그릇만 먹어도 잊지 말라. 또 가라사대 一飯之德을 必報라는 말이 있으나, 나는 半飯之恩도 必報하라 하노라.(『대순전경』 6장 40절)

49) 公事를 친히 보지 아니하시고 혹 從徒로 하여금 代身 行하게 하실 때도 있었나니, 그런 때에는 그 대행하는 종도로 하여금 능히 化權을 행하게 하시니라.(『대순전경』 2장 128절)

결국 公事思想은 20세기 초엽까지 한반도에 살았던 역사적 인물인 姜一淳에 의해 출현한 사상이다. 증산은 특별한 관직도 없었으며, 그 자신이 당시대인을 대표할 만큼 인지도가 높은 사람도 아니었지만, 인류가 오랫동안 염원해 오던 이상사회를 이 세상에 이루고자 公事를 행했던 사람이다. 증산은 자신이 바로 인류구원을 완성시킬 능력을 지닌 신계 최고의 권위자인 상제라고 확신했는데, 이러한 그의 확신에 의해 공사사상은 종교적 의미를 지니게 되었다.

神界 최고의 位格으로 믿어지는 증산이, 직접 이 세상에 내려와 공적인 일을 했다는 것이 공사사상의 핵심적인 내용이다. 증산은 이러한 자신의 확신을 통해, 구체적으로 새 세상을 지상에 이룩하기 위해 '일하는 하느님'으로서 믿어진다.

또 공사사상은 相克의 문명을 相生의 문명으로 고치고자 일했던 증산의 가르침을 본받아, 후대인들이 실천하면서 만들어가야 한다는 사상이다. 이는 실제로 낡은 세상과 병든 천지를 고치는 일이다. 증산은 天下事, 일꾼 등의 표현을 통해 자신의 천지공사를 집행하는 주체를 밝혀 주었다. 따라서 증산은 일을 시키는 하느님이 아니라, 직접 일하면서 땀을 흘리는 존재이다. 나아가 증산은 開闢은 저절로 오는 것이 아니라 스스로 만들어 가는 일이라고 해석했으며, 天下事를 "한다." 또는 "행한다."고 주장하여 참여와 실천을 강조했다.

증산은 새로운 이상세계를 지상에 이룩하고자 했으며, 이러한 자신의 생각을 공사사상으로 정립했다. 결국 공사사상은 실제적·실천적으로 지상낙원을 이룩하고자 소망하는 의식형태 및 그 달성에 수반되는 다양한 방법적·기술적 체계를 총칭하는 것이라고 정의될 수 있다.

2. 공사사상의 창시자인 증산의 생애에 대한 분석

증산신앙의 원천은 증산 자신이다. 그러므로 먼저 역사적 인물로서의 증산의 면모를 살펴보자. 여기서는 증산의 삶에 대한 객관적인 분석을 시도하여, 역사적 실존인물인 증산이라는 개인의 삶은 실제로 어떠했는지를 알아보겠다. 이는 증산이 과연 어떤 조건과 상황에서 삶을 영위했는가를 살펴보는 작업이다.

가. 증산의 이름과 탄생지

甑山은 姜一淳의 호이다. 그의 이름과 호에 대한 기록은 다음과 같다.

> 天師의 姓은 姜, 諱一淳, 字는 士玉이오, 甑山은 그 號이니라. ……(『증산천사공사기』 1면, 『대순전경』 1장 1절)

증산의 탄생을 증산교단에서는 "誕降"이라고 표현한다. 이는 그가 보통 사람과 달리 天上의 높은 位格을 지닌 존재로서 地上에 내려왔음을 강조하기 위함이다. 증산은 晉州 姜氏이며, 본명이 一淳이다.[50] 그가 증산이라는 호를 가지게 된 것은 그가 살았던 동네의 뒷산 이름에서 연유한다.[51] 그런데 후대의 일부 증산교단에서는 그가 증산이라는 호를 지니게 된 것 자체가 그의 신성함을 상징한다고 주장한다.[52] 그러나 초기 경전에서 증산이라는 호를 지닌 연원이 분명하게 밝혀져 있으므로, 이러한 주장은 후대의 덧붙임이라고 판단된다.

---

50) 한편 증산의 어릴 때 이름이 龍鳳이라는 주장이 있다. 홍우, 『東學入門』(일조각, 1977), 23쪽. 그러나 龍鳳은 1903년 4월에 증산이 모악산 청련암에서 대원사 주지였던 박금곡에게 써준 필적으로 『대순전경』 앞부분에 전한다. 따라서 증산이 "용봉"이라는 兒名을 가졌다는 그의 주장은 근거가 희박하다.

51) 西山里로부터 同郡 優德面 客望里에 移居하사 집 뒤에 실우산이 잇슴으로 甑山이라 號하시다.……(『증산천사공사기』 2면).

52) 甑이 솥과 시루를 뜻하며, 이는 설익어 편협하고 미완성 상태인 이제까지의 인류문명을 익혀서 완성시킨다는 심오한 의미를 지닌 예정된 조화를 상징한다고 주장했다. 안경전, 『이것이 개벽이다』 상권(대원출판사, 1984), 329쪽-330쪽.

증산이 태어난 곳은 『증산천사공사기』(1926)에는 "전라도 고부군 서산
리"라고 기록되어 있다. 그런데 『대순전경』 초판 (1929)에는 증산이 "고부
군 우덕면 객망리"에서 태어났으며, "고부군 마항면 서산리"는 그의 외가
였다고 기록한다. 『대순전경』 3판 (1947)에는 『증산천사공사기』의 기록과
마찬가지로 증산이 태어난 곳은 "고부군 답내면 서산리"에 있던 그의 외가
였으며, 증산이 태어날 무렵에 양친이 살던 집이 "고부군 우덕면 손바래기
(객망리)"에 있었다고 적혀 있다.53)

나. 증산의 생몰연대

증산의 태몽과 그가 태어난 시점은 다음과 같이 전한다.

> ……權氏가 庚午 九月 어느 날 밤에 한 꿈을 어덧스니, 하눌이 南北으로 갈나지
> 며 큰 붉은 덩이가 낫하나서 졈졈 나직하야 몸을 덥흠애 그 빗이 天下에 비나더라.
> 이로부터 잉태되야 十三朔을 지나 辛未 九月 十九日 子時에 全羅北道 古阜郡(今井
> 邑郡에 倂合되다) 西山里에서54) 天師가 誕降하시다. ……(『증산천사공사기』 1면)

증산의 태몽은 예사롭지 않은 그의 일생을 웅변으로 대변하고 있는 듯하
다. "하늘이 남과 북으로 갈라지면서 커다란 붉은 덩어리가 나타나서 어머니

---

53) 증산의 탄강지는 『대순전경』 6판 (1965)에는 "고부군 우덕면 객망리"로 공식 표
기된다. 이처럼 증산의 탄강지가 바뀌게 된 이유는 그의 탄강지에 대한 풍수지
리적 설명을 덧붙여 그의 탄강지 자체가 신성화되고, 나아가 증산의 행적이 운
명적으로 예정되었음을 강조하기 위해 종교적 재평가가 이루어졌기 때문이다.
이 부분에 대해서는 김탁, 『증산교의 교리체계화과정』, 앞의 책, 160쪽-164쪽을
참고하시오.
54) 『증산천사공사기』와 『대순전경』에는 이렇게 기록되어 있다. 그러나 현지 확인과
고증결과 書山里로 표기해야 한다는 주장이 있다. 『甑山道 道典』(대원출판사,
1992), 47쪽.

의 몸을 덮으니 천하가 밝게 빛났다."는 태몽은 증산이 큰 인물임을 강조하
기에 충분하다. 그런데 증산이 보통사람과 달리 어머니의 뱃속에 13개월이나
있었다는 경전기록은 생물학적 사실과는 거리가 있는 종교적 진실이다. 따라
서 증산이 어머니의 뱃속에 13개월 동안 머물렀다는 경전기록이 정착된 것
은, 그가 완성을 상징하는 우주의 가을기운을 받아[55] 태어났다고 믿고 싶어
하는 후대 증산교인들의 믿음이 반영되었기 때문이다.

증산이 태어난 때는 辛未年 陰曆 9월 19일 子時이며, 이를 陽曆으로 바꾸
면 1871년 11월 1일 오전 1시 무렵이 된다. 한편 증산은 다음과 같이 인간으
로서의 삶을 마감했다고 전한다.

……(己酉年, 1909년 6월, 필자 주) 二十四日 辛丑 巳時에 天師께서 藥房廳上에
안지사, 亨烈을 命하야 蜜水一器를 가져다 마이시고, 亨烈의게 몸을 의지하고 微
聲으로 太乙呪를 읽으시고 蓋然히 化天하시다. ……(『증산천사공사기』 145면)

증산은 자신이 가르침을 펼치던 장소에서, 그를 충실히 따르던 제자의
품에 안겨, 자신의 가르침을 대변하는 太乙呪라는 주문을 외우면서 죽었
다. 그가 죽었던 시점은 己酉年 陰曆 6월 24일 巳時이며, 陽曆으로는
1909년 8월 9일 오전 11시 무렵이다. 따라서 증산은 만 37년 9개월 10일
동안 이 땅에 생존했으며, 한국 나이로는 39세를 一期로 생애를 마쳤다.

증산이 이 땅에서 삶을 영위했던 한 인간이었다는 사실은 무엇보다도
그에 대한 말과 글이 현재에도 전승되고 있다는 점에서 분명하다. 증산이
죽었다는 1909년으로부터 19년 만에 편찬된 『晋州姜氏世譜』(1928)를[56] 통
해 그의 역사적 실존을 다시 한번 확인해 보자.

---

55) 동양의 우주관을 반영하는 『河圖』에서 가을은 서쪽에 위치하는데, 숫자로는 4와 9
   가 그를 대변하며, 기운으로는 金이 관장한다. 여기서 4와 9의 합이 13이 된다.
56) 진주 강씨는 중국 섬서성 姜水에서 태어났기 때문에 姜을 姓으로 삼았다는 전설
   적인 제왕인 神農氏를 시조로 삼는다. 진주 강씨의 중시조는 고구려 제 26대 영
   양왕 때에 병마원수를 했던 姜以式이다.

증산으로부터 역산하여 22代祖인 啓庸은 고려 24대 원종 때 국자박사를 지냈던 인물이라고 전한다. 계용으로부터 淮仲－安福－利溫－溥－世義－雨－允常－潁－後振－翊周－晉昌－世卜－渭擧－錫章－斗重－文會－－淳으로 이어지는 가계를 통해 최소한 기록상으로는 약 600여년에 이르는 증산의 혈통을 확인할 수 있다.[57] 증산의 12대조인 世義가 古阜에 낙향하여 그 후손들이 이 지역에 살게 되었으며, 증산의 8대조 後振부터 증산의 부친에 이르기까지는 특별한 벼슬이 없이 농업을 경영하던 선비였다고 전한다.

따라서 세계에도 드문 족보라는 한국의 전통적인 기록물에 의해 증산의 역사적 실존은 증명되었다. 한편 족보에는 一淳의 字가 士玉이며, 호가 甑山이며, 辛未生이며, 그의 제사일이 6월 24일이라는 사실이 적혀 있다.[58] 족보상으로는 증산이 죽은 해를 알 수 없지만, 증산이라는 인물에 대한 기본적인 사항이 경전기록과 일치한다.

이 족보 이외에 증산의 삶을 알아볼 수 있는 비교적 객관적인 자료는 더 이상 없다. 증산은 생전에 사진 한 장 남기지 않았고, 현재 전하는 그의 유일한 친필저작이라는 『현무경』도 원본은 존재하지 않는다. 역사적 사실로 분명한 것은 그가 이 땅에 태어났었고 죽었다는 사건이다. 이제 역사적으로 이미 죽어버린 증산이 아니라, 종교적으로 지금도 믿는 이의 기억을 통해 살아 있는 증산을 찾아서 그의 가르침이 갖는 본질을 규명해 보자. 물론 필자의 연구는 신앙대상으로서의 증산을 찾자는 것이 아니라, '현재 종교적 인물로 믿어지는 증산의 역사적 삶을 재구성하는 것'임을 밝혀둔다.

---

57) 姜大崑 刊編, 『晉州姜氏世譜』(京城, 晉州姜氏譜所, 1928) 卷 2制, 衍6湯, 卷 17菜에 실려 있다. 증산의 이름은 卷 17菜에 적혀 있다. 『진주강씨세보』는 국립중앙도서관 한 58－가 4-14(필림번호 3779)이며, 新活字本 18冊이다.
58) 대부분의 사람들은 葬地가 기록되어 있는데, 증산의 묘소에 대한 기록은 없다.

다. 증산의 가족관계

ㄱ) 증산의 부모

증산의 부모에 대해 『대순전경』은 "부친의 이름은 興周요, 모친은 權氏
오……"라고 기록했다.[59] 증산의 모친의 이름은 밝혀져 있지 않다. 이는
당시 조선사회에서 여성의 이름이 기록화 되지 않았던 전통에 근거한 것으
로 보인다.[60] 후대에 이르러 『증산교사』에 다음과 같은 기록이 보인다.

> ……부친의 이름은 文會 字는 興周요, 모친은 權良德인 世世農民의 가정
> 에서 탄강하시니……[61]

위의 기록에 의해 『대순전경』에서 증산의 부친의 이름을 興周라고 기
록한 것은[62] 그의 字를 잘못 적었다는 사실이 확인되었다. 그리고 『대순
전경』에는 언급되지 않았던 증산의 모친 이름이 권양덕이라는 점도 밝혀
졌다. 증산의 부친이 돌아간 해는 1916년이며,[63] 증산의 모친이 죽은 해
는 1926년이다.[64]

한편 증산이 죽은 다음에 만들어진 『除籍謄本』에 따르면, 증산의 가족
들에 관한 몇 가지 정보를 알 수 있다.[65] 그리고 증산의 모친인 權良德

---

59) 『대순전경』 1장 2절.

60) 실제로 『대순전경』에는 여성의 이름이 명시된 일이 없다. 鄭氏 夫人, 高首婦, 증
산의 누이동생 등의 표현만 있기 때문에 경전에서는 그 이름을 알 수 없다.

61) 이정립, 『증산교사』(증산교본부, 1977), 2쪽-3쪽.

62) 한편 족보에 따르면 증산의 부친은 원래 漢重의 아들인데, 斗重의 아들로 入系되
었던 사람이다. 그는 丙午年(1846)에 태어났으며, 제사일은 12월 2일이며, 墓는
先塋下 申坐에 썼다.

63) 선사 나이 열세 살이 되어……조부께서 별세하시니…… (제1장 幼少時代 6절) 金
炳徹, 『華恩堂實記』(甑山法宗敎, 1960), 24쪽.

64) ……丙寅年(1926년, 필자 주) 오월에 聖母 權夫人이 손바래기 본댁에서 별세하심
에……이정립, 앞의 책, 149쪽.

은 安東 權氏로 부친 權化逸과 모친 鄭氏 사이에 장녀로서 1848년 10월 5일에 태어났으며, 1927년 6월 28일 오후 8시에 사망했다고 적혀 있다. 『제적등본』의 기록과 『증산교사』의 기록은 년도가 차이가 나는데, 『증산교사』에 당시 증산의 제자들이 장례를 치렀다는 기록과 함께 각 교파 간의 의견 차이로 인해 폭력사태까지 났었다는 비교적 상세한 기록이 있는 것으로 보아 『제적등본』의 기록이 착오로 보인다.

ㄴ) 증산의 형제

『대순전경』에 "天師의 아우 永學"이라는 표현이 있는 것으로 보아 증산에게 남동생이 있었음을 알 수 있다. 그는 증산에게 글공부를 배웠다는 기록이 전하며,[66] 증산의 잔심부름을 하기도 했다.[67] 또 강영학은 術書에 탐닉하였다고 전하는데,[68] 1904년 2월경에 병들어 죽고 만다.[69] 족보에는 증산의 동생인 永學에 대한 기록이 없다. 아마 강영학이 일찍 죽었기 때문에 미처 족보에 실릴 수 없었기 때문이라고 생각된다.

한편 족보에는 증산에게 여동생이 있었다는 기록이 있는데, 족보의 속성상 그녀의 이름은 적혀 있지 않다. 다만 그녀가 密陽 朴氏인 朴靈鎭에게 시집갔다고 적혀 있다. 경전기록에는 다음의 기록이 증산의 여동생과

---

65) 물론 이 행정관청의 자료는 1950년 10월 26일에 火災로 인해 滅失되었던 것을 1955년 2월 10일에 다시 만든 것이어서 자료적 가치가 떨어진다는 한계가 있다. 『제적등본』에는 증산의 이름이 姜一順으로 기록되어 있으며, 증산의 본댁은 전라북도 井邑郡 德川面 新月里 435번지였다고 한다.

66) ……그 아우 永學과 이웃 學徒를 모와 漢文을 가라치시니…… 『증산천사공사기』 3면.……아우 永學과 亨烈의 子 贊文과 그 이웃 學徒를 가라치시다.…… 『증산천사공사기』 4면. 따라서 김형렬(1862~1932)의 아들과 나이가 비슷했던 것으로 짐작된다.

67) ……아우 永學을 불러 內室에 잇는……紙片을 가져오게 하야…… 『증산천사공사기』 8면.

68) 『증산천사공사기』 25면.

69) 『증산천사공사기』 29면~30면, 『대순전경』 2장 19절, 26절, 27절.

관련된 유일한 기록이다.

> ……扶安으로부터 古阜 立石里 朴昌國 (天師의 妹家)의 집에 와 머무
> 사……이 째에 天師의 妹 朴昌國夫人이 발을 벗고 풀밧헤 단이거늘……이
> 째에 박창국은 喪人이라. …… (『증산천사공사기』 52면)

> 이 뒤에 古阜 立石 朴昌國의 집에 이르시니, 창국의 아내는 天師의 누이
> 라. …… (『대순전경』 2장 44절)

증산이 고부군 입석리에 있던 결혼한 누이동생의 집에 찾아갔을 때, 그
의 매제인 朴昌國은[70] 喪을 당했었다고 전한다. 당시에 증산이 사돈집의
喪禮에 참여했던 것으로 짐작된다. 증산의 여동생과 관련되는 행적은 더
이상 알려지지 않는다. 이름이 전하지 않는 증산의 여동생은 1922년 7월에
죽었다.[71]

증산의 형제는 남동생과 여동생이 각각 한 명씩 있었다. 그의 동생들에
관해서는 부정석으로 기록되거나 극히 단편적인 기록이 남아 있는 것으로
보아, 그들이 증산의 생애를 알아보는 데 있어서 요긴하지 않다고 판단했
던 후대 성전기록자의 평가를 알 수 있다.

　ㄷ) 증산의 부인

증산이 결혼한 때는 21세 되던 辛卯年(1891년)이라는 전언이 있다.[72]
증산이 15세 때에 결혼했다는 기록이 전하기도 하는데,[73] 이는 소설 형식

---

70) 족보에는 靈鎭으로 적혀 있다.
71) ……壬午年 (1922년) 칠월에 고모가 별세하였다는 소식을 들으니…… (제1장 幼少
　　時代 7절) 김병철, 앞의 책, 25쪽.
72) 김병철, 『中和經』(증산법종교, 1955), 1면-2면.
73) 吳牧鄕, 『영원한 合唱』(白文社, 1962), 40쪽에 "열다섯 살 난 증산 소년은 함박눈이
　　펑펑 쏟아지는 날 겨울에 내주평 정씨 문중으로 장가를 들었다."라고 적혀 있다.

의 책자이므로 신빙성이 부족하다.[74]

『증산천사공사기』에는 증산의 결혼사실이[75] 명기되어 있지 않다. 다만 "甑山의 妻弟"라는 표현을 통하여 그의 결혼사실을 미루어 짐작할 수 있을 뿐이다.

> ……二十四歲(甲午)에 金溝郡 草處面 內住洞 鄭南基(天師의 妻弟)의 집에 書塾을 設하시고……(『증산천사공사기』 3면)[76]

증산이 서당을 차린 장소는 그의 처갓집이었다. 그런데 『대순전경』에는 증산이 처남인 정남기의 집에 서당을 차렸다는 기록이 보이지 않는다. 『대순전경』에는 증산이 서당 훈장을 했었다는 내용이 없는데, 이는 증산의 처가에 대해 굳이 기록하지 않으려는 편찬자의 뜻이 작용한 듯하다. 이러한 편찬자의 의도는 다음과 같은 기록을 통해서도 알 수 있다.

> 丁酉 (1897년, 필자 주)에 이르러 다시 鄭南基 집에 書塾을 設하시고……이때 鄭氏의 所藏한 儒仙佛陰陽讖緯의 서적을 통독하신 후……(『증산천사공사기』 4면).

증산이 전국을 돌아다니기 이전에 많은 서적을 읽을 수 있었던 것은 처가의 도움 때문에 가능했다. 증산의 처가에 소장된 서적이 많았던 것이다. 그런데도 『대순전경』에는 증산이 "佛仙陰陽讖緯의 모든 글을 읽으시고"라는 표현만 있어서,[77] 『증산천사공사기』에서 증산이 그의 처가에 소장된 글을 읽었다는 내용이 삭제된다. 이는 증산과 처가와의 관계를 약화시키려

---

74) 『증산천사공사기』 3면에 증산이 14~15세 때 집이 가난하여 학업을 중단하고 정읍군에서 남의 머슴이 되기도 했으며, 장성군까지 가서 나무꾼 노릇을 했다는 기록이 있다. 따라서 이때 증산이 결혼했을 가능성은 희박하다.

75) 『증산천사공사기』 137면에 "天師의 夫人 鄭氏"라는 언급이 있다. 그러나 증산이 결혼했다는 표현은 보이지 않는다.

76) 『증산천사공사기』 33면에도 "鄭南基(天師의 妻弟)"라는 기록이 있다. 그리고 93면에는 증산이 "정남기의 집에 갔다."는 기록도 있다.

77) 『대순전경』 2장 27절.

는 편찬자의 의도이다.

한편 1903년 7월경에는 정남기의 아들이[78] 증산의 신이한 능력을 빼앗으려 획책하다가 실패한 일이 있다.[79] 그리고 1904년 7월경에 一進會의 활동에 열성이던 鄭南基가 증산에게 일진회에 가입할 것을 강요하여 증산의 머리카락을 강제로 자르려 했던 일과 그 후 정남기가 敗家亡身했으며 그의 가족이 흩어졌다는 기록도 있다.[80] 이처럼 증산의 처가는 경제적 형편이 급격히 쇠락했으며, 가족들이 각기 생계방도를 찾아 흩어질 정도였다.

증산이 鄭夫人을 배우자로 인정했음은 1909년 2월에 처족을 방문하러 김제 내주평을 찾았다는 기록으로 확인된다.[81] 그런데 1909년 6월경에 다음과 같은 일이 있었다고 전한다.

> ……이 때에 天師의 夫人 鄭氏가 舅姑으게 不孝하야 家內가 不和함으로, 父 興周가 黃應鍾을 보내여 天師께 이 事實을 말하게 하얏더니, 應鍾이 天師께 뵙고 稠人中에서 舅姑不和의 일을 아뢰니, 天師께서 들으시고 鬱鬱不樂하시며……(『증산천사공사기』 137면)

> ……형렬을 명하사 古阜 本家에 가서 薄妻함을 聲明하고 도라오라 하시니, 형렬이 응락하고 가지 아니하니라.(『증산천사공사기』 141면)

"天師의 부인 정씨"라는 표현에서 증산의 부인이 정씨임이 분명하게 밝혀진다. 증산의 부인이 시부모에게 불효하여 집안이 화목하지 못했으며, 이를 전해들은 증산의 심기가 매우 불편했다는 내용이다. 이윽고 증산이 아내를 소박 맞힌다는 결정을 내리고, 제자를 시켜 본가에 알리도록 했다. 그런데 증산이 죽기 직전에 있었다고 전해지는 이 이야기는 실제로 행해지지는 않았다. 증산의 명을

---

78) 이름이 鄭榮玼라고 한다. 丁永奎 撰述, 姜石幻 發行, 『제3장 任運造化』 2절, 『天地開闢經』(원불교출판사, 1987), 170쪽.

79) ……가라사대 南基의 집이 大破하리라 하시더니……(『증산천사공사기』 25면─26면).

80) "그 후에 南基는 敗家亡身하고 그 遺族이 流離하니라. ……"(『증산천사공사기』 33면)

81) 『증산천사공사기』 123면─124면.

들은 제자가 본가에 가서 알릴 틈도 없이, 증산이 죽었던 것이다. 이 이야기는 증산이 부인과의 사이가 좋지 않았음을 강조하기 위해 기록된 것으로 평가된다.

한편 증산의 결혼사실은 『대순전경』에는 "鄭氏 夫人"이라는 표현이 있는 점으로만 짐작할 수 있다.[82] 그러나 이 부분에서 정씨 부인이 증산에게 "이제 그만 돌아다니시고 집에서 남과 같이 재미있게 살림이나 합시다."라고 말하자, 증산이 "그렇게 적은 말이 어디 있느냐?"라고 반문했다는 내용이 전한다. 어쨌든 증산은 결혼생활에 만족하지 못했을 것으로 짐작되며,[83] 그가 정씨 부인과의 말싸움이 있었던 辛丑年(1901년) 가을 이후에는 "이로부터는 집을 가까이 아니하셨다."라는 기록될 정도였다.

『증산천사공사기』에서 증산이 제자의 입을 통해 부모와 자신의 부인 사이에 불화함을 전해 들었다는 기록은, 『대순전경』에는 "張孝淳의 難"[84]을 당하게 된 이유로 설명된다. 즉 "장효순의 난 직전에 古阜家庭에 분란이 있었음."이라는 편찬자의 설명이 덧붙여져 있다.[85]

이 사건이 일어났던 이유에 대해 증산은 "자신의 집안에 분쟁이 일어났기 때문에 이를 방치하면 세상의 큰 재앙이 될 것이므로 스스로 해결했

---

82) 鄭氏 夫人이 간곡히 말씀하야 가로대……(『대순전경』 1장 33절)
83) 오목향, 앞의 책, 41쪽-42쪽. 정부인은 한쪽 발이 절름발이였으며, 걸음을 걸을 때는 온몸을 보기에 조차 흉하게 여덟 팔자로 내흔들 정도였다고 전한다.
84) "장효순의 난"이란 1904년 1월 15일에 있었던 사건이다. 장효순이라는 사람의 손자가 급병에 걸려서 증산에게 치료해주기를 청했는데, 이때 증산이 술을 마시고 자다가 냉수나 먹이라고 말했다. 장효순이 그대로 행하자, 갑자기 그 아이가 죽어버렸다. 장효순이 이를 보고 크게 노하여 증산이 고의로 약을 잘못 가르쳐 주었기 때문에 아이가 죽었다고 생각하고, 곤봉을 가지고 증산을 난타하고 그를 묶어 관청에 끌고 갔다. 장효순은 관청에 다다르자 갑자기 증산을 풀어주었는데, 이는 증산에게 돈을 갈취하려 했기 때문이라고 전한다. 어쨌든 증산이 어디론가 도피하자, 장효순의 가족이 증산이 갈만한 곳을 찾아 행패를 부리며 다녔다. 이 때문에 증산의 가족도 全州郡 雨前面 花亭里에서 泰仁 屈峙로 이사했으며, 증산의 제자였던 徐元主는 전주에서 영업 중이던 藥局마저 폐쇄하고 益山으로 도망갈 정도였다. 결국 증산이 의료행위와 관련하여 환자의 가족에게 행패를 당한 사건이 장효순의 난이다.
85) 『대순전경』 2장 24절.

던 것"이라고 말했다. 그러나 이러한 증산의 말과 편찬자의 덧붙임은 『증산천사공사기』에는 없다. 그리고 증산의 부인이 시부모에게 잘못 처신하고 있다는 『증산천사공사기』의 이야기는 『대순전경』에는 다음과 같이 기록된다.

> 구릿골에 계실 새 하루는 황응종이 와서 뵈옵고 夫人에 대한 親命을 傳하였거늘, 天師께서…… 여러 종도들에게 일러 가라사대 家庭事는 親命대로 처리하노니 너희들이 證人을 설지니라 하시고……(『대순전경』 4장 13절)

『대순전경』에 위의 일은 1904년 9월경에 일어난 일이라고 적혀 있다. 『증산천사공사기』에는 1909년 6월경의 사건으로 기록되어 있었는데, 『대순전경』에는 그보다 무려 5년 전에 발생한 일로 와전되었다. 『증산천사공사기』에서 증산이 했던 "아내를 소박 맞힘"이 이제 『대순전경』에서는 "증산의 부친이 며느리를 내쫓음"이라는 "親命"으로 바뀌었다. 이러한 기록의 차이는 증산의 배우자인 정부인에 대한 의도적 폄하이다. 어쨌든 증산과 정부인과의 사이가 원만하지 못했다는 사실은 위의 기록들을 통해 재차 확인된다.

한편 『제적등본』에는 이제껏 鄭夫人으로만 알려진 증산의 부인이 鄭治順이라고 기록되어 있다. 그녀는 1876년 7월 3일에 延日 鄭氏인[86] 아버지 鄭治丸과 어머니 金氏 사이에서 長女로 태어났다고 적혀 있다. 정씨 부인은 1928년 8월에 죽었다.[87]

ㄹ) 증산의 자녀

증산은 2남 3녀의 자녀를 두었는데, 그 가운데 막내딸 하나만 남기고

---

86) 그런데 족보에는 증산의 부인이 東萊 鄭氏 致煥의 딸이라고 적혀 있다.
87) ……정씨 성모께서 신환을 얻으사 수년간 정황없이 신고하시다가, 선사께서 스물 네 살 되시던 戊辰年(1928년) 팔월 십오일에 선화하시니……(제 1장 幼少時代 9절) 김병철, 앞의 책, 28쪽. 한편 "오십 오세의 기구한 생애를 생각하니"라는 기록으로 볼 때, 그녀는 1874년생이었던 듯하다.

나머지 자식들은 일찍 죽었다고 전한다.

> 聖父께서는 화은당 위로 이남 이녀를 두신 바 있어, 그 용모가 비범하여 조부
> 께서는 무한히 애중한 마음을 두셨으나, 성부께서는 웬일인지 집에 들어오시면
> 아이들을 눈앞에 서지도 못하게 하시고, 그의 부친에게 말씀하시기를 "이 아이
> 들은 일곱 여덟 살이 되면 모두 죽을 것이니 사랑하지 마시옵소서."하고 간하
> 여 오시다가, 사남매는 정말 일곱 여덟 살이 되어서 모두 죽었다.[88]…… (『華恩
> 堂實記』 제 1장 幼少時代 3절)[89]

증산이 사남매를 두었으나 어릴 때에 모두 잃었다는 위의 기록은 그가 가
정생활에 취미를 붙이지 못했던 사정을 알려준다. 그리고 증산이 천지공사를
본다고 주장하면서 집안 살림을 전혀 돌보지 않았으며, 증산의 부친도 실성
해서 유랑했다는 기록을 볼 때,[90] 당시 증산의 가정은 매우 곤궁했음을 짐작
할 수 있다. 증산의 유일한 혈육으로 전해지는 姜舜任의 탄생기록은 다음과
같다.

> 禪師는 姜甑山 天師의 유일한 혈식으로서 단기 四二三七년(서기 1904년) 甲辰
> 정월 십오일 자시에 현 전라북도 정읍군 덕천면 신월리에서 탄생하셨으니, 이름

---

88) 또 다른 기록에는 증산이 1남 1녀를 두었으나 일찍 죽었다고 전한다. "상제께서
   아드님과 따님을 두었던 바, 容姿가 뛰어나 어여쁘거늘 兪德安이 사랑하며 어여
   쁘다 칭찬하니, 들으시고 가라사대 너무나 지나치게 사랑하지 마라. 장차 사람노
   릇 못하리라 하시더니, 과연 아드님은 네 살에 요절하고 따님은 열세 살에 요절
   하였다 하니라." 丁永奎 撰述, 姜石幻 發行, 앞의 책, 216쪽-217쪽. 그리고 『증
   산의 생애와 사상』(대순종교문화연구소, 1979), 39쪽에는 증산이 일남 이녀를 두
   었었는데 이들이 모두 일찍 죽었다고 적혀 있다.
89) 김병철, 앞의 책, 18쪽.
90) 그 때(1904년 무렵, 필자 주)는 성부께서 전혀 가정을 돌보지 못하신 채 천지공사
   를 주재하시고 계시던 때라 가세는 기울대로 기울었으며, 선사의 조부는 실성하
   여 객지에 유랑하고 있었다.……성부께서는 선사 탄생 전부터 시작하신 天地公事
   를 주재하시느라고 古阜 本家에는 한 해에 두서너 차례 밖엔 내왕이 없으시더
   니……김병철, 앞의 책, 18쪽-21쪽.

은 舜任이요, 華恩堂은 그의 號이니라.(『화은당실기』 제 1장 幼少時代 1절)91)

강순임은 훗날 甑山法宗敎를 창립한 인물이다.92) 그런데 당시 公事에 열중한 증산은 자신의 딸을 돌보지 않았다.93) 증산은 천지공사를 시작한 다음부터는 자신의 집에 "한 해에 두서너 번 찾았다."라고 적혀 있을 정도로 왕래가 거의 없었다. 딸이 태어났을 무렵에 잠시 집을 찾았다고 전하는 증산은, 자신이 죽기 전에 잠시 동안 어린 딸과 함께 처족을 찾아다녔다고 한다. 훗날 강순임은 자식을 두지 않고 1959년 4월 1일에 죽었다.94) 이로써 증산의 혈통은 끊어졌다.

한편 족보에 따르면 永鐸의 아들인 庚申年(1920)에 태어난 吉馨이 甑山 死後에 入系되었다고 적혀 있다. 족보가 제작된 1928년 이전에 이미 양자로 받아들여졌던 것이다. 그런데 1973년 5월 1일에 증산의 再從叔인 聖會의 손자인 姜炅馨(1920~1993)이 호적상 다시 養子入籍수속을 밟았다.95) 당시 그가 행한 양자입적절차에 따라 증신의 『제적등본』이 만들어졌던 것이다. 호적상 강경형의 生父가 永鐸이며 그의 생년이 1920년이라는 점으로 보아 족보의 吉馨과 동일인물이 분명하다.

증산은 친척들과도 별로 교류하지 않았다고 전하는데, 그 이유에 대해 증산은 行列에 따라 자신에게 下待하면 神明들이 不敬하다고 벌을 주기 때문이라고 주장했다.96) 그런데 증산이 자신의 再從叔에게 병풍을 만들

---

91) 김병철, 위의 책, 17쪽.
92) 그녀의 행적을 기록한 『華恩堂實記』에는 증산이 그녀에 대해 "이 아이라야 장차 나의 일을 빛내게 될 것이라."고 이야기했다는 것과 그녀가 태어났을 때 오랫만에 집에 와서 죽기 직전의 그녀를 살렸으며, 태어난 지 21일째 되는 날에는 주문을 외우고 무당을 불러 굿을 하기도 했다는 기록이 있다. 김병철, 위의 책, 19쪽~21 쪽. 그런데 강순임의 탄생일은 『증산천사공사기』와 『대순전경』에는 증산이 장효순의 난을 당한 날로 적혀 있다.
93) 김병철, 위의 책, 21쪽.
94) 김병철, 위의 책, 259쪽.
95) 당시 강경형은 단독으로 양자입적 절차를 밟은 것이 아니라, 양자 선정자 친족대 표인 姜元馨과 함께 입양신고를 했다.

어 준 일이 『대순전경』에 적혀 있다. 이에 대해 증산 사후 증산교단에서
는 "수십 년 후에 증산에게 入繼된 姜石幻에게 준 警戒文이라고 풀이한
다.97)

ㅁ) 증산과 관련된 여성

1904년 9월 무렵에 다음과 같은 일이 있었다고 전한다.

> 구릿골에 계실 새 하루는 황응종이 와서 뵈입고 夫人에 관한 親命을 전하였
> 거늘, 天師께서……또 가라사대 公事에는 首婦가 있어야 하나니 首婦를 천거하
> 라 하시니, 형렬이 둘째딸로 하여금 隨從들게 하니라.(『대순전경』 4장 13절)

증산이 사용하는 首婦라는 말에 대해 후대의 증산교단에서는, 증산의
권능을 입어 증산과 대등한 자격으로 천지공사에 참여하여 천하 모든 여
성의 권리를 천지공사에 반영시킨 '천하 모든 여인의 머리가 된 사람'이
라고 믿는다.98) 어쨌든 증산은 "公事에는 首婦가 있어야 한다."라고 말하
고, 公事를 보는 과정에서 자신의 잔심부름을 하는 여성을 首婦라고 불
렀다. 김형렬의 둘째딸은 훗날 이른바 金首婦라고 불렸는데, 그녀의 이름
은 전하지 않는다.

후대의 증산교단에서 首婦는 증산과 종교적으로 결혼한 여성으로99) 기

---

96) 『대순전경』 3장 132절.
97) 『대순전경』 3장 161절. 석환은 강경형의 다른 이름이다.
98) 洪凡草, 『首婦論』(프린트본, 1973), 2쪽. 나아가 女性의 최고대변자, 진리의 보증
　　인, 度數의 증인, 천지 여성의 두목, 敎運의 주창자 등으로 해석하기도 한다. 안경
　　전, 앞의 책, 338쪽-345쪽.
99) ……형렬은 둘째딸을 首婦로 들여세우기로 하여 天師께 侍奉하게 하였으나, 형렬
　　의 성질이 우유부단하여 누차 엄명하심에도 불구하고 外間의 비방을 꺼려하여 正
　　式行禮를 회피하므로……天師께서 公事를 마치신 뒤에 비로소 親命을 받들어 鄭
　　夫人과 離緣하심을 聲名하심과 동시에 金夫人을 首婦로 正式冊立하셨는데……이
　　정립, 앞의 책, 38쪽-39쪽.

록된다. 증산이 죽기 전날인 1909년 6월 23일 오전에 제자들에게 "이제 때가 바쁜지라. 너희들 중에 壬戌生으로서 누이나 딸이 있거든 首婦로 내세우라."고 말했다. 이에 김형렬이 "首婦는 저의 딸로 들여세우겠나이다."라고 응했다.100) 이때 증산이 "禮式"이라고 표현하고 后妃라는 글을 써서, 새 세상을 이끌 제왕의 부인을 상징했다. 이 金首婦는 증산이 죽은 다음 다른 사람에게 시집갔으나, 얼마 못가서 喪父하고 병들어 친가로 돌아와서 앓다가 1911년 9월 24일에 사망했다.101)

그런데 김형렬의 둘째딸은 『대순전경』에는 "結婚", "首婦" 등의 용어와 관련되어 등장하지 않는다. 『대순전경』에 首婦라고 지칭되는 유일한 인물은 高首婦이다. 『증산천사공사기』에는 증산이 그녀의 눈병을 고쳐주었다는 짤막한 기록이 유일하다.102) 그러나 『대순전경』의 판을 거듭할수록 그녀에 대한 경전기록은 급격하게 증가하며,103) 마침내 증산과 "結婚"했다는 다음과 같은 기록이 남아 있을 정도이다. 『대순전경』에 결혼이라는 표현은 이것이 유일하다.

(1907년, 필자 주) 동짓달 초사흗날 天師께서 高夫人을 맞아 結婚하실 새, 부인에게 일러 가라사대 내가 너를 만나려고 십오 년 동안 精力을 들였나니104) 이로부터 天地大業을 네게 맡기리라 하시고……(『대순전경』 3장 31절)

증산의 정부인과의 결혼사실은 "천사의 처남", "처족을 방문했다."는 기

---

100) 『대순전경』 9장 27절. 세수시키고 새 옷을 입고 들어온 김형렬의 딸에게 증산은 藥藏 주위를 세 번 돌게 한 다음 그 옆에 서게 하고, "大時太祖 出世 帝王 將相 方伯 守令 蒼生點考 后妃所"라는 글귀를 적어 약장에 붙인 다음 "이것이 禮式이니 너희들이 증인이니라."라고 말하고 그녀를 돌려보냈다.

101) 이정립, 앞의 책, 49쪽-50쪽.

102) ……井邑 高夫人이 眼病으로 고통하고……(『증산천사공사기』 94면) 그런데 『대순전경』 2장 103절과 105절에는 이 부분이 더욱 자세하게 기록된다.

103) 김탁, 『증산교의 교리체계화과정』, 앞의 책, 217쪽-222쪽.

104) 아마도 증산이 21세 때 결혼한 다음부터 계산한 햇수인 듯하다.

록들에서 간접적으로만 알 수 있었을 뿐인데, 高夫人과는 "결혼했다."는 직접적이고 명확한 기록이 있다. 이는 정부인과의 俗되고 인간적인 결혼과는 달리, 증산이 고부인과 聖스럽고 종교적인 결혼을 했음을 강조하기 위한 기록으로 평가된다. 증산은 고부인과 결혼한 다음에 "天地大業을 네게 맡기리라."라고 말하여, 그의 모든 권능과 종교적 행위로서의 천지공사의 책임을 高부인에게 일임했다는 점을 강조한다.

마침내 증산이 고부인과 종교적 결혼을 한 일이 제자들에게도 널리 알려지게 된다.[105] 그리고 결혼할 때 증산은 고부인에게 "내가 너 되고 네가 나 되는 일"이라고 말하여 一心同體의 부부가 되었음을 선언하기도 했다. 증산은 고부인과 결혼한 다음에는 그녀에게 "모든 일을 가르쳤다."고 전한다.[106] 그리고 증산은 고부인에게 "천하 사람의 두목이 될 것이며, 속히 道通하리라."고 말해주기도 했다.[107]

특히 "天師께서……바로 부인과 의논하야 조처하시니라."라고 기록될 정도로 증산은 고부인을 신임했으며,[108] 고부인과 함께 공사를 보기도 했다.[109] 그리고 1909년 1월 3일에는 고부인과 차경석에게 자신을 대신하여 告祀를 지내게 하기도 했다.[110]

증산이 고부인에게 一等으로 정하여 "모든 일을 맡겼다."는 기록은[111] 고부인이 증산이 죽은 다음 1911년 9월에 교단을 처음으로 개창한 일로

---

105) 증산이 高부인과 종교적 결혼을 했다는 사실은 신랑이 처갓집에서 처갓집 식구들에게 시달림을 받는 同床禮를 증산이 제자들이 보는 앞에서 받았다는 기록으로도 확인된다.(『대순전경』 4장 64절)
106) 인하야 부인에게 모든 일을 가르치시고, 文命을 쓰실 때에도 반드시 부인의 손에 붓을 쥐게 하시고, 天師께서 등 뒤에 겹쳐 앉으사 부인의 손목을 붙들어 쓰이시니라.(『대순전경』 3장 32절)
107) 天師께서 매양 高夫人의 등을 어루만지시며 가라사대, 너는 福童이라 장차 천하 사람의 頭目이 되리니 속히 道通을 하리라 하시니라.(『대순전경』 3장 127절)
108) 『대순전경』 4장 69절.
109) 『대순전경』 4장 37절, 4장 116절, 4장 117절 등이 관련기록이다.
110) 『대순전경』 4장 131절.
111) 『대순전경』 4장 66절.

실제화 되었다고 믿어진다. 나아가 증산은 고부인과 함께 天地굿을 벌이고, 그녀에게 巫黨度數를 붙였다고 전한다.[112] 즉 증산에 의해 "천하일등무당"으로 불려진 고부인에게 빌어야 산다고 말해질 정도로, 고부인은 증산에게 권능을 부여받은 인물로 믿어진다.

고부인은 長澤 高氏이며 이름이 判禮이다. 부친 高德三과 모친 朴氏 사이에서 1880년 3월 26일에 潭陽郡 武面 成道里에서 태어났다. 그녀가 태어난 지 여섯 달 만에 부친이 죽었으며, 1889년경부터 정읍군 입암면 대흥리로 이사해서 이모부인 車致九를 따라서 東學을 믿었다.[113] 그녀는 15살 때 차치구의 중매로 태인에 사는 申氏와 결혼했다고 전한다.[114] 남편이 병들어 죽자[115] 그녀는 대흥리로 돌아와서 모친을 모시고 살고 있다가 증산과 만났다고 전한다. 고부인은 증산이 죽고 나서 최초의 증산교단을 창립하여 후대 증산교단의 발전에 지대한 공을 세우고 1935년 10월 5일에 죽었다.[116]

초기의 경전에는 고부인에 관한 기록이 단 한 건만 기록되다가, 『대순전경』에 고부인 관련기록이 증보되면서 고부인에 대한 승산의 평가가 극에 이른다. 이는 『대순전경』의 편찬자가 1931년 7월에 고부인을 만나면서부터 얻은 새로운 이야기에 기인한 것이다. 즉 『대순전경』의 편찬자는 高夫人을 高首婦로 종교적 재평가를 내리면서 교리화시켰으며, 이를 통해 "高首婦를 모시고 있는 자신의 교단"이 증산의 가르침을 올바르게 계승하고 합당하게

---

112) ······이것이 天地굿이니 너는 天下一等巫黨이요, 나는 天下一等才人이라. 이 黨 저 黨 다 버리고 巫黨의 집에서 빌어야 살리라 하시고 巫黨度數를 붙이시니라.(『대순전경』 4장 124절) 같은 내용이 4장 65절에도 있다. 그런데 일반적으로 무당은 巫堂으로 표기해야 한다.

113) 이정립, 위의 책, 220쪽-221쪽. 따라서 차경석과는 姨從間이다.

114) 오목향, 앞의 책, 255쪽. 홍 우, 앞의 책, 75쪽-76쪽.

115) 『영원한 합창』에는 결혼 3년 만에 남편이 죽었다고 한다. 반면 車京石의 弟嫂인 朱判禮의 증언에 의하면 고부인의 나이 29살 때의 일이라고 하며, 太宗이라는 딸이 있었다고 한다. 洪凡草, 『汎甑山敎史』(한누리, 1988), 24쪽. 그러나 고부인이 증산을 만난 때가 1907년 11월 무렵이었으므로 29살에 喪夫했다는 전언은 무리가 있다.

116) 이정립, 앞의 책, 294쪽.

집행해 나갈 유일한 교단이라고 주장했던 것이다.[117]

라. 증산의 학업관련기록

증산은 전통적인 교육과정에 따라 6세 때부터 서당에 가서 漢文을 배웠다고 전하는데, 항상 장원을 할 정도로 뛰어난 학업성취를 보였다.[118] 그의 한문구사능력은 "어려서부터 詩文에 능하사"라고[119] 표현될 정도였다. 그러나 증산의 학업은 집안의 가난으로 인해 계속 이어질 수 없었다.[120] 따라서 기록상으로 볼 때, 증산은 약 8년에서 9년 정도 漢學을 배운 것으로 보인다.

한편 초기경전의 이와 같은 내용은 경전이 계속 편찬되면서, 증산이 점차 신이한 능력을 지녔던 존재로 확대 해석된다. "聰明과 慧識이 出衆하시므로 모든 사람에게 敬愛를 받았다.", "일곱 살 되던 때에 農樂을 보고 慧覺이 열렸다.", "일곱 살 때 訓長이 千字文을 가르칠 때 하늘 天字에 하늘 이치를 알았고, 땅 地字에 땅 이치를 알았다고 말하고 그 훈장을 돌려보냈다.", "서당에서 한문을 배우실 때 한 번 들은 것은 곧 깨달았다.", "詩를 지어 부친의 빚을 갚았다."[121] 등이 관련기록이다.

청년 증산은 24세 때 자신의 처가에서 서당을 열고 학동들에게 한문을 가르쳤다. 당시 동네사람들의 칭송을 들을 만큼 가르치는 법도를 엄격히 지켰던 증산의 서당은, 그 해에 일어난 동학혁명으로 인해 문을 닫을 수밖에

---

117) 김탁, 앞의 책, 221쪽-222쪽.
118) 『증산천사공사기』 1면-2면.
119) 『증산천사공사기』 2면.
120) ……원래 집이 가난하야 十四五歲에 學業을 中止하시고 四方에 周遊하사…… 『증산천사공사기』 2면.
121) 『대순전경』 1장 4절, 6절, 7절, 9절, 10절.

없었던 듯하다.

이후 증산은 27세 때 다시 처가에서 서당을 열고 학동들을 가르쳤다. 그러나 동학혁명의 실패를 목격한 증산은 "世道의 날로 그릇됨을 근심하사 匡救하실 뜻을 세웠다."고 전하며,[122] 세상구원의 뜻을 이루기 위해 서당을 폐지하고 사방의 인심과 정세를 살피기 위해 길을 떠난다.

증산이 서당을 열었다는 일은 분명하지만, 그 기간은 매우 짧았다. 왜냐하면 갑오년에 서당을 열었으나 바로 이어지는 기록에 "全琫準이 東學黨을 모아 兵을 들어 時政을 反抗하니 一世가 洶動되는지라. 이에 서당을 폐지하고 김형렬과 함께 피난 가서 글을 읽었다."는 기록이 나오며, 정유년(1887)에도 8월에는 공주에서 占卜을 행했다는 기록이 보이기 때문이다.

따라서 증산이 서당을 연 기간은 아무리 길게 보아도 1년이 넘지 못하는 짧은 기간이다. 그리고 서당운영이 그의 생계유지의 방편이 되지는 못했던 듯하다. 그의 서당은 동생이나 아는 사람의 아들 또는 이웃의 학동들이었다는 기록을 통해 짐작될 정도로 소규모적인 운영이다. 어쨌든 증산은 지역사회에서는 인정받을 만큼의 한문 실력을 소유하고 있었던 것으로 보이며, 한문서적을 충분히 읽을 정도이며, 漢詩까지 지을 수 있었던 인물이었다.

마. 증산이 본 책

동학의 발발로 인해 대사회적 눈을 새롭게 뜬 증산은, "匡救天下의 뜻"을 실현하기 위해 기존의 각종 종교 관련서적을 통독하면서 새로운 길을 모색했다. 그는 문제의 해결을 위해 기존의 전통적인 종교사상서들을 섭렵하면서, 자신의 새로운 사상체계를 이루기 위한 단서를 찾으려 했던 것이

---

122) 『증산천사공사기』 4면.

다. 증산이 보았다고 전하는 책의 이름이 밝혀져 있는 경우는 매우 드물다. 일단 책이름을 알 수 있는 부분만 간추려 살펴보도록 하며, 이 논문 3장 『공사사상의 내용』에서 그가 읽었을 것으로 확인되는 책에 대해 구체적으로 알아보도록 한다.

증산은 1902년 1월경에 부친의 친구가 언제 올 것인지를 미리 알고 있었노라고 주장하면서, 그 근거로 자신이 이전에 써놓았다는 글귀를 찾아오라고 동생에게 명했다.[123] 이때 증산의 방에 있었다고 전하는 책은 曆書였다. 四柱八字를 볼 때 가장 필요한 책이 바로 六十甲子가 年月日 順으로 배열되어 있는 曆書이다. 이는 당시에 증산이 "寅日, 人來寅艮方."이라는 글귀를 썼다는 점에서도 확인된다. 증산은 특정인이 자신의 집에 찾아올 것이라는 사실을, 음양오행설에 기초한 점치는 행위를 통해서 알았던 것이다. 결국 曆書는 증산이 애독한 책이었음을 알 수 있다. 그리고 1902년 8월경에 증산이 『千手經』, 『玉篇』, 『史要』, 『海東名臣錄』, 『康節觀梅法』 등의 서적을 공사를 보면서 불태웠다고 전하므로,[124] 그가 이 책들에 대해서도 잘 알고 있었다고 짐작된다.

또 증산은 1902년 6월에 제자에게 新約全書를 구해오라고 명했다.[125] 신약성경을 읽었다는 기록은 아니지만, 증산이 책이름을 구체적으로 알고 있었음은 분명하다. 아마도 증산이 그 내용을 읽었을 개연성은 충분히 있다.

한편 증산은 제자에게 『三略』 首章을 읽으라고 말하기도 했으며,[126] 『三略』의 글귀를 제자들에게 외워주며 잘 기억하라고 말하기도 했다.[127] 또 증

---

123) ……內室에 잇는 曆書 틈에 끼운 紙片을 가저오게 하야……(『증산천사공사기』 8면)
124) ……천사께서 玉篇을 取하야 불사르시며, 가라사대 나의 記憶하는 文字로 能히 事物을 긔록할지니라 하시고, 쏘 佛書 千手經과 史要와 海東名臣錄과 康節觀梅法과 亨烈의 債權記와 大學 等書를 다 불사르시니라.……(『증산천사공사기』 15면)『대순전경』 2장 8절에도 비슷한 내용이 적혀 있다.
125) 『증산천사공사기』 14면.
126) 『대순전경』 4장 22절.
127) 『증산천사공사기』 79면-80면.

산은 『桃李園序』라는 漢詩를 제자에게 읽으라고 요구하기도 했다.[128]

또 증산은 제자들에게 『七星經』과 『大學』의 중요성을 자주 일깨워주었고,[129] 『대학』의 글귀를 제자들에게 외워주기도 했다.[130] 더욱이 증산은 제자들로 하여금 『大學』右經 一章을 읽게 하여 나병을 낫게 한 일도 있으며,[131] 주막집 주인의 병을 제자들로 하여금 "大學之道, 在明明德, 在新民, 在止於至善."라는 구절을 읽게 하여 고쳐주었다.[132]

그리고 증산은 제자에게 『칠성경』의 글귀를 읽도록 했으며,[133] 『칠성경』을 21번 읽으라고 구체적으로 가르쳐 주기도 했다.[134] 증산은 제자로 하여금 『칠성경』을 종이에 쓰게 했으며,[135] 자신의 약장에 내려붙이기도 했다.[136] 나아가 그는 자신이 『칠성경』의 글귀를 바꾸었다고 주장했다.[137]

이 밖에도 증산은 제자들에게 『書傳』의 序文이 훌륭한 글이므로 많이 읽으라고 말해주기도 했다.[138] 『증산천사공사기』에는 증산이 자신의 약방에 『通鑑』과 『書傳』을 비치했다고 전한다.[139] 그런데 『대순전경』에는 이외에도 『周易』이 언급되며, 증산이 『주역』을 매우 귀히 여겼다는 기록이 있다.[140]

또 증산은 『통감』을 어린 학동들에게 가르치는 일은 옳지 않다고 주장했으

---

128) 『대순전경』 3장 133절.
129) ……七星經에 武曲破軍까지 넣어 끈치고 大學을 읽으라. 그러면 道를 通하리라. ……『증산천사공사기』 25면.
130) 大學에 物有本末하고 事有終始하니 知所先後면 卽近道矣라 하였으며, 其所厚者에 薄하고 所薄者에 厚할 이 未之有也라 하였으니 人道의 규범이니라.(『대순전경』 6장 143절)
131) 『증산천사공사기』 41면, 『대순전경』 8장 7절.
132) 『대순전경』 8장 49절.
133) 『증산천사공사기』 74면, 『대순전경』 2장 70절.
134) ……밤에 七星經 三七遍을 念誦하라. ……(『증산천사공사기』 77면)
135) 『대순전경』 3장 69절.
136) 『증산천사공사기』 88면.
137) "七星經에 文曲의 位次를 바꾸시니라."(『대순전경』 4장 36절)
138) 『대순전경』 3장 137절.
139) ……藥房에는 通鑑, 書傳 各 一秩을 비치하시니라.……(『증산천사공사기』 88면)
140) ……비로소 방을 쓰실 새 通鑑, 書傳, 周易 각 한 질과 ……周易은 開闢할 때 쓸 글이니 주역을 보면 내 일을 알리라 하시니라.(『대순전경』 4장 71절)

며,141) 자신의 동생이 『黃州竹樓記』와 『嚴子陵廟記』를 읽자, 이를 術書라고
규정하기도 했다.142) 그리고 증산은 제자에게 『方藥合編』을 사와서143) 붉은
점을 약 이름마다 점치라고 명하기도 했다.144) 이 밖에도 책명이 언급되어 있
어서 증산이 알고 있었으리라 짐작되는 책으로 唐畵周易도 있다.145)

　한편 『증산천사공사기』에는 언급이 없지만, 『대순전경』에 가장 많이 등
장하는 책은 『水雲歌辭』이다.146) 수운가사는 水雲 崔濟愚가 지은 가사모
음집인 『용담유사』를 가리킨다. "水雲歌詞에 새 기운이 감추어져 있다."라
는147) 증산의 말에서 그가 水雲의 가사를 탐독했다는 사실을 알 수 있다.

바. 증산의 경제적 형편

　증산은 집안이 가난하여 학업을 일찍 포기할 수밖에 없었고, 나무꾼과
머슴노릇까지 해야 했던 불우한 어린시절을 보냈다. 그러나 『대순전경』에
는 증산의 부친이 7세가 된 증산의 학업을 위해 獨訓長을 구해 가르치게
했으며, 증산이 아홉 살 되던 해에는 부친에게 청하여 "後園에 別堂을 짓
고 혼자 거처했다."는 기록이 전할 정도로 풍요로운 생활을 영위했던 것으
로 급격히 변화된다. 이는 증산교단이 발전되고 교리가 정립되어 체계화되

---

141) 시속에 어린 學童들에게 通鑑을 가르치나니, 이는 첫 공부를 是非로써 넣는 것
　　이라 어찌 마땅하리오?(『대순전경』 6장 32절)
142) 『증산천사공사기』 29면－30면.
143) 『증산천사공사기』 106면.
144) 『대순전경』 4장 152절.
145) 『증산천사공사기』 108면.
146) 『대순전경』에는 3장 20절, 4장 28절, 4장 88절, 6장 63절, 6장 84절, 6장 91절, 6
　　장 98절, 6장 133절, 6장 145절, 6장 146절 등에 수운가사라는 표현이 나오며, 3
　　장 23절에는 증산이 東學歌詞를 인용하였다.
147) 『대순전경』 6장 136절.

는 과정에서 증산이 신성화되면서, 그의 초라하고 일상적인 모습이 차츰 사라져간 사정을 반영한다.148)

그런데 증산이 아홉 살 되던 해와 13세 되던 해 사이에 증산의 부친이 "井邑에 사는 朴富豪에게 수백 냥의 빚이 있어서 독촉이 심했다."는 이야기가 전한다.149) 이러한 기록으로 보아 당시 그의 집안의 경제적 형편이 매우 어려웠다고 짐작된다.

또 증산의 부친이 "벼를 말렸다."는 기록이 있는 점으로 보아, 그가 농사일을 하고 있었음을 알 수 있다. 그리고 증산이 열세 살 되던 해에는 증산의 모친이 모시를 짜서 장에 팔았다는 기록도 있는데, 이때부터 가정형편이 급속히 나빠졌던 사정을 알려준다.

증산이 어려운 가정형편을 벗어나 처음으로 직업을 가질 수 있었던 것도 처가의 도움으로 가능했다. 증산이 그의 처가에서 열었던 서당에서 훈장노릇을 한 것이다. 그러나 그의 서당훈장생활은 동학혁명의 발발로 인해 여의치 않았으며, 몇 해 후에 다시 서당을 열기노 했지만, 그때는 증산이 세상을 구원하겠다는 자신의 뜻을 이루고자 스스로 문을 닫고 만다.

한편 증산은 1901년 7월에 成道라는 종교적 체험을 한 다음에 그 해 겨울부터 자신의 집에서 이른바 天地公事를 행했다. 1902년 4월 이후에 증산은 자신의 가르침을 따르는 사람들의150) 집을 전전하면서 생활했다.151) 1902년

---

148) 김탁, 『증산교의 교리체계화과정』, 앞의 책, 167쪽-168쪽.
149) 『대순전경』 1장 10절.
150) 증산이 생전에는 종교조직을 만들지 않았다는 것이 증산교인들의 믿음이다. 증산이 행했다고 믿어지는 公事에 증산의 권능에 의해 일부분씩 쓰임을 받은 추종하는 사람들인 '從徒'가 있었을 따름이지, 사회적 활동으로서 종교교단을 형성한 것은 아니라는 입장이다. 이는 창교주인 증산이 천지개벽을 주재하는 신성한 인물이므로 일반적인 종교지도자와 동등하게 취급받아서는 안 된다는 믿음의 표현이다. 그러나 필자는 이 글에서 일반적인 호칭이라고 할 수 있는 증산의 가르침을 따르는 弟子라는 용어를 사용하겠다.
151) 그는 1902년 4월에는 금구군 수류면 원평에 있는 김성보의 집에 머물렀으며, 그 직후에는 수류면 하운동에 있는 김형렬의 집에 머물렀다.(『증산천사공사기』 8면)

6월경에 증산이 김형렬의 집에 머무를 때 "종종 本宅에 왕래하시니"라는152)
기록이 있는 것으로 보아, 당시 증산의 가족은 古阜郡 優德面 客望里에 있
었다. 이때부터 증산은 집안의 생계를 꾸려나가지 않았던 것이다.

1903년 봄에 증산은 제자인 김병욱의 추천으로 자신을 찾아온 全州富
豪 白南信의 재산 삼십만 냥 가운데 10만 냥을 증서로 받아 公事를 보았
다. 그때 백남신이 무역을 하여 이익을 내자고 요청하자, 증산은 "謀利하
는 일이니 不可하니라."라고 말했다. 이는 증산이 이익을 도모하는 일에는
관심이 없었음을 단적으로 드러내 주는 말이다. 그러나 초기 경전에는 이
러한 내용이 없으며, 1903년 7월에 증산이 "금년에는 農作이 豊登케 하
야 米商을 하여 보리라."라고 말했다고 전한다.153) 어쨌든 당시에 증산은
충분히 생계를 도모할 기회와 금전을 가진 일이 있었지만, 그러한 일을 실
제로 행하지는 않았다. 그는 10만 냥이라는 거금을 사용할 수 있는 증서
를 신명을 불러들이는 일에 사용한다고 불태워버렸던 것이다.154)

1904년 1월 하순경에는 "그 때에 天師의 省率은 全州郡 雨田面 花亭
里 李京五의 집 협실에 移居하였다."는 기록으로155) 보아 당시 증산의 가
족들은 이경오라는 증산의 제자 집에 살고 있었다. 이경오는 증산이 처음
으로 병을 고쳐준 사람이다.156) 아마도 이 인연으로 증산의 가족이 이경오
의 집 한 칸을 빌려 살았던 듯하다. 고향을 떠나 좁은 방 한 칸에 얹혀살
았던 증산 가족의 행색이 초라하기 그지없다.

그런데 1904년 1월에 이른바 장효순의 난이 일어났을 때, 장효순의 가
족들이 증산을 찾아 花亭里까지 와서 행패를 부렸다. 마침내 증산의 가족
들은 화를 피하여 泰仁 屈峙로 피난하기에 이르렀다. 증산이 의료행위와
관련하여 환자의 가족으로부터 행패를 당하는 지경에까지 이르렀으며, 이

---

152) 『증산천사공사기』 15면.
153) 『증산천사공사기』 24면.
154) 『증산천사공사기』 19면.
155) 『대순전경』 2장 23절.
156) 『대순전경』 8장 1절.

행패가 그의 가족에게 미쳐 결국 그들마저도 멀리 도망치는 처지에 놓였던 것이다.

1904년 7월에 一進會가 조직되려는 움직임이 있자, 증산은 자신의 "본집 살림과 약간의 田畓을 팔아" 전주에 가서 걸인들에게 나누어 주었다.157) 증산은 겨우 남은 살림살이마저 걸인들에게 주면서 여기에 의미를 부여한다. 경전기록에는 나타나 있지 않지만, 당시 증산의 부모가 지녔던 심정은 절박했던 것으로 보인다. 둘째 아들이 병들어 죽고, 맏아들의 의료행위로 인해 멀리 도망쳤던 상황에서, 그나마 남은 재산마저 털어버리는 맏이의 모습을 지켜보았을 그들의 심사는 오죽이나 참담했을까? 어쨌든 증산이 경제적 능력을 가지지 않았으며, 오히려 자신이 가진 조그마한 재산이라도 자신의 이상을 이루기 위해 아낌없이 써버렸던 것을 알 수 있다.

증산을 따르던 사람들도 경제적 능력이 별로 없었다는 사실은, 1905년 3월에 증산의 일행이 술집 주인으로부터도 따돌림을 당했다는 기록으로 확인된다.158) 그리고 1907년 5월에 차경석이 증산을 처음 따를 때, 증산은 "용암리 물방앗집"에서 몇몇 제자들과 함께 기거하고 있었는데, "食事와 凡節이 너무 험악하여 잠시라도 견디기 어렵더라."라는 표현이 있을 정도로 가난한 생활을 영위하고 있었다. 마을에서 멀리 떨어져 있는 물방앗간에서 남정네 몇 명이 어울려 생활하는 모습은 그 궁핍함이 처량할 정도이다.

한편 1908년 초엽에도 증산의 집안형편은 나아지지 않았다. 증산은 제자들이 자기 집안에 물건이나 돈을 가져오는 일을 엄하게 금했다. 어떤 제자가 증산의 가족이 너무 좁은 집에 살고 있는 모습을 보고 민망히 여겨 집을 구해줄 정도였다.159) 1908년경에 증산이 제자의 아들이 혼례를 치

---

157) 이때 증산이 "저희들의 이번 운동에는 각기 제 재산을 쓰게 할 것이오, 갑오년과 같이 백성에게 폐를 짓지 못하게 하리니, 내가 솔선하여 모범을 지어야 하리라." 라고 말했다고 전한다.(『대순전경』 4장 11절) 이와 관련하여 증산이 門中 재산까지 다 없애면서 공사를 보았다는 기록도 있다. 김병철, 앞의 책, 23쪽.

158) 『증산천사공사기』 48면.

159) 『대순전경』 3장 48절. 그러나 집을 사 준 사람은 증산의 꾸지람을 받았다.

를 때 "여러 사람이 물품과 돈으로 扶助하거늘, 天師 가라사대 나는 부조할 것이 없으니 日氣로나 부조하리라."고 말한 적이 있다.[160] 여기서 "나는 부조할 것이 없다."는 증산의 말은 물품이나 금품으로 부조할 것이 없을 정도로 가진 것이 없다는 말인 듯하다.

1908년 4월에 증산은 김준상이라는 제자의 집에 방 한 칸을 수리하여 "백남신에게 돈 천 냥을 가져와서" 약방을 차렸다.[161] 그리고 증산이 "김병욱을 불러 약 삼백 냥 어치를 사오라."고 말했다는 기록으로[162] 보아 약재도 제자들의 힘을 빌려 마련했던 듯하다. 결국 증산은 스스로 투자한 것이 없이 약방을 차렸던 것이다.

사. 증산의 생계유지방법

이제 증산이 어떻게 생계를 유지해 나갔는지를 전하는 자료를 통해 알아보자. 먼저 증산이 匡救天下의 뜻을 품고 天下遊歷의 길을 떠난 1897년의 상황을 살펴보자. 당시 증산은 특별한 준비도 없이 유랑의 길을 떠났다.[163] 그는 길을 떠난 다음날에 노자가 떨어질 정도로 궁핍했거나, 구체적인 계획이 없이

---

160) 『대순전경』 2장 102절.
161) 김준상의 아내가 발에 종창이 나서 위급했는데, 이를 고치려면 백 냥이 드는데, 집이 가난하여 집을 팔 수밖에 없는 형편이었다. 이에 증산이 김준상에게 집문서를 가져오게 하여 그를 불사르고 그 아내의 병을 고쳐주었다. 그리고 집은 김준상으로 하여금 그대로 사용하게 하고, 다만 "머릿방 한 칸만 수리해서 약방을 차렸다."고 전한다.(『증산천사공사기』 87면) 『대순전경』 4장 71절과 8장 30절도 관련기록이다. 하루는 공우를 명하사 古阜에 가서 돈을 주선하여 오라 하사 藥房을 수리하신 뒤에……(『대순전경』 4장 107절)
162) 『대순전경』 4장 72절.
163) ……丁酉에 이르러……四方에 周遊하시기로 發心하시고 길을 써나시다. 그 날 밤에 益山郡 裡里에 이르사 行資가 업슴으로 不得已 卜筮命理로써 行資를 救하시다. ……(『증산천사공사기』 4면)

무작정 떠났던 것이다.

여행경비가 궁색해진 증산이 여비를 구하기 위해 한 행동은 다른 사람의 운명을 점쳐주는 행위였다.[164] 어쨌든 증산의 卜筮命理는 나름대로 경비마련에 상당한 도움이 되었다고 전한다.

증산은 "金一夫의 詠歌舞蹈의 敎法을 관찰한" 다음 며칠 만에 다시 인근지역에서 이른바 운명 감정에 나선다.[165] 그 후 증산은 천하를 유력하다가 全州에 이르러서도 역시 점복업에 종사했다.[166] 증산의 3년간에 걸친 유력기간 가운데 일어난 일로는 김일부의 영가무도의 교법을 관찰했다는 기록과 命理를 비판했다는 기록이 있다. 따라서 이 기간 동안 증산은 주로 명리비판을 행하면서 전국을 유력했던 것 같다.

증산은 1900년에 고향에 돌아왔는데,[167] 本家로 가지 않고 자신에게 문제해결을 의뢰하는 사람들의 집에서 집으로 떠돌았다고 전한다.[168] 1900년에 증산은 전주에 있는 이직부의 집에 머물렀는데, 이는 이직부의 아버지인 이치안이 그를 초빙했기 때문이었다.[169] 이때 승산이 남의 집에 머물렀던 것은 그가 신이한 재주를 갖고 있었기 때문이다. 그리고 당시에 증산이

---

164) 증산이 卜術에 대해 특별한 수업을 받았다는 기록은 없고 다만 陰陽讖緯에 관한 서석을 통독했다는 기록이 있다.(『증산천사공사기』 4면)

165) 당시 증산의 명리비판이 정확하다는 소문이 公州府에 널리 알려질 정도였으며, 그에게 찾아와 운명을 묻는 사람이 많았다고 한다. 명절 때에는 소를 잡아 증산에게 대접해 줄 정도로 증산의 점복업은 성황을 이루었다.(『증산천사공사기』 4면)

166) 全州에서도 증산의 운명감정은 소문이 났으며, 당시 전주 사람들이 증산을 神人이라고 여길 정도였다고 전한다.(『증산천사공사기』 5면-6면)

167) 증산이 3년간의 유력을 끝낸 뒤 고향으로 돌아와 처음 행한 일은 祖母의 무덤을 옮겨 다시 장사지낸 일이다.(『증산천사공사기』 6면) 족보에 의하면 증산의 祖母는 綾城 具氏 命學의 딸이며, 忌日이 9월 13일이며, 남편 姜斗重과 함께 先塋에 묻혔다고 한다.

168) 『증산천사공사기』 6면에 "庚子에 北道로부터 도라와 金堤 半月里 金駿熙의 집에 머무시다가, 全州 伊東面 田龍里 李直夫의 집에 올마가시니, 이는 直夫의 父가 延聘함이러라."라는 기록이 있다.

169) 이전에 증산이 주막에서 이치안이라는 사람을 만나 자식의 혼인문제를 점쳐주었다.(『대순전경』 1장 30절)

훈장과 더불어 재주를 시험한 것도 詩文이나 학식을 겨룬 것이 아니라 "籌를 가지고 算을 두는 행위"였다.[170] 결국 증산은 산가지를 사용하여 점치는 능력을 지녔던 인물이며, 이를 높이 평가한 인물들에 의해 그들의 집으로 초빙되었던 것이다.[171]

증산이 이러한 생활을 그만두려고 결심한 것은 辛丑年(1901년)에 이르러서였다. 여기서 그가 "종전에 알고 행한 바 모든 法術"은 다른 사람의 命理를 비판하는 일과 장차 일어날 일을 점치는 행위였다.[172] 증산이 이러한 일을 그만두게 된 이유는 점치는 행위로서는 "세상을 건질 수 없다."는 판단에 따른 것이며, 결국 세상을 건지기 위해서 증산은 도를 닦기로 결심했다.

증산은 大覺한 후에[173] 辛丑年 겨울부터 이른바 天地公事를 행했다. 그리고 그가 천지공사를 행한 이후로는 점치는 행위에 대해서는 말하지 않았다는 기록이 있다.[174] 한편 당시에 증산이 風水家로서의 면모를 보였다

---

170) ……그 집 訓長 安某가 天師의게 向하야 試才하심을 請함으로, 天師께서 籌를 갓고 算두사, 그 洞里 戶數와 男口女口의 數를 詳言하시며 三日內에 一口가 損하리라 하시니, 安某와 李直夫가 異常히 녁여 그 洞內 戶口를 調査한즉 一戶一口의 差錯도 업고 三日內에 果然 一人이 死亡하니라. ……(『증산천사공사기』 6면) 이 부분은 『대순전경』 1장 31절에도 "天師 數를 놓으신 뒤에"라고 적혀 있다.

171) 위의 일 이외에도 증산이 어떤 사람의 혼사에 대해 앞 일을 미리 가르쳐 주었다는 내용도 있다.(『증산천사공사기』 6면-7면) 이 기록은 『대순전경』 1장 30절에는 증산이 李直夫의 아버지 李治安에게 알려준 내용으로 적혀 있다. 이는 편찬자의 착오로 보인다.

172) ……辛丑年에 이르러 天師께서 從前의 알며 行한 바 모든 法術로는 세상을 건질 수 업다고 생각하사 비로소 修道하기로 發心하시고……(『증산천사공사기』 7면)

173) 1901년 2월에 母岳山 大院寺에 들어간 증산은 "七星閣에 혼자 있으며 사람의 출입을 금하고 閉門修道"하였다. 약 5개월간 전심전력으로 도를 닦은 증산은 마침내 7월경에 天地大道를 大覺했다고 전한다.

174) ……辛丑冬으로부터 비로소 天地公事를 行하시다.……이 後로는 卜筮命理를 말삼치 안으시니라. ……(『증산천사공사기』 7면) 그런데 1902년 1월 즉 천지공사를 시작한 이후에 있었던 일로 전하는 이야기에, 증산이 부친의 친구가 정확히 언제 방문할 것인지를 알아 맞추었다는 내용이 있다.(『증산천사공사기』 8면) 어떤 사람이 집을 방문할 날짜를 정확히 맞추었다는 이야기와 증산이 『曆書』를 보았음을

는 기록도 전한다.[175]

이 밖에도 1903년 3월에 전주의 이름난 부자였던 백남신을 처음 볼 때 증산이 그의 相理를 평한 일도 있다.[176] 1903년 7월에는 증산이 제자들에게 "금년에는 농사를 잘되게 하여 米商을 해 보리라."고 했다는 기록이 있지만,[177] 그의 쌀장사에 관한 이야기는 전하지 않는다.

1903년 3월에도 증산이 백남신에게 십만 냥의 증서를 받아 불사른 일이 있었는데, 이때는 "神明에게 料를 준다."는 종교적 목적 때문이었다. 그러나 1904년에는 백남신이 순전히 개인의 화액을 해결해 주기 위한 목적으로 증산에게 돈 증서를 바쳤다.[178] 여기서 증산이 자신에게 특별한 일의 해결책을 의뢰하는 사람들에게 일정한 돈을 요구하고 받았다는[179] 사실을 짐작할 수 있다. 그리고 증산에게 문제 해결의 보답으로 술값을 대주는 사람도 있었다.[180]

고려한디면, 증산은 여선히 "앞일을 미리 말하는 재주"로 사람들의 부러움과 존경을 받았던 것이다. 그리고 1904년 1월경에 증산이 장효순의 난을 당해 李直夫의 집에 피신해 있을 때, 그의 命運을 봐준 일도 있다.(『증산천사공사기』 29면)

175) ……甲辰에 김덕찬이 母喪을 당하야 장차 葬禮를 지낼 새……天師께 뵈니 천사 가라사대 오늘 葬事는 못 지내리니 龍蟻하리라. ……(『증산천사공사기』 34면)

176) 『증산천사공사기』 18면−19면. 물론 이때 증산이 "相理는 참되지 못하니 俗平을 하라."고 말했다.

177) 『증산천사공사기』 24면.

178) 『증산천사공사기』 26면.

179) 1904년 2월경에 곱사의 허리를 펴주고 증산은 "謝金 열닷 냥을 가져오라."고 요구했다. 그런데 그 사람은 증산에게 돈이 없으니 무엇으로 갚을 수 있겠느냐고 물었다. 그러자 증산은 "物品도 가하니라."라고 대답했다. 널 장사를 한다고 자신을 소개한 그 사람에게서 증산은 널을 받아두었다가, 동생이 죽자 장례를 치르는데 사용했다.(『대순전경』 2장 27절) 그리고 1904년 8월에 黃叔京이라는 사람에게 채권자가 위협하고 있는 것을 증산이 신이한 방법으로 해결해 주었다는 기록이 있다. 이때 증산은 "笠子 한 입과 白木 한 필"을 사오게 한 다음, 이 후로는 일이 잘 풀릴 것이라고 말했다.(『증산천사공사기』 38면)

180) ……김병욱은 당시 全州府 軍官으로서……그 대책을 묻거늘 天師 가라사대 權稷相이 罷免되면 君의 地盤도 안전치 못할 것이오. 싸라서 내 酒用이 쓴어질 것이라. 내 장차 道理가 잇스니 君은 걱정말나 하시더니……(『증산천사공사기』 46면)

이밖에도 증산이 "돈을 가져오면 일을 해결해 주겠노라."고 말하기도 했
다.[181] 1905년 10월부터 그 해 말까지 증산은 주막집에 거처하였는데, 이
때 제자들이 경비를 부담했다고 전한다.[182]

또 증산은 환자들의 병을 고쳐준 대가로 일정한 돈을 받았으며,[183] 특정
한 문제 해결을 맡아 처리한 대가를 받았던 듯하다.[184]

아. 증산의 官災

증산이 처음으로 官災를 당한 일은 1904년 1월 15일에 있었다. 이른
바 "張孝淳의 難"으로 불리는 사건이다. 증산이 술을 마시고 자다가 "냉
수나 먹이라."고 알려준 것이 빌미가 되어 자신의 손자가 죽게 되었다고
생각한 장효순은, 증산을 몽둥이로 심하게 때린 다음 관청에 끌고 가 고
발했던 것이다. 그러나 증산이 가진 돈이 탐이 난 장효순이 곧 고소를
취하했던 것 같다. 증산이 의료행위로 인하여 관청에 끌려갔었던 것은
분명하며, 당시 환자의 가족이 그를 "살인범"이라고 극렬하게 표현할 정
도였다.

---

181) 1905년 1월경에 신원일의 부친이 고기잡이를 하다가 어려운 지경에 있다는 이
야기를 전해 듣고 증산이 한 말이다.(『증산천사공사기』 47면)
182) ……그 經用은 鄭春心이 支辨하니라. ……(『증산천사공사기』 54면)
183) 1906년 3월에 서울에 간 증산이 청맹캥이가 된 吳議官의 아내를 고쳐주자 그 부
부가 감사하여 증산 일행의 경비를 부담했다고 전한다.(『대순전경』 8장 15절) 이
밖에도 증산이 사경에 이른 사람을 고쳐주고 사례금 30냥을 받아 행인들에게 술
을 먹였다는 기록이 있다.(『대순전경』 8장 22절) 그리고 증산이 앉은뱅이를 고쳐
주고 받은 30냥을 역시 행인들에게 술을 사 주었다.(『대순전경』 8장 11절)
184) 1908년 6월에 백남신의 親墓에 도적이 들어 그 頭骨을 파간 일이 발생했다. 이
때 증산은 이 일을 해결해 주기 위해 "삼일간 明燭達夜하여 喪家와 같이 지낸"
일이 있었다.(『증산천사공사기』 105면)

1907년 6월경에 어떤 사람이 증산을 찾아 와서 "憲兵이 당신을 잡으려고 구릿골로 온다."는 말을 전해 주었다.[185] 물론 이때에도 증산이 체포된 일은 없었다. 당시 헌병들이 증산을 체포하려는 이유는 밝혀져 있지 않다. 다만 증산이 여러 사람과 몰려다니면서 惑世誣民한다는 의혹을 받았을 것으로 짐작된다.

마침내 1907년 12월 26일 새벽에 증산은 21명의 제자와 함께 古阜 警務廳에 체포된다.[186] 그들이 잡힌 이유는 "이때는 각처에서 義兵이 일어나므로 인심이 소동하야 실로 공포시대를 이루었더라."라는 기록과 고문과정에서 警官 십여 명이 증산의 상투를 풀어서 대들보에 매달고 회초리로 치면서 "관리는 몇 명이나 죽였으며, 일본사람은 몇 명이나 죽였느냐?"라고 물었다는 점으로 볼 때, 동네사람의 고변으로 인해 의병 혐의로 체포되었던 것이다.[187]

그런데 이 사건에 대해 증산은 "天子神과 將相神을 모아들여 白衣君王 白衣將相度數를 부았다."라고 주장했다.[188] 어쨌든 경관들이 체포된 무리들을 여러 번 취조해도 의병이라는 증거를 찾지 못했다.[189] 이때 경무청에서는 증산의 말을 항당한 말로 여기고 拘留間에 혼자 남겨 두었다가, 이듬해 2월 4일이 되어서야 석방했다. 결국 증산은 약 40일 동안이나 구금생활을 했다.

---

185) 『대순전경』 3장 35절. 이때 박공우는 헌병이 올까 두려워서 잠을 자지 못했으며, 밤에 등불가진 사람들이 구릿골로 오는 기미를 알아차리고 도망하려고 다른 사람을 깨우고자 했을 정도였다.

186) 『대순전경』 4장 50절, 4장 51절.

187) ……面長이 놀라 도라가서 官府에 고발하니라. …… (『증산천사공사기』 82면) 이때 증산은 "의병을 일으키려면 깊숙한 산중에 모일 것이어늘 어찌 태인읍에서 五里안에 날마다 읍 사람들이 왕래하는 번잡한 곳에서 의병을 일으킬 것이냐?"라고 답변했다.

188) 『대순전경』 4장 50절.

189) 이듬해 정월 십일에 경무청에서 증산 이외의 제자들을 석방하면서 "이 때는 단체로 모일 때가 아닌 非常時이니 이 뒤로 특히 주의하라."라고 말했다.(『대순전경』 4장 59절)

또 1908년 6월경에도 증산의 제자에게 경찰이 찾아와서 그의 행적을 물었다.[190] 1909년 1월 2일에는 차문경이라는 사람이 마을을 돌아다니며 "차경석의 집에서 姜某가 逆謀한다."고 외친 일이 있다.[191]

그런데 이 말이 川原兵站에 전해져서 憲兵이 출동하려 했다고 전한다. 실제로 1월 3일 새벽에 일본 헌병 수십 명이 차경석의 집에 몰려와서 증산을 체포하려 했다.[192] 그러나 증산이 미리 알고 다른 곳으로 피신했기 때문에 잡히지는 않았다. 이와 관련하여 1909년 1월 2일에 증산이 "官災를 피하여 피신했다."는 기록이 있다.[193] 당시 증산이 사람들을 홀려서 혹세무민한다는[194] 정보가 "官廳에 탐문되어" 그를 잡으려고 순검이 출동했던 것이다. 그러나 이후 1월 5일에 "무사히 된 顚末을 보고받았다."는 기록이 있는 것으로 보아, 이 일은 그리 심각한 것이 아니었던 듯하다.[195] 이후 증산이 태인읍에 있는 주막에서 경관에게 돈을 주어 사건을 무마한다.[196]

---

190) ……(1908년, 필자 주) 6월에 泰仁 辛敬元이 급히 사람을 보내여 天師께 稟하되, 泰仁邑 警官의 調査가 심하야 날마다 내 집에 와서 先生의 住處를 査問하나이다 하거늘……(『증산천사공사기』 108면-109면. 『대순전경』 2장 88절)

191) 『대순전경』 4장 131절.……(1909년 1월, 필자 주) 二日에 車文京이 술을 마시고 逆賊질을 한다고 高喊하얏는데, 이 말이 川原 兵站에 밋처 軍兵이 출동하려 하는지라. ……『증산천사공사기』 121면.

192) ……京石이 三日曉에 명을 쫏차 행한 후 날이 밝으니 擔銃兵 數十人이 突入하야 天師를 수색하다가 엇지 못하고 도라가니라. ……(『증산천사공사기』 121면) 총을 든 경관 수십 명이 증산을 체포하러 왔었다는 기록으로 보아 당시의 사태가 상당히 심각했음을 짐작할 수 있다.

193) 『대순전경』 2장 107절.

194) ……三日에……원래 京學의 兄은 경학의 집에 이상한 術客이 잇서 경학을 속여 家産을 蕩敗케 한다는 傳說을 듯고……一面으로 官府에 고하야 術客을 懲治하려는 중이러라.……이 새에 황응종, 문공신이 천사께 歲拜하랴고 최창조의 집에 갓다가 巡檢의게 구타를 당하니라. ……(『증산천사공사기』 122면) 이 기록에 의하면 고발인은 증산의 제자의 친형이었다.

195) 그 날도 泰仁 巡檢이 증산을 체포하려고 여러 곳으로 그를 찾으러 다녔다.(『대순전경』 7장 22절)

196) 『대순전경』 2장 109절.

자. 증산에 대한 호칭과 그 변화과정

ㄱ) 당시인들이 증산을 불렀던 호칭

金一夫는 증산을 그의 字인 士玉이라고 불렀는데, 이상한 꿈을 꾼 다음에 증산에게 曜雲이라는 호를 주었다고 전한다. 그리고 증산의 제자들이 가끔씩 甑山이라는 號로 부른 적도 있으며,[197] 일반사람들이 "甑山은 진실로 폭을 잡기가 어렵다."는 말을 했다고 전한다.[198]

그러나 당시 대부분의 증산의 從徒들은 증산을 "先生" 또는 "先生님"으로 부른 것 같다.[199] 『증산천사공사기』에서 신원일, 박순여, 김광찬, 김자선, 문태윤, 장효순, 차경석, 차윤칠, 신경원, 김형렬, 김윤근 등이 그렇게 불렀으며,[200] 『대순전경』에서는 김병욱, 신원일, 신경원, 김윤근, 박공우, 문공신, 장효순, 문태윤, 김경학, 한공숙, 김자현, 박순여, 김광찬, 최창조, 이도삼의 부인, 차경석, 김병욱, 차윤칠, 최덕겸 등이 증산을 선생이라고 불렀다.[201] 이외에도 제자들이나 그를 찾아온 사람들이 증산을 선생이라고 불렀다.[202] 그리고 "姜先生"이라고 부른 사람도 있었다.[203]

---

197) ……金秉旭이 南信다려 일너 가로되 昨冬에 나의 禍難은 甑山의 도음을 입어 免하얏다 하니…… (『증산천사공사기』 26면) ……우리는 甑山을 짜르다가 죽게 된다 하더라. …… (『증산천사공사기』 84면)
198) 『대순전경』 6장 149절.
199) ……先生은……만일 先生의 도으심이 아니엇드면…… (『증산천사공사기』 22면)
200) 『증산천사공사기』 27면, 46면, 47면, 61면, 71면, 75면, 94면, 108면, 112면, 126면 등이 관련 기록이다.
201) 『대순전경』 2장 22절, 2장 33절, 2장 42절, 2장 53절, 2장 88절, 2장 89절, 2장 111절, 3장 18절, 3장 27절, 3장 119절, 3장 123절, 4장 7절, 4장 56절, 4장 91절, 4장 102절, 4장 105절, 7장 22절, 8장 13절, 8장 45절, 8장 58절, 9장 4절, 9장 6절, 9장 19절 등이 관련 기록이다.
202) 『대순전경』 2장 24절, 2장 27절, 3장 66절, 3장 118절, 7장 5절 등이 관련 기록이다.
203) 『대순전경』 8장 28절.

한편 증산은 "당신"[204) 또는 "어른"이라고[205) 불렸던 적도 있다. 또 술집 주모가 증산을 "저 양반"이라고 호칭한 일이 있다.[206) 그리고 차문경이라는 사람이 마을을 돌아다니며 "姜某가 逆謀한다."고 외친 일이 있는데, 아마도 이때는 강일순이라고 지칭했을 가능성이 높다.

ㄴ) 증산의 자신에 대한 인식

증산은 자신을 스스로 의사라고 불렀으며,[207) 그의 직업을 묻는 사람에게 "醫員노릇을 하노라."라고 대답했다.[208) 나아가 그는 유교의 선비라고 자처하기도 했으며,[209) 유교의 이상적인 인격상인 君子라고 일컫기도 했다.[210) 그리고 증산은 "어른"이라고 자신을 지칭했으며,[211) 스스로를 "大人"이라고 부르기도 했다.[212) 또 증산은 자신의 제자들을 "大人을 배우는 자"라고 지칭했으며,[213) 자신의 가르침을 받는 사람들을 "大人의 道를 닦으려는 자"라고 인식했다.[214) 증산이 자신을 長者라고 불러 "큰 사람"이라

---

204) 『대순전경』 3장 35절.
205) 酒母가 "어룬 압헤는 조곰도 隱諱할 수 업나이다."라고 말한 기록이 있다.(『증산천사공사기』 49면)
206) 『대순전경』 2장 28절.
207) ……天師께서 써나시며 가라사대 醫士가 써나니, 病人은 門에 나와 送別하라. …… (『증산천사공사기』 42면)
208) 『증산천사공사기』 70면—71면, 『대순전경』 3장 17절.
209) 증산은 "선배는 반드시 몸에 紙筆墨을 가져야 하느니라."(『대순전경』 3장 43절)라고 말했다. 여기서 선배는 『대순전경』 1장 27절에서 보이듯이 유교의 선비를 가리키는 말이다.
210) "君子가 어찌 샛길로 다니리오?"(『대순전경』 2장 105절) 그리고 사냥꾼이 기러기 떼를 향해 총을 겨누는 광경을 본 증산은 "君子 차마 보지 못할 일이라."고 말했던 적도 있다.(『대순전경』 2장 57절)
211) 어른이 꾸짖는데 어디로 가느냐는 증산의 힐책이 있다.(『증산천사공사기』 104면)
212) 『증산천사공사기』 47면, 51면—52면, 96면과 『대순전경』 2장 36절, 2장 104절, 4장 66절 등이 관련 기록이다.
213) 『대순전경』 2장 94절.
214) 『대순전경』 3장 58절. 증산은 자신의 가르침을 전해 받을 사람들을 가리켜 "道人

는 의미로 사용한 적도 있다.[215] 그리고 그가 자신을 "스승"이라고 인식했으며,[216] 接使가 되겠다는 말도 했다.[217]

한편 증산이 이러한 인간적인 인식의 범주를 벗어나서 자신을 새롭게 인식한 것은, 그의 이른바 도를 깨달았다는 사건이 계기가 된다. 하늘과 땅을 새롭게 변혁시키는 천지공사의 주재자라고 스스로 굳게 믿은 증산은,[218] 제자들에게 "이제부터는 모든 일을 나에게 맡기고 근심을 풀어버리라."는 종교적 결단을 요청하기도 한다.

증산은 자기가 행하는 公事는 인류사에서 처음으로 행하는 일이며, 자신이 바로 "三界大權의 주재자"라고 확신한다.[219] 그리고 증산은 "나는 天下를 圖謀하려는 사람"이라고[220] 자처하기도 했다. 나아가 증산은 자신을 "천하의 병을 다스리는 사람"이라고 생각했다.[221]

이러한 입장에서 증산은 자신의 탄강을 종교적으로 설명했는데, 자기는 九天이라는 가장 높은 하늘에서 내려온 존재라고[222] 주장했다.[223] 지상에 내려온 증산은 세상을 두루 살펴나가 마침내 자신의 탄강지로 동쪽 땅을 선택한다. 이때 그는 母岳山 金山寺에 있는 彌勒金像에 30여 년간 머무르면서, 崔水雲에게 人道를 세울 것을 명하기도 했다고 주장한다. 즉 증산은 자신을 최수운의 종교체험에 나타난 上帝라고 확언했다. 이와 연관하여 증

들은 아무 거리낌 없이 天下事만 생각하게 되리라."라고 표현하기도 했다.(『대순전경』 5장 38절)
215) ……敢혀 長者의 압혜 누엇도다 하시고……(『증산천사공사기』 108면)
216) 『대순전경』 3장 70절.
217) 『대순전경』 3장 33절.
218) 내가 天地公事를 행하야 天下를 匡正하려 하노니……(『증산천사공사기』 82면)
219) 『증산천사공사기』 50면, 『대순전경』 2장 5절, 3장 22절 등이 관련 기록이다.
220) 『증산천사공사기』 83면.
221) 『증산천사공사기』 16면-17면.
222) ……天地神明이 모여들어 法師가 아니면 天地를 바로 잡을 수 없다 하므로……(『대순전경』 4장 167절) 여기서 증산을 부르는 호칭으로 法師라는 용어가 사용되었다.
223) 『대순전경』 3장 22절.

산은 자신이 바로 水雲을 대신하는 선생이라고 주장한다.[224]

또 증산은 "東學呪에 '侍天主造化定'이라 하였으니 내 일을 이름이라."라고 말하여 자신을 天主라고 여긴다.[225] 이 밖에도 증산은 자신을 "도를 통한 군자", "神仙", "彌勒佛",[226] "참된 망량", "遊佛", "開闢長", "通情神", "解寃神"등으로[227] 인식했다. 나아가 그는 "나는 生長斂藏 四義를 쓰노니 곧 無爲而化니라."라고 말하여,[228] 스스로를 우주질서의 주재자로 인식하기도 했으며, 실제로 "천지조화를 부리는 사람"이라고 자처하기도 했다.[229] 이 밖에도 증산은 자신을 神將에게 명을 내리는 임금에 비유하기도 했으며,[230] "天子"라고 믿었다.[231]

ㄷ) 증산에 대한 다른 사람의 인식과 그 변화과정

김일부가 증산과 함께 玉京에 올라가 上帝를 만나는 꿈을 꾸고 증산에

---

224) "동학신자 간에 大先生이 更生하리라고 전하니, 이는 代先生이 다시 나리라는 말이니, 내가 곧 代先生이로라."(『대순전경』 3장 22절)

225) 『대순전경』 3장 22절.

226) 『증산천사공사기』 13면, 『대순전경』 4장 2절 등이 道通君子와 神仙에 관련된 기록이다. 김경학의 아들이 병이 들었는데, 病室에 들어간 증산이 "父親이 와도 일어나지 않는다."고 호통치자, 그 병이 나은 일이 있었다. 이를 본 김경학이 이상하게 생각하다가 그 아들을 일찍이 金山寺 彌勒佛에게 판 일이 있으므로 "先生은 곧 彌勒佛의 化身인 까닭이더라."라고 생각했다고 전한다.(『증산천사공사기』 100면)

227) 『대순전경』 3장 22절, 『대순전경』 9장 7절, 『증산천사공사기』 16면, 『대순전경』 3장 40절, 『대순전경』 4장 1절, 『증산천사공사기』 64면-65면, 『대순전경』 4장 23절 등이 관련 기록이다.

228) 『대순전경』 6장 67절.

229) 『증산천사공사기』 62면.

230) ……天師께서 洋紙에 '勅令治道神將, 御在淳昌籠岩, 移御于井邑大興里.'란 文句를 써서……(『증산천사공사기』 78면)

231) 증산은 몇몇 제자들과 함께 群山에서 배를 타고 서울로 간 적이 있었다. 이때 증산은 한 제자로 하여금 "天子浮海上"이라는 글귀를 남대문에 붙이라고 명한 적이 있다.(『대순전경』 4장 16절)

게 존경을 표했다는 기록이 있다.[232] 그리고 증산은 天下遊歷기간 동안 神人이라고 여겨졌는데, 이는 그가 사람들의 운명을 신기할 정도로 잘 알아 맞추었기 때문이었다.[233]

1902년 4월경에 김형렬은 증산이 成道했다는 소문을 들었다. 당시 증산이 "道를 이루었다."는 소문은[234] 인근지역에 입에서 입으로 전해졌던 것이다.[235]

한편 1903년에 김병욱은 증산이 "稀世의 大量"이라고 탄복했다.[236] 김병욱은 친일파로 몰려 순검대에 잡히기 직전에 증산의 도움으로 위험한 지경을 벗어나자, 증산을 天神이라고 부르기도 했다.[237] 또 증산은 주위 사람들에게 "道力을 가진 사람"으로 비춰졌으며,[238] "도술을 지닌 사람"으로 인정되기도 했다.[239]

동학신도였던 박공우는 증산을 "하느님으로서 강림하신 분"이라고 생각했다.[240] 또 김윤근이 "先生은 곧 萬人을 살리는 上帝시라."고 말했다고 전한다.[241] 김경흡이 꿈에 上帝를 뵌 적이 있는데, 증산의 形貌가 그 때

---

232) 『대순전경』 1장 28절.

233) 『대순전경』 1장 29절. 이 외에도 증산이 술집 주모에게 神人으로 인정된 일이 있다.(『증산천사공사기』 31면)

234) 이선경의 아내도 증산이 神聖하다는 소문을 많이 들었다고 전한다.(『대순전경』 2장 15절)

235) ……그 째에 天師의 거룩하신 소문이 四方에 들니게 된지라. ……(『증산천사공사기』 39면)

236) 『증산천사공사기』 19면.

237) 『증산천사공사기』 22면. 이 밖에도 환자를 증산에게 데려다주고 원래 받은 돈을 노름하기 위해 감추었던 사람이 증산을 "天神이 降世하신 줄로 믿었다."는 기록이 있다.(『대순전경』 8장 28절)

238) 『증산천사공사기』 25면.

239) 『증산천사공사기』 29면-30면. 『대순전경』 2장 22절.

240) 『대순전경』 2장 67절.

241) 날이 가물어 걱정하던 金允根이 이를 증산에게 고하자 곧 비가 내렸다고 한다.(『증산천사공사기』 109면) 한편 『대순전경』에는 "先生은 진실로 萬民을 살리는 하느님"(2장 89절)이라고 적혀 있는 것으로 보아, 上帝가 하느님과 같은 뜻으로 사용되었음을 알 수 있다.

뵙던 상제의 모습임을 깨달았다고 말한 적도 있다.[242] 그리고 신원일이라는 제자가 증산을 "無所不能한 權能을 지닌 사람"이라고 생각하고, 중국의 王位에 오를 것을 권한 일도 있었다.[243]

이 밖에도 증산은 "神威를 가진 사람", "부처님", "동쪽 하늘에 붉은 옷을 입고 구름을 타고 앉은 어른", "天地至靈之氣를 지닌 사람", "神明의 모습을 보여주는 사람", "천지조화를 마음대로 쓰는 사람", "진 길을 얼어붙게 할 수 있는 사람", "神聖한 사람", "天神" 등으로[244] 인식되었다. 또 증산은 大人으로 인식되기도 했으며,[245] 통속적으로 "촌양반"으로 여겨진 인물이다.[246]

증산은 "병을 고쳐주는 사람"으로[247] 일반인들에게 받아들여졌으며,[248] 때로는 제자들도 그를 의사라고 불렀다.[249] 또 증산은 "소송문제를 해결해 줄 수 있는 인물"로도 인정되었다.[250]

한편 장효순은 자신의 손자가 죽게 되자 이를 증산의 책임으로 돌리고 그를 살인범이라고 불렀다.[251] 그리고 증산은 의병혐의로 고부경무청에 압송당하기도 했다.[252] 이때 증산의 가르침을 따르던 사람들조차 그의 능

---

242) 『대순전경』 2장 111절.
243) 『대순전경』 3장 119절.
244) 『증산천사공사기』 41면, 『대순전경』 2장 73절, 2장 76절, 2장 10절, 2장 5절, 2장 67절, 『증산천사공사기』 61면과 78면, 『대순전경』 2장 12절, 『증산천사공사기』 16면, 『증산천사공사기』 106면 등이 관련 기록이다.
245) 『증산천사공사기』 145면, 『대순전경』 9장 31절.
246) 『증산천사공사기』 69면-70면, 『대순전경』 3장 50절.
247) 이경오는 자신의 병을 고치기 위한 "醫士"를 널리 구하다가, 증산을 만나 병을 고쳤다.(『증산천사공사기』 16면)
248) 『증산천사공사기』 44면, 57면.
249) ……日本兵 數百名이 道中에 잇서 住所와 出行의 이유를 뭇거늘, 輪京이 주소와 家患으로 醫士 마지라 간다는 사유를 말하니……(『증산천사공사기』 95면) 그런데 이 인용문은 『대순전경』에는 생략되었다.
250) 『증산천사공사기』 61면, 『대순전경』 2장 53절.
251) 『증산천사공사기』 27면과 28면, 『대순전경』 2장 22절과 23절.
252) 『증산천사공사기』 82면. 이때 감옥에 갇힌 지 오래되자 "여러 날 갈수록 인심이 동요되어 天師를 원망하는 자가 불어나거늘……이런 禍厄에 능히 대처할 權能이 없음을 스스로 말함이라. 그러면 우리가 믿었던 그의 권능은 한갓 無用의 믿음이

력이 부족함을 보고 상당히 실망했으며, 일부는 증산이 惑世誣民하여 자신
들을 死地로 몰아넣었다고 원망했다.

실제로 증산의 몇몇 제자들은 "우리는 甑山을 따르다가 죽게 된다."고
생각했으며,[253] 감옥에서 풀려난 20여명 가운데 김형렬과 김자현 두 사람
외에는 모두 흩어져서 다시는 증산을 따르지 않았다고 전한다.[254] 당시 고
부 경무청에서는 증산을 "미친 사람"으로 판단했다.[255]

이 밖에도 증산은 제자들에게도 신뢰감을 주지 못했던 경우가 있다.[256]
특히 김광찬은 증산을 원망하며 욕하기까지 했다.[257]

한편 증산의 가르침을 따르던 사람들은 그들의 집안일을 전혀 돌보지
않았다고 전한다. 이러한 일에 연유하여 증산을 "허망한 일을 하는 사람",
"術客", "妖術쟁이" 등으로[258] 부르는 사람들도 있었다. 특히 증산의 제자
들의 집안사람들은 증산에게 심하게 욕을 하거나 적대시했다.[259] 실제로

오. 나난 惑世誣民의 邪事로 우리를 死地에 陷入함에 지나지 못함이라 하야 몇
　　사람은 크게 怨聲을 발하니라."라는 당시의 상황이 전할 정도이다.(『대순전경』 4
　　장 58절)
253) 『증산천사공사기』 84면.
254) 『증산천사공사기』 85면.
255) 『증산천사공사기』 84면, 『대순전경』 4장 60절.
256) 1903년 여름에 증산이 제자인 김병욱이 친일파로 잡히려 할 때, "내가 너의 禍厄
　　을 끄르기 위해 日露戰爭을 붙여 일본을 도와서 러시아를 물리치리라."라고 말한
　　적이 있었다. 당시 증산의 제자들은 증산의 말을 믿지 않고 "한 사람의 厄을 끄
　　르기 위해 두 나라의 전쟁을 붙인다 함도 망령이거니와, 약소한 일본을 도와서
　　천하 막강한 러시아를 물리친다 함은 더욱 荒誕한 말이라."라는 말을 주고받으며
　　그를 전혀 믿지 않았다고 전한다.(『대순전경』 4장 9절)
257) 『증산천사공사기』 75면. 김광찬은 증산이 차경석을 만난 이후에 자신을 따돌리는
　　기색이 보이자 그를 원망했던 것이다.
258) 차경석의 장인이 차경석을 일러 "요술쟁이에게 妖術을 배우려 한다."고 말한 적
　　이 있다. 여기서 요술쟁이란 바로 증산을 지칭하는 말이다. 『증산천사공사기』 112
　　면, 122면, 『대순전경』 2장 107절 등이 관련 기록이다.
259) 『증산천사공사기』 51면, 『대순전경』 2장 42절, 『증산천사공사기』 47면, 112면~
　　113면, 『대순전경』 2장 36절, 3장 63절, 3장 65절, 3장 112절 등에 사람들이 증산
　　을 싫어했다는 기록이 있다.

증산이 1908년 태인 김경현의 집에 머무를 때, 태인 읍내의 無賴輩들이 "姜某가 妖術로 欺人한다."고 생각하고, 그가 길을 떠날 때를 틈타 길가에 매복하였다가 증산을 습격하려고 음모했던 일도 있을 정도였다.[260]

그리고 증산에게 공손치 못하고 욕하는 사람들도 상당수 있었다.[261] 또 그의 제자가 여러 곳에서 증산을 믿지 않는 언동을 보았다는 기록도 있다.[262] 급기야 김형렬이 증산에게 세상 사람들이 그를 狂人으로 여긴다는 말을 전할 정도였다.[263] 더욱이 증산의 제자도 한 때 증산의 말을 "속으로는 실없게 알면서도 거짓 대답을 했을" 정도였다.[264]

증산은 19세기 후반부터 20세기 초기에 이르는 기간동안 한반도의 전라도지역에서 주로 살았으며, 몰락한 양반으로서 제자들의 집을 전전하면서 생활했던 인물이다. 일반인의 관점에서 보면 증산은 불우한 어린시절을 보냈으며, 그다지 만족하지 못했을 것으로 보이는 결혼생활을 했으며, 代를 이을 자식마저도 없었던 불행한 인물이다. 서당훈장과 의원이 공식적인 직업이었던 증산이 만났던 인물들은[265] 거의 대부분이 넉넉하지 못한 경제력의 소유자들이었고, 이렇다 할 직업이나 신분, 지위도 갖지 못했던 기층 민중이었다.[266] 더구나 증산은 체계적인 사상을 논리적으로 서술하지도 못했고, 일관된 저술을 남기지도 않았던 인물이다.

그는 40년이라는 비교적 짧은 삶을 살다간, 20세기 초까지 이 땅에서

---

260) 『증산천사공사기』 102면.
261) 『증산천사공사기』 127면, 『대순전경』 3장 82절.
262) 『대순전경』 3장 105절.
263) 『증산천사공사기』 126면, 『대순전경』 6장 52절.
264) 『대순전경』 2장 112절.
265) 『증산천사공사기』의 기록에 따라 년도별로 분류하면 모두 102명이다. 이 가운데 증산의 제자로 분류 가능한 인물은 51명이며, 구분이 어려운 인물이 7명이고, 제자가 아니라고 인정되는 인물이 44명이다.
266) 증산을 추종하던 사람들이 당시 사회에서 억압받고 소외되었던 하류계층의 농민들이 대부분이었다는 연구 성과가 있다. 노길명, 「신흥종교창시자와 추종자의 사회적 배경과 그들과의 관계-증산교를 중심으로-」, 『증산사상연구』 제 3집 (증산사상연구회, 1977), 151쪽.

살아 숨쉬었던 인물로서, 우리와 같은 시대를 살았던 사람이다. 더욱이 그는 술을 마시기를 좋아했고, 사람들을 모은다는 점에서 경찰의 주목을 받았으며, 治病活動과 占術活動과 관련되어 일반인의 비난도 받았던 인간이다. 나아가 증산이 거론했던 인물들도[267) 거의 대부분이 일반 상식적으로 알 수 있었던 인물들이었으며, 그가 보았을 것으로 추정되는 책들도 비교적 손쉽게 구할 수 있었던 서적들이었다.

한 마디로 말해 역사적 인물로서의 증산은, 어쩌면 평범한 삶을 영위한 인간이었으며, 남달리 뚜렷한 족적을 남길 여지가 없었다. 그러나 증산이 오늘날의 우리들에게까지 그 이름이 전해진다는 점을 생각해 본다면, 그가 무엇인가 후대인들에게 기억될만한 특별한 행적을 행했었음이 분명하다.

3. 濟生醫世의 이념인 공사사상

증산의 일생에 대한 다양한 객관적 평가와는 상관없이, 그에 대한 주관적인 종교적 믿음은 달리 존재했다. 증산은 세상을 바라보는 새로운 시각을 제시하고 이에 입각하여 정열적으로 살다간 인물, 비범하고 특정한 성격으로 규정하기 어려울 정도로 위대한 인물, 인류가 겪을 갖가지 질병을 代贖하고 인류구원을 위해 일련의 행위를 한 인물, 우주질서를 전면적으로 변혁시킨 인물, 한반도를 중심으로 새 세상을 곧 이 땅 위에 건설할 인물로 믿어졌다.

증산이 살아있을 때에는 불과 몇몇 사람들만이 그를 이러한 존재로 믿었지만, 그의 죽음 이후에는 그를 만나보지 못했던 많은 사람들에 의해 신

---

267) 증산보다 먼저 살았던 인물들은 한국인이 13명, 중국인이 40명, 인도인과 서양인이 합해서 3명이다. 그리고 증산과 동시대에 살았던 인물 가운데 증산이 만나지 못하고 이름만 거론한 인물은 한국인이 7명이며, 중국인이 1명이다.

앙되었으며, 오늘날에도 증산은 상당수의 사람들에 의해 숭배된다. 증산의 삶에 감동받은 제자들에 의해 증산의 위대한 정신과 이른바 증산신앙이 면면히 이어져 왔다.

이제 증산이라는 역사적 인물은 세상을 구원하고자 노력했고, 그 위대한 꿈을 이 땅의 거친 민중의 손에 의해 이룩하고자 힘썼으며, 실제적으로 개벽을 주도하여 天地公事를 집행했었던 '증산 하느님'으로서, 그를 믿는 이들의 입에서 입으로 전한다. 결국 역사적 인물인 증산은 믿음을 통해 종교적 인물로 승화된 것이다. 따라서 증산의 삶에 대한 종교적 평가는 일상적인 관점에서 바라보는 역사적 평가와는 전혀 다르다.

이 절은 증산이라는 특정한 인물의 삶의 어떤 측면들이 후대인들의 믿음을 발생시켰는가라는 물음에 답하기 위해 서술하였다. 한 마디로 증산의 삶은 濟生醫世의 삶이었다는 것이 답변의 요지이다.

濟生醫世, 뭇 생명을 구원하고 세상을 치료하는 삶이 바로 증산 강일순의 일생이었다. 우선 증산의 일생을 제생의세라는 틀에 의해 재구성하여, 그의 생애에 있었던 각종의 傳記的 사건들이 과연 어떻게 종교적으로 승화될 수 있었는지 그 단초들을 살펴보자.

가. 제생의세를 위한 탄강

濟生醫世는 증산이 사용한 독창적인 용어이다.

……天師 일러 가라사대 開闢이란 것은 이렇게 쉬운 것이라. 천하를 물로 덮어 모든 것을 멸망케 하고, 우리만 살아있으면 무슨 복이 되리요? 대저 濟生醫世는 聖人의 道요, 災民革世는 雄覇의 術이라. 이제 천하가 웅패에게 괴롭힌 지 오랜 지라, 내가 相生의 道로써 萬民을 教化하며 세상을 평안케

하려 하노니, 새 세상을 보기가 어려운 것이 아니요, 마음을 고치기가 어려운 것이라. 이제부터 마음을 잘 고치라. 大人을 공부하는 자는 항상 남 살리기를 생각하여야 하나니, 어찌 億兆를 멸망케 하고 홀로 잘 되기를 도모함이 옳으리오 하시니……(『대순전경』 2장 42절)

인용문을 통해 濟生醫世의 뜻을 분석해 보면 첫째, 제생의세는 災民革世와 대비되는 개념이다. 재민혁세는 백성을 재난에 빠뜨리고 세상을 혁파한다고 풀이할 수 있다. 濟生의 뜻과 같이 생명을 건지는 일이 아니라, 오히려 災民은 생명 지닌 것을 재난의 위험에 처하게 만드는 일이다. 그리고 세상을 치료하고 고쳐주는 醫世가 아니라, 革世는 세상을 급작스럽게 변동시키는 충격을 몰고 온다. 革世와 대비되는 醫世라는 점을 고려해 볼 때, 의세가 혁세에 비해 상대적으로 시간이 오래 걸리는 일임을 짐작할 수 있다.

둘째, 제생의세는 聖人의 道이다. 재민혁세는 이른바 영웅호걸들과 침략적이고 정복적인 제왕들이 행하는 술법임에 반해, 제생의세는 인간의 근본 마음을 깨달은 현인들과 오랜 사색의 결과 진리의 최고자리에 오른 성인들이 행하는 참된 길이다. 세상을 뒤흔들며 요란스레 업적을 드날리는 영웅과 제왕들의 행위가 화려하고 그 행적이 뚜렷이 전해지는 데 반해, 인류 역사의 전면에 드러나지 않으면서 묵묵히 뭇 생명의 구원에 힘쓰면서 세상을 살리는 일에 몰두했던 성인과 현인들의 행적은 쉽사리 알려지지 않는다. 그리고 術은 일시적이요 단편적인 방편일 뿐이지만, 道는 영원하고 총체적이고 전면적인 해결책이다. "천하를 물로 덮어 모든 것을 멸망케 하고 우리만 사는 일"이 재민혁세적인 문제해결이라면, 비록 시간이 걸리더라도 그리고 그 일을 행한 사람이 누구인지는 잘 알려지지 않을지라도 "相生의 道로써 萬民을 敎化하며, 세상을 편안하게 만드는 일"이 제생의세적인 대안이다.

셋째, 제생의세는 새 세상의 삶의 원칙이다. 지나온 인류의 역사는 영웅호걸과 위대한 제왕들의 역사였다. 그들의 이름 드날리기와 땅뺏기가 역사서술의 주류를 형성하였다. 그러나 "천하가 雄覇에게 괴롭힘을 받은 기간이 오래되었다."는 증산의 표현에서 알 수 있듯이, 그들의 명예와 영토를 지켜주기 위해 수많은 사람들의 생명이 희생되었으며, 삼라만상의 뭇 산 것들의 귀중한 생명이 억압되었다. 증산은 몇몇 영웅의 이름이 후세에 전해지기까지는 무수한 이름 없는 생령들의 삶이 희생되었다는 사실을 예리하게 통찰한 것이다.[268] 그러나 이제 새로운 세상을 맞이하여 인류 역사는 새 삶의 원칙을 받아들여야 한다. 제생의세가 바로 그것이다.

넷째, 제생의세는 남을 살리려는 마음을 갖는 일이다. 제생의세를 한 마디로 표현하면 "남 살리기"라고 할 수 있다. 여기서 남은 나 아닌 다른 사람은 물론, 인간 이외의 생명체도 포함한다. 그리고 남 살리기는 相生으로도 표현이 가능하다. 상대방을 물리치고 이기려는 相克의 원리가 아니라, 상대방을 북돋우고 끌어안아 함께 살려는 원리가 바로 相生의 원리이다. 나아가 증산은 제생의세의 삶은 먼저 개개인이 자신의 마음을 고치는 일에서 출발한다고 파악했다. 새 세상의 새로운 생활법을 받아들여 마음을 고치는 일이, 바로 기존의 생명파괴적 세계관을 벗어나 온갖 생명의 온전한 발현이 이루어지는 "세상을 새로이 여는 일 <開闢>"인 것이다.

증산의 종교적 삶은 그의 실제적인 역사적 생애가 어떻게 이루어졌는지 와는 관계없이, 濟生醫世라는 기본적인 틀 속에서 이해되고 믿어져 왔다.

따라서 증산의 생애는 뭇 생명을 구원하고 세상을 고치고자 했던 濟生醫世의 삶으로 특징지을 수 있다. 일상생활을 거부하고 天下事를 행한다고 주장하면서, 증산은 그가 만났던 사람들의 갖가지 질병을 고쳐주었다. 나아가 그는 세상의 모든 병을 고친다는 목표 아래 특별한 종교적 행위를 했던 인물이다. 결국 증산은 濟生醫世를 위해 이 땅에 誕降했던 존재로 믿어진다.

가장 높은 하늘에 있던 성스러운 존재인 증산은, 三界의 혼란을 호소하는 인류 역사상 명망이 있는 종교적 인물들의 요청을 받아들여, 몸소 문제해결을 위

---

268) 증산은 "大軍을 거느리고 敵陣을 쳐 破함이 榮華롭고 壯快하다 할지라도, 人命을 殘滅하는 일이므로 惡척이 되어 앞뒷을 막느니라."(『대순전경』 6장 43절)라고 말하여, 그 폐해를 잘 지적하였다.

해 지상에 내려올 것을 결심한다. 증산은 삼계를 둘러보고 天下에 大巡하다가 한반도 남쪽 땅을 자신의 下降處로 선택한 다음, 地上樂園建設이라는 민중들의 오랜 염원이 깃든 금산사 미륵불에 靈的 存在로 30년 동안 머물렀다.

먼저 그는 자신을 대신하여 大道를 세울 인물로 水雲 崔濟愚를 선정하여 天命과 神敎를 내렸다. 그런데 수운의 재질이 막중한 임무를 감당하지 못하므로, 증산은 일정기간이 지난 후에 직접 인간의 몸을 빌려 세상에 내려왔다고 믿어진다.

증산 강일순은 동서양 간의 만남이 심화되던 시점에, 그 만남이 전면화되어 여러 가지 측면에서 갈등을 드러내던 한반도라는 공간에서, 오랜 민중의 꿈과 희망이 바야흐로 새롭게 피어나려는 이 땅에 이름 없던 한 농민의 아들로 태어났다. 그러나 증산은 시대적 문제 해결의 사명을 띠고 "인간의 몸으로 이 땅에 내려왔다. <誕降>"고 믿어진다.

나. 제생의세를 위한 준비기

제생의세를 위한 준비기는 증산의 성장기로서, 그가 天地大道를 깨닫고 공사를 집행하기 이전까지의 기간이다.

ㄱ) 성장기

어린 증산은 별 탈 없이 무럭무럭 자랐으며, 특별한 질병이나 사건이 발생했다는 이야기는 전하지 않는다. 그는 무척 총명했으며, 품성도 매우 고왔다.[269] 그리고 증산은 어려서부터 생명을 존귀하게 여기는 생활을 실

---

269) 점차 자라심에 얼굴이 원만하시고, 率性이 寬厚하시며, 聰明과 慧識이 출중하시

천했던 사람이다. 그가 어릴 적에 일어났던 일화는 전해지는 것이 매우 적은데, 그 가운데 증산이 "살아있는 것에 대한 외경심"인 好生의 德을 지녔었다는 내용을 살펴보자.

> 어려서부터 好生의 德이 많으사 나무 심으시기를 즐기시며, 자라나는 草木을 꺾지 아니하시고, 미세한 곤충이라도 害하지 아니하시며, 혹 위기에 빠진 生物을 보시면 힘써 구하시니라.(『대순전경』 1장 5절).

증산은 어려서부터 나무심기를 좋아했고, 풀 한 포기 나무 한 그루도 함부로 꺾지 않았다고 전한다. 그리고 비록 미물곤충이라고 할지라도 장난삼아 해치지 않았으며, 어려움에 처한 동물들을 구하는 데 애썼다고 전한다. 생명력을 지닌 식물이나 동물을 사랑하는 증산의 삶의 자세는, 훗날 그가 세웠던 남다른 인생관에 상당한 영향을 끼쳤을 것이다. 이처럼 일찍부터 몸에 밴 생명사랑의 정신은 그가 남다른 자질을 지녔던 고귀한 품격의 소유자였음을 알려준다. 나무를 꺾거나 곤충을 잡거나 동물을 학대하는 일은, 일반적인 어린 아이의 흔한 장난으로도 볼 수 있다. 그러나 어린 증산은 말 못하는 온갖 식물과 동물에까지 그의 정감어린 애정을 표현할 수 있었던 것이다.

한편 증산은 그의 나이 일곱 살 때 農樂을 보고 慧覺이 열렸다고 전하며,[270] 일곱 살 때 訓長에게 千字文을 배웠으나 "하늘 天字에 하늘 이치를 알았고, 땅 地字에 땅 이치를 알았으니, 더 배울 것이 없다."고 말하고 그를 돌려보낼 정도로 신이한 깨달음을 가졌던 인물로 믿어진다.[271]

그리고 증산이 아홉 살 되던 때에는 별당에 혼자 지내면서 꿩 한 마리와 비단 두자 다섯 치씩을 하루걸러 들여보내 달라고 요청하는 신이한 행동을 보이기도 했다.

므로, 모든 사람에게 敬愛를 받으시니라.(『대순전경』 1장 4절)
270) 『대순전경』 1장 6절.
271) 『대순전경』 1장 7절.

그 후 증산은 아홉 살 무렵부터 자진하여 서당에 가서 한문을 배웠는데, "한 번 들은 것은 곧 깨달았다."고 표현될 정도이며, 항상 壯元을 했다고 전한다.[272] 나아가 증산은 어린 나이로 집안의 수백 냥 빚을 예절바른 행동과 비범한 作詩로써 해결했다고 전하며,[273] 열세 살 되던 해에는 어머니가 짠 모시 베를 팔러 장에 나갔다가 잃어버렸으나 다음날 다른 장터에 가서 찾아오는 영민함을 보였다.[274]

열일곱 살이 된 증산이 외가에 갔을 때 무고히 욕하던 술주정꾼의 머리에 갑자기 돌도구통이 덮어 씌워졌다는 이적이 전하기도 한다.[275] 증산의 어린 시절에 일어났다고 전하는 이야기 가운데, 그의 그릇됨<器局>을 짐작할 수 있는 다음과 같은 기록이 있다.

　　하루는 부친이 벼를 말리는데 새와 닭의 무리를 심히 쫓으시니, 天師 만류하야 가라사대 새 짐승이 한 알 씩 쪼아 먹는 것을 그렇게 못 보시니 사람을 먹일 수 있나이까 하시되, 부친이 듣지 않고 굳이 쫓더니, 뜻밖에 白日에 雷雨가 人作하야 말리던 벼가 다 표류하여 한 알도 건지지 못하였더라.(『대순전경』 1장 11절)

증산은 새와 닭에게까지 그 생명권을 존중해 주었던 인물이다. 일반적인 범상한 아이라면 자신의 집안 소유인 곡식을 쪼아 먹는 새들을 쫓아내기 마련이다. 그런데 증산은 "새들이 한 알 씩 쪼아 먹는 것을 보아 넘기지 못하고서, 어찌 (만물의 영장인) 사람에게 먹일 수 있겠습니까?"라고 말하여, 오히려 새를 쫓는 그의 부친을 말렸다. 새들이 먹어봐야 얼마나 먹겠으며, 그들의 조그만 배도 채워주어야만 그 생명을 유지할 수 있을 것이라는 증산의 생각이다. 이러한 그의 생각은, 인간이 먹을 곡식의 일부를 나누어 주어 짐승을 살릴 수 있다면 당연히 그렇게 해야 한다는, 생명을

---

272) 『대순전경』 1장 9절.
273) 『대순전경』 1장 10절.
274) 『대순전경』 1장 12절.
275) 『대순전경』 1장 13절.

사랑하고 길러주려는 마음이다.[276]

ㄴ) 동학혁명운동에의 참가와 그 영향

증산이 스물네 살 되던 때인 甲午年에 인근 마을인 泰仁에서 동학농민
혁명이 발생하였다. 청년 증산에게 이 일은 매우 충격적으로 받아들여졌음
이 분명하다.[277] 청년 증산은 동학혁명의 발흥과 그 실패를 보고나서야,
비로소 세상의 온갖 문제와 그 진행방향에 대해 근심하기 시작했다.

한편 증산은 동학이 실패할 것을 예언했다고 전한다. 그는 겨울이 되면
동학군이 패멸할 것을 漢詩를 외워줌으로써 예언했다고 믿어진다.

증산이 동학의 투쟁방법에 가장 거부감을 느낀 점은 "無辜한 生民을 戰
禍에 몰아들이는 일"이었다. 증산이 생명, 더욱이 인간의 생명을 존귀하게
여겼음은 두 말할 필요도 없다. 이러한 性情을 지닌 증산에게 있어서, 전쟁을
통해 특정 목적을 달성하려는 시도는, 그 어떤 핑계로도 납득될 수 없다.
전쟁이란 죄 없는 생명을 죽음에 이르게 만드는 결과를 어쩔 수 없이 생기게
한다. 생명의 온전한 지킴과 누림의 자유를 보장하려는 일련의 혁명적 움직임
은, 그 본래의 고귀하고 가치 있는 목적을 달성하기 위한다는 명목으로써 오
히려 수많은 생명을 죽음의 길로 몰아들이고 만다. 이러한 모순을 감지한 증
산은 독자적으로 새로운 세상 구원의 길을 모색한다. 증산은 동학군의 진로를
따라 '從軍아닌 종군'을 하는데,[278] 단 한 사람의 생명이 겪을 재앙이라도 면

---

276) 이러한 증산의 생각은 훗날 논에서 새떼를 굳이 쫓는 그의 제자에게 "한 떼 새
   의 배 채움을 용납하지 못하니, 어찌 천하 사람의 배 채워주기를 뜻하리요?"라고
   말해주었다는 점에서도 확인된다.(『대순전경』 6장 113절)
277) 이러한 사실은 『증산천사공사기』 4면의 "천사께서 개연히 世道의 날로 그릇됨을
   근심하사 匡救할 뜻을 두기는 이 해에 비롯하니라."라는 구절에서 잘 알 수 있다.
278) 왜 동학군을 따라 오느냐는 어떤 사람의 물음에 대해 증산은 "저희들의 불리한
   장래를 알기 때문에 한 사람이라도 禍를 면하게 해주기 위해서 왔노라."라고 대
   답한다.(『대순전경』 1장 18절)

해 주기 위해 참혹한 전쟁터에 무기를 가지지 않은 채 참전하였다.

이제 동학혁명운동의 전개와 실패과정을 눈여겨 보고나서 비로소 세상에 대한 새로운 눈을 뜨게 된 청년 증산이, 여러 해를 두고 고심한 끝에 내린 당시 사회에 대한 진단에 대해 알아보자.

革命亂 후로 國情은 더욱 부패하야 世俗은 날로 악화하고, 官憲은 오직 暴虐과 討索을 일삼고, 선배는 虛禮만 숭상하며, 佛敎는 誣民惑世만 힘쓰고, 東學은 혁명 실패 후에 기세를 펴지 못 하야 거의 자취를 거두게 되고, 西敎(예수新. 舊敎)는 세력을 신장하기에 진력하니, 민중은 苦窮에 빠져서 안도할 길을 얻지 못하고 四圍의 眩惑에 쌓여 의지할 바를 알지 못 하야, 危懼와 불안이 온 사회를 엄습하거늘, 天師 개연히 匡救할 뜻을 품으사 儒佛仙陰陽讖緯의 모든 글을 읽으시고, 다시 世態와 人情을 체험하기 위하여 丁酉로부터 遊歷의 길을 떠나시니라.(『대순전경』 1장 27절)

인용문은 증산이 天下를 널리 구원할<匡救> 뜻을 품게 되기까지의 그의 대사회인식을 잘 보여준다. 증산이 匡救天下의 의지를 굳게 세우는 데 있어서 동학혁명운동의 실패가 가장 큰 요인이었음은, "革命亂이 실패했다."고 표현한 사실에서도 확인된다.

그리고 증산은 나라의 정세가 부패하고 풍속이 악화되는 이유에 대해, 주로 종교의 역할이 잘못 되었다는 점에서 그 원인을 찾는다. 증산은 정치력의 부재는 관리들이 토색질만 일삼는다는 서술에서만 그 책임을 묻고 있고, 유교, 불교, 동학, 서교 등 전통종교와 외래종교가 고유한 종교적 기능을 제대로 수행하지 못하고 있다는 점에서 심각하게 비판하였다.

증산은 당시 외세의 통상을 위한 개항 요구와 자본주의제국에 의한 식민지화의 위협과 같은 외교적인 문제나 봉건적 경제제도의 붕괴로 요약될 경제적인 문제 등과 같은 차원에서 사회를 바라보지 않았다. 단지 그는 종교적인 안목으로 당시의 시대상황을 인식하고 있었던 것이다. 그리고 증산이 목표한 것은 고난에 처한 민중의 정신적 위기감을 극복해 주려는 일이었다. 결국 증

산이 생각한 천하를 널리 구원하는 일은 정치적이나 경제적인 해결책을 제시
하는 일이 아니라, 종교적인 차원에서의 보다 궁극적인 해결을 모색하는 일
이었다.

바로 여기서 고난에 빠져 의지할 곳도 없이 불안으로 가득 찬 이 땅의 고
통 받는 민중들의 삶을 구제해 주고자 하는, 증산의 濟生醫世의 삶이 시작
된다. 이제 증산은 일상적인 삶을 영위해 나가려는 같은 시대의 다른 이들과
는 달리, 세상의 구원을 위해 나름대로 주체적이고 자각적인 인생을 새롭게
걸어 나간다. 그러므로 증산의 公的인 生涯를 위한 실마리는 동학혁명운동의
실패 이후에 세상에 대해 그가 새로운 눈을 뜨게 된 시점에서부터 찾아진다.

ㄷ) 학습과 天下遊歷

증산은 동학혁명운동의 실패를 직접 경험한 이후 상당한 기간을 다양한
방면의 서적을 읽는 일에 몰두했다. 증산은 여러 책 가운데 특히 종교 관련
서적들을 탐독했다고 전하는데,[279] 이러한 광범위한 독서량은 향후 그의 독
특한 사상을 체계화시키는 기초가 되었다. 실제로 증산의 사상을 분석해 볼
때 다양한 종교경전들의 내용이 포함되어 있다는 사실에서도 그의 엄청난 독
서량이 확인된다.

일반인과 거의 똑같은 성장과정을 거친 청년 증산은 동학혁명에 직접
참가함으로써 인생의 커다란 전환점을 맞이한다. 輔國安民을 주창하고 상
놈을 양반으로 만들어 주려는 의도를 가지고 당시의 惡政에 분개하여 일
어난 동학혁명에, 종군 아닌 종군을 했던 증산은 이로부터 대사회적 눈을
새롭게 떴다.

천하를 널리 구하겠다는 목표를 세운 증산은, 당시 그가 접할 수 있었던
종교적 성향을 지닌 책들을 탐독하는 학습과정을 거친 다음, 世態와 人情

---

279) ……天師 개연히 匡救할 뜻을 품으사 儒佛仙陰陽讖緯의 모든 글을 읽으시고,
……(『대순전경』 1장 27절)

을 직접 체험하기 위해 약 3년에 걸친 天下遊歷의 길을 떠난다.

증산이 세상구원의 광대한 꿈을 품고 天下遊歷을 시작한 것은 丁酉年 (1897) 그의 나이 27세 때였다. 그가 유력하는 동안 만난 많은 인물 가운데, 유일하게 그 이름이 전하는 사람은 『正易』을 지은 易學者 金一夫 (1826~1898)였다.[280] 그 후 청년 증산은 庚子年(1900)까지 약 3년간에 걸쳐 한반도 전역을 유력하고 나서 고향으로 돌아왔다.

다. 제생의세의 실천

증산의 공적인 생애는 1901년 7월의 成道부터 1909년 6월의 化天에 이르는 기간 동안 행해졌다고 믿어지는 이른바 (天地)公事의 집행기간이다. 그는 이 기간 동안 많은 기행이적을 동시대인들에게 보여주었다. 증산은 당대의 문제들을 해결하기 위해, 전통사상의 통합을 통하여 구체적인 대안을 만들 것을 모색한 인물이다.

증산은 그가 만났던 많은 사람들의 질병을 고쳐주었으며, 죽은 사람도 살려냈다고 전해질 정도로 신이한 행적을 보여줬다. 나아가 증산은 일상적인 문제로 그에게 어려움을 호소하는 사람들을 도와주었으며, 세계구원을 위한 公事를 제자들과 더불어 신비한 방법으로 수행하였다.

ㄱ) 成　道

증산이 濟生醫世를 실천한 것은 그의 成道와 함께 이른바 天地公事가

---

280) 김일부의 꿈에서도 증산은 "匡救天下하려는 뜻을 품은 인물"로 나타났으며, 이를 이상히 여긴 김일부가 증산에게 號를 지어 주었다고 전한다. (『대순전경』 1장 28절)

시작되면서부터이다. 천하유력을 마치고 고향으로 돌아온 증산은, 세상의 구원을 위해 떨치고 일어서기 전에 자신의 생각을 정리하고 구체적으로 행할 일을 위한 준비작업을 위해, 일정기간에 걸쳐 스스로를 갈고 닦았다. 이른바 도를 깨달았다는 成道에 이르는 험난한 과정을 거친 것이다.

증산은 이를 위해 인근지역에 있는 사찰에 들어갔으며, 외부세계와 철저히 단절된 상태에서 우주의 진리를 깨달았다고 自覺한다. 그리고 그는 자신의 成道가 인류 역사상 처음으로 있는 독창적인 차원의 깨달음이었다고 선언하였다.

증산의 成道는 "모든 일을 자유자재로 할 권위와 능력을 얻은 일"이었다고 전하며,281) 이러한 그의 깨달음은 후일 그가 행했다고 전하는 숱한 기행이적의 근거가 된다. 하늘과 땅의 질서와 그 운행법칙에 관하여 전혀 비교할 대상이 없는 높은 경지의 깨달음을 얻었다고 표현되는 그의 "도를 이룸<成道>"에 대해 증산은 다음과 같이 말한다.

> 예로부터 上通天文과 下察地理는 있었으나 中通人義는 없었나니, 내가 비로소 人義를 통하였노라. ……나는 사람의 마음을 빼었다 찔렀다 하노라.(『대순전경』 6장 76절)

증산은 기존의 소위 도를 이루었다는 인물들의 경지는 天文과 地理에 국한된 불완전한 수준이었다고 비판하였다. 인간을 둘러싼 환경인 하늘과 땅에 대한 깨달음과 지식은 그것이 아무리 확실하고 많은 량의 앎이라고 할지라도, 인간 자체를 구원하는 데는 쓸모없다는 것이 비판의 요지이다.

이러한 비판에 대한 구체적인 대안으로서, 증산은 자신이 처음으로 人義에 통했노라고 자신 있게 대답하며, 이를 구원의 수단으로 제시한다. 그는

---

281) ……辛丑에 이르러 비로소 모든 일을 자유자재로 할 權能을 얻지 않고서는 뜻을 이루지 못할 줄을 깨달으시고, 드디어 전주 모악산 대원사에 들어가 道를 닦으사, 칠월 오일 大雨 五龍噓風에 天地大道를 깨달으시고……(『대순전경』 2장 1절)

인류가 참다운 구원을 얻지 못했던 이유가 바로 인간을 빠뜨린 채 인간 이외의 세계에 대한 앎을 추구해 왔기 때문이라고 진단한다. 그는 인간을 구원하기 위해서는 인간 자신에 대한 앎이 필요하며, 인간이 중심이 되어 자연과 세상을 보는 사고의 전환이 요청된다고 판단했다. 그리고 증산은 "내가 비로소 中通人義를 이루었노라."고 자신에 찬 어조로 세상을 향해 사자후를 터트린다.

중통인의를 이룬 증산은 사람들의 마음을 자신의 의지에 따라 마음대로 넣었다 뺐다 할 수 있노라고 확신했다. 인간을 주체로 하는 증산의 이러한 깨달음은 후일 그가 정립한 사상에도 상당한 영향을 끼쳤다.[282] 어쨌든 증산은 도를 깨달음으로써 濟生醫世를 위한 실천을 할 수 있는 힘을 얻었고, 세상의 구원을 위한 자신의 활동에 확신을 가졌다.

증산의 公生涯의 실질적인 출발점은, 1901년 7월에 그의 몸과 마음에 발생한, 成道라는 극적인 체험이었다. 이 사건 이후로 증산은 전혀 새로운 인물로 다시 태어난다. 그는 이제 단순히 특정한 시간대를 동시대인들과 함께 살아가는 평범한 인간이 아니다. 증산은 인간을 구원하기 위한 실제적인 힘을 지닌 존재로 재탄생되었다. 따라서 증산의 삶에 있어서 그의 成道 이후에 일어난 여러 사건은 특별한 의미를 지니게 된다.

결국 증산이 오늘날까지 후대인에게 기억될 수 있었던 결정적인 사건은 中通人義의 종교체험이며, 그가 자신을 上帝로 확신한 일이었다. 자신이 최고절대자라는 증산의 주장은, 한국종교사에서 처음 있는 일이다. 수운의 종교체험에 등장하는 上帝라고 스스로를 인식했던 증산은, 구원을 위한 구

---

282) 증산의 사상에 있어 항상 그 중심에 놓여져 있는 것은, 인간을 초월한 神界나 땅 위에서 발생하는 천재지변이나 자연이 아니라, 인간 그 자체였다. 인간을 중심으로 하늘과 땅의 세계가 통합되는 것이다. 증산이 생각한 인간은 神界와 깊은 관련을 맺고 있으며, 본질적으로는 神과 동등한 위치에 있는 존재이다. 그리고 인간과 신은 물론 이를 둘러싼 자연 마저도 장차 완성을 향해 나아가는 불완전한 체계이며, 그 완성은 인간의 새로운 자각에 의해 새 문명을 만들어가는 과정과 함께 이루어진다고 보았다.

체적인 종교행위인 공사를 집행한다고 강조했다.

한편 이러한 증산의 종교경험을 가져왔던 그의 종교적 심성 그 자체는 매우 특별하고 독창적인 것이었을지 모른다. 그러나 그것이 표현되는 다양한 종교적인 틀들을 그가 이미 접했기 때문에, 증산이 그런 식으로 종교경험을 할 수 있었을 것이다.[283] 성스러움의 나타남은 철저하게 인간에게 주어지는 것이지만, 반면 그것이 나타나는 형식은 분명히 인간적 환경조건과 밀접하게 연관된다.

ㄴ) 제자들의 허물과 죄를 赦해줌

증산은 스스로 사람의 마음을 다스리는 존재라고 확신했다. 그가 했던 많은 일 가운데 먼저 자신을 따르는 사람들이 과거에 지었던 잘못과 죄악을 용서해 주는 일을 꼽을 수 있다. 상대방을 용서해 주는 일은, 그 사람의 마음을 잘 어루만져 주고 위로해 줄 수 있어야 가능하다.

증산은 자신을 따르는 제자들이 과거에 지었던 허물을 용서해 주는 사람이었다.[284] 증산은 제자들에게 지난 시절에 잘못 했던 행동을 반성하는 계기를 마련해 주었고, 그들이 지은 죄를 없애 주는 인물로 받들어졌다.

증산은 허물을 용서해주고 죄 사함을 내리는 존재로 제자들에게 인식되었다. 나아가 그는 자기반성을 통해 인간적 차원에서의 용서함을 받았다는

---

283) 불교사찰에서의 수련, 칠성각에서 글을 써서 불태우는 巫俗的 행위, 기독교적인 최고 절대자의 개념, 동학의 天師라는 호칭, 최고의 깨달음을 강조하기 위한 인간 중심적 표현 등이 증산의 종교사상을 전체적으로 범주화하는 것이다. 증산은 儒佛仙 이외에 기독교와 동학, 민간신앙 등의 전통에 익숙해 있었기 때문에, 이런 식으로 자신의 종교경험을 할 수 있었을 것이다. 그렇지 않다면 후대인의 시각에서 증산의 위대함을 강조하기 위해서 그런 식으로 표현했던 것이다.

284) 처음으로 從事하는 자에게는 반드시 평생에 지은 허물을 낱낱이 생각하야 마음으로 赦하여 주시기를 빌라 하시되, 만일 잊고 생각하지 못한 일이 있으면 낱낱이 開頭하여 깨닫게 하시며, 또 반드시 그 몸을 위하여 척神과 모든 病故를 밝혀 주시니라.(『대순전경』 7장 19절)

심리적 느낌을 넘어서서, 해당 사건의 이면에서 발생한 초인간적 차원의 잘못됨도 해결해 주는 사람으로 믿어졌다. 즉 증산은 상대방이 전혀 생각해 볼 수 없었던 영역의 문제도 해결해 준 사람이었으며, 신적 존재도 통제할 수 있는 능력을 지닌 인물로 받아들여졌으며 믿어졌다.

증산은 제자들이 자신을 찾아오면 그들의 지난 인생사에서 있었던 말 못할 고민과 억눌린 감정 등의 어려운 문제들을 풀어주었던 인생 상담자 역할을 했다. 그가 제자들의 잘못을 용서해 주는 방법은, 특정한 제자가 과거에 스스로 잘못되었다고 생각하는 일을 말하게 하여 이를 모두 들어준 후에 본인에게 그 일의 잘잘못을 가리도록 요구한 다음, 만일 잘못이라고 판단하면 증산 자신에게 네 번 절하고 다시는 그러한 행동을 하지 않기를 맹세시키는 것이었다.[285] 자기반성과 자기 판단을 하도록 유도한 다음, 그 결정의 표시로 특정한 행위를 하도록 만드는 방법이다.

또 증산은 제자들에게 옛날에 지은 허물과 죄를 자신에게 일일이 고하도록 명하고, 이를 들어줌으로써 그 허물과 죄를 각자가 풀어버리라고 말했다.[286] 증산은 허물을 지었다고 생각하는 사람이 자신의 입을 통해 말함으로써 스스로 그 죄책감에서 벗어닐 수 있도록 일종의 심리요법을 사용했던 것이다. 그러므로 옛날에 지었던 허물에 계속 끄달리는 일은 증산이 엄격히 금지한 것이다. 더욱이 증산은 제자들이 어떤 허물을 지었을 때는 일단 엄하게 꾸짖은 다음 "다시는 그러지 말라."고 부드럽게 타일러 주어, 꾸중을 들었을 때의 반발심마저도 풀어주었다고 전한다.[287]

ㄷ) 병든 생명을 살림

역사적 인물로서 증산이 행한 일 가운데 가장 두드러지는 일은 그가 수

---

285) 『대순전경』 3장 72절.
286) 『대순전경』 6장 58절.
287) 『대순전경』 3장 191절.

많은 사람들의 질병을 고쳐주었던 것이다. 증산이 특별한 의술을 배웠다는 기록은 전하지 않는다. 다만 그가 천하유력 기간 동안에 의술에 접했을 가능성이 있고 의학 관련서적을 읽었다고 추정해 볼 수 있을 따름이다. 그러나 증산이 특별한 처방을 내리거나 특이한 약을 사용했다는 기록이 별로 보이지 않는다는 점을 생각해 볼 때, 그의 의술은 그가 成道한 후에 자연적으로 신비하게 체득한 능력으로 보아야 할 것이다.[288]

증산은 1907년 5월경에 "무슨 業을 하십니까?"라는 차경석의 질문에 "의원노릇을 하노라."라고 대답했다. 그러나 증산이 자신의 직업을 의원이라고 밝히기 훨씬 이전부터, 그는 의술을 행하고 있었다. 증산은 1902년부터 자신을 찾아오는 환자들의 질병을 고쳐주었다.[289]

증산은 도를 깨달은 이후부터 신이한 능력을 지닌 인물로 주변사람들에게 믿어졌다. 그가 체계적으로 의술을 배우지는 못했으나, 그의 신성한 능력은 질병쯤은 충분히 고쳐줄 수 있을 것이라고 믿어졌던 것이다. 증산이 특별한 약을 사용하여 환자의 병을 다스리지 않았다는 점에서도, 증산이 도를 깨달았다는 신비한 일과 그의 치병 활동을 동일시한 당시 사람들의 소박한 믿음을 짐작할 수 있다.[290]

그리고 증산은 단순히 사람의 병을 고쳐주었던 것이 아니라, "천하의 병을 다스리려 한다."는 원대한 포부를 가지고 의료행위를 시작했다.

---

288) 1903년경에 전주에서 약방을 하는 서원규가 증산을 따랐으며, 1906년 10월에는 증산의 제자인 신원일이 乾材藥局을 차린 일도 있었다. 그러나 이러한 만남과 사건은 증산이 신이한 의술을 행하여 사람들의 병을 고쳐준 다음에 일어났던 일이다.

289) 壬寅年에 天師 病고치는 법을 全州 우묵실 이경오에게 처음으로 베푸시니라. ……천사 가라사대 이 병이 진실로 괴이하도다. 모든 일이 적은 것으로부터 큰 것을 헤아리나니, 내가 이 병으로써 본을 삼아 天下의 病을 다스리기를 시험하리라 하시고, …… (『대순전경』 8장 1절)

290) ……이 해에는 全州와 夏雲洞間으로 來往하시면서 여러 사람의 病을 醫治하시되, 藥材를 쓰지 안코 곳 快差케 하시니, 모든 사람이 그 神妙하심을 敬服하니라. …… (『증산천사공사기』 17면)

특정인이 앓고 있는 특정한 병이 문제가 아니라, 증산은 눈에 보이는 질병현상을 다스림으로써 일반인의 눈으로는 확인조차 할 수 없이 심각하게 병들어가는 세상을 고쳐보려 했던 것이다. 일단 증산이 어떤 방법으로 사람들의 병을 고쳐주었는지를 살펴보자.

> 나의 말은 藥이라. 말로써 사람의 마음을 위안도 하며, 말로써 병든 자를 일으키기도 하며, 말로써 죄에 걸린 자를 끌으기도 하나니, 이는 나의 말이 곧 약인 까닭이니라. 忠言이 逆耳나 利於行이라 하나니, 나의 말을 잘 믿을 지어다.(『대순전경』 5장 43절)

이처럼 증산은 말로써 병을 다스린 인물이라고 전한다.[291] 증산이 말로써 환자를 고친 구체적인 예로는 天疱瘡을 앓던 사람에게 증산이 갑자기 "어찌 어른 앞에서 그렇게 태만할 수 있느냐?"라고 꾸짖어서 그 병을 고치게 해주었다는 기록이 전한다.[292]

그리고 제자의 아들이 폐병으로 오랫동안 앓아왔는데, 증산이 가서 "어찌 아비가 오는데 일어나 맞이하지 않느냐?"라고 꾸짖어 그 병을 다스렸다는 이야기도 있다.[293] 이 외에도 증산이 환자를 꾸짖어서 그들이 앓고 있던 병을 치료했다는 보고가 더 있다.[294]

또 증산이 특별한 의료행위나 말을 하지 않고 한 번 찾아가 보았을 뿐인데 앉은뱅이가 고쳐졌다는 신이한 일도 전한다.[295] 이처럼 증산이 말 한

---

291) 실제로 증산에 대해 "그가 손으로 만져서 죽은 사람을 일으키며, 말 한마디로 위태한 병을 고침은 내가 직접 보았다."는 말한 사람이 있을 정도였다.(『대순전경』 2장 22절)
292) 『대순전경』 8장 41절.
293) 『대순전경』 8장 38절. 증산이 했다는 이 말의 뜻은, 일찍이 그 아들의 짧은 운명을 바꾸어 보려는 의도로 민간에서 전해지는 예에 따라 금산사 미륵불에 판 일이 있었던 제자의 과거사에 빗대어, 증산이 자신을 미륵불로 자처한 일로 믿어진다.(『대순전경』 초판, 5장 28절)
294) 『대순전경』 8장 17절, 8장 45절, 8장 46절, 8장 48절 등이 관련기록이다.
295) 『대순전경』 8장 16절.

마디로 병을 고쳤다는 이야기는 현대 의학적인 지식으로는 이해하기 힘든
일이지만, 실제로 그들 자신의 병이 증산에 의해 고침을 받았다고 체험한
당시의 많은 사람들의 이야기가 아직까지 전한다는 사실만큼은 분명하다.

과연 증산이 말로써 환자의 병을 고쳐주었는지의 여부는 오늘날의 우리
로서는 확인할 수 없는 영역이다. 그러나 증산의 말을 듣고 자신의 병이
고쳐졌다고 느낀 당시 사람들의 전언이 아직 전해지고 있다는 역사적 사실
은, 증산이 그가 만난 사람들의 병을 말 한마디로 치료해 준 존재로 믿어
졌다는 종교적 진실을 뒷받침해주는 유력한 증거이다.

> 治病하실 때에는 흔히 病者로 하여금 그 가슴과 뱃속을 들여다보라 하시므로,
> 들여다보면 속이 환하게 뵈여지는데, 經絡과 臟腑를 낱낱이 가르쳐주시며, 이 곳은
> 어디이고 이 곳은 어디인데 어느 장부에서 병이 났다 하사 다 알게 하시고, 또 누
> 릿누릿하야 臟腑에 끼여 있는 것이 痰이라 하시니라.(『대순전경』 8장 27절)

인용문은 실로 신이하기 짝이 없는 의술을 펼친 증산의 면모를 보여준다. 이
러한 증산의 모습은 그가 義兵 모집 혐의로 고부 경찰서에 갇혀 있을 때에도
유감없이 나타난다. 여러 사람들이 자신들의 부모나 처자의 병을 낫게 해 준 증
산의 은혜를 잊지 못해, 새해가 되어 인사 올리러 왔노라고 음식을 들고 감옥에
까지 면회 왔던 것이다. 당시 그들은 증산을 神醫라고 불렀다고 전한다.[296]

증산은 産後 복통과 천식과 해소 등의 잔병은 물론이고 감기몸살, 배앓이, 대변
불통, 습종, 체증, 안질, 連珠炸瘟, 속병, 內腫, 眼症, 肩臂痛, 胸腹痛, 丹毒,[297]
天疱瘡, 골절상, 치질, 간질, 土疾, 요통, 腫瘡, 脹症, 폐병, 문둥병, 반신불수증,
곱사, 앉은뱅이, 봉사 등의 질병을 고쳤다고 전한다. 더욱이 그는 죽은 자를 살렸
다는 기록이 3건이나 전해질 정도로 신이한 의술을 행했던 인물로 알려졌다.[298]

---

296) 『대순전경』 4장 59절.
297) 피부와 살이 부분적으로 붉게 부으며 뜨겁게 퍼지는 병이다. 황도연 저, 남산당
　　　편집국 역, 『證脈. 方藥合編』(남산당, 1978), 115쪽.
298) 『대순전경』 8장 9절, 8장 45절, 8장 58절 등이 관련 기록이다.

병을 아뢰는 자가 있으면 세 손가락으로 담뱃대에 짚어서 診脈하기도 하시고, 혹 방바닥에 짚어서 진맥하기도 하시며, 또 病者와의 관계를 물으사 一家나 戚分이 되지 않는다 하면 그 父兄과의 관계를 물으사 또 아무 관계가 없다고 하는 때에는 어찌 무관계한 사람이 왔느냐 하시며 곧 물리쳐 보내시나, 그 병은 낫게 하시니라.(「대순전경」 8장 59절)

인용문은 증산이 환자의 질병을 진단하는 모습이 한의사들이 일반적으로 이용하는 진맥 방법과는 확연히 달랐음을 알려준다. 증산은 환자의 손목의 맥을 짚지 않고, 담뱃대나 방바닥을 통하여 환자의 맥을 진단했던 것이다. 이러한 진단방법은 상식을 크게 어긋나는 일이며, 증산이 결코 전통적인 의술방법을 사용한[299) 것이 아니라는 점을 강조한 것이다.

한편 증산은 환자와 진료를 청하는 사람과의 관계를 특히 중요시하여 물었다고 전하는데, 이는 그가 질병 발생의 원인이 단순히 세균감염이나 특정 부위의 훼손 또는 기능 상실 등에 있다고만 보지 않았으며, 인간관계의 악화나 유전적 요인 등에도 있다고 생각했음을 알려준다. 그리고 증산은 환자의 상태에 대해 잘 알려줄 수 있는 관계에 있는 사람이냐의 여부도 병의 진단에 중요하다고 여겼던 듯하다.

증산은 여성의 병을 그 남편에게 옮겨서 치료해 주기도 하고,[300) 부인의 병을 남편의 손에 염색을 들여서 낫게 하기도 했고,[301) 환자의 從兄에게 처방을 내려 병을 고쳐주기도 했고,[302) 환자의 아버지에게 돼지고기 석 점을 주어 환자에게 이를 먹여 낫게 하기도 했다.[303)

한편 증산은 배앓이를 앓던 아이의 소변을 받아두었다가 보고는 사탕가

---

299) 증산이 침술을 사용했다는 기록은 " ……천사께서 大破針을 南基의 머리에 꽂자 주신 후 돌려보내시고……"(「증산천사공사기」 26면)라는 기록이 유일하다.
300) 「대순전경」 8장 3절.
301) 「대순전경」 8장 23절.
302) 「대순전경」 8장 28절.
303) 「대순전경」 8장 54절.

루가 가라앉았다고 가르쳐주면서 "어린 아이가 사탕을 많이 먹으면, 汗門이 막히고 이러한 병이 나기 쉬우니 주의하라."라고 말한 적이 있다.[304] 그리고 그는 하늘에 가득 끼인 지미 같은 것을 가리키면서 "이런 것이 있어서 사람을 많이 병들게 한다."라고 말했다.[305]

또 증산은 배앓이를 앓는 사람에게 회충의 요동으로 병이 들었다고 말하기도 했으며,[306] 이상하게 몸이 마르는 병을 앓는 사람에게는 "그 병은 환자가 평소에 남에게 욕설을 많이 하여 그 보응으로 난 것이니, 날마다 회개하면 병이 저절로 낫게 되리라."라고 말해주기도 했다.[307]

결국 증산은 사탕가루, 세균성 바이러스, 회충 등의 實體를 지닌 物을 통해서 병이 발생한다는 사실은 물론, 정신적 스트레스 등에 의해서도 병이 일어난다고 생각했던 것이다. 그리고 기본적으로 증산은 동양의학의 기본원리인 五行說에 의해 藥을 이해하고 있었다.[308]

증산은 "병이란 것은 제 믿음과 정성으로 낫는다."라고 말했다.[309] 이처럼 증산은 환자의 의지가 병 치료에 필수적 요인이라는 점을 잘 인식하고 있었던 것이다. 이와 관련하여 환자와 관계되는 사람이 淸水를 떠놓고 증산에게 지성으로 빌어서 병이 낫기도 했다.[310]

이제 증산이 여러 가지 질병을 낫게 한 구체적인 방법에 대해 알아보자.

증산은 자신의 손으로 직접 환자를 만져서 병을 고쳐주기도 했으며, 때로는 발로 환자의 허리를 밟아서 고쳐주었다. 그리고 그는 환자를 놀라게 하거나, 환자를 뛰게 만들어 병을 고쳐주었으며, 환자로 하여금 六十甲子를 손가락으로 짚게 하여 병을 고쳐주었다. 때로는 증산이 다른 사람으로

---

304) 『대순전경』 8장 2절.
305) 『대순전경』 8장 36절.
306) 『대순전경』 8장 17절.
307) 『대순전경』 8장 32절.
308) ……약은 五行기운을 응함인 연고니라. ……(『대순전경』 8장 19절)
309) 『대순전경』 8장 28절.
310) 『대순전경』 8장 34절, 8장 51절.

하여금 환자의 몸을 쳐서 병을 고치기도 했다.[311] 이처럼 증산은 자신의 손이나 발을 이용하거나, 환자 또는 다른 사람에게 특정한 행위를 하게 함으로써, 그들이 앓던 각종 병을 낫게 해 주었다.

또 증산은 보리밥, 돼지고기, 국수, 소고기와 참기름, 술 등의 일상적으로 접할 수 있는 음식물을[312] 먹여서 환자를 낫게 했다. 이례적으로 증산은 약방문을 적어 주어 환자의 병을 고쳐주기도 했다.[313] 어쨌든 증산이 구체적인 행위나 음식물을 통해 치병했다는 점은 그래도 납득할 수 있는 근거는 있는 셈이다.

그러나 증산이 呪文, 『大學』, 특정한 글이나 詩, 六十四卦 등을 환자나 제자들로 하여금 외우게 해서 병을 다스렸다거나, 글을 써주거나 글을 써서 불사름으로써 환자의 병을 낫게 만들었다는 이야기에[314] 이르면, 증산의 치병행위는 일반인의 상식의 정도를 넘어서 버린다.

더욱이 증산의 옷을 환자에게 입혀서 낫게 하거나, 어린 아이의 병을 전 깃줄에 옮기게 하는 상징적 행위로 낫게 했다거나, 약을 땅에 붓거나 장롱 속에 넣어서 병을 고치거나, 환자의 술대접을 받거나 남편의 손에 염색을 들여 그 부인을 고쳤다거니, 주인의 병을 그 집의 개에게 옮기게 해서 고쳤다는 傳言에 이르면[315] 그가 神異한 의술을 행했다는 표현 밖에 더 보탤 말이 없어진다.

그리고 증산이 휘파람으로 신명을 불러 병을 낫게 했고, 다른 사람의 병을 대신 앓아서 고쳤고, 자신을 믿고 근심을 놓으라는 말 한 마디로 치료했고, 특정한 말로써 병을 고쳤고, 증산에게 병이 있음을 알리기만 해도 병

311) 『대순전경』 2장 27절, 8장 1절, 2절, 3절, 9절, 17절, 22절, 30절, 31절, 45절, 26절, 20절, 42절, 35절, 43절 등이 관련 기록이다.
312) 『대순전경』 8장 28절, 54절, 57절, 44절, 21절 24절 등이 관련 기록이다.
313) 『대순전경』 2장 25절.
314) 『대순전경』 8장 4절, 7절, 49절, 10절, 11절, 55절, 19절, 14절, 29절, 48절, 22절 등이 관련 기록이다.
315) 『대순전경』 8장 47절, 37절, 13절, 15절, 39절, 53절, 8절, 23절, 6절, 29절, 33절 등이 관련 기록이다.

이 나왔다는 이야기를 접하면,[316] 그가 생전에 그렇게 불렸다는 神醫라는 호칭 외에는 달리 설명할 수 없다.[317]

증산은 특정한 행위, 음식물, 약 등을 이용하기도 했지만, 체계적인 의학지식으로써가 아니라 기본적으로 자신이 체득한 神通力으로써 환자들의 병을 다스렸다. 또 증산에게 병의 고통을 알리기만 하면 자연스레 병이 나았다고 전한다.[318] 어쨌든 증산은 현재적인 고통에 신음하는 당시의 수많은 사람들의 병을 고쳐주었다.

때로는 기적이라고 표현할 수밖에 없는 신이한 의술을 보여준 증산에 대한 이야기는, 그 사실 여부와는 상관없이 오늘날까지도 신비스럽게 전한다. 이처럼 증산이 그의 일생을 통해 많은 사람들의 병을 고쳐주었다는 이야기는 그가 濟生醫世의 삶을 실제적으로 살았음을 증명해 준다.

한편 증산은 다른 사람의 질병을 많이 고쳐주고도 이를 그 사람에게 굳이 알리지 않았다고 전한다.[319] 그러므로 증산은 비록 기록으로 전하지는 않지만, 실제로는 훨씬 많은 治病활동을 했다고 믿어진다.

신이한 치병활동을 그의 전 생애를 통해 적극적으로 펼친 증산은 마침내 환자의 병을 고쳐주고 그 대가로 받은 방 한 칸을 수리하여 조그마한

---

316) 『대순전경』 8장 36절, 2장 105절, 2장 4절, 8장 56절, 58절, 50절, 52절 등이 관련 기록이다.

317) 증산은 "병든 자와 죽는 자에게 기운만 붙이면 일어나느니라."라고 말하여, 자신의 능력으로 기운을 붙이면 병든 자와 죽어가는 자를 "다시 일으키고 살릴 수 있다."는 확신을 가졌던 인물이다.(『대순전경』 2장 17절)

318) 종도들 중에 무슨 病故가 있어서 와서 아뢰는 자가 있으면 그 증세의 어떠함을 물으신 뒤에는 아무 법을 베푸심이 없어도 나으며, 만일 危境에 이른 사람이면 그 증수를 가늠하여 앓으시면 곧 나았나니, 가령 배 앓는 사람이면 문득 배 아프다고 한 번 말씀하시고, 머리 앓는 사람이면 머리 아프다고 한 번 말씀하실 따름이니라.…… (『대순전경』 8장 60절)

319) 형렬이 물어 가로대 病을 고쳐 주시고도 病者에게 알리지 아니하시고, 자식을 태워주고도 알리지 아니하시니, 무슨 연고입니까? 가라사대 나의 할 일만 할 따름이니, 남이 알고 모름이 무슨 관계가 있으리요? 남이 알기를 힘씀은 小人의 일이니라.(『대순전경』 3장 107절)

藥房을 차렸다. 그 때는 1908년 4월이었다. 그가 공식적으로 약방을 개설하여 환자들을 치료한 기간은 그가 죽기 전까지 약 1년 2개월간이었다.

그는 藥藏과 櫃도 자신의 설계에 의해 짜도록 했고, 각종 서적과 鐵研子와 削刀 등의 藥房器具들을 장만하는 등 세심한 준비를 한다.[320] 그의 약방개설에 대해 증산 자신과 그의 제자들의 생각은 어떠한 것이었는지 알아보자.

> ……수 일 후에 구릿골에 돌아오사 밤나무로 藥牌를 만들어 牌面에 "廣濟局"이라 刻하야 글자 획에 鏡面朱砂를 바르신 뒤에, 공우에게 명하야 가라사대 이 약패를 院坪 길거리에 붙이라. 공우 대답하고 원평으로 가려 하거늘, 물어 가라사대 이 약패를 붙일 때에 경관이 물으면 어떻게 대답하려 하느뇨? 대하야 가로대 萬國醫院을 설립하야, 죽은 자를 다시 살리며, 눈먼 자를 보게 하며, 앉은뱅이를 걷게 하며, 그 밖의 모든 병을 大小勿論하고 다 낫게 하노라 하겠나이다. 가라사대 네 말이 옳으니 그대로 하라 하시고, 약패를 불사르시니라.(『대순전경』 4장 72절)

증산이 경영한 약방은 특별한 상호는 없었지만, 증산 스스로는 "廣濟局"이라고 인식하고 있었다. 창생을 널리 구제한다는 의미의 廣濟를 약방의 이름으로 선택한 일은, 바로 증산 자신이 濟生醫世하는 삶을 실제로 살고 있다고 스스로 굳게 믿었음을 알려준다. 증산은 이러한 자신의 생각을 사람들에게 알리기 위해, 廣濟局이라는 글자를 밤나무에 새긴 약패를 만들어 제자로 하여금 사람들이 많이 모이는 시장거리에 붙이라고 말했다.

그리고 그의 제자들은 증산의 약방을 萬國醫院이라고 표현하는데, 세상의 온갖 질병을 고치는 곳이라고 생각했던 것이다. 광제국이나 만국의원은 그 의미상 동일하다.[321] 증산이 약방을 세운 취지에 대해 그의 제자는 "죽

---

320) 『대순전경』 4장 71절.
321) 한편 당시 제자들이나 일반사람들은 증산의 약방이 있는 지역인 구릿골을 따서 흔히 "구릿골약방"이라고 부른 듯하다.(『대순전경』 4장 134절) 이 구릿골약방은 한문식으로 銅谷藥房이라고도 불렸다.

은 자를 살리고, 눈먼 자를 보게 하고, 앉은뱅이를 걷게 하는 일"이라고 생각했다. 제자가 생각한 일은 매우 구체적인 결과를 바랐던 것이었고, 증산은 이러한 일을 실제로 행했다고 전한다.

그러나 증산의 "廣濟"가 육체적인 질병이나 증상에만 국한되지 않는다는 사실은, 그가 자신이 만든 광제국이라는 약패를 직접 불사르는 신비한 행동을 취했다는 점에서 짐작할 수 있다. 이러한 행위를 통해 증산이 살리고 보게 하고 걷게 하는 일은, 단순히 육체적이고 현실적인 고침에 제한되지 않고 정신적이고 이상적인 '살림'을 지향하게 된다.

한편 증산이 己酉年 (1909년) 설날에 직접 집필했다고 전하는 『玄武經』에 『病勢文』이라는 글이 있는데, 그 내용은 다음과 같다.

> ……病有大勢, 病有小勢, 大病無藥, 小病或有藥. 然, 大病之藥, 安心安身. 小病之藥, 四物湯八十貼. ……大病出於無道, 小病出於無道. 得其有道則, 大病, 勿藥自效, 小病, 勿藥自效. ……醫統, 忘其君者無道, 忘其父者無道, 忘其師者無道. 世無忠, 世無孝, 世無烈. 是故, 天下皆病. 病勢, 有天下之病者, 用天下之藥, 厥病乃癒. 聖父, 聖子, 聖神, 元亨利貞. 奉天地道術藥局, 在全州銅谷, 生死判斷. 大仁大義, 無病. ……知天下之勢者, 有天下之生氣. 暗天下之勢者, 有天下之死氣. ……先天下之職, 先天下之業, 職者, 醫也. 業者, 統也. 聖之職, 聖之業.(『대순전경』 4장 129절)

인용문은 증산이 본 질병관이자 시국관이라고 평가할 수 있다. 먼저 증산은 병을 큰 병과 작은 병으로 대별한다. 증산에게 있어서 大勢를 지닌 병이 大病이고, 小勢를 지닌 병이 小病이다. 여기서 勢는 일반적으로 병이 번성하는 정도라는 뜻으로 해석할 수 있지만, 病勢라는 글귀 아래 "천하의 병을 가진 사람에게는 천하의 약을 사용하여야 그 병이 나을 것이다."라는 내용이 있는 것으로 미루어 보아 병을 인식하는 범위라는 뜻으로도 풀이할 수 있다. 즉 大病은 심각한 위험을 지닌 질병으로 해석되지만, 단순한 육체적 병이 아니라 세상 사람들이 앓고 있는 마음의 병 곧 사회적인 질병으로 풀이할 수 있다. 증산은 큰 병은 고칠 약이 없지만, 작은 병은 간혹 치료할 약이 있다고 말했다.

그러나 증산은 앞서 약이 없다고 자신이 말한 大病의 약은 安心安身에 있다고 처방했다. 즉 "몸과 마음을 편안히 하는 일"이라는 육체와 정신을 아우른 안정상태를 유지하는 일이 큰 병을 치료할 수 있는 처방이다. 그가 인간이 실제적으로 겪는 질병만을 病으로 인식하지 않았다는 사실은, "큰 병도 道가 없음에서 나오고, 작은 병도 도가 행해지지 않기 때문에 발생한다. 그 (올바르고 마땅한) 도가 있음(의 상태)을 얻는다면, 큰 병도 (특별한) 약을 사용함이 없이 스스로 나을 것이고 작은 병도 약이 없이 저절로 낫는다."라는 말에서도 확인된다.

그렇다면 증산은 대병과 소병이 발생하게 되는 원인으로서의 "無道"를 어떻게 이해하고 있는가? 증산은 "그 임금(의 베풂)을 잊어버리는 자가 無道하고, 그 아버지(의 사랑)를 잊어버리는 사람이 무도하고, 그 스승(의 은혜)을 잊어버리는 사람이 무도하다."라고 정의한다. 여기서 잊어버림은 단순히 기억하지 못하는 상태가 아니라 의도적인 잊어먹음을 뜻한다.

이처럼 개개인이 행하는 임금과 아버지와 스승의 베풂과 사랑과 은혜를 고의적인 잊어먹음으로 인해, 이제 이 세상에는 인간이 지켜야할 바람직한 덕목으로 표상된 윤리체계가 근본적으로 상실되었다. 곧 "세상에 忠이 없고, 孝가 사라지고, 烈을 찾아볼 수 없다."는 증산의 표현과 같이, 인간행위의 규범이 모두 파괴된 상황에 이르렀다. 바로 이러한 사회적 질병상태를 증산은 "천하가 모두 병들었다.(天下皆病)"라고 표현하였다.

증산이 말한 "天下之病"은 천하가 앓고 있는 병 또는 이러한 세상의 병을 고치고자 근심하다가 생긴 병 등으로 풀이할 수 있다. 천하의 병에는 천하의 약을 사용하여야 한다는 것이 증산의 처방이다. 그리고 증산은 성스러운 아버지와 아들과 神이라는 인격적 존재를 상정하는 서양적인 세계관과 元, 亨, 利, 貞이라는 비인격적 개념이나 원리를 상정하는 동양적인 세계관을 통합하거나 통틀어서 자신의 우월성을 강조한다. 그는 자신이 天地의 道術을 사용하는 약국을 全州 銅谷에 개설하여, 인간의 生과 死를 판단한다고 주장했다.

과연 증산이 생각한 천하의 병을 고치는 천하의 약은 무엇이며, 병이 없음은 어떤 상태를 가리키는 것일까? 이에 대해 증산은 "크게 어질고 크게 의로우면, (그것이 바로) 병이 없는 상태이다."라고 명쾌하게 대답한다.

忠, 孝, 烈이 없어져서 세상이 모두 병든 상태를 바로 잡는 일은, 大仁과 大義를 회복하고 찾는 데 있다는 것이 증산이 내린 처방의 핵심이다. 바로 이러한 천하대세의 움직임을 아는 사람에게는 천하의 사는 기운이 있으며, 이에 어둡고 모르는 자는 천하의 죽는 기운이 있을 따름이다.

증산은 先天 즉 낡은 하늘 또는 낡은 세상에 처해서 갖는 상황인식과 자신의 임무에 대해서도 밝혔다. 그는 선천에서 자신의 職은 醫라고 말했다. 職은 현실적으로 맡은 지위이다. 따라서 증산은 자신이 선천에서 맡은 지위가 바로 醫師라고 말했다.

그리고 業은 행하는 일 또는 하고자 하는 일이다. 따라서 증산이 선천에서 하고 있는 일 또는 그가 궁극적으로 하고 싶은 일은 統에 있다고 해석된다. 여기서 統은 선천의 분열, 발전한 모든 사상과 문화의 통일이요, 그 핵심의 통합을 뜻한다. 온갖 나뉨의 합침을 통해 새로운 문화를 건설하고자 하는 것이 바로 증산의 業이다.

따라서 증산의 職과 業은 성스럽다고 표현할 수 있다. 결국 성스러운 職인 醫를 가지고 성스러운 業인 統을 행하는 위대한 인물인, 증산은 濟生醫世의 모범적 삶을 보여주었다.

ㄹ) 각종 질병의 代贖

증산은 직접 만나지 못했던 불특정다수 사람들의 질병도, 그들의 질병을 대신 앓는다는 상징적 행위를 통해서, 고쳐주었던 인물이라고 믿어진다. 실제로 증산은 한반도의 중남부지방에 콜레라가 만연되고 있다는 소식을 전해 듣고 이를 代贖하였다고 전한다.[322]

---

322) 청주와 나주를 중심으로 콜레라가 크게 일어난다는 전언을 들은 증산은 "이 병으로 인해 장차 무수한 생명이 죽으리니, 내가 이것을 代贖하리라."라고 선언했다.

당시에 발생했던 콜레라가 과연 증산이 글을 써서 불사르는 상징적 행위나 새 옷에 설사하고 나서 버리는 행위에 의해 사그라졌었는지는 알 수 없지만, 그때 발생한 콜레라가 일시적으로 발병한 후에 곧 사라졌었음은 "이 뒤로 怪疾이 곧 그치니라."라는 당시의 전언을 통해 알 수 있다.

한편 여기서 증산이 당시 콜레라의 발생원인을 怪疾神將이 침범하는 일로 이해했다는 점이 확인된다. 그리고 그가 눈으로 확인할 수 없는 특별한 힘에 의해 콜레라가 생기고 확산된다는 생각을 지녔었음도 짐작된다.

어쨌든 증산은 자신이 만나보지도 못한 무고한 백성들이 질병으로 신음한다는 말을 듣고, 그들이 겪고 있고 앞으로 겪게 될 엄청난 고통을 마치 자신이 당하는 것처럼 아파하면서 생명을 사랑하는 마음을 낸다. 증산은 그 이름과 얼굴조차 모르는 수많은 사람들의 현재적 고통과 미래적 아픔마저도 그들을 대신하여 앓아주려고 애썼다.

증산의 代贖은 새 옷 다섯 벌에다 설사하는 행위였다. 자신이 직접 설사하는 고통을 겪음으로 인해, 증산은 다른 사람들이 겪을 고통과 생명 빼앗김을 막았다. 이처럼 내가 다른 사람들을 대신하여 앓거나 고통 받을 수 있다는 代贖의 관념은, 제생의세의 구체적인 표현이다.

나아가 증산의 대속은 인류가 겪을 거의 모든 질병을 대신 앓아서 해결해 주는 일로까지 확대된다. 증산은 자신이 행했던 公事의 終結을 선언한 다음, 죽기 며칠 전에 각종 질병을 대속한다.

……天師 드디어 누우사 여러 가지 병을 번갈어 앓으시며 가라사대, 내가 이러한 모든 病을 代贖하여 世界 蒼生으로 하여금 영원한 강령을 얻게 하리

증산은 가난하고 죄없는 뭇 백성들의 고난을 불쌍히 여기고, "괴병을 맡은 神將에게 명하노니, 어째서 제왕이나 장상의 집에는 들이닥치지 않으면서 이처럼 무고한 창생들의 집에는 들이닥치느냐?"라는 뜻의 글귀를 써서 불사르는 상징적인 행위를 한다. 그 후 증산은 제자에게 명하여 새 옷 다섯 벌을 지어 한 벌 씩 차례로 갈아입고 설사하여 버리는 '구체적인 행위'를 통해 콜레라가 더 이상 진행되는 일을 막았다고 믿어진다.(『대순전경』 2장 117절)

라 하시더라. 이렇게 모든 병을 두어 시간씩 번갈어 앓으시되, 매양 한 가지
症崇를 앓으신 뒤에는 문득 일어나 앉으사 약을 알았다 하시고, 거울을 들어
얼굴을 이윽히 보시면 그 수척하고 熱氣가 떠올랐던 氣像이 씻은 듯이 곧 元
氣를 회복하시니, 그 증수는 대략 運氣, 傷寒, 黃疸, 內腫, 虎列刺 등속이러
라. …… (『대순전경』 9장 19절)

증산은 인류가 겪어왔던 여러 가지 병을 번갈아 앓는다. 이러한 증산의
행동은 모든 병을 代贖하는 일로 믿어진다. 세계의 뭇 생명들이 편안하고
행복한 상태를 누릴 수 있도록, 증산은 갖가지 질병을 대신 앓아서 이를
고쳐주려 했던 것이다.

이제 증산은 세계 창생들의 생명을 불쌍히 여기고 한없이 사랑하는 사
람으로서, 그들이 겪고 있고 앞으로 겪을 각종 질병들을 없애주려 했던 위
대한 인물로 믿어진다.

참으로 증산은 뭇 생명을 건지는 濟生의 극적인 모습을 보여 주었다.
그는 각종 病을 두어 시간에 걸쳐 앓았다. 각 질병의 고통을 직접 당해 보
고나서 증산은 그 병에 알맞은 약을 알았다고 확신했다고 전한다. 증산은
원기를 회복한 다음에는 곧바로 다음 병을 앓았고, 그 후에 자신이 약을
알았다고 주장한 것이다.

한편 증산교인들은 증산의 이러한 종교적 행위에 의해 증산 사후에 수
많은 질병과 전염병들이 지구상에서 사라질 수 있었다고 믿는다. 이로써
그의 濟生의 범위는 세계의 창생들까지로 확대되었다. 결국 증산은 인간이
겪는 구체적인 질병을 고쳐주는 성스러운 의사로서의 임무를 거의 완벽한
정도로 수행했다고 믿어진다.

다른 이의 죄와 고통 혹은 질병을 代贖한다는 행위 자체가 이미 보통사람
이 행할 수 있는 행위가 아니다. 남을 위해 자신의 삶을 희생하고 봉사하는
일은 특정한 소수의 사람만이 행할 수 있었고, 앞으로도 그러할 것이다. 이
가운데 증산은 인류가 겪을 질병의 고통을 실제적으로 대신하여 아파했고,

마침내 그 해결책을 알았다고 스스로 확신했던 인물이다.

증산의 대속에 의해서인지는 알 수 없지만, 인류가 점차 각종 질병을 극복해 왔고, 몇몇 난치병들도 차츰 극복되어 가는 과정에 있다. 증산은 세계 창생의 생명을 구해주려고 혼신의 힘을 다해 노력했던 인물로 전한다. 이러한 증산의 숭고한 삶은 疾病의 代贖으로 표현되며, 실제로 그가 죽기 며칠 전에 엄청난 고통을 겪는 모습을 보았던 그의 제자들의 이야기를 통해 오늘날까지 전한다.

ㅁ) 일상사에 얽힌 문제의 해결

증산은 자신이 만났던 사람들이 일상생활에서 겪는 각종 어려움을 해결해 주었다. 증산은 실제 생활에서 발생하는 여러 가지 문제들을 풀어줄 수 있는 인물로 믿어졌다.

증산은 친적 산에 재산문제로 소송하려는 일을 해결해 주기도 했다.[323] 그리고 채무를 진 사람들이 그에게 해결책을 물으러 오기도 했다.[324] 또 증산은 제자의 집에 도적이 침입하지 못하도록 했다.[325] 실제로 증산에게 생계라는 삶의 일상적인 문제까지 물었던 사람도 있을 정도였다.[326]

한편 증산은 전주에서 일어난 민중 소요와 일진회원과 전주 아전들 사이의 분쟁을 해결했다고 믿어진다.[327] 여기서 증산은 민중들의 소요사건과 특정계층 간의 분쟁도 해결해 주었던 인물로 제자들에게 받아들여졌다.

---

323) 『대순전경』 3장 18절, 2장 53절.
324) 빚을 진 사람이 증산에게 와서 "無事하도록 끌러주기를 간청했다."는 내용이다.(『대순전경』 2장 31절) 그리고 『대순전경』 2장 43절에도 비슷한 이야기가 전한다.
325) 증산은 도적들이 출몰한다는 소문에 불안해하는 제자의 집 문 앞에 침을 뱉는 상징적인 행위를 했다.(『대순전경』 2장 32절)
326) 『대순전경』 2장 87절, 2장 90절. 이와 비슷한 사례로서 증산이 세금으로 받은 쌀을 착복하고 자기에게 피신한 제자의 일을 그 제도를 없애서 끌러주었다고 전한다.(『대순전경』 2장 48절)
327) 『대순전경』 2장 33절, 2장 37절.

이 밖에도 증산은 부친의 頭骨을 도적맞은 사람의 일을 해결해 주었으며, 親日派로 지목당하여 위기에 처한 제자를 구해주기도 했다. 또 증산은 지나가던 마을에 화재가 발생하자 맞불을 놓아 진압했다. 그리고 증산은 진 길을 얼어붙게 해서 행인에게 도움을 주기도 했으며, 아들의 결혼식을 앞 둔 제자에게 그 날 날씨를 좋게 만들어 주겠다고 약속하고 실행했던 인물로도 전한다.328)

증산은 제자가 대를 이을 자식을 가질 수 있도록 해 주었다고 전하며, 싸움을 즐기던 제자의 성격을 온순하게 만들어 주기도 했고, 눈빛이 사나운 제자의 눈짓을 곱게 만들어 주었으며, 술을 많이 마시고 실수가 많았던 제자의 주량을 적게 만들어 주었다고 전한다.329)

또 증산은 범에게 물려간 여자가 무사히 돌아오도록 했으며, 화적에게 맞아 죽을 운명의 순검에게 미리 피하라고 알려주어 목숨을 구해주기도 했다.330)

한편 증산은 춥다거나 덥다고 말하는 제자들의 구체적인 토로마저도 해결해 주는 인물이었으며, 모기나 빈대 등의 아주 사소한 일도 해결해 주었다.331) 나아가 증산은 제자들의 근심을 풀어주는 '해결사'였다.332) 제자들이 겪는 어려움은 어떤 종류든지 간에 낱낱이 해결해 주었다고 전하는 증산의 모습은, 실제적인 사건과 관련하여 그를 따르던 사람들의 신뢰감을

---

328) 『대순전경』 2장 83절, 4장 5절-4장 9절, 2장 30절, 2장 45절, 2장 55절, 2장 102절 등이 관련 기록이다.
329) 『대순전경』 2장 49절, 2장 96절, 2장 100절, 2장 101절 등이 관련 기록이다.
330) 『대순전경』 2장 75절, 2장 28절.
331) ……겨울에는 흔히 문을 열어 놓고 마루에 앉아 계시되 방 안에 있는 사람이 추움을 깨닫지 아니하며, 혹 춥다고 말하는 자가 있으면 즉시에 더워지며, 여름에는 모기가 머리 위에서만 소리하고 물지 아니하며, 혹 더웁다고 말하는 자가 있으면 즉시에 서늘한 기운이 돌며, 빈대있는 방에 하루 저녁만 주무시면 빈대가 없어지며, 길을 갈 때에 혹 더웁다고 말하는 자가 있으면 부채나 삿갓으로 한번 두르시면 문득 구름이 해를 덮고 바람이 서늘하게 일어나니라.(『대순전경』 2장 122절)
332) 종도들이 매양 근심된 일이 있을 때에는 그 사유를 天師께 아뢰면, 不知中에 자연히 풀리게 되는데, 만일 아뢴 뒤에도 오히려 근심을 놓지 아니하면, 문득 위로하야 가라사대 내가 이미 알았으니 근심하지 말라 하시니라.(『대순전경』 2장 119절)

더해 주었을 것이다. 또한 증산은 내일의 날씨마저 미리 아는 능력이 있었다고 전할 정도로 제자들의 추앙을 받았던 인물이다.[333]

증산이 위엄과 화기를 두루 갖춘 인물이었으며 누구든지 가까이 하고 싶은 "사랑해 주는 형님"과 같은 존재였다는 제자들의 전언은,[334] 그가 자신이 만났던 사람들에게 가족적인 친밀감을 느끼게 만들 정도로 대인관계가 능란했다는 사실을 알려준다.

또 증산이 자신을 따르는 제자들에게 평상시에는 낮춤말을 사용했으나, 외부사람이 있을 때에는 반드시 그 제자들의 인격을 존중해 주기 위해서 존댓말을 썼다는 기록은[335] 그의 대인관계가 매우 조심스러우면서도 절도가 있는 원만함을 유지했음을 짐작케 한다. 이러한 사실은 증산의 모든 행위가 법도에 맞았다는 제자들의 전언으로 다시 한번 확인되며, 증산이 잘못을 저지른 제자에게 해주었다고 전하는 행위와 말은[336] 그의 인정이 넘치는 모습을 잘 전해준다.

ㅂ) 농작물을 잘 자라게 함

증산은 당시 민중들의 생활 기반이 되었던 농사에 특별한 관심을 보였다. 날이 가물어 모내기를 못하거나 벌레로 인해 작황이 좋지 않을 때 등의 경우에, 증산은 비를 내리거나 새를 불러 벌레를 없애주는 존재로까지 믿어졌다.

---

333) ……대저 天師께서 정하여 주신 날은 하루도 좋지 않은 날이 없었나니라.(『대순전경』 2장 120절)

334) 天師께서는 威嚴이 씩씩하시고 和氣가 무르녹으사 누구든지 살에 붙고 가까이 하고 싶은데, 각기 저의 아버지에게 비교하면 너무 엄하고 사랑하여 주는 형님에게 비교하면 같으시다 하니라.(『대순전경』 2장 132절)

335) 天師 늘 從徒들에게는 平語를 쓰시나, 만일 外人이 있는 때에는 항상 敬語를 쓰시니라. 또 누구를 대하든지 다정하게 하시고, 一語 一默 一動 一靜 一喜 一怒를 法度있게 하시니라.(『대순전경』 3장 190절)

336) 천사께서 종도들 중에 허물지은 자가 있으면 秋霜과 같이 꾸짖으신 뒤에, "다시는 그리 마소 웅" 하시는 소리로 春風和氣와 같이 마음을 풀어 주시니라.(『대순전경』 3장 191절)

그는 그 해의 농황을 책임지고 있는 존재로서 우뢰와 번개를 일으켜 결국 비를 내리게 하여 풍년을 맞게 했다고 전한다.[337]

이 밖에도 증산은 그의 제자가 남새밭에 재배하던 채소를 잘 자라게 해주었으며, 비를 내려 채소밭을 다시 살렸다고 전한다. 그리고 증산은 가뭄이 심해 모내기를 못하자 비를 내려서 이를 해결해 주었으며, 번개를 쳐서 충재를 막기도 했고, 비를 내려 보리농사가 잘 되게 했다고 전한다.

또 그는 모내기도 못할 정도의 심한 가뭄을 소낙비를 내려 해결했고, 소낙비에 해를 입은 담배 농사를 잘 되게 해주었으며, 해충의 피해를 입은 모시밭을 새 수천마리를 불러 없애준 인물로 믿어졌다.

증산이 농사가 잘 되게 만든 일은 주로 비를 내리거나 번개를 치게 하는 등 기후를 조절하는 신이한 행위였다. 그리고 그가 하늘이나 神格에 정성을 드릴 때 흔히 사용해 왔던 淸水동이에 자신의 오줌을 타서 비를 내리게 만들거나 고춧가루를 풀어서 벌레의 피해를 막게 했던 인물이라는 이야기도 전한다.[338]

ㅅ) 못 가진 사람과 낮은 사람에 대한 사랑

증산은 가난하고 약한 사람에게 특별한 애정을 나타냈는데, 현실적으로 가진 것이 없는 사람들에 대한 포용으로 보인다.

부귀하고 강하고 지혜로운 사람들은 자신보다 못하다고 판단되는 사람들을 무시하고 때로는 거부한다. 이러한 마음자세는 독선적이고 제한된 삶의 방식을 초래하므로, 증산의 濟生醫世의 삶과는 대조적이다. 따라서 증

---

337) 癸卯 칠월에 쌀값이 오르고 농작물에 蟲災가 성하야 인심이 불안하거늘, 天師 종도들에게 일러 가라사대 辛丑年 이후로는 年事를 내가 맡었으니, 금년 농사를 잘 되게 하야 民祿을 넉넉케 하리라 하시고, 크게 우뢰와 번개를 일으키시니, 이로부터 충재가 걷히고 농사가 크게 풍등하니라.(『대순전경』 2장 16절)
338) 『대순전경』 2장 6절, 17절, 29절, 66절, 77절, 81절, 89절, 92절, 116절, 123절 등이 관련 기록이다.

산은 생명가진 것들 가운데 천대받고 고통 받는 "가난하고 병들고 어리석은 사람들"을 "내 사람"이라고 표현하였다.339)

이러한 그의 생각은 가진 자들이 스스로 가진 것에 만족하여 앞일을 대비하지 못한다는 말로도 확인된다.340) 어느 정도 가진 것이 있다고 생각하는 사람들은 스스로 가진 것에 집착하거나 그를 늘리는 데만 마음이 쏠려 있기 때문에, 그 이외의 일에는 전혀 마음 쓸 틈이 없다는 것이 증산의 평이다.

반면 가난하고 곤궁한 사람은 자신들이 원하는 바람직한 세상을 이루기 위해 온갖 방법을 모색할 것이며, 모든 이들이 고루 잘 사는 "道가 이루어지고 德이 세워지는 이상사회"가 세워지기를 기다릴 것이므로 "내 사람"이라는 것이 그의 설명이다.

한편 증산은 "어찌 男將軍만 있으리오, 마땅히 女將軍도 있으리라."라는 말로 여성의 신분을 인정해 주었으며, "이제는 解冤時代라. 男女의 分別을 틔워 각기 하고 싶은 대로 하도록 풀어놓았으나, 이 뒤에는 乾坤의 位次를 바로잡아 禮法을 다시 세우리라."라고 말하여, 향후 남녀간의 예법이 다시 세워질 것이라고 주장했다. 이러한 증산의 주장은 "男女同權時代"라는 말로도 확인된다.341)

또 증산은 남성의 권위에 눌려 제대로 행사하지 못했던 여성의 권리가 남성과 동등하게 인정되는 세상을 "大丈夫, 大丈婦"라는 말로 표현했다.342) 더욱이 그는 "사람을 쓸 때에는 男女의 구별이 없다."라고343) 말하여 여성의 능력과 권위를 인정하기도 했다.

증산은 남성에게 지배당한 여성들의 원한이 몇 천 년 동안이나 쌓여왔다고 주장하고,344) 이 엄청난 원한을 풀기 위해서는 여성을 남성과 동등한

---

339) 富貴한 자는 貧賤함을 즐기지 아니하며, 강한 자는 잔약함을 즐기지 아니하며, 지혜로운 자는 어리석음을 즐기지 아니하나니, 그러므로 나는 그들을 멀리 하고, 오직 빈천하고 병들고 어리석은 자를 가까이 하노니, 그들이 곧 내 사람이니라.(『대순전경』 6장 14절)
340) 『대순전경』 6장 15절.
341) 『대순전경』 2장 86절, 3장 61절, 3장 120절 등이 관련 기록이다.
342) 『대순전경』 3장 140절.
343) 『대순전경』 6장 114절.

지위로 대우해야 한다고 강조했다.

그는 正陰正陽이라는 용어로써 남성과 여성의 위상을 상징했으며, 앞으로는 여성의 말을 무시한 채 남성의 권리를 행사하는 일은 없어질 것이라고 예견했다. 남녀차별의 폐단을 없애려는 증산의 생각은 陰陽이라는 글자의 순서대로 세상의 질서를 재편하겠다는 주장에서도 드러난다.[345]

한편 증산은 당시로서는 당연하게 받아들여진 신분차별도 비판하였다. 그는 적자와 서자의 차별이나 양반과 상놈의 차별을 인정하지 않았으며, 그러한 차별과 억압이 없어져야 좋은 세상이 이루어질 것이라고 생각했다.[346] 또 증산은 이제는 원한을 없이 하는 시대이며, 양반과 상놈의 구별과 직업의 귀천을 가리지 않는 일이 선행되어야 하루 빨리 이상사회가 이루어질 수 있다고 말했다.[347] 구체적으로 그는 말하는 습관부터 고쳐야 한다고 가르쳤다.

증산은 담배피우는 일에도 신분과 계층의 차이에 따라 제한이 따르는 폐단이 있다고 말하고, 이를 스스로 없앤다는 표징으로서 제자들에게 직접 담배를 넣어 주고 함께 피우기까지 한다.[348] 그리고 증산의 말에 따르면 예전에는 이름 없던 사람과 이름 없던 땅에 새로운 운수가 열릴 것이라고 한다.[349] 이는 원한이 없어지는 과정에서 그 동안 원한을 품을 수밖에 없었던 사람과 땅에서부터 새로운 기운이 돌 것이라는 의미이다.[350]

---

344) 이때는 解冤時代라. 몇 천 년 동안 깊이깊이 갇혀 있어 남자의 玩弄거리와 使役거리에 지나지 못하던 여자의 冤을 풀어 正陰正陽으로 乾坤을 짓게 하려니와, 이 뒤로는 禮法을 다시 꾸며 여자의 말을 듣지 않고는 함부로 남자의 권리를 행하지 못하리라.(『대순전경』 6장 134절)

345) 예전에는 抑陰尊陽이 되면서도 항언에 陰陽이라 하야, 양보다 음을 먼저 이르니 어찌 기이한 일이 아니리요? 이 뒤에는 陰陽 그대로 사실을 바로 꾸미리라.(『대순전경』 6장 135절)

346) 『대순전경』 3장 5절.

347) 『대순전경』 3장 106절, 6장 6절.

348) 『대순전경』 3장 168절.

349) 이때는 해원시대라. 사람도 이름 없는 사람이 기세를 얻고, 땅도 이름 없는 땅에 길운이 돌아오느니라.(『대순전경』 6장 5절)

350) 증산은 解冤時代라고 선포하며, "천한 사람부터 敎를 전하겠다."고 말하고 천대

라. 제생의세의 이념적 완성과 化天

ㄱ) 公事를 마쳤음을 선언

증산은 자신이 죽기 며칠 전인 1909년 6월 20일에 제자들을 불러 모아놓고 공사를 끝마쳤다고 선언했다.[351] 약 9년간의 공사를 집행한 다음 증산은 "내가 天地運路를 뜯어고쳐 물 샐 틈 없이 度數를 굳게 짜놓았으니, 제 度數에 돌아 닿는 대로 새 기틀이 열리리라."고 말했다.[352]

이러한 말을 통해 증산은 濟生醫世의 이념적 완성을 이루었다. 공사를 마쳤다는 증산의 말을 들은 제자들은 "공사를 마치셨으면 나서시기를 바랍니다."라고 말하고 실제적인 행동으로 옮길 것을 요청했다. 그러나 증산은 "사람들이 없다."는 말로 제자들을 타이르고, 세계 창생의 안녕을 위해 여러 가지 질병을 대속하였다.

ㄴ) 化 天

증산은 자신의 죽음을 예견했다고 전한다.[353] 그는 인간 세상에서 할 일을 모두 마치고 나서 다시 하늘로 올라갔다고 믿어진다. 따라서 증산의 죽음은 다시 하늘에서 가장 높은 존재로 돌아간다는 뜻인 化天으로 표현된다.[354]

증산은 죽기 10여일 전부터 술만 마시고 음식을 전혀 먹지 않았다고 전한다.[355] 이는 증산이 하늘로 돌아가기 위해 의도적으로 방편을 사용한 일

받던 巫堂들을 불러 자신의 가르침을 전하는 의례를 집행하기도 했다.(『대순전경』 7장 1절)

351) 天師 天地公事를 마치셨음을 종도들에게 聲明하시니……(『대순전경』 9장 19절)

352) 『대순전경』 4장 173절.

353) 『대순전경』 9장 1절, 9장 4절, 9장 5절, 9장 6절 등이 관련 기록이다.

354) 이 외에도 증산이 神仙으로 모습을 바꾸어 방편상 잠시 몸을 피해 있다고 믿으며, 이를 仙化 또는 遁으로 부르기도 한다. 홍우, 『東學文明』(일조각, 1980), 51쪽.

로 받아들여진다.

또 증산은 "죽고 살기는 쉬우니, 몸에 있는 精氣를 흩으면 죽고 모으면 사느니라."라고 말하여,[356) 스스로 삶을 마감할 뜻을 비쳤다. 결국 증산은 1909년 음력 6월 24일에 서른아홉 살로 濟生醫世의 성스러운 생애를 마쳤다.[357) 그가 죽은 다음에 갑자기 비가 내리고 우뢰와 번개가 일어나는 이적이 있었다고 전한다.[358)

ㄷ) 出世할 것을 예언

증산은 죽기 전에 "천하를 圖謀하러 어디론가 떠나갈 것이다."라고 말한 적이 있다.[359) 그리고 증산의 입을 빌어 그가 장차 出世할 때면 눈이 부셔서 보지 못할 정도라고 설명되는데,[360) 이것은 그가 다시 이 땅에 돌아오리라는 믿음이 반영된 것이다. 그러므로 증산은 단순히 인간적 죽음을 맞이한 것이 아니라, 자신이 원래 있었던 가장 높은 하늘로 되돌아갔던 것으로 믿어진다.

---

355) 이 달 초열흘께부터 음식을 폐하고 소주만 마시시다가, 스므 이튿날 형렬을 명하사 보리밥을 지어오라 하시니 곧 지어올리거늘, 天師 보시고 가져다 두라 하시더니, 반나절을 지낸 뒤에 명하사 다시 가져오니 밥이 쉬었거늘, 가라사대 이는 絶祿이니라 하시니라.(『대순전경』 9장 26절)

356) 『대순전경』 9장 28절.

357) 『대순전경』 9장 30절.

358) 『대순전경』 9장 31절. 그는 자신이 공사를 집행하던 약방에서 가까운 곳에 장사 지내졌다. "이 날 손바래기 본댁에 부고하야 천사의 부친을 모셔오고 궤안에 장치한 돈으로 치상하야 구릿골 앞 큰 골 장뒷날 기슭에 외빈하니라."(『대순전경』 9장 32절)

359) 유월에 원일이 여쭈어 가로대 천하는 어느 때에 정하려 하시나잇가? 가라사대 이제 천하를 도모하려 떠나리니 일을 다 본 뒤에 돌아오리라.(『대순전경』 9장 12절)

360) 하루는 종도들에게 일러 가라사대, 나의 얼굴을 잘 익혀두라. 후일에 내가 출세할 때에는 눈이 부시어 보기 어려우리라. 또 가라사대 예로부터 신선이란 말을 전설로만 들어왔고 본 사람이 없었으나, 오직 너희들은 신선을 보리라.(『대순전경』 9장 7절)

증산은 그 곳에서 자신이 지상에서 행했던 公事의 推移를 지켜보면서, 장차 地上樂園을 만들기 위한 여러 가지 일을 신비하게 행하고 있는 존재로 신앙된다. 더욱이 증산은 지상낙원이 이룩되면 반드시 다시 한번 이 땅에 열 석자의 몸으로 出世할 것이라고[361] 제자들에게 굳게 약속했다.

4. 공사사상의 전승과 체계화

증산이 인간적 삶을 마감한 이후, 그의 말과 행위에 대한 단편적인 이야기들이 그를 따랐던 사람들에 의해 유포되기 시작했다. 그 후 그가 가르쳤던 삶의 방식에 따라 자신들의 삶에 질적인 변화를 체험한 인물들의 전언에 의해, 증산의 삶은 재구성되었다.

이에 따라 증산의 가르침을 따랐던 사람들이 신비체험을 거듭하면서, 증산의 삶은 더욱 신성화되었다. 그리고 그들의 활발한 포교 활동으로 인해 증산을 믿는 사람들이 점차 늘어났다.

증산교단이 최초로 창립된 1911년 이후 증산 신앙인들은 비약적으로 불어났으며, 교리 해석의 차이에 의해 수많은 분파를 이루기도 했다. 단편적인 기록들에 의해 전승되던 증산의 언행은 결국 경전으로 집대성되었다.

1926년에 『甑山天師公事記』가 발간되어 이른바 경전시대를 맞이한 증산교단은, 이후 『大巡典經』의 판을 거듭하면서 교리의 체계화에 주력하였다. 경전의 편찬 과정에 따라, 즉 교리의 체계화 과정에 따라, 증산의 생애는 더욱 극적으로 묘사되고 신앙대상화 되었다.

그리고 증산이 행했던 公事에 대한 해석의 차이에 따라 여러 교단으로 분열되었고, 이에 따라 증산이 여러 교파에서 각기 다른 神格으로 믿어지기도

---

361) 또 가라사대 내가 장차 열 석자로 오리라.(『대순전경』 9장 16절)

했다. 합의나 결집 등의 방식에 의한 것이 아니라, 교리의 해석 차이에 따라 신앙대상을 전혀 다르게 이해하고 믿었다는 점이, 증산교단의 독특한 특성이다.

증산의 言行 가운데 핵심적인 요인들이 공사사상으로 정립되는 것도 이러한 교리체계화과정과 그 맥을 같이 한다. 처음에는 소박하고 단순한 형태로 이야기되던 공사사상은, 점차 체계적이고 복잡한 형태로 발전하였다.

시간이 흘러감에 따라 증산이 왜 하필이면 전라도에 태어나야만 했으며, 특정시기에 특정 성씨로 탄강하였는지에 대해서도 종교적 설명이 덧붙여진다.

이제 증산의 치병 활동은 단순한 치료행위가 아니라 세계 구원의 일 부문으로서 행해진 숭고한 행위이며, 그가 자신의 公事에 제자들을 참여시킨 일은 미천한 계층으로부터의 구원에 대한 강조이며, 증산이 南朝鮮이라는 말을 했던 것은 한반도를 중심으로 새 세상이 전개된다는 확신으로까지 믿어졌다. 그리고 증산의 죽음은 단순히 육신의 삶을 마감하고 사라진 것이 아니라, 지상에서의 할 일을 모두 마친 완벽한 상태에서의 하늘로 돌아감이었다고 설명된다.

인간 증산은 그가 죽은 직후에는 일부 사람들에게 인생의 모범을 보인 선생님으로 받아들여졌으며, 경전이 발행되어 여기에 교단의 권위가 부여된 후에는 天上에 올라가 자신이 행했던 공사의 실제적 전개와 그 결말을 주재하는 증산하느님으로 신앙되었던 것이다.

그러므로 증산은 세상을 구원하기 위해 우주질서를 근본적으로 뜯어고쳐서 새 세상을 이룩하는 公事를 행했던 위대한 인물로 신앙된다. 결국 증산은 開闢이라는 새 세상의 열림을 몸소 땀 흘림으로써 보여준 하느님이며, 새로운 삶의 자세와 원리를 제시하고 이를 실천할 것을 솔선수범하여 보여준 인물로 믿어진다.

또한 증산은 세상을 바꾸는 일을 실제로 행하는 모습을 보여주었던 인물인 동시에, 그 자신이 '일꾼'이라고 지칭한 후대인들에게 자신의 공사를 실행할 임무를 남겨준 존재로 이해된다. 이는 증산이 없는 현실세상에서도 그의 公事가 유효하고 지속되어야 한다는 믿음을 뒷받침하기 위해 정립된 교리의 하나라고 생각된다. 그리고 증산을 현실적으로 대신할 존재인 大頭目에 대한 신앙이 정립되는 것도 동일한 이유이다.

한편 증산에 대한 신앙이 변모되는 과정은 초상화를 통해 본 증산의 모습을 살펴보아도 잘 알 수 있다. 초기에는 증산이 관을 쓴 임금의 모습으로 그려졌다. 여기에는 최고의 권위를 지닌 존재가 바로 증산이라는 믿음이 반영되었다. 반면 증산이 인간계의 임금과 동일한 힘을 지녔다는 이러한 믿음은 소박한 형태이며, 실제 그의 삶과는 동떨어진 것이었다는 지적이 언제든지 제기될 가능성이 있었다.

이에 따라 조금 시간이 지나서는 증산이 그의 생존 당시의 일반적인 복장이었던 선비의 복장을 입고 신성함의 상징인 양미간의 佛表를 지닌 모습으로 그려졌다. 이러한 증산의 초상화는 증산의 역사적 삶과 종교적 삶의 조화를 추구한 결과로 평가된다.

이전의 초상화와 비교해서 보다 합리적인 생각들이 반영되었지만, 여전히 증산이 단순한 인물이 아니라는 점이 佛表를 통해 표현되었다. 현재 대부분의 증산교단에서는 이러한 모습을 한 증산의 초상화가 모셔져 있다. 여기서 우리는 역사와 종교의 만남이 그림의 형태로 나타났음을 확인할 수 있다.

그런데 오늘날 일부 증산교단에서는 증산이 화려한 皇帝의 복색을 제대로 갖춘 위엄이 있는 모습으로 그려지기도 한다. 이는 증산이 인류 역사상 위대한 인물들과 종교가들을 지상에 파견했던 神界 最高의 位格을 지닌 존재라는 신앙이 적극 반영된 것이다. 바야흐로 증산에 대한 神聖化 작업이 최고조에 이르렀다는 증거이기도 하다.

이러한 일부 교단의 경향은 증산에 대한 강력한 믿음을 유발한다는 강점은 있지만, 반면 증산의 생애와 가르침이 제대로 알려지지 않은 상태에서 비신앙인들과 일반인들의 거부감을 유발한다는 약점을 동시에 지닌다.

필자는 역사와 종교의 만남이 어느 한 쪽의 입장만 강조되거나 한편으로 지나치게 치우치거나 하는 일은, 종교가 사회 속에서 일정하게 기능하는 데 바람직하지 않다고 생각한다.

Ⅲ. 公事思想의 내용

증산은 다양한 전통사상의 영향을 받았으며, 이를 자신의 공사사상에 수용했던 인물이다. 역사적 인물인 증산이 접할 수 있었던 당대의 사상을 점검해 보기 위한 작업으로, 그가 실제로 보았던 책이 어떤 종류의 서적이었는지를 추정해 보자.

신앙대상인 증산과는 별도로 실제 생존했던 인간 증산을 염두에 둔다면, 인간의 모든 행동은 그가 후천적으로 습득한 세계관의 결과이다. 따라서 현재 전하는 증산의 언행에 관한 경전 기록을 중심으로, 그 언행의 전거를 고증해 내는 일이 가능하다. 이러한 분석을 통해 증산이 영향을 받은 기존 사상의 내용과 그가 전통사상을 비판하는 측면이 과연 무엇인지를 밝힐 수 있다.

역사라는 물줄기를 거슬러 올라가면서 특정 사상의 연원을 고찰해 보는 일은 현재의 독특한 조류를 형성한 해당 종교사상의 본질에 좀더 접근할 수 있는 길을 열어줄 것이다. 역사 없는 현상은 있을 수 없으며, 현상 자체는 항상 변해 왔다.

이 장에서 우리는 공사사상의 창시자인 증산이 지닐 수 있었던 정보의 종류와 량을 분석하여, 공사사상이 어떤 내용으로 이루어져 있는지를 구체적으로 살펴볼 수 있을 것이다.

증산이 다양한 전통사상의 학습 과정을 거쳤다는 사실은 분명하다. 증산은 어디까지나 전통사상을 흡수하고 비판하고 난 다음에야, 자신의 새롭고 독창적인 사상을 세울 수 있었다. 이런 점에서 특정한 사상에 포함되어 있는 전통사상의 요소들을 추출하여 분석하는 일은 매우 중요하다.

1. 공사사상에 있어서 전통의 통합원리

증산은 당대에 자신이 접할 수 있었던 거의 모든 사상들을 창조적으로 재통합하였다. 전통적인 사상 요소들의 단순히 섞음이 아니라, 증산의 公事에 승화되는 새로운 합침인 것이다.362) 실제로 증산이 얻을 수 있었던 정보의 량은 의외로 다양한 종류와 상당한 분량이었다는 사실이 필자의 연구에 의해 밝혀질 수 있었다.

증산은 동학, 유교, 도교, 불교, 耶蘇敎, 민간신앙, 漢詩, 각종 서적의 내용, 민담, 속담, 醫學지식 등에서363) 공사사상의 재료를 모았다. 이처럼 증산은 다양한 전통사상의 풍부한 지적 유산을 섭렵했다.

역사 이래 인간이 만들어낸 모든 사상이 독창적인 것은 아니다. 이 세상에 완전히 독창적인 사유체계는 없다. 교통이 막혀 있고 피차 교류할 수 없었던 시대를 지나면서, 인류는 점차 서로 빌려주고 받는 교환을 통하여 상호영향을 끼쳤다. 스스로 창조할 수 없었던 것이 아니라, 창조할 필요가 없었기 때문이다. 이는 단지 물질적인 것에 그치지 않고, 정신적인 것에도 동일하게 적용된다.

무릇 인간은 자신이 배운 언어와 문자로서만 생각하고 의사표현을 할

---

362) 이와 관련하여 신종교의 출현을 new-culture-in-the-making이나 새 사회 또는 새로운 도덕공동체를 형성하기 위한 시도로 보는 견해도 있다. Kenelm Burridge, *New Heaven, New Earth*, New York, Scocken Books, 1969, p.8. 그리고 신종교가 전통사상에 새로운 상징체계를 부여하여 사람들이 세계에 재적응하도록 한다는 주장도 있다. H. B. Earhart, "The New Religions of Korea: A Preliminary Interpretation," *Transactions Royal Asiatic Society Korea Branch*, Vol.XLIX, 1974, p.8.

363) 전통사상의 나열은 필자가 판단하기에 증산이 보다 많이 영향을 받은 순서에 따랐다.

수 있다. 이러한 관점에서 증산이 습득한 전통사상들의 구체적인 내용을 하나씩 살펴보면서, 증산의 공사사상이 가지는 사상적 조화와 풍요로움에 대해 알아보자.[364]

한편 증산은 이러한 다양한 요소들을 재통합하여 자신의 사상에 흡수함으로써 독창적인 공사사상을 정립하였다. 물론 전통적인 사상 요소들의 병렬적 합이 공사사상이 될 수는 없다. 먼저 공사사상 자체의 독특한 무게중심이 서 있어야, 전통의 재통합이 가능하다.

무분별하고 의도되지 않은 전통사상의 재통합은 있을 수 없다. 나름대로의 기준에 따라 선택되고 목적에 부합하는 전통의 합침만이, 새로운 사상으로 세상에 드러날 수 있다. 그렇다면 과연 이처럼 다양한 전통사상이 증산의 공사사상으로 재통합되는 주요한 원리는 무엇인가?

> 또 모든 族屬들은 각기 새로운 생활경험으로 인하야 遺傳된 특수한 사상으로 각기 文化를 지어내어, 그 마주치는 기회에 이르러서는 마침내 큰 是非를 이루나니, 그러므로 각 족속의 모든 文化의 津液을 뽑아 모아 後天文明의 기초를 정할지니라.(『대순전경』 5장 8절)

증산은 세계 여러 민족들이 다양한 사상을 지닌 것은 각기 다른 생활경험 때문이었다고 파악했다. 그런데 사상이 문화로 구체화되어 서로 만나게 되면서부터, 인류는 끊임없는 갈등과 대립에 시달렸다. 각기 자신의 입장에서 상대방을 무시하고 비난하면서, 상호투쟁의 결과에 따라 是非를 가리기에 이르렀다.

---

364) 역사적 방법론의 대표자인 란데나리는 종교적 현상은 오직 그 역사적 기원과 발전을 규명할 수 있는 한에서 설명될 수 있으며, 세속적 조건들과 결합해서야만 조직적으로 분석될 수 있다고 주장했다. V. Lantenari, *The Religions of the Oppressed: A Study of Modern Messianic Cults*, trans. L. Sergio, New York, The New American Library, 1965, p.5. 그러나 이들 역사적 방법론을 따르는 학자들은 신종교가 사회적 위기상황에서 발생한다고 주장하여, 독창적인 사상을 선행하는 경제적, 정치적, 사회적 조건들을 우선적으로 강조하는 단점을 지닌다.

결국 인류는 영원히 계속되어야 가려질 승부라는 矛盾 속에 지치고 황폐화 되었다. 이에 증산은 모든 사상과 문화의 津液을 뽑아 모아 새로운 문명을 건설하자고 외쳤다. 그는 무모한 끝없는 싸움을 그만두고, 이제부터는 서로의 장점과 엑기스를 합쳐 화해와 공존의 길로 함께 걸어 나가자고 주장했다.

증산은 後天文明을 이루기 위해 전통사상의 통합을 강조했다. 따라서 증산이 다양한 전통사상을 재통합하기 위한 목적은 後天이라는 이상사회의 건설에 있다. 그러므로 이상사회를 이루는 데 필요한 전통사상은 모두 증산의 공사사상에 포함될 수 있다.

이와 연관하여 증산은 현대의 갖가지 문제를 해결하기 위해서는 기존의 모든 방법이 동원되어야 한다고 주장했다.

> ……옛적에는 판이 적고 일이 간단하여 한 가지만 따로 쓸지라도 능히 難局을 바로잡을 수 있었거니와, 이제는 판이 넓고 일이 복잡하므로 모든 법을 합하여 쓰지 않고는 능히 혼란을 바로잡지 못하리라.(『대순전경』 5징 3질)

시대상황과 하고자 하는 일의 범위에 따라, 문제 해결책은 각기 다르게 제시되어야 한다. 증산은 비교적 단순한 문화를 누렸던 지난 시대와 달리 복잡하고 다원화된 문화를 영위하는 현대에는, 그에 맞는 새로운 대안이 마련되어야 한다고 주장했다.

옛날에는 어느 한 가지 사상을 가지고도 충분히 한 사회의 문제를 해결할 수 있었다. 그러나 지금은 얽히고설킨 문제들이 동시다발적으로 표출되는 상황이므로, 어느 특정 사상만을 고집해서는 제기된 문제가 결코 해결되지 않는다.

증산은 모든 법을 합하여 현대의 혼란상을 극복하겠다고 선언했다. 따라서 당대에 제기되는 문제의 해결에 도움이 되는 전통사상은 모두 증산의 공사사상에 열려져 있다. 증산은 모든 법을 합하여 당대의 문제를 해결하는 일을 開闢이라고 불렀다.

이 때는 天地成功時代라.……뭇 理致를 모아 크게 이루나니 이른바 開闢이
라. ……(『대순전경』 5장 14절)

이제 인류는 하늘과 땅이 함께 功을 이루는 시대를 맞이하였다. 이에
따라 인간도 스스로를 완성시켜 나가야 하며, 전통사상인 "뭇 理致"를 한
데 모아 크게 하나 됨을 이루어야 한다. 이것이 바로 開闢이다. 그렇다면
개벽은 누구의 주도에 의해 어떻게 이루어질 것인가?

하루는 종도들에게 일러 가라사대 耶蘇教徒는 耶蘇의 再降臨을 기다리고, 佛教
徒는 彌勒의 出世를 기다리고, 東學信徒는 崔水雲의 更生을 기다리나니, 누구든
지 한 사람만 오면 각기 저의 스승이라 하야 따르리라.(『대순전경』 3장 144절)

증산은 종교를 세계 여러 민족 문화의 근원이라고 이해했다.[365] 그러므로
종교는 사상의 근원이기도 하다. 인용문에서 증산은 각 종교의 핵심적인 교리
를 教祖나 새로운 존재의 지상강림 또는 인간으로의 탄생이라고 보았다. 증산
은 실제적인 '救援者'를 기다리는 것이 각 종교전통의 본질이라고 파악했던 것
이다.

그는 오늘날의 온갖 문제들을 극복하기 위하여, 현실에 새로운 존재가 출현
하는 일을 기대하는 것이 기존 종교들의 요지라고 생각했다. 인간은 구원자의
역사적 현현을 통해서만이 궁극적으로 변화된 세계인 이상사회를 맞이할 수
있다고 믿었던 것이다.

그런데 증산은 어떤 존재라도 한 사람만 나서면, 종교를 불문하고 그 사람
을 구원자로 받아들일 것이라고 말했다. 구원자를 기다리는 종교에서 이제는
구원자를 따르는 종교가 되어야 한다는 주장이다.

증산은 자신이 바로 구원자라고 선포한다. 그는 "天地度數를 뜯어고치

---

365) 仙道와 佛道와 儒道와 西道는 세계 각 족속의 문화의 根源이 되었나니, ……(『대
순전경』 5장 9절)

며, 神道를 바로잡아 萬古의 寃을 풀고, 相生의 道로써 仙境을 열고, 造化政府를 세워 세상을 고치리라."고 주장했다.[366] 또 증산은 자신이 하는 일을 天地開闢이라고 규정하고, 이는 "오직 내가 처음 짓는 일"이라고 강조했다.[367]

나아가 증산은 우주의 질서를 근본적으로 변혁시켜서 이상사회를 만들겠다고 말했으며, 자신이야말로 기존 종교전통에서 기다리던 바로 "그 사람"이라고 주장했다. 그는 남이 지은 것과 낡은 것을 그대로 쓰면 불안과 위험이 따르므로 "새 세상을 만들기 위해, 새 배포를 꾸민다."고 말했다. 물론 이 방법은 일반사람은 쉽사리 알 수 없는 "남 모르는 법"이며,[368] 神道로써 다스려지는 신비적인 차원에서 이루어질 것이라고 설명된다.[369]

이제 증산은 구원자의 입장에서 기존의 전통사상들이 모두 자신의 의지에 의해 발생된 것이었다고 주장한다.[370] 그리고 앞으로 인간 세상에 등장할 각종 물건과 도구들도 자신이 사용하기 위해 만들어내는 것이라고 강조했다.[371]

한편 증산은 전통사상은 각기 일정한 한계를 지닌 불완전한 체계였다고 비판한다.

하루는 종도들에게 일러 가라사대 孔子는 칠십이 인을 通藝케 하고, 釋迦牟尼는 오백 인을 通케 하였다 하나, 나는 差等은 있을지라도 백성까지 마음

---

366) 『대순전경』 5장 4절.
367) 『대순전경』 5장 1절.
368) 『대순전경』 5장 2절.
369) 크고 적은 일을 물론하고 神道로써 다스리면 玄妙不測한 功을 거두나니, 이것이 無爲而化라. 이제 神道를 골라잡아 모든 일을 道義에 맞추어서 무궁한 仙境의 運數를 정하리니, 제度數에 돌아닿는대로 새 기틀이 열리리라. ……(『대순전경』 5장 3절)
370) 천사 가라사대 모든 術數는 내가 쓰기 위하야 내놓은 것이라 하시니라.(『대순전경』 3장 205절)
371) 또 가라사대 앞으로 産金增殖이 前古에 유례가 없게 될 터인데, 이는 다 내가 장차 거두어 쓰려고 시킨 바이라 하시니라.(『대순전경』 3장 189절)

을 밝혀주어 제일은 제가 알게 하며……(『대순전경』 3장 156절)

　전통사상의 대표적 형태의 하나인 종교는 각기 소수의 사람만 깨달음에 이르도록 결과했을 뿐이라는 것이 증산의 주장이다. 유교와 불교의 가르침에 따라 완전한 인간의 표상인 通藝와 道通을 이룬 사람은 전체 인류에서 극소수에 불과하다. 그런데 증산은 이러한 불완전한 가르침을 제시하는 것이 아니라, 완전한 가르침을 제시하러 이 땅에 왔다고 주장했다.

　그에 따르면 자신은 비록 差等은 있을지라도 누구나 깨달음을 얻을 수 있는 세상을 만들겠다고 한다. 여기서 증산이 말한 차등은 인간 각자의 역량과 노력의 차이에 의해 생긴다.

　　……이 뒤에 일제히 그 닦은 바를 따라서 道通이 열리리라. 孔子는 다만 칠십이 인만 通藝시켰으므로, 얻지 못한 자는 모두 含寃하였나니라. 나는 누구나 그 닦은 바에 따라서 도통을 주리니, 上才는 七日이요, 中才는 十四日이요, 下才는 二十一日만이면 각기 成道하게 되리라.(『대순전경』 3장 158절)

　증산은 한꺼번에 모든 사람들이 道通하게 되는 이상적인 경지를 제시하였다. 그리고 그는 도통하는 일은 개인이 지닌 능력에 따라 기간이 차이날 것이며, 개인이 쏟은 노력에 따라 등급의 차이가 있을 것이라고 설명한다. 인용문에서 孔子로 대표되는 전통종교들은 일부 사람들만 완성시켰다. 따라서 그렇게 될 수 없었던 사람들이 원한을 맺었다.

　증산은 전통종교들이 많은 사람들의 원한을 불러일으켰다는 점에서 신랄하게 비판한다. 원한이 맺히지 않고 모든 사람들이 도를 이루는 사회를 만들겠다는 것이 증산의 약속이다. 그리고 증산은 완전한 구원과 인간을 중심으로 한 구원을 약속했다.

　이처럼 불완전하고 미비한 전통종교를 완성시키기 위해, 증산은 구원의 절대자의 자격으로 각 전통종교의 대표자를 교체시킨다.

仙道와 佛道와 儒道와 西道는 세계 각 족속의 문화의 根源이 되었나니,
이제 崔水雲은 선도의 宗長이 되고, 震默은 佛道의 宗長이 되고, 朱晦庵은
儒道의 종장이 되고, 利馬竇는 西道의 종장이 되어, 각기 그 津液을 거두며
모든 道統神과 文明神을 거느려, 각 족속들 사이에 나타난 여러 갈래 문화의
精髓를 뽑아 모아 통일케 하느니라.(『대순전경』 5장 9절)

증산은 전통종교의 대표 격인 儒佛仙 三敎는 물론 西道의 宗長을 새로
운 인물로 바꾸는 파천황적인 종교적 결정을 단행했다고 믿어진다. 그는 전
통종교의 이미지를 쇄신하고 통일 즉 완성을 향한 새로운 출발을 위해, 각
전통들에서 가장 인상적인 인물들을 선정하여 자신의 사상체계에 통합시키
고 있다.

증산은 자신이 임명한 전통 종교의 새 대표자들을 중심으로 여러 文化의
精髓를 통일하고자 한다. 이는 증산이 새 세상을 건설하기 위해서는 새 인
물이 등장해야 한다는 시대적인 요청을 받아들인 것이라고 평가된다.

결국 증산은 인류의 오랜 理想인 "누구나 완전한 인간이 되는 세상"을
실현할 수 있는 救援者가 바로 자기 자신이라는 확신을 가짐으로써 전통
사상들을 재통합할 수 있었다.

現世的 救援을 위해 전통사상을 재통합한 증산은 "이제 하늘도 뜯어고
치고, 땅도 뜯어고쳐, 물샐 틈 없이 度數를 짜놓았다."라고 확언한다. 증산
의 이러한 주장과 확신은 전통의 극복을 도모하고 이를 자신의 독창적인
사상에 편입시키려는 의도에서 연유한 것으로 평가된다.

어쨌든 증산은 세계 구원이라는 목표를 이룩하기 위해서 전통사상들을
자신의 독창적인 공사사상으로 재통합했던 것이다.[372] 한편 증산은 이처럼
세계 구원을 행하는 일을 "天下事"라고도 표현했다.

---

372) 윤이흠은 한국자생종교의 가장 뚜렷한 특성을 종교의 통합진리론이라고 규정한
다. 윤이흠, 「근세민족종교의 유형과 사상적 전개」, 『한국종교연구』 권 3 (집문
당, 1991), 111쪽.

2. 공사사상의 다양한 淵源과 그 유입과정

증산의 공사사상에는 기존의 다양한 전통사상들이 창조적으로 계승된 형태로 스며들어 있다. 실제로 증산의 언행을 기록한 『대순전경』에는, 여러 전통사상들에서 기원한 말과 글이 상당히 포함되어 있다.

증산은 이상세계의 지상건설이라는 자신의 종교적 목적을 달성하기 위해, 이전의 인류 역사에서 창안되었던 거의 모든 문화와 사상의 핵심을 뽑아 모아 자신의 公事에 이용한다고 주장했다.

증산은 나눠지고 약해진 전통의 통합을 위해 바람직한 방향을 일정하게 제시해 주었으며, 그 결과 자신의 사상을 公事라는 틀을 사용하여 이념적으로 완성시켰다.

특정한 사상은 일단 기존 전통으로부터 영향을 받아 성립되며, 시간이 흐름에 따라 그 사상은 다른 전통에게 일정한 영향을 주기도 한다. 이와 같은 사상들 사이의 상호영향 관계는 기호학에서 성립한 개념인 이른바 '기호의 왕복운동'으로도 설명될 수 있다.[373]

한편 크리스테바(Julia Kristeva), 주네트(Gerard Genette) 등에 의해 제창되고 보강된 상호텍스트성(Intertextuality) 이론에 따르면, 한 텍스트는 여러 텍스트적 요소들의 통합과 변형의 작업을 통해 형성된다. 그러나 그 이중적 움직임은 상호보완적이지, 결코 상호 파괴적이지는 않다. 즉 단일한 총체성으로 존재하지 않으면서도 여러 텍스트들을 하나로 유지하고 있는 상태인 것이다.[374]

---

373) 기호학은 이 세상에 우리가 의존해야 할 최종의 궁극적인 의미의 근원은 없다는 사실을 가르쳐준다. 기호의 세계는 언제나 시간과 공간 속을 왕래하면서, 자기 것을 알기 위해 남의 것을 빌려야 하고, 또 남의 것을 말하기 위해 자기 것을 대부해 주어야 한다. 이것이 기호의 왕복운동이다. 김형효, 『데리다와 老莊의 讀法』(한국정신문화연구원, 1994), 67쪽−68쪽.

374) Marc Eigeldinger, _Mythologie et Intertextualite_, Geneve, Editions Slatkine, 1987, pp.9~12.

이러한 이론에 따라, 증산의 공사사상을 상호 텍스트적 사상체계라고 상정하여, 이를 하나의 텍스트로서 읽어보자. 즉 증산의 공사사상을 단일한 총체로서 보지 않고, 다양한 주변사상의 통합과 변형의 체계로 파악해 보자.

아울러 이러한 입장은 일찍이 바르뜨(Roland Barthes)가 모든 책에 대해, 작자의 지배 하에 놓인 저작(Work)의 개념을 부정하고 열린 해석의 장인 원전(Text)의 개념으로 파악해야 할 것을 제창한 관점과도 상통한다.375) 바르뜨 식으로 말해서 우리는 『大巡典經』을 '저작'으로서가 아니라 '원전'으로서 읽고자 한다.

가. 공사사상의 동학교리 수용

증산이 사회를 구원할 뜻을 품은 계기가 된 사건은 그가 살던 인근지역에서 발생한 동학혁명이었다. 그러므로 동학혁명의 발발이 증산의 사상형성에 결정적인 계기가 되었다.

증산이 "匡救天下"의 뜻을 품게 된 원인이 바로 동학의 실패라는 사건이었다.376) 따라서 『대순전경』에는 동학혁명의 발발과 그 전개 과정에 대해 비교적 많은 분량의 기록이 있다.377)

그런데 『대순전경』에는 동학군의 초기 활동에 대해서는 전혀 언급이 없다.

---

375) Roland Barthes, "From Work to Text," *Image-Music-Text*, New York, The Noonday Press, 1977, Trans. by Stephen Heath, pp.155-164.
376) 증산교는 국가 존속의 위기와 동학혁명의 실패라는 사회적 배경을 바탕으로 창도되었으며, 동학이 제시했던 민족주의와 평등주의를 보다 구체화시켰고 이를 종교적 방법으로 이루고자 했다는 연구가 있다. 노길명, 「증산교 발생배경에 대한 사회학적 연구」, 『증산사상연구』 제 2집 (증산사상연구회, 1976), 41쪽.
377) 『대순전경』 1장 14절부터 23절까지가 관련 기록이다.

"온 세상이 들끓는지라."는 표현을 통해 당시 동학군의 활약상이 증산에게도 충격적으로 받아들여졌음을 짐작할 수 있을 따름이다.

이처럼 동학군의 초기 활동 상황이 『대순전경』에 적극적으로 언급되지 않았던 것은, 증산의 활동을 중심으로 동학을 설명하고자 하는 증산교단 측의 입장이 반영된 것으로 볼 수 있다.

증산은 동학이 실패하리라는 것을 漢詩라는 형식을 통해 예언한 인물로 묘사된다.378) 『대순전경』은 전봉준이 혁명을 일으킨 직후에, 증산이 이 시를 사람들에게 외워준 것처럼 기록되어 있다.

그러나 초기의 자료에 의하면379) 상당한 시간의 차이가 있다. 결국 이는 증산의 예언력이 상당했음을 강조하기 위함이다.

한편 증산을 따른 제자들 가운데 많은 사람이 東學의 영향을 일정하게 받았던 인물들이다. 먼저 증산의 수제자로 손꼽히는 김형렬은 동학군을 쫓아 청주공방전에 참여했던 인물이다.

또 훗날 증산교단의 획기적인 발전을 가져온 普天敎380)의 敎主가 되는 차경석은, "一進會 全北 總代를 지낸 일이 있었다."고 전한다.381)

그리고 증산이 후일 그의 제자가 되는 박공우를 처음 만나던 때는, 그가 동학의 수련방법에 따라 49일 동안 기도하던 시기였다. 이때 증산은 박공우에게 자신의 종교적 포부를 밝혔다. 증산은 자신이 바로 동학의 참된 정신을 계승한 사람이며 "천지를 개벽하여 인간과 하늘의 혼란을 바로잡을 인물"이라고 주장했다. 한편 "朴公又는 一進會의 한 頭目으로 있었든 바"라는 기록이 있는 것으로 미루어 보아, 박공우도 일진회의 간부였다.382)

---

378) "月黑雁飛高, 單于夜遁逃, 欲將輕騎逐, 大雪滿弓刀."라는 시이다.
379) 『증산천사공사기』(1926) 3면의 기록에 의하면, 증산이 甲午年 (음력) 7월 어느 날 밤에 생각해낸 시라고 전한다.
380) 한국민족종교협의회에서 간행한 『한국민족종교총람』(한누리, 1992), 369쪽~378쪽의 『보천교』가 비교적 상세한 글이다.
381) 『증산천사공사기』 70면.
382) 『증산천사공사기』 76면.

그리고 증산의 처남인 정남기가 甲辰年(1904) 7월에 一進會員이 되었다는 기록이 있다.[383] 정남기는 일진회원이 되어 증산에게 일진회에 들어오기를 강요하기도 했다.

이처럼 증산과 가까운 관계에 있었던 인물들과 훗날 증산의 대표적인 제자들로 손꼽히는 많은 인물이 일진회 회원이었다는 사실은, "丁未年(1907) 6월에 一進會員 朴公又, 安乃成, 文公信, 黃應鍾, 申京守, 朴壯根 등이 증산을 따랐다."는 기록을 통해서도 확인된다.[384] 그리고 김경학도 侍天呪 수련을 하고 있었으므로 동학신도였다.[385]

『대순전경』에는 동학과 관련된 인물들에 대해서는 구체적으로 동학을 신앙한 일이 있었다고 밝힌다. 이러한 기록태도는 일단 증산교단에서 동학신앙에 대해 우호적인 입장을 가지고 있었음을 알려준다.

그리고 증산의 제자 가운데 특히 일진회원이 많은 수를 차지하고 있다는 사실이 특기할 만하다. 일진회는 天道敎와는 전혀 다른 조직이다.

한편 증산은 동학의 발원지인 테인에 가서 동학접주를 직접 만나 무고한 생민을 전쟁에 끌어들이지 말라고 일깨웠다고 전한다.[386] 『대순전경』에 의하면 1894년 10월의 일이다.

古阜에 살았던 증산은 1894년 (음력) 1월의 古阜 민중 봉기와 3월 20일의 茂長 봉기, 4월 7일의 황토재 전투, 4월 26일의 전주성 입성 등의 동학농민군의 화려한 승리에 대해서는 거의 언급하지 않았다.

증산은 황토재 전투에 대해서도 사건 발생 후 약 6개월 후에야 언급했으며, 10월에 이르러서야 동학의 접주를 만나 동학의 장래에 대해 본격적인 언급을 시도하고 있을 따름이다.

그 후 증산은 비결을 맹신하여 10월 14일에야 남원을 떠나 전주로 진

---

383) 『증산천사공사기』, 33면. 이 기록을 그대로 받아들인다면, 그는 일진회가 조직되자마자 적극적으로 참여했던 인물이다.
384) 『증산천사공사기』, 73쪽.
385) 『대순전경』 2장 111절.
386) 『대순전경』 1장 15절.

격한 金開南軍의 행로를 뒤따라 청주전투에 참가했다. 증산은 인근 지역에서 일어난 중대한 역사적 사건에 마지막까지 좌시하고만 있지 않았던 것이다. 증산은 10월 20일경에 동학군이 지나간 전주 땅을 직접 찾아갔다.

그러나 그의 입장은 "이렇게 위험한 때에 어찌 경솔하게 몸을 움직일 것인가?"라는 것이다. 이처럼 증산은 保身的 차원에서 동학군의 움직임을 바라보고 있어서 방관적인 자세를 보이며, 결국 동학에 대해서도 경솔하게 움직인 일이라고 비판하였다.

『대순전경』에 청주전투는 "동학군의 죽는 자 그 수를 헤아릴 수 없는지라." 라고 기록되어, 그 처참한 양상을 알려준다. 증산은 동학군의 패잔병이라고 할 수 있는 김형렬과 안필성을 데리고, 참혹한 전쟁터를 빠져 나왔다.

애초에 동학을 구경하러 왔다는 증산과 참혹한 전투에 기가 질려 목숨을 보전하려는 두 동학 패잔병은, 도망치는 동학군에 앞서서 길을 떠났다. 이들은 진잠을 거쳐 남하했는데, 증산은 이곳에서도 동학군이 많이 죽으리라고 예언한다.

증산은 1904년 7월경에 一進會가 조직되던 초기부터 그 활동상을 주목하였다. 증산은 자신이 살던 인근 지역인 원평에 모인 東學 무리들의 움직임을 통해 일진회가 조직되고 있음을 알았다. 그는 급히 제자를 시켜 그 회의 취지에 대해 알아오도록 했다.

이처럼 신속히 특정 조직의 결성에 신경을 쓰고 있는 증산의 행동을 통해, 그가 동학 이후의 사상계의 동향에 대해 각별한 관심을 지니고 있었음을 알 수 있다.

일진회가 조직되자 증산은 자신의 집의 살림과 논밭을 팔아 거지들에게 나누어 주었다. 이러한 증산의 행동에 의해 일진회가 동학운동 때와 같이 백성들의 재산을 탈취하지 않고 스스로 재산을 조달하도록 만들었다고 믿어진다.

그리고 일진회가 일어난 후로 증산의 행색이 크게 바뀌었다.[387] 증산은 1907년 5월에 차경석의 入道를 계기로, 다시 선비의 복장을 입었다. 이에 대해 필자는 증산이 일진회가 일어남에 따라 그 때까지 동학에 대해 가졌던 일말의 희망이 사라졌다고 느껴서 세상을 보고 듣지 않겠다는 의사 표시로 삿갓을 썼으며, 이제 일진회의 간부를 지냈던 차경석을 자신의 道門에 받아들이면서 새로운 동학에 대한 수용을 나타낸 의지의 표현이 아닌가 생각한다.

즉 증산은 거부로 일관하던 일진회 곧 동학의 부흥 움직임을 지켜보던 자세에서 탈피하여, 동학의 정신을 이어받아 새로운 자신의 종교사상을 펼쳐보이려는 자신감을 의관을 갖춤으로써 표시했던 것이다.

증산은 水雲의 글을 자신의 公事에 상당히 많이 이용했다. "開門納客, 其數其然"이라는 증산의 말은 『東經大全』 『修德文』에 나온다.

또 "수운의 글에 '山河大運이 盡歸此道'라 하고"라는 기록은 『동경대전』의 『歎道儒心急』의 첫 구절이다. 물론 수운의 글은 자신의 도에 큰 운수가 감추어져 있음을 강조한 것이다. 반면 증산은 수운의 이 글귀를 인용하여, 전주 모악산과 순창 회문산을 중심으로 山河의 氣靈을 統一하려는 公事의 근거로 삼는다.

그리고 증산은 수운의 시에 대해서도 언급했는데, 인용한 시는 『동경대전』 『偶吟』의 "雲捲西山諸益會, 善不處卞名不秀. 구름이 서산에 걷히면 좋은 벗들이 모이리니, 처변을 잘못하면 이름이 드러나지 못하리라."라는 구절이다.

또 증산은 수운의 『立春詩』를 한 구절만 인용하여, 자신의 입장에서 다른 시구를 제시하였다.[388] 수운의 시가 소극적이고 부정적인 입장에서 읊은 것이라면, 증산은 보다 적극적이며 긍정적인 입장에서 시를 읊고 있다고 평가된다.

한편 『대순전경』에는 동학의 呪文이 상당히 자주 기록되며, 현재의 증산교단에서도 중요하게 외워진다. 『玄武經』에도 동학의 降靈文과 侍天呪, 그리고 수운만이 읽을 수 있었던 降靈呪文 등이 실려 있다. 따라서 동학

---

387) 일진회가 일어난 후로 증산은 삿갓을 쓰고 다녔다고 전한다.(『대순전경』 3장 21절)

388) 水雲詩에 "道氣長存邪不入"이라 하였으나, 나는 "眞心堅守福先來"라 하노라. (『대순전경』 6장 90절)

의 주문이 증산의 사상체계에 상당히 영향을 끼쳤음이 확인된다.

> ……나는 西天 西域 大法國 千階塔 天下大巡이라. 東學呪에 "侍天主造化定"이라고
> 하였으니, 내 일을 이름이라. 내가 천지를 개벽하고 조화정부를 열어 인간과 하늘의
> 혼란을 바로 잡으려 하야, 三界를 둘러 살피다가 너의 東土에 그쳐 잔피에 빠진 민
> 중을 먼저 건지려 함이니, 나를 믿는 자는 무궁한 행복을 얻어 仙境의 樂을 누리리
> 니, 이것이 참 東學이라.……동학신자간에 大先生이 更生하리라고 전하니, 이는 代
> 先生이 다시 나리라는 말이니, 내가 곧 代先生이로다. ……(『대순전경』 3장 22절)

증산은 동학의 주문에서 이야기되던 天主가 바로 자신이라고 주장한다. 그는 동학에서 그토록 애타게 呪文으로 외워지던 天主가 바로 자신이라는 종교적 선언을 행한 것이다. 그리고 증산은 자신의 도가 바로 동학의 정수인 "참 동학"이라고 강조한다.

나아가 증산은 동학신자들 가운데 水雲 즉 大先生이 다시 살아날 것이라는 믿음이 있는데, 이는 잘못된 믿음이며, 그 본래 뜻은 수운을 대신할 代先生이 태어날 것이라고 해석한다. 이는 이제 수운을 대신할 선생이 바로 증산 자신이라는 주장이다.

한편 증산은 동학의 降靈呪文과 本呪文을 수시로 자신의 종교적 행위에 사용하였다. 또 증산은 수운을 報恩神에 비유하고 자신을 解冤神이라고 주장하여, 동등한 위계를 강조하기도 했다.

증산교의 대표적인 주문의 하나인 五呪 즉 다섯 개의 주문이 증산에 의해 1907년 겨울에 만들어졌다.[389] 오주를 살펴보면 동학의 降靈呪文이 사용된 주문이 두 개가 있고, 本呪文인 侍天呪와 유사한 주문이 둘이다.

더욱이 강령주문이 사용된 세 번째 주문은 동학의 독특한 용어인 誠敬信이 2번이나 사용된다. 결국 증산교의 대표적 주문인 五呪는 關羽의 시호를 빼고 나면, 나머지는 모두 동학의 영향을 많이 받았다고 평가된다.

---

389) 『대순전경』 7장 4절.

한편 『대순전경』에도 동학의 강령주문, 본주문, 선생주문의 강령주문이
모두 기록되어 있다.[390] 이처럼 증산은 동학의 주문을 그대로 사용하면서
도 나름대로 약간 변형시킴으로써 동학과는 다른 자신의 사상체계를 강조
했던 것이다.

또 증산은 그의 독창적인 종교적 행위인 公事를 행하면서도 동학의
侍天呪를 자주 사용하였다. 더욱이 증산은 환자에게 侍天呪를 읽도록 하
여 질병을 치료하기도 한다.[391] 증산이 동학의 주문을 외우게 하여 특정
인의 질병을 완치했다는 내용은 그가 侍天呪를 주술적으로 이용했음을
알려준다.

이처럼 실제적인 효능을 기대하고 시천주를 외우게 했던 증산의 면모를
살펴볼 때, 그가 동학 주문 자체가 지닌 위력을 인정하고 있었다고 보인다.

결국 侍天呪는 동학뿐만 아니라 동학의 정신을 계승하고 완성시킨다는
종교적 목표를 지닌 증산에게서도 동일한 형태로 사용되었으며, 그것도 매
우 중요시되었다.

증산은 다음과 같이 동학의 降靈文에 대해 독자적인 풀이를 시도하기도 했다.

　　하루는 공사를 보시며 글을 쓰시니 이러하니라. "至曰, 天地禍福至. 氣曰,
　　天地禍福氣. 今曰, 至無忘. 降曰, 天地禍福降."(『대순전경』 4장 139절)

증산은 천지의 禍와 福을 중심으로 동학의 강령문을 해석하였다. 이에 따
르면 今에 대한 해석이 "천지의 화와 복이 이르름을 잊지 않는다."로 되어,

---

390) 『대순전경』 4장 129절. 이 밖에 4장 137절에도 동학의 강령주문과 시천주가 그대
　　로 사용되었다. 여기서 증산은 無奈八字라는 글귀를 강령주문의 앞에다 덧붙였는
　　데, "至氣今至願爲大降"이라는 여덟 글자를 외우면 모든 일이 이루어질 것이라는
　　의미를 표현했다고 보인다. 그리고 "欲速不達"이라는 글귀를 侍天呪 앞에다 덧붙
　　인 것은, 시천주의 염원을 너무 빨리 성취하려고 안달해서는 안 된다는 경계를
　　나타냈다고 볼 수 있다.
391) 『대순전경』 8장 4절.

일반적인 今의 해석과 확연히 다르다. 증산은 강령문 가운데 "願爲大"에 대해서는 풀이하지 않았다.

어쨌든 증산은 天地禍福이라는 구절을 각 글자에 덧붙이는 단순한 형식으로 동학의 강령문에 대해 나름대로 풀이하였다. 증산의 이러한 해석은 강령문을 하늘의 재앙과 복락이 특정인에게 이르거나 내려오는 일로서만 이해하게 만들기 때문에, 실제적인 효능이 있는가 없는가를 판단하는 식으로 동학 주문에 대한 주술적 변용을 이루었다고 볼 수 있다.

이에 반하여 애초에 水雲이 가장 심혈을 기울여서 설명하려고 한 개념은 바로 氣이다. 증산은 天地禍福氣라고 말하여, 재앙의 기운 혹은 복락의 기운이라는 의미로 풀이하여, 구체적으로 인간의 생활에 영향을 미치는 개념으로 氣를 설명했다.

반면 수운은 사변적인 설명을 통해 氣는 본질적으로 인간의 말로는 설명될 수 없는 개념이라고 주장한다. 수운의 기는 간섭하지 않는 일이 없고 명령하지 않는 일이 없는 무소불능한 개념이다. 수운은 氣一元論의 입장에서, 渾元一氣라는 표현을 통해, 氣에 궁극적이고도 많은 의미를 부여했다. 따라서 수운의 기는 인간의 눈으로 보기도 어렵고, 인간의 귀에 들리지도 않는 것이다.

虛靈蒼蒼이라는 형용사로만 언급될 수 있을 정도로 신비한 수운의 氣는 인간 생활을 모두 주관하지만, 생활상에 실제적으로 나타날 수 있는 형태를 지닌 것은 아니다. 그러므로 인간은 궁극적인 혼원일기와 일치되는 감정을 가리키는 氣化를 목표로 삼는다.

이러한 수운의 철학적인 기와는 달리, 증산은 天地의 禍와 福이라는 표현을 통해 구체적으로 이 세상에 사는 사람들에게 영향을 끼칠 수 있는 실물적인 氣를 주장하였다.

수운이 형이상학적인 원리로서의 氣를 설명했다면, 증산은 형이하학적인 功能으로서의 氣를 설명했다. 결국 증산에게 있어서 중요한 것은 철학적 사색을 통한 원리에 대한 설명이 아니라, 인간에게 실제로 무엇을 줄 수 있는가라는 결과로서의 현상이다.

따라서 형이상학적 개념인 기에 합하는 氣化를 강조한 수운과는 달리, 증산은 세상의 재앙과 복락을 나의 몸에 내려오게 하고 이르게 하는 일을 강조했던 것이다.

그리고 증산이 지녔던, 질병이 세상에 만연하여 위험한 지경에 이르렀다는 세계관도, 동학의 『布德文』에 먼저 보이는 내용이다. 수운은 질병이 만연하는 현상을 傷害의 運數에서 그 원인을 찾아, 종교적으로 설명했다. 즉 수운은 時運에 의해 세상에 질병이 가득 차게 되었다고 풀이한다.[392] 증산도 세상에 忠, 孝, 烈이 없기 때문에 천하가 모두 병들게 되었다고 설명한다.

그리고 『東經大全』에서 사용하고 있는 용어 가운데, 증산이 그대로 쓰고 있는 용어로는 誠敬信, 勿藥自效, 度數 등이 있다. 도수는 하늘에서 운명적으로 정해 놓은 계획이라는 의미로 사용되었는데, 수운의 天師問答 과정에서 上帝가 사용했던 표현이기도 하다.[393]

수운의 종교체험과정에서 上帝는 그의 수련이 정해진 기준에 알맞게 이르렀음을 "도수에 찼다."라고 표현했다. 그런데 증산은 수운의 종교체험에 나타나는 上帝가 바로 자신이었다고 주장했으며, 자신이 天地度數를 새롭게 짠다고 주장했다.

한편 증산이 『용담유사』를 자주 인용한 것도 그의 사상에 미친 동학의 영향을 강력하게 증명한다. 우선 증산은 수운가사에 대해 새 기운이 감추어져 있다고 평가했다.[394]

새 세상을 이룩하기 위한 활발한 기운이 水雲이 지은 가사에 들어있다

---

392) 『용담유사』 「안심가」의 108절과 『몽중노소문답가』의 74절에는 "십이제국 괴질운수 다시 기벽 안일넌가"라는 구절이 있다. 그리고 『권학가』 89절에는 "아동방 삼년괴딜 죽을 염녀 잇슬소냐"라는 기록이 있으며, 『도덕가』 62절에는 "허다흔 세상 악질"이라는 표현이 있다.

393) 이돈화 편술, 「제 1편 水雲大神師」, 『천도교창건사』(천도교중앙종리원, 1933), 15면.

394) 水雲歌辭에 새 기운이 갈머있으니……다 내 秘訣이니라.(『대순전경』 6장 136절)

고 말한 증산은, 결국 수운가사도 자신의 일을 미리 알려주기 위한 비결이라고 자의적으로 풀이한다.

증산이 『용담유사』를 읽은 일은 분명한데, 굳이 水雲歌辭라고 표현한 점이 특기할 만하다.

차경석이 증산을 처음 따를 때, 차경석은 증산의 범상하지 않은 행동을 보고, 불현듯 자신이 읽었던 『용담유사』의 내용이 떠올랐다고 전한다. 「교훈가」에 나오는 "如狂如醉 저 양반"은 水雲을 가리키는 그의 부인의 말이다.

미친 듯도 하고 술에 취한 듯도 한 이해할 수 없는 남편 수운의 행동을 그의 부인이 이렇게 표현한 것이다. 수운의 부인은 수운이 득도한 후에 그가 행하는 행위를 보고는 미친 듯하다고 표현했지만, 결국은 "잔말 말고 따라가세."라고 결심한다. 차경석은 『용담유사』의 이 구절을 떠올리고는, 원래 깨달은 사람의 행동은 보통사람과는 확연히 다르다는 사실을 유추했던 듯하다.

한편 증산이 水雲의 神明을 불러 公事를 행하는 가운데, "家長이 엄숙하면 그런 빛이 왜 있으리?"라는 구절이[395] 신비롭게 들렸다고 전한다. 수운의 신명이 왔다고 믿어지므로, 수운가사의 내용이 언급되는 일은 어쩌면 당연한 일일는지도 모른다.

이는 가정을 다스리기를 경계한 수운의 글인 「도수사」에 나온다. 가정이 화목하고 평탄하게 되는 일은 기본적으로 부인에게 관련된 일이다. 그러나 부인의 행동에 대한 책임은 어디까지나 그 집안의 가장인 남편에게 있다는 것이 "가장이 엄숙하면 이런 빛이 왜 있겠느냐?"의 뜻이다. 부인의 잘못은 그 남편의 잘못이라는 것이 인용문의 전체적 내용이며, 도를 닦으려는 자는 먼저 자신의 집안을 잘 다스려야 한다는 경계이다.

또 증산은 「도수사」의 "冒沒廉恥"라는 말도 언급하였다.[396] 「도수사」의 내용은 사내대장부라면 信, 禮, 廉恥가 있어야 한다는 것이다. 그리고 증산이 인용한 "亂法亂道 하는 사람 날 볼 낯이 무엇인가?"라는 말도 「도수사」에 보인다.

---

395) 『대순전경』 4장 28절.
396) 『대순전경』 6장 133절. 내용은 『도덕가』와 비슷하다.

한편 증산은 천하의 물 기운을 돌리는 公事를 행한다고 주장하면서, 직접 수운가사를 펴서 그 내용 가운데 일부분을 소리 내어 읽었다.397) 증산이 읽은 구절은 『흥비가』의 첫 대목인데, 수운이 『詩經』 「伐柯」에 나오는 구절을 인용하여 곧 닥칠 일도 짐작하지 못하는 사람들의 어리석음을 노래한 부분이다.

또 증산은 자신의 가르침을 잘 이어받아 마음을 바르게 하고 닦기에 힘쓰라고 제자들에게 당부하면서 『흥비가』를 인용해 주기도 했다.398) 『흥비가』의 인용 부분은 세상 운수는 다 같이 밝지만, 그를 받아들일 수 있는 사람의 역량은 제각기 다르다는 내용이다.

또 증산은 아래와 같이 『용담유사』의 내용 가운데 필요한 대목만 발췌하여 능란하게 인용하였다.

　　수운가사에 "遠處에 일이 있어 가게 되면 利가 되고, 아니 가면 害가 된다."라 하였으며, 또 "네가 무슨 福力으로 不勞自得 하단 말가"라 하였나니 알어두라.(『대순전경』 6장 145절)

앞부분에 인용한 수운가사는 『흥비가』에 나오는 구절이며, 후반부에 나오는 수운가사는 『교훈가』의 원문과 약간 다른 것이다. 인용문의 전체적인 내용은 운수는 좋지만 이를 받아들이려면 스스로의 노력이 절대적으로 요구된다는 것이다. 결국 노력하지 않고 얻는 결과는 없다는 가르침이다.

그리고 증산은 운수와 관련하여 『흥비가』의 내용도 인용하였다.399) 『흥비가』의 "조가튼"에 대해 이를 燥渴로 보아 "운수는 길어지고 목이 마르는

---

397) ……詩云 伐柯伐柯여 其測不遠이라. 내 앞에 보는 것은 어길 바 없지만은 이는 도시 사람이요 不在於根이라. 目前之事 쉽게 알고 深量없이 하다가서 末來之事 같잔하면 그 아니 내 恨인가……(『대순전경』 4장 88절)

398) 『대순전경』 6장 91절과 98절. 한편 이와 거의 비슷한 대목으로 『도수사』 80절과 81절에도 "명명한 이 운수는 다가치 발지마는 엇던 ㅅ람 군ㅈ되고 엇던 ㅅ람 겨러흔고"라고 적혀 있다.

399) 수운가사에 "운수는 가까워오고 조같은 잠시로다."라 하였나니, 道에 뜻하는 자의 거울이니라.(『대순전경』 6장 146절)

것은 잠깐 동안의 일이다."라고 해석하는 경우도 있다.[400] 원문의 "조가튼" 을 증산은 조갈(기회)이라고 풀이한다. 운수와 조갈이 대비된다고 볼 때, 증산의 해석이 문맥상 옳다고 여겨진다.

한편 無極大道라는 용어는 『교훈가』 48절에 나오는데, 이는 『대순전경』 에 나오는 "이제 末世를 당하야 앞으로 無極大運이 열리나니"라는 증산의 말로 이어진다.

『용담가』 50절의 "ᄒᆞᄂᆞᆯ님 ᄒᆞ신 말ᄉᆞᆷ 기벽후 오만년의"라는 구절과 58절 의 "무극딕도 닥가ᄂᆡ 오만년지 운수로다"라는 수운의 말은, 증산에 이르면 "후천 오만년"이라는 동일한 표현으로 나타난다.[401]

『안심가』의 제2절과 3절인 "딕져 싱령 초목군싱 ᄉᆞ싱직쳔 안일년ᄀᆞ ᄒᆞ 물며 만물지간 유인이 최령일네"라는 구절은, 증산의 "萬物의 靈長이 되는 사람이"로[402] 표현되는 人存思想과 관련이 있다.

『안심가』의 제14절인 "호련금궐 상제님도 불퇴선악 ᄒᆞ신다ᄂᆡ"와 도덕가 40절과 41절의 "그러ᄂᆞ ᄒᆞᄂᆞᆯ님은 지공무ᄉᆞ ᄒᆞ신 마음 불퇴선악 ᄒᆞ시ᄂᆞ니" 에서 수운은 상제는 선과 악을 가리지 않는다고 노래했다. 이는 증산이 스 스로를 "나는 毒함도 천하의 독을 다 가졌고, 善함도 천하의 선을 다 가졌 다."라고 말한 근거가 된다.[403]

한편 『대순전경』에는 "靑松綠竹은 道統之淵源이라"라는 구절을 수운가 사에서 인용했다고 적혀 있는데,[404] 현재 전하는 『용담유사』에는 이러한 내용이 보이지 않는다. 다만 수운의 『和訣詩』에 푸른 소나무와 대나무가 군자와 도인의 풍모를 비유하는 물건으로 묘사되었다. 그러나 『대순전경』 에서와 같이 "도통의 연원이라."는 내용은 보이지 않는다. 그리고 『대순전경』

---

400) 이세권 편저, 『註解 용담유사』(정민사, 1983), 368쪽과 378쪽.
401) ……후천 오만년 첫 공사를 행하려 하노니……(『대순전경』 4장 40절)
402) ……만물의 영장이 되는 사람이 짐승을 제어함이 옳거늘……(『대순전경』 4장 108절)
403) 『대순전경』 3장 71절.
404) 『대순전경』 3장 79절.

에는 『용담유사』에 나오지 않는 내용들도 수운가사라고 인용한다.405)

결국 『대순전경』에는 수운가사 내지 동학가사의 내용이라고 분명히 밝히고 나서 인용한 기록이 모두 11번이나 된다. 이 가운데 인용의 전거가 된 『용담유사』의 내용을 밝힐 수 있었던 기록은 아홉이다.

『대순전경』에 책이름이 정확하게 언급되는 경우가 매우 드물다는 사실을 고려해 볼 때, 이와 같은 『용담유사』의 빈번한 인용은 높이 평가되어야 하겠다. 즉 『용담유사』가 증산의 사상체계를 형성하는 데 상당한 영향을 끼쳤음이 분명하다.

한편 증산은 동학이 1894년의 혁명이 실패한 후에는 기세를 펴지 못한 상태였다고 설명했다.406) 증산의 사회 인식에 동학혁명이 중요한 비중을 차지했었다는 사실은, 증산이 "혁명난 후로"라는 용어로써 사회에 대해 평가하고 있다는 점, 즉 동학혁명을 기준으로 하여 그 이전과 이후를 비교하고 있다는 점에서도 확인된다.

그리고 증산은 동학혁명의 실패에 대해 『안심가』를 잘못 해석했기 때문이라고 주장했다.407) 동학신도들이 教祖인 水雲이 한울님께 조화력을 받아 개 같은 왜적을 하룻밤에 진멸시킬 수 있을 것이라고 『안심가』를 해석했다는 말이다.

증산은 이는 신비한 造化力에만 의지한 일이며, 현실을 무시한 해석이

---

405) "만나기만 만나보면 너의 집안 운수로라."(『대순전경』 3장 23절), "발동말고 수도하면 때있으면 다시오리."(『대순전경』 6장 84절) 등이다. 그런데 『용담가』 50절에서 53절에 "하늘님 하신 물숨 개벽후 오만년에 네가 또한 첨이로다. 나도 또한 개벽이후 노이무공 하다가서 너를 만나 성공하니 나도 성공 너도 득의 너의 집안 운수로다."라는 구절이 있다. 이 구절은 수운이 경신년 사월 오일에 특별한 종교 체험을 할 때 上帝가 수운에게 했던 첫마디였다고 전한다. 그러므로 『대순전경』 3장 23절에서 동학가사라고 인용된 구절은 내용상 『용담가』와 비슷하다. 지고한 존재와의 만남을 집안의 운수라고 평하는 점이나 만나기만 하면 뜻을 이룬다는 점에서 두 구절은 유사하다.

406) ……동학은 혁명 실패 후에 기세를 펴지 못 하야 거의 자취를 거두게 되고……(『대순전경』 1장 27절)

407) "동학신도들이 安心歌를 그릇 해석하야 亂을 지었느니라."(『대순전경』 5장 20절)

므로 잘못되었다고 비판했다. 증산은 동학신도들이 개 같은 왜적 놈이라고
비난하는 일본사람들에 대해, 壬辰亂 이후에도 300여 년간이나 富國强兵을
위해 열심히 노력해 왔던 민족이라고 평가한다.

반면 우리 민족은 엄청난 치욕을 당한 임진년 이후에도 정신을 차리지
못하고 개인이나 집단 이기주의에 빠져서 국가를 경영하기 위한 계획을
제대로 해내지 못했다고 비판했다.

증산은 "돈 모으는 공부와 총 쏘는 공부"를 300여 년 간이나 해 온 일
본 사람들을 "일심으로 석 달을 못 배웠고, 삼년을 못 배운" 조선 사람이
대항하는 일은 죽음을 자초한 일이라고 평했다.

그리고 증산은 회문산에 있다고 믿어지는 五仙圍碁라는 穴을 중심으로
하여 朝鮮의 國運을 돌리는 종교적 행위를 했다고 전한다. 이 과정에서 증
산은 자신이 日本冥府로 정한 崔水雲을408) 청해 와서 조선을 일본에게 잠
시 위탁하는 공사를 보았다.

증산은 일본을 조선의 일꾼으로 선택하여, 일본에게 一時 天下統一의
기운과 日月大明의 기운을 붙여 준다고 선언했다. 따라서 증산은 서양세력
을 물리치기 위하여 러일전쟁 때 일본을 도와주었다고 믿어진다.409)

그는 현실적인 역사의 전개가 이러한 과정으로 이루어지는 일은, 임진
왜란 이후 조선과 일본 사이에 맺혀져 있던 원한을 해소하기 위한 것이라
고 설명한다. 따라서 증산에게 있어서 일본사람에게 대항하는 일은 천하의
대세를 모르는 어리석은 일이라고 핀잔을 받는다.

증산은 자신이 실패한 동학의 새로운 진행을 맡을 것이라고 자처했으며,
동학신명의 해원 과정이 차경석의 종교운동과 연결될 것이라고 말했다.410)

---

408) ……최수운으로 일본명부를 각기 주장케 한다 하시며……(『대순전경』 4장 1절)『
대순전경』 5장 20절에도 같은 표현이 있다.
409) 『대순전경』 4장 10절. 실제로 후대의 증산교인들은 이러한 증산의 공사에 의해
일본이 1910년 8월에 조선과 한일합방을 맺게 되었다고 믿는다. 증산종단친목회,
『증산종단개론』(대순백주년기념회, 1971), 62쪽.
410) 『대순전경』 4장 48절.

또 증산은 동학을 1894년의 혁명운동을 중심으로 이해했는데, 輔國安民을 주창했다는 내용이 바로 그것이다. 그러나 동학운동은 "때가 때 아니었다."는 증산의 말로 알 수 있듯이, 그는 동학운동이 근본적으로 時運을 잘못 알고 행했던 무리한 움직임이었다고 평한다.

나아가 증산은 동학에 대해 "안으로는 불량하고, 겉으로만 꾸며댔던 일"이라고 혹독하게 비판한다.411) 그 내용은 "마음속으로는 王候將相이 되기 위한 욕심이 있으면서도, 겉으로는 輔國安民이라는 거창한 구호를 외친 일"이다.

그리고 증산은 동학의 기본적인 성격에 대해서는 "後天 일을 부르짖었던 일"이라고 평한다. 결국 증산은 동학을 後天이라는 이상세계가 도래할 것을 알렸던 일로 규정하며, 동학이 일정한 정도의 역할 밖에 행하지 못했다고 평한다.

더욱이 증산은 동학의 時運을 잘못 판단한 무리한 움직임은, 결국 수만 명의 그릇된 죽음을 결과했을 뿐이라고 주장한다. 동학은 보국안민이라는 목표를 달성하지 못했으며, 오히려 억울한 죽음을 당한 수만 명의 원한만 낳게 했던 것이다.

증산이 이룩하고자 노력하는 이상사회인 후천은, 무엇보다도 억눌리고 맺힌 갖가지 원한을 풀어 없애는 解冤을 통해 접근이 가능한 세계이다. 따라서 그 이상사회의 중심이 될 조선 땅에서 최근에 일어났던 동학혁명 과정에서 생겼던 원한들도 마땅히 풀어주어야 한다. 그 방법은 바로 동학신도들이 그토록 바랐던 왕후장상이 되게 해 주는 일이다.

과연 증산은 어떻게 하여 수만 명의 동학신명을 해원시켜 준다고 믿어질 수 있었을까?

그는 차경석이라는 인물에게 원한 맺힌 東學神明들을 붙여주었다고 주장한다. 그리고 증산은 자신 있게 "이 자리에서 왕후장상의 解冤이 되리라."고 말했다.

411) 『대순전경』 4장 48절.

차경석은 후일 普天敎의 교주가 된다. 그가 일으킨 보천교운동은 한때 신도수가 600만 명이라고 자처할 정도로 규모가 큰 종교운동이었다. 철저한 인적 조직을 통해 세포분열식의 포교활동을 통해 가능했던 일이다. 바로 이러한 종교조직을 통해 왕후장상이 되고자 열망했던 사람들의 신명들이 품었던 원한을 풀 수 있다는 것이 증산교인들의 믿음이다.

실제로 왕이나 제후가 될 수 없었던 사람이 죽은 다음에라도 왕 노릇 혹은 제후 노릇을 해 볼 수 있는 방법은, 종교 조직의 간부에게 神明으로나마 붙어서 살아생전의 욕망을 채우는 것이다. 특정 종교 조직의 대표는 곧 그 조직체 내에서는 정치 조직의 왕이나 제후에 버금가는 존경과 특권을 누리는 것이 일반적이며, 증산교인들은 이러한 일이 일제강점기에 있었던 보천교라는 종교 조직을 통해 실제로 가능했다고 믿는다.

결국 증산은 자신의 아버지가 동학군의 책임자 가운데 한 사람이었으며 그 자신도 일진회의 간부를 역임했던 차경석이라는 인물을 중심으로 장차 엄청난 규모의 종교운동이 일어날 것이며, 이러한 과정에서 왕후장상이 되고자 했었으나 그 꿈을 이루지 못했던 수만 명에 달하는 동학신명들의 원한이 풀려질 것이라고 주장했다.

한편 증산은 동학의 창시자인 수운을 다음과 같이 비판한다.

> ……내가 西天 西域 大法國 千階塔에 내려와서 삼계를 둘러보고 천하에 大巡하다가, 이 東土에 그쳐 모악산 금산사 미륵금상에 임하야 삼십 년을 지내면서 崔水雲에게 天命과 神敎를 내려 大道를 세우게 하였더니, 수운이 능히 儒敎의 테 밖에 벗어나 眞法을 들쳐 내어 神道와 人文의 푯대를 지으며 大道의 참 빛을 열지 못하므로…… (『대순전경』 5장 12절)

증산은 자신이 이 땅에 내려오게 된 결정적인 이유가 바로 수운이 제 역할을 하지 못했기 때문이라고 주장했다. 그리고 증산은 자신의 신분을 수운에게 天命과 神敎를 내려준 上帝라고 밝힌다.

증산이 애초에 수운에게 모든 일을 맡기려 했으나 수운이 그 일을 제대로 감당하지 못했음을, "大道의 참 빛을 열지 못했다."라고 표현했다. "유교의 테 밖에 벗어나지 못했다."는 것이 수운이 행한 잘못의 핵심인데, 이는 수운이 유교의 인습에 얽매여 있었던 일을 비판한 듯하다.

결국 갑자년에 증산이 수운에게 내렸던 천명과 신교를 거두자 수운의 인간적인 삶은 끝나게 되었다고 주장하는 것이다.

인용문에서 증산은 수운의 죽음과 자신의 출생 사이의 관계를 강조함으로써, 자신이 東學의 完成者로서 이 땅에 강림했다고 주장하였다. 이러한 증산의 말은 초기 경전에는 주역의 八卦에 응해서 수운이 죽은 지 꼭 팔년 만에 자신이 태어났노라고 이야기되기도 했다.412)

증산이 수운의 종교체험에 등장하는 上帝 또는 한울님이라는 주장은 원래는 차경석의 개인적인 해석이었다.413) 후일 교리가 체계화되는 과정에서 차경석의 이러한 주장이 증산교단에 광범위하게 인정되는 사정을 반영한 것이 바로 위의 인용문이다.

그리고 증산은 동학의 수분은 한계를 지닌 불완전한 것이라고 비판했다.414) 증산은 동학의 주문수련과정에서 나타나는 이적은 수운 최제우의 개인적인 능력에 근거하여 일어나는 신비체험일 뿐이라고 비판한다. 그는 하늘의 능력에 기인하는 天降을 받은 사람은 동학의 주문을 외워서 얻는 이적과는 비교가 되지 않은 정도로 엄청난 수준일 것이라고 주장했다.

또 증산은 자신이 행할 일이 "천지를 개벽하고 인간과 하늘의 혼란을 바로잡는 일"이라고 주장하며, 이것이 바로 동학이 진정으로 바라던 일이었다고 말한다. 그는 참된 동학의 진수를 이 세상에 구현하는 일이 자신의

---

412) ……내가 비로소 大法國 天啓塔에서 天下에 大巡하야 甲子로부터 八卦에 應하야 八年을 經한 後 辛未로써 降世하얏노라.……『증산천사공사기』 10면.
413) ……東經大全과 및 歌詞中에 이른바 '上帝'는 곳 天師를 이름일진저.(此節은 車京石傳述) ……『증산천사공사기』 11면.
414) 공우 물어 가로대 東學呪에 降을 받는 자가 많이 있으되 나는 降을 받지 못하였나이다. 가라사대 이는 다 濟愚降이요, 天降은 아니니라. 天降을 받는 자는 병든 자를 한 번 만져도 낫고 건너보기만 하여도 낫느니라.(『대순전경』 3장 56절)

손에 의해 이루어질 것이라는 점을 강조했다.

원래 大先生은 동학에서 水雲을 부르는 호칭이었다. 대선생이 다시 살아날 것이라는 동학 신도들의 믿음에 빗대어, 증산은 이는 大先生인 수운이 다시 태어나는 것이 아니라 수운을 대신한 代先生인 자신의 탄생을 가리킨 예언이라고 풀이했다.

이러한 독특한 해석을 통해 증산은 代先生인 자신의 가르침을 따르고 믿는 일이야말로 바로 "참 동학"이라고 강조했다. 이처럼 증산은 수운과 연관하여 자신의 입지를 세우고 있으며, 수운의 활동에 근거하여 자신이 할 일을 설명한다.

한편 증산은 수운을 日本冥府로 임명하였다. 증산은 수운을 일본명부를 맡는 인물로 종교적으로 재평가하고 있는데, 수운은 증산의 天地公事에 등장하는 주요인물 가운데 한 사람이다.

증산은 수운의 영혼을 불러 순창에 있는 회문산의 오선위기혈에 장사지내 주었다.[415] 또 증산은 수운을 仙道의 宗長으로 임명하였다.[416] 즉 수운은 증산에 의해 仙道의 진액을 모으고 仙道의 모든 도통신과 문명신을 거느리는 역할을 맡았으며, 이러한 종교적 행위를 통해 궁극적으로 문화통일을 시도하는 존재로 임명되었다. 이처럼 수운은 역사상 그 어떤 인물들 보다 증산에 의해 높이 평가받는다.

반면 동학의 2대 교주인 海月 崔時亨(1827~1898)에 대한 언급은 『대순전경』에 단 한 번도 없다. 동학교단의 발전에 끼친 해월의 영향력을 고려한다면, 증산의 이러한 평가는 의외이다.[417] 유독 해월에 대해서는 침묵으로 일관하고 있는 증산을 어떻게 이해해야 할 것인가?

무엇보다도 증산은 자신이 태어나고 자랐던 장소인 전라도 古阜라는 지역에

415) 『대순전경』 4장 162절.
416) 『대순전경』 5장 9절.
417) 증산은 동학혁명의 주동자인 全琫準(1855~1895)에 대해서 높이 평가하며, 자신이 종교적 활동을 행하던 시기의 天道敎의 대표자인 孫秉熙(1861~1922)에 대해서도 나름대로 평가한다.

서 접할 수 있었던 동학에 대한 부분적인 정보를 바탕으로 동학을 인식하고 있었으며, 바로 이러한 경향이 후대의 『대순전경』 편찬자에게도 반영된 결과로 보인다.

결국 증산은 동학의 창시자인 수운을 잇는 동학의 활동 주체를 최시형이 아니라 전봉준으로 이해했다.

『대순전경』에는 전봉준을 그의 字인 全明淑으로 기록한다.[418] 우선 증산은 전봉준이 천하의 난을 움직이게 했던 인물이라고 평가한다.[419] 또 증산은 水雲이 세상을 움직이는 일 즉 亂을 일으키는 임무를 맡았고, 자신은 세상을 평정하는 일 곧 亂을 다스리는 임무를 맡았다고 주장했다.

따라서 증산은 동학의 창시자인 수운의 임무를 구체화한 인물이 바로 전봉준이라고 보았다. 나아가 증산은 전봉준을 朝鮮冥府에 임명한다. 그렇다면 과연 전봉준이 어떠한 일을 했기 때문에 조선 명부가 될 수 있었을까?

> ……全明淑이 擧事할 때에 상놈을 양반 만들어 주려는 마음을 두었으므로 죽어서 잘 되어 朝鮮冥府가 되었느니라.(『대순전경』 6장 29절)

증산의 대답은 명쾌하다. 전봉준이 혁명을 일으킨 목적이 "상놈을 양반이 되게 하는 일"에 있었다는 것이다. 증산은 전봉준이 천대받고 고통 받는 상놈을 구원하려는 장한 뜻을 지녔던 사람이었기에, 그가 죽어서 조선의 명부를 맡아 다스리는 지위에 오르게 되었다고 설명한다.[420]

---

418) 全琫準의 字는 明淑이다. 신복룡, 『전봉준의 생애와 사상』(양영각, 1982), 37쪽-39쪽 참조. 본명을 사용하지 않고 호를 사용하여 특정인을 지칭하는 것이 『대순전경』의 일반적인 입장이다. 그런데 특별한 호가 전해지지 않는 전봉준에 대해서는 그의 字인 明淑으로 적었다.

419) ……全明淑의 動은 곧 天下의 亂을 動케 하였느니라.(『대순전경』 5장 19절)

420) 한편 1895년 2월 11일에 있었던 전봉준에 대한 再招의 내용 가운데 이러한 전봉준의 의지가 엿보이는 대목이 있다. 供 : 세상살이가 날로 잘못 되어 가는 고로 개연히 한번 세상을 건져볼 뜻이 있었다.(世事日非, 故慨然欲一番濟世意見.)

또 증산은 "시속에 全明淑의 訣이라 하야 全州 古阜 녹두새라 이르나, 이는 全州古阜祿持土라는 말이니, 장차 天地祿持土가 모여들어 仙境을 건설하게 되리라."라는[421] 말을 한 적이 있다.

전봉준의 비결이라고 증산이 인용한 "전주 고부 녹두새"라는 구절은 1880년대에 유행되던 "새야 새야 綠豆새야, 웃역 새야 아랫역 새야, 전주 고부 녹두새야, 함박 쪽박 열나무 딱딱후여"라는 내용으로 당시 아이들이 벼 밭에서 새 떼를 모는 소리였다고 한다.[422]

일반적으로 이 동요는 동학혁명을 주동한 전봉준에 대한 비결로 풀이되었다.[423] 그런데 증산은 이러한 해석과는 달리 녹두새를 祿持土라고 풀이했다.

증산의 새로운 해석에 따르면, 이 비결은 더 이상 전봉준 개인을 지칭하는 것이 아니라, 수많은 익명의 祿持土(재물과 복을 가진 사람)들이 모여서 이상세계를 건설하려 한다는 뜻으로 풀이된다.

이처럼 증산은 전봉준의 거사에 얽힌 민간에 전승되던 비결도 새롭게 해석하여, 자신의 종교 활동의 정당성을 입증시키는 데 활용했다. 또 증산은 전봉준의 거사 때문에 당시 민중들이 실제적인 혜택을 입었다고 말하기도 했다.[424]

결국 증산은 전봉준의 활동을 매우 긍정적으로 평가하며, 비록 말로써 나마 그의 이름을 헐뜯거나 비난해서도 안 된다고 강조할 정도였다.[425] 나아가 증산은 혁명의 큰 뜻을 이루지 못하고 부하의 배신으로 체포당하여 억울한 죽음을 당한 전봉준의 解寃公事를 그가 체포당한 곳에 직접

---

421) 『대순전경』 3장 99절.
422) 오지영, 『東學史』(영창서관, 1940). 이장희 校註, 『동학사』(박영사, 1974), 187쪽.
423) 어릴 적 이름이 綠豆였던 전봉준이 古阜 땅에서 봉기할 일을 예언한 노래라는 해석이다.
424) 세상 사람들이 전명숙의 힘을 많이 입었나니, 한 몫에 팔십 냥 하던 세금을 삼십 냥으로 감하게 한 자는 全明淑이라. 언론이라도 그의 이름을 해하지 말라.(『대순전경』 6장 116절)
425) 『대순전경』 6장 117절.

찾아가서 거행했다.426)

한편 水雲은 제자들에게 개고기를 먹지 말라고 명했다.427) 수운은 惡肉 즉 신도들이 먹어서는 안 될 나쁜 고기로 특히 개고기를 거론했다. 반면 증산에게 있어서 개고기를 먹는 행위는 단순한 음식 행위가 아니라, 어디까지나 한을 풀어 없애주는 解冤公事의 한 부문으로 행해지며, 억눌린 민중의 한을 벗겨주는 상징적인 행위이다. 그리고 개정국을 먹는 일은 改政 즉 정치를 개혁시키려는 행위와 연관된 행위로까지 믿어진다. 더욱이 증산은 개고기를 상등사람인 농민들의 음식이라고 주장했다.428)

따라서 증산은 농민의 음식인 개고기를 먹는 행위를 통해, 전봉준이 이루지 못한 "상놈을 양반 만들어 주려는 꿈"을 종교적으로 성취시켜 주었다고 믿어졌던 것이다. 후대의 증산교인들은 바로 이러한 증산의 종교적 행위의 결과로 현재의 세상이 양반과 상놈의 구별이 없어지게 되었다고 믿는다.

따라서 증산이 개고기를 먹는 행위는, 단순히 여름철의 식도락적인 취미와는 구별되는, 종교적으로 성스러운 행위로 보아야 한다. 나아가 증산은 이러한 상징적인 행위를 통해서, 농민의 음식 즉 상등사람의 음식인 개고기를 먹는 일을 금지하여 나름의 한계를 벗어나지 못하고 실패해 버린 수운에 대해 질책한다.429)

증산에 의해 자신이 품었던 원한을 해소한 전봉준은 조선의 운명을 맡은 南朝鮮 뱃질의 도사공이 되었다고 믿어진다.430) 전봉준은 一心을 가

---

426) 『대순전경』 4장 30절. 증산은 전봉준이 체포된 장소에서 司命旗가 없어서 맺힌 그의 원한을 풀어주는 종교적 의식을 거행했다. 그 방법은 인근 지역에서 가장 큰 소나무를 한 그루 베어다가, 종이에 侍天呪를 써서 그 가지에 매달고 집 앞에 세워, 마치 많은 군사를 호령하는 사명기처럼 만들어준 일이었다.

427) 이돈화 편술, 앞의 책, 19면―20면.

428) 『대순전경』 3장 130절.

429) 증산은 "天地는 망량이 主張한다."라고 말하여, 개고기를 먹는 행위를 통해 이들 망량신이 자신의 공사를 돕는다고 주장했다.(『대순전경』 3장 134절)

430) ……이 일은 南朝鮮뱃질이라. 혈식천추도덕군자의 神明이 배질을 하고, 全明淑이 都梢工이 되었느니라.……(『대순전경』 4장 118절)

진 血食千秋道德君子의 대표자이다. 모든 사람들의 존경을 받아온 도덕적
인물인 혈식천추도덕군자의 한 사람으로서, 그것도 조선 땅의 역사상 모든
도덕군자의 神明을 대표하는 인물로서, 전봉준은 증산에 의해 재평가되었
다. 그리고 증산은 전봉준이 역사상 名將 가운데 최고 위격을 차지하는
"진실로 萬古名將이다."는 평가를 내렸다.[431]

그런데 증산은 전봉준의 한계에 대해서 순창 농바우에 전해 오는 전설
을 토대로 하여 이야기해 주기도 했다.[432] 증산은 전봉준은 농바우 전설
에 해당하는 인물이 아니었으므로 오히려 그 해를 입어 실패했으며, 이 농
바우 전설의 주인공은 자신의 제자인 차경석이라고 주장했다. 전봉준의 실
패에 대해 나름대로 설명이 필요했던 증산이, 전설에 근거하여 그의 실패
가 필연적이었다고 주장했던 것이다.

증산은 天道敎의 제 3대 교주인 손병희에 대해,[433] 그가 서울에 교당을
짓는다는 명목으로 교도들의 금전을 모아서 실은 자신의 개인적인 치부에
사용한다고 비판했다.[434] 그리고 증산은 수운이나 전봉준과는 달리 손병희
에 대해서는 "삿된 교설로 혹세무민한다."라고 부정적으로 평가한다.

이는 증산 자신이 동학의 참된 정신을 이어받았다고 자처했기 때문에 현
실적인 동학의 대표자를 폄하할 수밖에 없었던 사정을 반영한 일로 보인다.

한편 증산은 손병희를 영웅이라고 지칭했으며, 그가 난리를 꾸밀 先眞

---

431) ……全明淑, 은 진실로 萬古名將이라. 白衣寒士로 일어나서 능히 天下를 움직였
    느니라 하시니라.(『대순전경』 4장 122절)
432) 『대순전경』 4장 27절. 한편 『대순전경』 3장 28절의 기록을 보면, 박장근의 집에
    있던 늙은 머슴의 꿈 이야기를 통해 농바우라는 지역에 전하던 "장군이 나와서
    농바우 속에 있는 갑옷과 투구와 긴 칼을 내어간다."라는 전설이 차경석에 의해
    성취되었다고 해석된다.
433) 증산교단의 초기 경전에는 "天道敎主 손병희"라고 그의 신분이 확실히 밝혀져
    있다.(『증산천사공사기』, 98면)
434) ……손병희가 전주에 왔는데 서울에 敎堂을 짓는다 빙자하고, 그 부하의 어린 아
    해들 옷고름에 채운 돈까지 떼어다가, 큰 집과 작은 집을 거느리고 行樂하며 온
    부하들을 망친다 하니……(『대순전경』 4장 33절)

主라고 말하기도 했다.[435] 즉 증산에 의해 손병희는 아전의 난리로 풀이
될 수 있는 吏亂의 주동자로 지목되었다. 그리고 증산은 손병희의 거사가
결국은 성공하지 못할 것이라고 결론짓는다.[436] 손병희가 先眞主 즉 새
운수의 참된 주인이 오기 전에 그의 길을 예비하는 인물이라는 증산의 말
은, 장차 이 세상에 나올 大人의 행차에 손병희가 三哨를 맡았다는 말과도
연관된다.

그리고 증산은 직접 손병희의 挽詞를 지어줄 정도로 각별한 정을 표시
하기도 했다.[437] 그러나 이 기록에 대해 필자는 증산 사후에 증산을 대신
할 인물에 대한 신앙을 강조했던 일부 증산교인들의 견해가 반영된 것이라
고 생각한다. 이는 현실적으로 손병희의 죽음 이후에 천도교 교단이 분열
된 상황을 반영하고 있는 기록으로 보이며, 동학을 계승했다고 주장하는
증산을 따르던 증산교인들이 천도교 측의 분열상을 보면서 새로운 인물의
등장을 기대했던 저간의 사정을 엿볼 수 있는 기록이다.

한편 증산은 六任이라는 말을 언급했는데,[438] 원래 六任은 동학의 조직
을 일컫는 용어이다. 증산은 동학의 기본조직인 육임제를 자신의 포교조직
으로 생각하고 있었다.[439] 한 사람이 각기 6명에게 포교하라는 증산의 명

---

435) ……손병희가 英雄이라. 장차 난리를 꾸미리니……成事치 못하리라.(『대순전경』 5
　　장 24절)
436) 손병희의 삶을 살펴볼 때, 그가 주도한 1919년 3월 1일의 독립만세운동을 가리키
　　는 것으로 보인다.
437) 『대순전경』 3장 150절에 따르면 증산이 1909년 어느 날에 손병희의 만사를 지었
　　다고 전한다. 그러나 과연 증산이 그가 죽은 지 13년 후에나 죽게 될 손병희의
　　만사를 지었는지는 의문스럽다. 왜냐하면 일반적으로 만사는 특정인의 죽음을 접
　　하고 난 다음에 짓는 추도문의 성격을 띠기 때문이다.
438) "마음으로 속 육임을 정하라."(『대순전경』 4장 82절)
439) ……천사께서 유찬명, 김자현의게 일너 가라사대 각히 十萬人의게 布敎하라 하시
　　니……천사 가라사대 平天下는 내가 하리니 治天下는 너희들이 하라. 治天下五
　　十年工夫니라. 每人이 六人식 傳하라 하시더라. ……(『증산천사공사기』 125면)
　　이 六任은 증산교의 조직체계에서는 한 사람이 책임지고 포교해야 할 기본적인
　　인원수가 6명이라는 의미로 받아들여진다.

령은 동학의 육임제에 근거한 말이다.

그리고 증산의 제자인 박공우가 마음속으로 육임의 한 사람으로 생각한 사람에 대해 증산이 不可하다고 선언하자, 그 사람이 며칠 후에 죽어버렸다고 전한다.[440] 따라서 六任의 한 사람에 포함되는 사실이 매우 중요한 死活의 문제임을 암시했다.

한국종교사에 있어서 동학은 새로운 종교운동의 효시를 이루었다. 당시 다양한 전통을 기초로 하여 외래 종교사상의 침투에 자극되어 자생적인 사상을 일정하게 형성한, 동학의 종교사적 의의는 아무리 강조해도 지나치지 않다.

한국종교사에서 수운은 동양사상의 종합을 모색한 儒佛仙 三敎合一思想을 체계적으로 처음 주장했다. 그리고 수운은 한국종교사에서 획기적인 방법으로 자신의 종교체험을 설명하였다.

한국 종교의 지도자들 가운데 이전의 몇몇 인물들이 자신을 彌勒佛의 化身으로 자처하거나 혹은 특별한 힘을 지닌 존재의 감응을 받고 그들과 지속적으로 靈的 관계를 지닌다고 주장하기도 했었다. 그러나 수운은 上帝 또는 한울님으로 불리는 신계 최고의 절대자에게 직접 계시를 받았노라고 주장했다.

이처럼 신계 최고의 절대자로 믿어지는 존재가 특정인에게 강림하여 특별한 말을 하거나 일정한 행위를 요구한 일은 한국종교사에서 처음 있는 일이다. 따라서 수운의 종교체험은 한국종교사에 있어서 이른바 啓示宗敎의 새로운 출발로 기억될 수 있을 것이다.

그러나 이러한 특성들과 종교사적 의의에도 불구하고, 동학의 창립과 사회변혁운동은 역사의 무대에서 일단은 실패했다. 동학의 창시자 수운은 西學을 한다는 혐의로 당시 일부 지식인들과 정부의 탄압을 받다가, 결국 관군에게 체포되어 혹세무민 죄로 억울하게 죽었다. 敎祖의 伸冤을 요구하는 후대의 동학신도들의 잦은 호소와 시위도 묵살되었다.

이후 한국사에 있어서 최초의 조직화된 민중 봉기로 기억되는 동학혁명

---

440) 『대순전경』 4장 82절.

운동도, 일년여 기간 동안 전국을 진동시킨 民族自主의 함성에도 불구하고, 淸國과 日本이라는 외세를 불러들인 정부 측의 방해로 인해 끝내 무기력하게 되었다. 물론 이러한 동학의 혁명적 사상은 후대에 면면히 이어져 오늘날의 한국사회를 이루는 원동력의 하나로 작용했다.

당대의 관점에서 동학의 실패를 종교적으로 완성시키려는 증산이라는 인물이 출현한 것은 어쩌면 역사적 필연으로 보인다. 새로운 사상은 항상 앞선 사상의 부족함을 보충하고자 하는 과정에서, 나아가 그 실패를 극복하는 과정에서, 점진적으로 이루어진다. 현실적인 동학의 실패를 새롭게 해석하고 이를 발전적으로 계승하는 일련의 종교적 노력이 결집되어 나타난 것이 바로 증산의 공사사상이다.

필자가 동학보다 비교 우위적 관점에서 증산교를 평가하는 것은 아니다. 다만 시간적으로 늦게 발생하는 종교가 주장하는 설명방식에 주목하는 것이다. 특정 종교가 특정 종교보다 시간적으로 앞서서 발생했다는 역사적 사실은, 반드시 시간직으로 후내에 발생한 송교가 앞선 종교를 나름대로 넘어섰다는 종교적 진실을 주장하는 바탕이 되기 마련이다.

증산은 동학의 발생 자체가 자신의 계시로 인해 가능했던 일이라고 주장한다. 결국 증산은 수운에게 천명과 신교를 내려준 상제 또는 한울님으로 믿어진다.

증산교의 이러한 믿음은 한국종교사에서 또 다른 획기적인 사건으로 기억되어야 할 것이다. 신계의 절대적 권능을 지닌 최고 주재자가 인간 세상에 직접 강림했다는 증산의 주장은, 이전의 한국종교사에서는 찾아볼 수 없는 새로운 내용이다.

신계 최고 주재자가 지상의 인간에게 계시를 내려주었으나 그가 맡은 바 사명을 다하지 못하자 이제 직접 인간의 몸을 빌려 이 세상에 태어났다는 증산교의 믿음은, 세계종교사에서도 독특하게 평가받아야 할 정도이다. 물론 증산의 이러한 주장은 시대적으로 앞선 동학을 창조적으로 수용하기 위한 것이다.

어쨌든 증산은 자신이 지고한 능력을 지닌 절대자라는 확신을 가졌으며,

나아가 일련의 종교적 행위를 통해 지상에 이상사회를 건설하기 위한 모든 준비작업을 마쳤다고 강조했다. 그가 행했다고 전하는 이른바 公事가 바로 그것이다.

이러한 증산의 공사 가운데 동학의 창시자인 수운과 혁명운동의 주동자인 전명숙은 자주 등장하는 중요인물이다. 그만큼 증산은 동학의 완성을 염두에 두고 자신의 사상을 정립하고자 노력했다.

따라서 증산은 자신의 전통의 재통합과정의 실제적인 모델로 東學을 상정했던 것으로 보인다. 그 어느 종교사상보다 증산의 사고체계에 미친 동학의 영향이 크다.

이는 증산이 자신이 바로 수운에게 도를 내려주었던 상제라고 밝히고 있는 점, 동학 관련 인물들이 증산에 의해 자주 언급되고 있다는 점, 그들이 증산의 공사에 있어서 매우 중요한 역할을 맡게 된다는 점 등을 통해 확인된다. 결국 증산은 동학의 통합정신을 수용하여 이를 적극 발전시켰던 인물이다.

나. 공사사상에 보이는 유교적 연원

증산의 언행에는 유교적인 요소가 상당히 많이 포함되어 있다. 물론 당시의 시대적 상황과 사회상 아래에서, 증산은 언어적 표현이나 용어의 사용에 많은 제약이 있었을 것이다.

증산은 서당 교육을 받았으며, "한 번 들은 것은 곧 깨달을" 정도로 총명했다고 전한다. 증산은 어렸을 때부터 한문으로 作詩할 수준이었으며, 漢詩를 지어 집안의 빚을 탕감할 정도로 신이한 재주를 지녔던 인물이었다. 그리고 儒生들과 어울려 詩會에 참석했다는 증산의 면모에서, 그가 유교 경전을 충분히 읽고 이해할 정도로 한문 교양을 갖추고 있었다고 짐작된다.

증산은 유교를 "儒之凡節"이라고[441] 표현하여, 유교를 凡節로 대표되는 종교
체계라고 정의한다. 여기서 凡節은 법도에 맞는 모든 질서나 절차 또는 행사를
뜻한다. 즉 증산은 유교를 인간 생활과 관계된 의례적인 측면을 주로 담당하는
사상으로 이해하였다.

나아가 증산은 유교의 대표적인 덕목인 仁義禮智信에 대해 나름대로 정의했
다.[442] 또 증산은 유교를 孔子가 대표하는 종교라고 이해했다.[443]

한편 『玄武經』에 유교와 연관된 구체적인 冊名이 언급된다.[444] 따라서
최소한 증산은 이 책들을 알고 있었으며, 자신의 종교적 행위인 公事에 신비
하게 사용했다고 믿어진다. 이러한 믿음에 부합하듯이 증산이 언급한 유교
관련서들의 내용은 『대순전경』의 전거로서 단 한 권도 빠짐없이 확인된다.

증산은 어릴 때 『천자문』을 배웠다. 그런데 증산은 글자를 많이 아는
일보다 글자 속에 포함된 본질을 이해하는 일이 중요하다고 생각했다. 『천
자문』 가운데 天地라는 단 두 글자만 제대로 헤아릴 수 있다면, 배움이 충
분하다는 것이 증산의 견해이다.

『현무경』의 글귀 가운데 "化被草木, 賴及万方."이라는 구절이 있다. 이
는 "임금의 德과 敎化가 나무나 풀에까시 미치고, 온 사방에까지 이른다."
는 뜻인데, 『천자문』에 나온다. 증산이 자신의 종교적 행위의 영향력이 널
리 세상에 펼쳐질 것이라는 희망을 담았던 글귀라고 생각된다. 또 증산은

---

441) 『대순전경』 4장 112절.

442) 하루는 공사를 보시며 글을 쓰시니 이러하니라. "不受偏愛偏惡曰, 仁. 不受專强
專便曰, 禮. 不受全是全非曰, 義. 不受恣聰恣明曰, 智. 不受濫物濫慾曰, 信."(『대
순전경』 4장 144절)

443) 하루는 공사를 보샐 새 글을 쓰시니 이러하니라. "道傳於夜, 天開於子, 轍環天下,
虛靈,……(『대순전경』 4장 136절) 철환천하는 孔子가 자신의 사상과 가르침을 전
하기 위해 수레를 타고 온 나라를 돌아다녔던 일을 가리킨다.

444) 『현무경』에 언급되는 유교 관련서적은 『史略』, 『通鑑』, 『大學』, 『小學』, 『中庸』, 『
論語』, 『孟子』, 『詩傳』, 『書傳』, 『周易』 등이다. 이 밖에도 『현무경』에 "耳目口鼻,
性理大全 八十卷"이라는 문구가 있다. 즉 유교 관련서적으로 『성리대전』도 언급된
다. 그러나 증산이 알고 있듯이 『성리대전』은 80권이 아니라, 모두 70권이다.

제자들과 더불어 『천자문』에 있는 글자들을 하나씩 불러보기도 했었다.[445]

한편 증산은 『大學』, 『玉篇』, 『史要』[446] 등의 책을 불태우는 종교적 행위를 행했다. 그런데 증산은 『대학』을 도술을 통하는 수단으로 이해하기도 했다.[447] 흔히 『대학』은 그 문장이 평이하면서도 많은 뜻을 함축하고 있어서, 유교의 요체를 이해하는 필수적인 책으로 믿어진다. 이러한 사실에 연유하여 일반 민중들 사이에서 『대학』은 신비한 현상을 일으키는 책으로 믿어지기도 했었던 것 같다. 이와 관련하여 증산은 『대학』을 병든 사람을 치료하는 데 사용했다.[448]

또 증산은 『대학』의 첫 구절과 마지막 구절은 물론 경문의 일부분마저도 제자들에게 인생의 지침서로 외워줄 정도였다. 그리고 증산은 『대학』에 나오는 朱子의 細註까지 외워서 인용하였다.[449] 더욱이 증산은 『대학』의 기본체제에 대해서도 충분히 알고 있었으며,[450] 제자인 김형렬에게 자신의 일을 이을 것을 당부하면서 『대학』에 나오는 글귀를 인용하였다.[451]

---

445) 『대순전경』 4장 111절.
446) 『史要』라는 이름의 책은 존재하지 않는다. 이 책의 본래 이름은 『史要聚選』이었을 가능성이 높다.
447) 『대순전경』 2장 19절. 정남기의 아들이 神明을 부리고, 물을 뿌려 비를 내리게 하는 신비한 일이 『대학』을 읽음으로써 가능했다고 전한다.
448) 『대순전경』 8장 49절. 이때 증산은 『대학』 經文의 첫 구절을 제자들에게 읽힘으로써 환자의 병을 치료하였다. 그 이유에 대해 증산은 글자 자구의 풀이인 "새 사람이 된다."라고 대답했다. 그리고 증산은 『대학』의 경문 아래에 있는 朱子의 細註를 제자들로 하여금 외우게 함으로써 불치병으로 알려진 문둥병도 낫게 만들었다.(『대순전경』 8장 7절)
449) 『대순전경』 3장 44절. 이 부분은 朱子가 『禮記』에서 글을 뽑아 『대학』으로 다시 정리한 일에 대해 밝힌 내용이다. 증산이 말한 의미에 대해 증산교단에서는 曾子, 程子, 朱子 등의 위대한 인물들이 배출되어 공자의 언행이 자세히 밝혀졌던 유교의 경우처럼, 장차 증산의 언행이 잘 알려질 것이라고 예언한 일로 믿는다.
450) 하루는 공사를 보시며 글을 쓰시니 이러하니라. "正心修身齊家治國平天下……"(『대순전경』 4장 147절).
451) ……未有學養子而後에 嫁者也라. ……(『대순전경』 9장 24절) 사람은 나면서부터 모든 일을 알 수 있는 것이 아니라, 상황에 따라 차츰차츰 배워 나간다는 가르침이다. 원문은 『書經』에 나오는 문구이다.

한편 증산은 "生而知之"라는 용어를 사용하여,[452] 노력하지 않고 한 순간에 알 수 있는 일은 없다고 가르쳤다. 生而知之는 『중용』에서 체계적으로 설명된다.

또 증산이 쓴 "願君不君, 願父不父, 願師不師, 有君無臣, 其君何立, 有父無子, 其父何立, 有師無學, 其師何立."라는 『天地鬼神祝文』은 비슷한 내용이 『논어』 『顔淵』편에 보인다.[453]

그리고 증산은 欲速不達이라는 용어를 사용했는데,[454] 이 역시 『논어』에 나온다. 더욱이 증산이 남긴 『현무경』의 제일 첫 장의 "益者, 三友. 損者, 三友"라는 글귀도 『논어』 『季氏』편에서 찾을 수 있다.

그런데 증산은 세상 사람들이 순임금이 큰 효도를 행했다고 믿고 있지만, 효도의 대상인 순임금의 부친인 고수가 여전히 惡의 대명사로 기억되고 있다고 비판한다.[455] 여기서 "虞舜을 大孝라고 이른다."는 구절의 출전은 『孟子』 『離婁』 上, 『萬章』 上, 『告子』 下 등이다. 『맹자』에는 순임금을 大孝라고 표현한 부분이 많다.

그러나 이에 대한 증산의 생각은 다르다. 만일 순임금이 진정한 효도를 행했다면, 오랜 세월동안 그의 부친인 고수가 고집불통의 나쁜 늙은이라는 汚名을 갖지 않도록 했어야 옳지 않느냐는 의문을 제기한다. 즉 아들인 순임금은 효도의 대명사요 그 부친인 고수는 악인의 대명사로 남아 있는 현실에서, 순임금을 본받을 만한 효도의 모범적 인물로 제시하는 것은 모순이라는 주장이다. 이처럼 증산은 유교 경전의 내용을 곧이곧대로 받아들인 것이 아니라 그를 비판하면서 계승한다.

한편 증산은 직접 『맹자』라는 책 이름과 글귀를 인용하였는데,[456] 원문

---

452) 예로부터 生而知之를 말하나 이는 그릇된 말이라. …… (『대순전경』 6장 68절)
453) 『대순전경』 4장 104절. 물론 증산은 君師父의 체계로 이야기했고, 공자는 君臣父子의 체계로 이야기했다. 그렇지만 두 이야기의 맥락은 동일하다.
454) 『대순전경』 3장 17절, 4장 137절, 6장 147절 등이 관련기록이다.
455) 세상에서 虞舜을 大孝라고 이르나, 그 부친 瞽瞍의 이름을 벗기지 못하였으니, 어찌 恨스럽지 아니하리요? (『대순전경』 6장 127절)
456) 하루는 종도들에게 孟子 한 節을 외워주시며 가라사대, 이 글을 잘 보아두면 이 책에는 더 볼 것이 없나니라 하시니 이러하니라. "天將降大任於斯人也, 必先勞其

은 『맹자』의 『告子』장에 보인다. 내용은 하늘이 사람을 쓰고자 할 때에는 먼저 그들을 수고롭고 힘들게 하는데, 이를 잘 참아 이겨내야 큰일을 행할 능력이 생겨난다는 가르침이다. 이는 증산이 마음을 다스리는 방법의 하나로 제시했던 구절이며, 세계 구원의 뜻을 품은 자는 다가오는 고통과 괴로움을 잘 이겨내야 할 것이라는 충고이다.

증산이 약방에 비치했던 책 가운데 『書傳』이라는 책명도 언급된다.[457] 『書傳』은 『書經』에 蔡沈이 주석을 가한 책이다. 이 『서전』의 서문이 『대순전경』에 인용되었는데,[458] 증산이 특히 강조한 글이다. 『서전』의 서문은 채침이 오랜 옛날에 있었던 일을 현재에 밝히는 작업이 무척 어렵다는 것을 토로한 내용이다.

한편 『서전』의 서문이 씌어진 때는 己巳年(1209) 3월 旣望(16일)인데, 채침이 서문의 마지막에 밝혀 놓았다. 증산교인들은 바로 이 기록에 응하여 증산교의 대표적 경전인 『大巡典經』이 己巳年(1929) 3월 旣望日에 출판허가를 받았다고 믿는다. 즉 서전 서문의 글에 맞춘 증산의 신비한 조화력에 의해 증산교단의 경전이 발행될 수 있었다고 믿는 것이다.

더욱이 『서전』 서문에 나오는 "後世人主"라는 용어를 후대의 일부 증산교단에서 교주의 호칭으로 사용했던 예가 있을 정도로, 이 글에 대한 증산교인들의 믿음은 대단했다.[459]

또 증산이 제자들에게 "曆像日月星辰敬受人時"를 해설했다고 전한다.[460] 마치 증산이 唐堯가 일월의 운행을 알아낸 방법을 해설했던 것처

心志, 苦其筋骨餓其體膚, 窮乏其體行, 拂亂其所爲, 是故, 動心忍性, 增益其所不能."(『대순전경』 3장 90절)

457) 『대순전경』 4장 71절.

458) 하루는 여러 종도들에게 일러 가라사대 큰 運數를 받으려 하는 자는 書傳序文을 많이 읽으라 하시고, 또 가라사대 "且生於數千載之下, 而欲講明於數千載之前, 亦已難矣."라는 한 구절은 淸水를 떠놓고 읽을 만한 구절이니라 하시니라.(『대순전경』 3장 137절) 蔡沈이 書集傳을 세상에 내놓으면서 그 감회를 적은 명문의 일부이다. 예로부터 그 문장이 간결하고 뜻이 절실하여, 學人들에 의해 자주 외워지던 글이라고 전한다.

459) 김탁, 『증산교 교리와 종교적 예언』, 앞의 책, 292쪽.

460) ……唐堯의 『曆像日月星辰敬受人時』를 해설하야……(『대순전경』 4장 39절)

럼 적혀 있다. 그러나 『書經』의 원문은 이런 내용과는 전혀 관련이 없다. 원문은 요임금이 희씨와 화씨라는 관리에게 명하여 日月星辰의 움직임을 살펴서 사람들에게 알려주도록 했다는, 서술형의 문장이다.

한편 증산은 자신의 약방에 약장을 두었는데, 거기에 써 두었던 글이 『書經』과 관련된다.461) 그리고 증산의 성품에 대해 설명하면서 "好生의 德"이 있다고 표현했는데, 역시 『書傳』에 나오는 글귀이다.462)

祭文에 흔히 사용되는 "敢昭告于"라는 글귀도 『書經』『湯誥』에 나오는데, 증산이 『體面腸』에서 사용했다.463) 또 증산은 天下大巡이라는 용어를 사용했는데,464) 『大巡典經』도 여기서 연유한 이름이다.

그리고 증산은 文王과 그를 보필한 명재상인 伊尹에 대해 度數라는 말과 연관하여 언급했는데,465) 이들의 행적에 대해서는 『서경』에 자세히 밝혀져 있다. 또 『대순전경』에는 증산이 김형렬에게 외워주었다는 '옛글'이 적혀 있는데, 『書經』『秦誓』의 내용과 같다.466)

---

461) ……"烈風雷雨不迷"라 쓰시고, 또 太乙呪를 쓰셨으며, ……(『대순전경』 4장 73절) "烈風雷雨弗迷"는 『舜典』에 나오는 글귀인데, 순임금의 성품을 설명하는 부분에 나오는 내용이다. 이는 『史記』에도 나오는 구절인데, 『서경』과 대동소이하다.

462) 『대순전경』 1장 5절. 皐陶가 舜임금의 덕에 대해 찬미하는 부분에 나오는 글귀이다. 그 내용은 죄 없는 사람을 죽이는 것보다는 차라리 법도를 잃어 실패하는 것을 택하여, 임금의 덕이 백성들의 마음에까지 스며들도록 만들었다는 것이다. 好生之德의 원문적인 뜻은, 죄가 있는지 없는지 의심스러울 때에는 가벼운 쪽을 택해 벌주고, 상을 줄 때 공이 있는지의 여부가 의심날 경우에는 중한 쪽을 택하라는 가르침이다.

463) 『대순전경』 4장 119절.

464) 『대순전경』 5장 11절. 大巡이라는 용어도 『서경』『泰誓』에 나온다. 武王이 殷나라 紂王을 물리치기 위해 孟津 땅에 모인 여러 군사들에게 고한 격문의 내용에 포함된 것이다. 그러나 여기서는 단순히 '돌아다보았다.'는 뜻이다. 그런데 증산은 大巡을 최고 신격의 지닌 인물인 자신이 지상을 두루 살펴보았다는 뜻으로, 그 의미를 확대하여 사용했다.

465) ……文王의 度數와 伊尹의 度數가 있으니, ……(『대순전경』 4장 49절)

466) 『대순전경』 3장 45절. 이는 『서경』의 맨 마지막 부분에 있는 내용으로서, 秦나라 穆公이 鄭나라를 공격하여 많은 군사를 잃게 한 자신의 잘못을 뉘우치면서 여러 신하들에게 한 말이다. 이 부분은 『大學』의 治國平天下를 논하는 부분에도 실려 있다.

한편 증산이 읽었던 수운가사의 내용 가운데 『詩經』「國風」의 豳風에 실려 있는 「伐柯」가 있다. 이 시에서 伐柯의 뜻은, 새 도끼자루를 베려고 할 때는 이미 사용하고 있던 손에 든 옛날 도끼자루를 기준으로 베어낼 나무를 재어 보면 쉽사리 새 도끼자루를 얻을 수 있다는 것이다.

『중용』에서 孔子는 「伐柯」라는 시를 사람들이 道를 찾는 일에 비유하였다. 공자는 道라는 것이 인간을 떠나 어디 멀리 있는 특별한 것이 아니라, 인간이 먹고 마시고 숨쉬는 바로 이 순간 이 자리에 있다고 주장하였다.

그럼에도 불구하고 이른바 도를 구한다는 인간들은, 마치 도끼자루를 손에다 쥐고서도 새 도끼자루가 과연 얼마만큼의 길이와 굵기를 가져야 적당할 것인가라는 공리공론에 빠져 쓸 데 없이 시간을 낭비하는 사람과 비슷하다. 가장 이상적인 도끼자루를 구하려 한다면, 바로 자기가 들고 있는 도끼자루가 어디가 어떻게 불편했는지를 잘 생각해서 이를 기준으로 삼아 구하면 된다.

만일 인간이 이상적으로 설정해 놓은 道가 우리네 인간의 생활과 세계를 벗어난 특이한 것이라면, 道 자체가 인간과 관련이 없는 무익한 것이리라. 道는 사람으로서 가야 할 마땅한 길이며, 사람이 살아가는 방법이자 헤매는 사람들을 올바르게 인도하는 것이다. 孔子가 지적한 점도 바로 이런 입장이며, 증산이 『용담유사』를 통해 「伐柯」라는 시를 인용한 것도 같은 맥락일 것이다.

한편 증산은 외출할 때 하루에 삼십 리를 넘겨 걷지 않았고, "大陣은 하루 삼십 리를 넘기지 않나니라."라고 말했다.[467) 증산이 했던 이 말의 출전은 『詩經』「小雅」形弓之什의 「六月」이다.

또 『玄武經』에 "心靈神臺"라는 제목 아래 부적과 같은 그림이 그려져 있다.[468)

---

467) 『대순전경』 2장 131절.
468) 증산교단의 일파인 太極道와 大巡眞理會 등에서 가장 신성한 신앙장소로 현재까지 믿어지고 있는 종교건축물의 이름도 靈臺이다. 그들은 영대라는 이름으로 건축물을 지어놓고, 이 곳에 천지의 모든 신령스런 영혼들이 모인다고 믿는다. 물론 그 영혼들의 최고 주재자는 甑山이다.

영대라는 용어는 『시경』 「大雅』의 文王之什의 「靈臺』라는 시에 나온다.469)

흔히 『周易』은 동양에서 가장 오래된 경전인 동시에 가장 난해한 글로 일컬어진다. 증산은 자기의 약방에 『周易』을 비치해 두었으며, 이 『주역』을 잘 연구해 보면 자신이 행한 일을 미리 알 수 있으리라고 말했다.

그리고 증산은 중국 고대의 성현인 文王에 의해 爻가 해석되었다는 통설을 그대로 받아들이기도 했다.470) 또 증산은 제자들에게 八卦를 암송시켰으며,471) 道通이 팔괘에 있다고 말하기도 했다.472)

더욱이 증산은 『주역』의 卦이름을 암송하게 하여 제자의 병을 낫게 만들었다.473) 증산은 五行, 八卦, 64卦 등에 대해서는 익히 알고 있었다. 나아가 증산은 『주역』의 64괘를 직접 그리기도 했다.474)

또한 증산이 말한 地天泰는,475) 『주역』의 열한 번째 괘의 이름인데, 乾下坤上의 모양으로 이루어졌다. 또 증산이 언급한 火地晉은 『주역』의 서른다섯 번째 괘의 이름으로, 坤下離上의 형태이다.476) 이처럼 증산은 평소

---

469) 靈臺는 文王이 지은 누각인데, 靈은 매우 빨리 지은 것이 마치 神靈이 한 일과 같기 때문에 그렇게 이름을 지었다고 전한다. 나라에 臺를 세우는 이유는 이상한 기운을 관찰하여 재앙과 상서로움을 살피며, 때를 보아 놀고 일을 쉬고 편안케 하기 위해서이다. 이 시는 문왕이 누각을 지으려고 하니, 많은 백성들이 와서 도와주어 불과 하루 만에 만들어진 기이한 일을 노래했다. 문왕은 백성들이 번거로 올까 두려워 일을 천천히 하라고 명했으나, 모든 백성들이 마치 자기 자신의 누각을 짓는 듯 열심히 일했다는 내용이다.

470) 또 가라사대 文王은 羑里에서 三百八十四爻를 해석하였고, ……(『대순전경』 3장 160절)

471) ……天師께서 한 사람을 데리고 중앙에 서시고 여덟 사람을 八方으로 벌려 세우신 뒤에, 乾坎艮震巽離坤兌를 외우게 하시고……(『대순전경』 4장 126절)

472) 하루는 종도들에게 일러 가라사대 道通은 乾坎艮震巽離坤兌에 있나니라 하시니, ……(『대순전경』 3장 166절)

473) 『대순전경』 8장 19절.

474) 하루는 형렬을 명하사 종이에 六十四卦를 점치고 二十四方位字를 둘러 쓰이사……(『대순전경』 3장 42절).

475) ……陰과 陽을 말할 때는 陰字를 먼저 읽나니, 이는 地天泰니라. ……(『대순전경』 4장 75절)

476) ……일을 하려면 火地晉도 하여야 하나니라. ……(『대순전경』 4장 78절)

에 『주역』의 64괘 명을 자연스럽게 말할 정도로 잘 알았다. 그리고 증산의 제자가 한 말인 "一陰一陽이 原理이다."는 말의 출전은 『周易』『繫辭』上에 있는 "一陰一陽之謂道"라는 말이다.

한편 증산이 제자에게 써서 주었다는 "日中爲市, 交易退"라는 글귀는477) 『周易』『繫辭傳』下의 筮嗑掛를 풀이하는 글이다.478) 그리고 이어지는 "帝出震"이라는 글귀도 『周易』『說卦傳』제 5장에 나온다.

또 증산은 특정한 숫자를 외우면서 公事를 집행하기도 했다.479) 易學에서 "276, 951, 438."은 文王이 洛水에서 龍馬가 등에 지고 나온 글에서 계시를 받았다는 文王八卦圖인 洛書를 가리킨다. 이 밖에도 증산이 썼다는 四象, 洛書, 龜馬一圖, 元亨利貞 등의 용어는480) 卦를 풀이하는 글에 자주 등장하는 용어이다.

증산은 『통감』을 어린 아이들에게 가르치는 일은, 사물이나 사건에 대한 주입식의 판단을 강요하는 일이기 때문에, 옳은 교육방법이 아니라고 주장하였다.481) 역사상 특정한 사건이나 사실이 있는 그대로 피교육생에게 전해지는 것이 아니라, 결과된 모습으로서 선과 악이 이미 결정되어진 형태로 전달되기 쉽다는 주장이다.

옳고 그름은 사건의 결과로서만 판단할 수 있는 것이 아니다. 역사적 진실은 그 과정에 있지, 결과에 있지 않다. 그런데도 사건의 결과에서 유추한 是非가 이미 정해져서 강제로 주입된다면, 배우는 학생들은 자기 스스로 판단할 기회를 잃고 만다. 이 점이 바로 어린아이에게 『통감』을 가

---

477) 『대순전경』 5장 31절.

478) 이와 비슷한 글귀가 炎帝 神農氏의 약전에도 나온다. 曾先之, 『十八史略』, 『漢文大系』 권 5, 4면.

479) 이에 종도들을 약방 네 구석에 갈라 앉히시고, 천사 방 한가운데 서시어 "二七六, 九五一, 四三八."을 한 번 외우신 뒤에, 종도 세 사람으로 하여금 종이를 紙貨와 같이 끊어서 벼룻집 속에 채워 넣은 뒤에……(『대순전경』 7장 11절)

480) 『대순전경』 4장 148절.

481) 시속에 어린 學童들에게 通鑑을 가르치나니, 이는 첫 공부를 是非로써 넣는 짓이라, 어찌 마땅하리오.(『대순전경』 6장 32절)

르치는 일 즉 주입식의 가치판단을 행하는 교육에 대해, 증산이 경계한 이유이다. 이와 관련하여 증산은 글 읽는 소리에 神的인 存在들이 응한다고 설명하기도 했다.[482]

증산이 제자에게 "옛적에 子思는 聖人이라. 衛候에게 말하되 "若此不已, 國無遺矣."라 하였으나, 衛候가 그 말을 쓰지 아니 하였으므로 衛國이 참혹히 망하였나니"라고 말했다.[483] 여기에 나오는 子思의 말은 『통감』에 나온다.[484] 이밖에도 증산은 『통감』의 내용을 도처에서 인용 내지 원용하여 말한다.

증산은 일을 처리함에 있어서 신축성 있고 규모 있게 하라고 가르치면서, 그 모범적인 일로써 손빈과 제갈량에 얽힌 이야기를 인용했다.[485] 그리고 증산이 "水陸幷進"이라고 말한 적도 있는데, 이것도 『통감』의 용어가 그대로 인용된 것이다.

한편 증산은 중국사에서 유명한 인물들을 자주 언급하였는데, 이는 증산이 받은 교육과 무관하지 않다고 생각된다. 증산이 말한 蘇張은 『통감』에 보이는 장의와 소진이라는 인물이다.[486] 그리고 증산은 환자가 곧 숙을 것을 뜻하는 글귀인 "九月飮"이라고 적어준 적도 있다.[487] 이 구절은 『통감』 제3권 後秦紀

---

482) 전쟁사를 읽지 말라. 戰勝者의 神은 춤을 추되, 戰敗者의 神은 이를 가나니, 道家에서는 글 읽는 소리에 神이 응하는 까닭이니라.(『대순전경』 6장 33절)

483) 『대순전경』 9장 23절.

484) 제 1권 周紀 25년 甲辰條. 내용은 임금이 스스로 옳다고 생각하는 일의 잘못된 점을 아랫사람들이 바로 잡아주지 않음을 경계한 것이다. 윗사람이 말하는 것에 대해 "무조건 옳습니다."라고 대답하여, 마침내 그 폐단을 어디서부터 고쳐야 될지 모를 지경에 이르게 되었다는 자사의 평이다.

485) 모든 일을 알기만 하고 變通을 못하면 모르는 것만 같지 못하나니, 될 일을 못되게 하고 못될 일을 되게 하여야 하느니라. 孫臏의 才操는 龐涓으로 하여금 暮至馬陵하게 함에 있고, 諸葛亮의 재조는 曹操로 하여금 華容道에서 만나게 함에 있었느니라.(『대순전경』 6장 71절) 이 이야기는 『통감』 제 1권 周紀 19년 辛未條와 권 7에 나온다.

486) 水雲歌詞에 새 기운이 갊아 있으니 말은 蘇張의 口辯이 있고, 글은 李杜의 文章이 있고, 알음은 康節의 知識이 있나니, 다 내 秘訣이니라.(『대순전경』 6장 136절), 『通鑑』 제1권 周紀 5년 辛亥條.

487) 『대순전경』 8장 12절.

37년 辛卯條에 나온다.⁴⁸⁸⁾ 또 증산이 말한 "敵"이라는 용어는 『통감』 제 3권 後秦紀에 초패왕 항우의 고사 가운데 비슷한 용례가 보인다.⁴⁸⁹⁾

그리고 증산은 자신의 가르침을 펼칠 교단이 발전해 갈 과정의 대세에 대해 "敎運의 開始가 楚將蜂起之勢를 이루리라."고 말했다.⁴⁹⁰⁾ 이는 항우의 모사였던 범증이 항우의 삼촌인 항량에게 했던 말이며 『통감』 제 3권 後秦紀에 나온다.

그리고 증산이 했던 "忠言이 逆耳나 利於行이라."는 말도 『통감』 제 4권 漢紀 元年 乙未에 나온다.⁴⁹¹⁾ 또 증산은 남녀 간의 차별을 없애라고 가르치면서, 『통감』에 나오는 진평의 奇計에 대해 말했다.⁴⁹²⁾ 이 역시 『통감』 제 4권 漢紀에 나오는 고사이다.⁴⁹³⁾ 이 밖에도 『통감』에 나오는 땅을 나눠 갖는다는 뜻인 "裂地"라는 용어가 차경석에 의해 사용되었다.⁴⁹⁴⁾

또 증산은 "爲天下者, 不顧家事."라는 말도 했으며, 글로 쓴 적도 있

---

488) 진시황이 巡狩나갔다가 가을 7월 병인일에 沙丘의 平臺에서 죽었는데, 이를 틈탄 변란이 일어날까 두려워한신하들이 비밀에 부치고 발상하지 않고 있다가 9월에 이르러서야 그를 장사지낸 일을 가리킨다.
489) 이는 항 적 곧 項 羽가 삼촌인 항량에게 병법을 배우던 때의 일화이다. 여기서 "敵"은 대적한다는 의미로 쓰였으며, "萬人敵"도 만인을 대적한다는 뜻으로 사용되었다. 물론 증산은 "一敵은 열 사람이다."라고 정의하여, 敵을 숫자를 헤아리는 단위로 사용하였다. 한편 증산의 이러한 公事에 대해 새로운 이상사회를 세우기 위해 한 국가에서 구원받는 사람의 평균총수가, 十萬人敵 즉 백만 명 단위가 될 것이라는 일부 교단의 해석도 있다. 안경전, 『이것이 개벽이다 (하)』(대원출판사, 1983), 238쪽-239쪽.
490) 『대순전경』 3장 163절, 7장 3절.
491) 『대순전경』 5장 43절. 이 말은 漢高祖 劉邦이 咸陽에 들어가 秦나라 궁실의 값진 보배와 부녀자들에 혹하여 그대로 머무르고자 할 때, 장량이 천하를 위해 일하려면 검소함을 바탕으로 삼아야 한다고 충고한 말이다.
492) 사람을 쓸 때에는 남녀의 구별이 없나니, 陳平은 夜出東門 女子二千人 하였나니라.(『대순전경』 6장 114절)
493) 초나라가 滎陽에서 漢王을 포위하여 매우 위급하게 되자, 진평이 奇計를 사용하여 여자들을 군사로 꾸며 동쪽 문으로 나가는 동안 漢高祖가 서쪽 문으로 빠져나가 무사히 도망할 수 있도록 만들었다는 내용이다.
494) 항우와 항우의 강직한 신하인 范增, 鍾離昧, 龍且, 周殷 등을 이간시키기 위한 계책을 설명하면서 진평이 했던 말이다. 항우가 욕심이 많아서 공이 많은 부하 장수들에게도 땅을 나눠주지 않았다는 것이 그러한 계책이 세워지게 된 근거가 되었다.

다.495) 이 글귀도 『통감』 제 4권 漢紀에 나온다.496) 증산은 韓信과 漢高祖의 관계에 대해서도 말했는데,497) 이 부분도 『통감』 제 4권 漢紀에 나온다.498)

증산은 漢高祖가 蕭何의 德으로 천하를 얻었다고 평했다.499) 그리고 증산이 했던 "子房의 從容"이라는 말은 張良이 漢高祖를 도와 천하를 통일시켜 그 공이 으뜸이었지만, 스스로 自足하여 道를 닦아 處世한 일을 가리킨다.

한편 증산은 漢高祖에 얽힌 이야기도 자주 했다. 특히 한고조가 말 위에서 천하를 얻었다는 이야기는, 우리나라의 국운이 번창할 것이라는 그의 주장과 연관된다.500) 또 증산이 차경석에게 했다고 전하는 "閫以內는 朕이 制之하고,

---

495) 『대순전경』 4장 147절, 6장 108절.
496) 廣武땅에서 漢과 대치할 때 식량이 떨어져 다급한 처지에 몰리자, 항우가 포로로 잡았던 한고조의 아버지를 삶아죽이겠다고 위협했다. 이때 유방이 "내가 예전에 너와 형제가 되기로 약속했으니, 나의 아버지가 바로 네 아버지다. 기어이 네 아버지를 삶아 죽이고 싶거든, 나에게도 한 잔 나누어 주면 좋겠다."라고 말하며 거절하였다. 이에 항우가 노하여 한고조의 아버지를 죽이려고 하자, 항백이 이를 말리면서 했던 말이다.
497) 韓信이 漢高祖의 推食食之와 脫衣衣之한 은혜를 감격하여 괴철의 말을 듣지 아니하였나니, 한신이 한고조를 저버린 것이 아니오 한고조가 한신을 저버렸느니라.(『대순전경』 6장 115절)
498) 증산의 제자가 증산에게 했던 "天與不取면 反受其殃이라."는 말은 (『대순전경』 4장 105절) 바로 『통감』의 이 대목에서 괴철이 한 말이다. 그리고 『현무경』에서 증산이 썼던 "言聽計用"이라는 구절도 여기에 나온다. 이는 項王이 齊王인 韓信에게 漢나라를 배반하고 楚나라와 화친하여 천하를 셋으로 나누어 王 노릇을 하자고 권했을 때, 한신이 이를 사양하는 대목이다. 그리고 한신의 모사인 蒯徹이 천하를 셋으로 나누어 차지하라고 한신에게 적극 권했지만, 결국 거절당한다는 내용이다. 결국 한신은 훗날 한고조의 의심을 받다가, 呂后의 간계에 속아 목 베임을 당했다.
499) "漢高祖는 蕭何의 德으로 천하를 얻었나니,"(『대순전경』 6장 21절)
500) ……옛날 漢高祖는 馬上에 得天下하였다 하나 우리나라는 坐上에서 得天下하리라.(『대순전경』 5장 25절) 『통감』 제 5권 漢紀에 한고조가 무력으로 천하를 얻었지만 천하를 보전하기 위해서는 文이 필요함을 강조한 내용으로서, 한고조가 신하에게 힐난을 받는 대목에서 나오는 말이다.

閫以外는 將軍이 制之하라."는 말도 『통감』 제 8권 漢紀에 나온다.[501]

증산이 지은 挽詞 가운데 "孟平春信倍名聲"이라는 구절이 보인다.[502] 여기서 孟平春信은 중국 전국시대의 명재상인 신릉군, 맹상군, 춘신군, 평원군을 가리킨다. 그리고 증산은 모든 일을 조심하여 처리하라는 가르침을 내리고, 제갈량의 고사를 말해 주었는데,[503] 이는 『통감』 권 7에 나온다.[504]

증산은 28장과 함께 唐代의 24將에 대해서도 말했다.[505] 24장은 唐나라 때 太宗이 貞觀 17년(643)에 나라에 공로가 큰 신하 24인의 초상화를 凌煙閣에 그려서 걸어놓았던 일에서[506] 비롯된 말이다.

또 증산은 28인의 장수 이름을 자신의 公事에서 구체적으로 언급했다.[507] 後漢의 明帝 때, 後漢을 세운 光武帝를 도운 功臣인 28將을 南宮雲臺라는 누각에 초상으로 그려서 모셨다.[508] 이처럼 24장과 28장은 중국 역사상 실존인물들인데, 후대에는 강력한 兵權을 지닌 존재로 신격화되었다.

한편 증산은 姓氏의 기원을 밝혀주면서 스스로 後天을 건설할 인물로 자

---

501) 漢나라 文帝 때에 흉노족이 쳐들어오는 일을 염려하자, 재상인 馮唐이 임금이 장군들을 대접하는 일이 소홀했다고 간하는 내용이다.

502) 『대순전경』 3장 150절.

503) ……馬謖은 孔明의 친구로되 處事를 잘 못하므로 揮淚斬之하였느니라.(『대순전경』 9장 25절)

504) 제갈량이 사사로운 인정에 끌리지 않고 공적인 정신으로 일을 집행해 나갔다는 내용이다. 그런데 증산이 제갈량의 친구라고 말한 馬謖은, 실은 제갈량이 아끼던 젊은 부하장수였다.

505) ……종도들에게 이십사절을 읽히시며 가라사대, 그 때도 이 때와 같아서 천지의 혼란한 시국을 匡正하려고 唐太宗을 내고, 다시 二十四節을 응하야 二十四將을 내어 천하를 평정하였나니, 너희들도 장차 그들에게 내리지 않는 대접을 받으리라 하시니라.(『대순전경』 4장 162절)

506) 曾先之, 『十八史略』 권 5, 『漢文大系』 권 5, 21면.

507) 증산이 공사를 행하면서 부르게 했다는 鄧禹, 馬成, 吳漢도 28장에 속한 인물들이다.(『대순전경』 7장 11절) 그리고 『대순전경』 8장 36절과 4장 88절에도 증산이 28將의 한 사람인 萬修를 부른 일이 기록되어 있다.

508) 『通鑑諺解』 卷 六 (世昌書館, 1928), 106面. 이로부터 武力의 상징으로서 28將에 대한 민간의 신앙이 시작되는데, 鄧禹, 馬成, 吳漢, 萬修 등의 역사적 실존인물이 바로 그들이다.

처했는데, 그 근거로 자신의 姓이 姜氏라는 사실을 들었다.[509] 이러한 성씨 문제에 대해서는 『十八史略』에 언급된다. 이 밖에 증산이 神農氏에 대해 말한 내용과[510] 黃帝와 蚩尤에 싸움에 관한 말도[511] 『십팔사략』에 보인다.

그리고 증산은 堯임금, 요임금의 아들인 丹朱, 요 임금의 두 딸, 舜임금 사이에 얽힌 이야기를 통해 원한의 역사에 대해 설명한다.[512] 丹朱가 원한을 품었으리라고 추정할 수는 있지만, 그 원한에 의해 舜임금이 죽게 되었다는 이야기는 현재로서는 전거가 확인되지 않는다.

요임금이 단주를 불초하게 여겼다는 이야기와 순임금이 젊었을 적에 행한 일에[513] 대해서는 『십팔사략』에 적혀 있다. 여기서 증산은 실제로 부닥치면 누구나 무슨 일이든지 할 수 있다는 자신감을 가지라는 교훈으로 舜의 일화를 제자들에게 들려주었다.

한편 丹朱가 천하를 이어받지 못했다는 이야기는 『書經』에도 나오지만, 단주가 원한을 품었다는 내용은 없다. 舜임금이 단주의 원한 때문에 죽었다는 기록은 보이지 않는다. 이는 중국 역사서에 일관되게 기록된 내용이다.

따라서 증산은 민간에 전승되는 이야기를 자신의 종교적 틀 안에서 재해석했거나, 역사의 이면에 얽혀있는 실낱같은 단서를 가지고 그렇게 이야기했을 것이다. 어쨌든 증산은 남겨진 단편적인 역사 기록을 토대로 삼아 인류 역사의 초기에 일어났었던 원한의 발생에 관하여 독특한 종교적인 설명을 시도하였다. 그리고 그는 이러한 丹朱의 원한을 푸는 일을 자신의 解冤

---

509) ……세상에 姓으로 風가가 먼저 났으나 전하여 오지 못하고……그 다음에 姜가가 났나니, 姜가가 곧 姓의 原始라. 그러므로 이제 開闢時代를 당하야 原始로 反本되는 고로 姜가가 일을 맡게 되나니라.(『대순전경』 3장 47절)

510) ……유월 보름날 神農氏 祭祀를 지내고 나서 일을 행하리라.……(『대순전경』 4장 159절) 神農氏가 耕農과 醫藥을 가르침으로부터 天下가 그 厚澤을 입어 왔으나……(『대순전경』 3장 173절)

511) 蚩尤가 作亂하야 큰 안개를 지으므로 黃帝가 指南車로써 定하였나니, 作亂하는 자도 造化요, 靖亂하는 자도 조화라.……(『대순전경』 5장 19절)

512) 『대순전경』 5장 4절.

513) ……虞舜이 歷山에 밭갈고 雷澤에 고기잡고 河濱에 질점할 때에 璿璣玉衡을 알지 못하였나니 當局하면 아느니라.(『대순전경』 9장 24절)

公事에 있어서 첫 작업으로 삼았다.

한편 증산은 제갈량에 대해 이전에는 제기되지 않았던 특이한 방법으로 비판하였다.[514] 그는 제갈량이 성공하지 못한 이유가 바로 뽕나무 800그루 때문이라고 주장했다.[515]

일반적으로 제갈량은 근검절약의 표본으로 알려졌다. 일국의 재상으로서 그는 불과 뽕나무 800그루와 황무지 몇 마지기를 소유하고 있었던 참으로 위대한 모범을 보였다. 이러한 제갈량의 숭고한 모습은 후대에도 매우 칭찬받는다.[516]

그런데 증산은 느닷없이 이 뽕나무 800그루를 가지고 근검절약과 충절의 대명사로 알려진 천하의 제갈량을 혹독히 비난한다. 바로 그 때문에 제갈량이 성공하지 못했다는 말이다.[517] 증산은 천하를 위해 일하기가 매우

---

514) 爲天下者 不顧家事니 제갈량이 성공치 못한 것은 有桑八百株로 인함이니라.(『대순전경』 6장 108절)

515) 『십팔사략』에 제갈량이 생전에 황제에게 올렸던 글 가운데 "신은 成都에 뽕나무 800그루와 황무지 15경을 가지고 있습니다. 자녀들의 의식은 그것으로 충분하므로, 따로 생산해서 조금이라도 재산을 더 불릴 생각이 전혀 없습니다. 신이 죽은 뒤에 집에 많은 옷이 남아 있고, 밖에 남은 재산을 저축해서 폐하의 신뢰를 배반하는 일은 없을 것입니다."라는 내용이 실려 있다. 曾先之, 『十八史略』 권 3, 『漢文大系』 권 5, 70면.

516) 宋代 胡文定公이 지은 글에 이 내용이 나온다. 金星元 譯著, 『小學』(명문당, 1985), 531쪽-535쪽.

517) 일반적으로 증산교단에서는 증산의 이 말을, 제갈량이 만일 자기 가족의 먹거리를 위해 신경 쓰지 않고 참으로 국가의 대사에 매진했더라면 성공할 수 있었을 것이라고 풀이한다. 바로 앞에 언급되는 "爲天下者, 不顧家事"라는 고사의 주인공인 漢高祖 劉邦이 자신의 아버지와 부인을 삶아죽이겠다는 楚霸王 項羽의 강력한 위협에도 꿋꿋이 "국물이라도 한 그릇 나눠달라."는 말로 대꾸했을 정도의 의지를 표명한 일과, 제갈량이 보잘 것 없는 뽕나무 800그루에 끄달려 있는 태도와는 확연히 대비된다는 풀이이다. 물론 대국적인 입장에서 보자면, 유방과 제갈량의 태도에는 별 차이가 없다. 그러나 증산이 이 말을 한 것은, 천하를 위해 일하려는 사람이라면 그 일에만 온 신경을 다 기울여도 모자란다는 점을 강조했기 때문이다. 결국 天下事를 하려는 기본적인 정신자세를 제시해 주는 말로 이해해야 할 것이다. 증산이 자신의 활동을 천하를 구원하는 일로 인식했으며, 자신의 가르침을 따르려는 사람들에게 자주 해주었던 말이 바로 "爲天下者, 不顧家事."이다.

힘들다는 예로서, 제갈량의 글을 비판했다. 그러므로 이 말의 뜻은 온전하고 순수한 마음으로 천하사에 임해야 한다는 것이다. 천하사를 하려는 사람은 집안일을 무시하고 소홀히 해도 좋다는 뜻으로 받아들이는 것은 엄청난 곡해이다.

또 증산은 "三國時節이 誰知止於司馬昭"라는 글귀를 제자들에게 외우게 했다.[518] 이에 대해 증산교단의 일부 교파에서는, 수많은 영웅들이 한평생 싸웠으나 끝을 보지 못하고 막판에 가서 無名의 司馬昭가 나와서 마침내 三國을 통일했듯이, 오늘날의 혼란스러움도 의외의 인물인 司馬昭와 같은 인물에 의해 안정이 되리라는 뜻으로 풀이한다.[519]

이와 같은 해석은 세상의 구원이 잘 알려지지 않은 무명의 인물에 의해 이루어질 것이라는 신앙고백이다. 그런데 역사적으로 삼국을 통일시킨 인물은 사마소가 아니라 그의 아들인 司馬炎이다.

한편 증산이 친척에게 만들어 주었다는 병풍의 글에 『小學』의 내용이 거의 그대로 인용된다.[520]

또 증산이 제자에게 "모든 일에 삼가하여 無限有司之不明하라."고 말했다고 전한다.[521] 그런데 限으로는 해석이 안 된다. 이 구절은 『古文眞寶』

---

518) 백암리로부터 구릿골 약방에 이르러 계실 때, 여러 종도들을 벌려 앉히시고 "三國時節이 誰知止於司馬昭"를 큰 소리로 읽히시니라.(『대순전경』 4장 134절)

519) 안경전, 앞의 책, 305쪽.

520) 天師께서 일찍 四幅 屏風 한 벌을 만드사 그 이면과 표면에 모두 친필로 글을 쓰사……이면에 "戒爾學立身, 莫若先孝悌. 怡怡奉親長, 不敢生驕易. 戒爾學干祿, 莫若勤道藝. 嘗聞諸格言, 學而優則仕. 戒爾遠恥辱, 恭則近乎禮. 自卑而尊人, 先彼而後已. 擧世好承奉, 昻昻增意氣, 不知承奉者, 以爾爲玩戲."라 쓰셨고,……(『대순전경』 3장 161절) 『小學』 嘉言 第五에 나오는 이 글은, 宋代 范魯公이 자기 조카가 승진하게 도와주도록 요청한 일에 대해 그 부당함을 詩로써 훈계한 것이다. 비교적 긴 내용으로 증산이 인용한 글귀는 일부분에 불과하다. 이 글은 전체적으로 자기 수양을 위한 교훈이다. 증산이 적은 부분은 첫 번째, 두 번째, 세 번째, 일곱 번째의 시구이다.

521) ……馬謖은 孔明의 친구로되 處事를 잘못하므로 揮淚斬之하였느니라.(『대순전경』 9장 25절)

後集 卷之二, 解類에 실려 있는 韓退之(768~824)의 『進學解』에 나온다. 따라서 限은 患으로 고쳐야 할 것이다.[522] 이러한 말을 한 다음 증산은 제 갈량이 有司의 역할을 공명정대하게 처리했던 일을 구체적인 예로 들었다.

한편 증산은 제자에게 『桃李園序』를 천 번이나 읽으라고 명했던 일도 있다.[523] 이에 근거하여 증산교단에서는 「도리원서」를 중요하게 여긴다. 실제로 증산이 죽은 다음 「도리원서」를 만 번 읽어서 결국 道를 통하게 되었다는 인물이 나올 정도로 증산교인들에게 깊이 믿어진 글 가운데 하나 이다.

「도리원서」는 『고문진보』 後集 卷之三, 序類에 李太白(701~762)의 『春夜宴桃李園序』라는 원제목으로 실려 있다.[524] 증산이 왜 하필이면 이 글 을 읽으라고 명했을까는 여전히 의문으로 남는다. 어찌 보면 「도리원서」는 할 일 없는 한량들이 술잔치를 벌이면서 자신들의 행위를 詩句를 빌려 변 명하는 글이다. 그러나 이 글은 천하의 명문으로 남아 있다.

굳이 증산이 이 글을 외우게 한 이유를 찾자면, 짧은 꿈결과도 같은 인 생에서 우리가 진정으로 누려야 할 즐거움이 어디에 있을지를 깊이 생각하 고, 한 순간의 극히 짧은 시간마저도 헛되이 보내지 말라는 경계를 내린

---

522) 한퇴지는 "제군들, 자신의 학문이 정밀하게 닦여지지 않은 것을 걱정해야지, 조정 관리의 인물 보는 눈이 밝지 않을까 하는 것을 걱정하지 말라. 세상에 나와서 도 를 이루지 못할까를 걱정해야지, 조정 관리들의 공평치 못함을 걱정하지 말라. 諸 生, 業患不能精, 無患有司之不明. 行患不能成, 無患有司之不公."라는 글을 남겼 다. 그는 師弟의 문답형식을 빌어 여러 차례 좌천되는 불운한 자신의 처지를 간 접적으로나마 소상하게 밝혔다. 한퇴지는 시종 일관하여 학자는 오로지 자기 수양 과 학문 탐구에만 정진해야 한다고 역설하였다. 즉 글의 전체적인 내용은 자신이 맡은 바의 일을 충실히 하라는 가르침이며, 일을 맡은 관리를 비방해서는 안 된 다는 것이다.

523) 『대순전경』 3장 13절.

524) 이 글은 이태백이 봄날 밤에 형제, 친척들과 함께 술잔치를 벌이고 각자 시를 지 으며 놀았을 때 지은 여러 詩篇들에 앞서, 그 시들에 대한 감상과 놀이의 경위를 설명한 것이다. 여기서 이태백은 인생의 짧고 허무함을 탄식하고 있다. 단란한 봄 날의 한 때를 보내면서 낭만적인 풍취로 인생을 노래한 유명한 글이다.

것이 아닐까 한다.

또 증산이 외워주었다는 古詩 가운데 『明心寶鑑』 順命篇에 있는 "萬事分已定, 浮生空自忙"이라는 글귀가 있다.[525] 이는 "모든 일은 분수가 이미 정해져 있는데, 세상 사람들이 부질없이 스스로 바쁘게 움직이느니라."라는 뜻이다.

앞에서 살펴보았듯이 증산은 많은 부분에서 유교 관련서의 내용을 거침없이 인용하여 이야기했다. 증산이 직접 지었다고 믿어지는 『玄武經』에는 四書三經과 『사략』, 『통감』, 『성리대전』 등의 유교 관련서의 이름이 언급된다. 이들 경전의 각종 글귀의 인용과 원용이 『대순전경』의 기록을 통해 확인되며, 특히 교훈적인 역사서로 평가되는 『통감』의 내용이 많이 인용되었다.

증산은 당시의 시대적 상황에서 유교적 세계관을 기초로 하여 자신의 사상을 설명했던 것이다. 당시 지식인층에서 보았음직한 거의 모든 유교 관련서가 증산에 의해 말해지거나 암기되고 있다는 사실을 볼 때, 증산은 유교적 소양을 제대로 갖춘 인물이다.

증산이 유교경전에서 추출한 핵심적인 내용은 주로 마음을 나스리는 글귀와 천하를 얻는 방법론과 교훈들에 집중된다. 무엇보다도 인간 생활의 규범에 관한 내용은 유교에서 취하는 것이 가장 좋다는 것이 증산의 판단인 듯하다. 그러나 증산은 유교적 세계관의 편협성에 대해서는 과감히 비판하면서, 이에 대한 새로운 인식의 전환을 강조한다.

증산은 유교에 대해 "선배는 虛禮만 숭상하고"라고 평하여[526] 새로운 세계에 대한 적응력이 부족한 체계라고 비판하였다. 또 증산은 유교가 본지와는 상관없이 조상들의 이름에 의지하여 생활하려는 잘못된 전통을 심어주었다고 비판하였다.

따라서 증산은 조상들의 功名帖을 불살라 버리는, 당시로서는 파격적인 행위를 했다. 나아가 증산은 양반과 상놈의 구별이 있어서 상놈들이 품었

---

525) 하루는 종도들에게 古詩를 외워 주시니 이러하니라. "道通天地無形外, 思入風雲變態中. 萬事分已定, 浮生空自忙."(『대순전경』 3장 182절)

526) 『대순전경』 1장 27절.

던 원한이 매우 컸으며, 직업의 차별이 심하여 사회가 제대로 분화·발전하지 못했다고 비판한다.[527]

증산은 이제는 원한을 풀어 없애야 하는 시대가 왔다고 선언하고, 제자들에게 하대말로 사람들을 대하지 말라는 엄한 명령을 내린다.[528] 좋은 세상을 맞이하는 지름길은 모든 사람을 대등한 자격을 갖춘 인격자로서 대우해 주는 일에 있다는 말이다.

또 증산은 양반을 고집하는 행동은 매우 잘못된 행위라고 비판했으며,[529] 오히려 신분이 낮은 천한 사람들을 높이 받들어야 한다고 요구한다. 그리고 증산은 양반의 행동거지는 망하는 기운이 따르는 것이므로, 따라해서는 절대 안 될 행위라고 비판한다.

특히 증산은 유교를 썩어빠진 가르침 또는 폐해를 많이 가진 가르침이라고 비판한다.[530] 유교적 이념으로 짜여진 사회에서는 인간 본연의 욕구가 제대로 발산되고 충족되지 못했다는 비판이다. 증산은 이러한 폐단을 고치는 일이 새로운 이상사회를 건설하기 위해 가장 먼저 할 일이라고 선언하였다.

하루는 어느 지방에서 젊은 부인이 夫喪을 당한 뒤에 순절하였다 하거늘, 천사 들으시고 가라사대 악독한 귀신이 무고히 인명을 살해한다 하시고, 글을 써서 불사르시니 이러하니라. "忠孝烈, 國之大綱. 然, 國亡於忠, 家亡於孝, 身亡於烈." 이 뒤에 또 "大丈夫, 大丈婦."라 써서 불사르시니라.(『대순전경』 3장 140절)

---

527) ……班常의 구별과 職業의 貴賤을 가리지 아니하여야, 속히 좋은 세상이 되리니……(『대순전경』 3장 106절)
528) 『대순전경』 3장 5절, 3장 106절.
529) 양반을 찾는 것은 그 先靈의 뼈를 오려내는 것과 같아서 망하는 기운이 이르나니, 그러므로 양반의 氣習을 속히 빼고 賤人에게 우대하여야 속히 좋은 시대가 이르리라.(『대순전경』 6장 6절), 6장 7절도 관련기록이다.
530) ……儒는 腐儒니라. …… (『대순전경』 4장 12절),……이 일로 인하야 후일에 너희들이 儒로써 폐해를 당하게 되리라.(『대순전경』 4장 14절)

위의 인용문에서 남편이 죽자 절개를 지킨다는 유교적 가치관에 얽매여 자신의 귀중한 생명마저 끊어버린 어떤 부인의 일에 대해, 증산은 "악독한 귀신이 인명을 살해한 일"이라고 혹독하게 비난한다.

물론 이러한 일들은 유교에서 가르치는 본질적인 가치관이 아니라, 유교가 그릇 이해되고 그 가치가 경직된 사회체제에서 일어났던 일로 보아야 할 것이다.

나아가 증산은 절대적으로 숭상을 받는 忠, 孝, 烈이라는 유교적 가치에 대해 바로 이들에 의해 나라, 국가, 개인이 망하게 되었다고 비판한다.

그리고 증산은 유교의 제도에 대해서도 비판한다. 헛된 禮는 묵은 하늘이 지은 것이고, 제례진설법도 잘못 가르쳐진 것이며, 상복제도도 거지가 죽은 귀신이 붙어서 꾸민 일이라고 비판했다.[531]

또 증산은 孔子는 72인만 通藝케 했기 때문에 이를 얻지 못한 사람들의 원한을 사게 했다고 비판한다. 증산은 공자의 가르침이 한계를 지닌 불완전한 것이었다고 비판한 것이다. 72인 이외의 많은 사람들이 원한을 품었기 때문에, 결국 세상에 원한이 가득차는 위기상황에 이르렀다는 주장이다. 증산 자신은 이를 보완하여 모든 사람들이 도를 통하는 세상을 이룩하고자 한다고 주장했다.

또 증산은 공자가 小正卯를 죽였기 때문에 聖人으로 불릴 자격이 없고, 三代出妻했기 때문에 齊家조차하지 못했다고 비판한다.[532] 결국 그는 공자

---

531) 세상에 전하여 온 모든 虛禮를 그르게 여겨 가라사대, 이는 묵은 하늘이 그르게 꾸민 것이니 장차 眞法이 나리라. 또 祭禮陳設法을 보시고 가라사대 이는 묵은 하늘이 그릇 정한 것이니, 饌需는 깨끗하고 맛있는 것이 좋은 것이오, 그 놓여 있는 위치로 인하야 귀중하게 되는 것은 아니니라. 또 喪服制度를 미워하사 가라사대 이는 거지죽은 귀신이 지은 것이니라.(『대순전경』 3장 143절)

532) 유월 스물 이튿날 약방 마당에 자리를 깔고 天師 그 위에 누우사⋯⋯새 자리를 그 앞에 펴라 하시더니, 문득 孔子를 부르시며 小正卯를 죽였으니 어찌 聖人이 되며, 三代出妻를 하였으니 어찌 齊家하였다 하리오? 그대는 이곳에서 쓸 데 없으니 딴 세상으로 갈지어다 하시고, ⋯⋯(『대순전경』 4장 172절).

스스로가 원한을 맺게 했다고 주장한 것이다. 이처럼 증산은 공자가 지은 원한을 구체적으로 비판했는데, 이를 자신의 가르침을 통해 해결할 수 있다고 믿었다. 증산이 행한 公事의 핵심원리가 바로 원한을 푼다는 解寃이다.

그리고 증산은 유교의 책임자를 바꾸는 종교적 행위를 했다고 믿어진다.[533] 증산은 유교를 대표하는 새로운 인물로서 宋代의 대유학자인 朱子를 임명한다. 증산은 대표인물을 새롭게 제시하면서 유교적 가치를 되살리고자 노력했던 것이다.

그런데 동양의 전통 종교 가운데 유독 儒敎의 宗長만이 우리나라 사람으로 교체되지 않았다는 점이 특기할 만하다. 증산의 이러한 주장은 그가 기본적으로 유교에 대해 가졌던 부정적인 성향을 반영하는 것이거나, 우리나라 사람으로서 유교를 대표할 만한 인물이 없었다는 자신의 판단에 근거한 것으로 보인다.

증산은 유교를 이해하려고 노력했으며, 그 자신이 유교 교육을 받았던 인물이었다. 그러므로 방대한 유교관련서의 내용들을 그의 말 속에서 많이 발견할 수 있다. 그러나 그는 새로운 사상을 개척하고자 했다. 따라서 증산은 유교적 가치와 이념들을 비판했으며, 유교의 창시자인 공자의 행적에 대해서도 비판했다.

나아가 증산은 유교를 비판하면서 자신의 독창적인 사상을 내세웠다. 그것은 한 마디로 원한을 맺지 않는 세계의 구현이다. 또 증산은 유교의 가치관, 윤리관, 정치관을 그대로 받아들이기 보다는 시대의 변화에 맞추어 새롭게 소화시키고자 노력했다.

또 증산은 질병 치료의 수단으로써 유교 관련서의 글귀를 사용하는 등의 행적을 통해, 유교를 주술성을 지닌 체계로 굴절하거나 변용시키기도 한다.

결국 증산의 인식체계 안에서 유교는 사회를 지배하는 가치체계가 아니라 이미 와해된 모습으로 나타난다. 유교가 다양한 사상과 집단의 도전으

---

533) ……朱晦庵은 儒道의 宗長이 되고, …… (『대순전경』 5장 9절)

로 고유한 양식을 유지해 나가기 어려웠던 당시의 형편을 증산의 언행을
통해서도 짐작할 수 있다.

다. 공사사상에 포함된 도교적 연원

증산은 도교를 "仙之造化"라고 정의했다.[534] 증산이 仙의 핵심으로 이
야기한 조화는 天地自然의 理를 뜻하거나, 만물을 創造化育하는 일을 가
리킨다.[535] 물론 증산이 사용한 仙이라는 말은 道敎를 뜻한다.

증산이 도교의 특징을 造化라고 규정한 것은, 그가 도교를 실제적 효능
을 중심으로 이해했기 때문이다. 한편 증산은 造化라는 용어를 어떤 일이
든지 할 수 있는 신비한 힘이라는 의미로 사용한 듯하다.[536] 나아가 증산
은 後天이라는 이상사회에서는 造化에 의해 중생을 다스리기 때문에 不老
不死의 행복을 누릴 수 있을 것이라고 강조했다.[537]

한편 증산은 『玄武經』에 "受天地之虛無, 仙之胞胎."라는 글귀를 썼다.
虛無는 "아무 것도 없고, 텅 비어 형체가 없음"이며, "만물의 본체가 몽롱
하여 알 수 없다."는 老子의 설을 가리키는 용어이다. 따라서 虛無는 有無
相對를 초월한 경지이다. 이러한 의미에서 虛無學은 곧 有無相對의 세계

---

534) 『대순전경』 4장 142절.
535) 『大漢和辭典』 권 11, 72면. 따라서 조화는 만물을 낳고 죽이고 하는 자연의 힘과
　　　재주로 해석되거나, 人工으로는 어찌 할 수 없이 신통하게 된 사물을 가리키는
　　　말로도 사용된다.
536) ……나는 造化로써 천지를 개벽하고 불로장생의 仙境을 열어 苦海에 빠진 중생
　　　을 건지려 하노라.……(『대순전경』 2장 5절)……作亂하는 자도 造化요, 靖亂하는
　　　자도 조화라.……(5장 19절)……天地의 造化로도 風雨를 지으려면 무한한 工夫를
　　　들이나니, 공부않고 아는 법은 없느니라.……(6장 68절) 등이 사용례이다.
537) 後天에는 천하가 한 집안이 되어 威武와 刑罰을 쓰지 아니하고 造化로써 중생을
　　　다스려 化할지니……衰病死葬을 면하야 不老不死하며……(『대순전경』 5장 16절)

를 초월한 경지를 究極으로 삼아서 거기에 이르는 일을 宗旨로 삼는 學을 의미한다. 결국 허무학은 老子가 처음으로 주창하고 그 무리인 莊子 등이 승계했던 것으로서, 훗날 소위 道家學이라고 불리기도 했다.

이외에도 증산은 道敎라는 용어 대신에 仙道538) 또는 仙을539) 사용했다. 증산은 仙敎라는 용어와 道敎라는 용어는 사용하지 않았다. 그는 도교가 老子에게서 연원한다는 사실을 잘 알고 있었으며, 굳이 철학적 道家와 敎團道敎를 구별하지도 않았다. 따라서 증산에게 있어서 도교와 도가의 차이를 찾기는 어렵다. 증산은 철학적 道家와 교단도교 그리고 수련도교를 합친 형태를 仙道라는 용어로 묶어서 이해하였으며, 道家라는 용어도 "道를 깨닫기 위한 모임"이라는 정도로 이해했다.

증산은 자신을 九天에 있던 존재로 표현하며, "모든 神聖과 佛陀와 菩薩들"의 하소연을 듣고 지상에 내려온 존재라고 자처한다. 그리고 증산은 생전에 자신의 銘旌을 직접 적어서 高首婦에게 맡겨 두었는데, 여기에 "玉皇上帝"라고540) 기록했다고 전한다.541) 이 부분과 관련하여 증산이 하늘로 올라가 上帝를 만났다는 金一夫의 꿈도 전한다.542)

어쨌든 증산은 인간의 수명과 吉凶禍福을 주재하는 至高無上한 天神으로서, 九天上帝 혹은 玉皇上帝의 降世로 믿어졌다.543) 또 증산은 자신이

---

538) 『대순전경』 5장 3절, 5장 9절.
539) 『대순전경』 1장 27절, 3장 157절, 4장 12절, 4장 14절, 4장 137절, 4장 164절 등이 관련 기록이다.
540) 옥황상제는 "昊天金闕至尊玉皇上帝"라고 불리는 三界十方을 주관하는 최고의 天神이다. 上古時代로부터 天子가 제사지냈다는 天帝는 동양 古來의 敬天信仰에서 출발하여, 도교에서는 玉皇上帝로 표현되었고, 소설 속에서는 天上仙界의 主宰者로서 人間을 비롯한 모든 세계를 주재하는 最尊貴의 神이었다.
541) 이정립, 『高夫人神政記』(증산교본부, 1963), 23쪽-24쪽.
542) 『대순전경』 1장 28절.
543) 후대의 증산교단인 太乙敎와 普天敎에서는 '玉皇上帝降靈之位'라는 증산의 위패를 모셨으며, (이능화 집술, 이종은 역, 『조선도교사』(보성문화사,1989), 344쪽~345쪽.) 증산은 死後에 天皇, 甑山上帝, 玉皇上帝, 天地上帝, 九天應元雷聖普化天尊姜姓上帝, 九天大元造化主神, 太乙天上元君 등으로 호칭되었다. 홍범초, 『증산교개설』(창문각, 1982), 283쪽~285쪽 참조.

"붉은 옷을 입고 구름을 타고 앉은 사람"이었다고 말하기도 했으며,544) 이 와 연관하여 증산은 스스로 구름을 타고 다니는 존재라고 주장했다.545)

한편 증산이 사용한 도교적 용어로는 仙女, 仙, 神仙, 眞人, 元神, 天 眞, 仙境, 仙術, 仙樂, 仙學, 仙房, 道人, 道通, 道家, 道場, 修道, 道術, 長 生術, 神將, 不死藥 등이 있다.

그리고 증산은 신선이 된 머슴, 浮浪者가 신선술을 배운 이야기, 여동빈 의 빗장사이야기, 정북창이 入山 三日에 始知天下事한 일 등의 도교적 설 화를546) 제자들에게 들려주기도 했다.

증산이 남긴 유일한 친필저작인 『玄武經』이 符로547) 이루어진 책이라 는 사실에서도 그의 도교사상 수용의 단서를 찾을 수 있다. 물론 증산이 그린 符는 기존의 도교적인 符와 전혀 다르다는 점에서 독창적이다.

더욱이 증산은 도교에서 呪文을 적극적으로 받아들였고, 주문을 외우 는 일을 수련의 중요한 방법으로 사용했다. 실제로 증산은 胎坐法으 로548) 제자들을 수련시켰다고 전한다.549) 이와 같이 일반인에게는 미신 으로 여겨지기 쉬운 符籍과 呪文을 수련에 이용하는 일은 증산교단의 두 드러진 특징 가운데 하나이다.

이는 증산의 가르침이 지식인층을 대상으로 하기보다는, 병이 들어도 약을 구하지 못하여 죽어가는 일반 민중을 주 대상으로 하여 그들에게

---

544) 『대순전경』 2장 76절.
545) ……어제 구름을 타고 내려다본즉 네가 손을 부비고 있었으니……(『대순전경』 8 장 51절).
546) 『대순전경』 3장 187절, 3장 151절, 3장 152절, 6장 68절 등이 관련 기록이다.
547) 증산이 그가 깨친 진리의 궁극적 경지를 符라는 형식으로 표현했다는 평가가 있 다. 김홍철, 「한국 신종교의 부적신앙 연구」, 『한국종교』 제 16집 (원광대학교 종교문제연구소, 1991), 55쪽.
548) 태좌법은 도교의 수련방법 가운데 가장 널리 사용되는 방법의 하나이다. 태아의 상태로 어머니의 뱃속에 있었던 원초적인 상태가 인간에게 가장 편안한 몸가짐의 자세라고 생각하여, 도교에서는 이를 수련시의 앉는 자세로 규정해 놓았다.
549) 매양 종도들을 胎坐法으로 늘여 앉히시고 조금도 움직이지 말라고 명하신 뒤 에,……(『대순전경』 2장 127절)

삶의 길을 열어 주고자 하는 救世濟民을 목표로 하고 있음을 알려준다. 그렇기 때문에 일반인이면 누구나 쉽게 행할 수 있는 주문을 외우거나 부적을 사용하는 행위를 수련의 경지로까지 끌어 올린 사실은 높이 평가받아 마땅하다.

한편 증산은 關雲長에게 천지의 여러 神將들을 이끌고 와서 일체의 삿된 귀신들을 빨리 없애 달라는 청원을 드리는 내용인 도교적인 향취가 물씬 풍기는 雲長呪를 직접 지었다.[550] 증산은 제자들에게 운장주를 외우게 하며,[551] 이를 수련의 방법으로 권장하였다.

또 증산은 造化, 八門遁甲, 六丁六甲 등의 도교적 표현이 있는 글귀를 제자에게 외우게 하거나 직접 글로 쓴 적도 있다.[552]

특히 증산은 도교서에 나오는 『布斗呪』를 제자들에게 외워주었다.

> 하루는 從徒들에게 옛글을 외워주시니 이러하니라. "我得長生飛太淸, 衆星要我斬妖精, 惡逆摧折邪魔驚, 躡罡履斗躋光靈, 天回地轉步七星, 禹步相摧登陽明, 一氣混沌看我形, 唵唵急急如律令"(『대순전경』 3장 176절)

위에서 증산이 인용했다는 '옛글'에 도교적 이상세계인 太淸이라는 용어와 도교주문에서 흔히 사용되는 "唵唵急急如律令"이라는 용어가 들어 있는 점으로 보아, 필자는 이를 도교주문으로 추측하고 『道藏』에서 찾아보았다.

---

550) ……雲長呪를 지으사 제자들로 하여금 한 번 보아 외우게 하시니……운장주는 다음과 같으니라. ……(『증산천사공사기』 124면)

551) 하루는 약방에서 三十六萬神을 쓰시고 雲長呪를 쓰사 從徒들로 하여금 칠백번씩 외우라 하시며……(『대순전경』 4장 151절)

552) ……공우에게 마음으로 風雲造化를 외우라 하심으로 공우가 그대로 외우다가 문득 잊어버리고 그릇 天文地理를 외우더니……(『대순전경』 2장 74절) 하루는 공사를 보실 새 글을 쓰시니 이러하니라. "五呪, 天文地理, 風雲造化, 八門遁甲, 六丁六甲, 知慧勇力, 道通天地報恩."(『대순전경』 4장 138절) 한편 증산은 "天文地理, 風雲造化, 八門遁甲, 六丁六甲, 知慧勇力."이라고 종이에 써서 제자에게 전해 주기도 했다.(『대순전경』 7장 22절) 이 글귀는 현재 일부 증산교단에서는 주문으로도 사용한다.

그래서 인용문과 거의 유사한 『布斗呪』라는 도교주문을 찾을 수 있었다. 그 전문은 다음과 같다.

布斗呪

魁罡至聖復至神	魁와 罡은 지극히 성스럽고 신령스러우니
我今飛步登陽明	내가 이제 훨훨 날아 陽明에 올랐도다.
天旋地轉步七星	하늘 돌고 땅은 굴러 七星이 움직이니
躡罡履斗齊九齡	罡과 斗를 밟아 九齡과 나란하네.
衆神輔我謁帝庭	뭇 神들 나를 도와 帝庭에 배알하니
一切官將衛我形	모든 官將들이 나를 호위하도다.
萬災不干我長生	온갖 재앙도 나의 長生 방해하지 못하리니
我得長生亨利貞	나는 長生 얻어 元亨利貞 하리라.553)

원래 주문은 해석하면 안 된다고 믿어지는 성스러운 글자의 조합이다. 도교에서 오랫동안 사용되어 왔던 『布斗呪』와 증산이 제자들에게 외워주었다는 "옛글"을 비교해 보면, 많은 글자가 똑같으며 순서가 바뀐 정도이다. 따라서 증산이 외워준 옛글은 분명히 도교의 布斗呪에서 변형된 글이다.554)

한편 『奇門遁甲藏身法』이라는 책에 "一氣混沌灌我形, 禹步相催登湯明, 天回如轉步七星, 躡罡履斗躋九靈, 惡逆摧析邪魔驚, 衆星助我斬妖精, 我符長生入太淸."이라는 글귀가 실려 있다.555) 글자를 비교해 보면 이 기록이 『대순전경』의 기록과 가장 비슷하다. 이 글은 百神이 來護한다는 禹步法을 설명하는 부분에 기록되어 있다. 일정한 제의를 진행하는 방법으로 기록되어 있으므로, 이와 유

---

553) 白雲觀長春眞人 編纂, 『太上三洞神呪』, 卷八 第七 『正統道藏』 第 2冊 (新文豊出版公司, 1977), 724면.
554) 『釋名』에 "祭星曰, 布."라는 구절이 있다. 이는 "별을 위하는 제사를 올리는 일을 布라고 한다."라고 풀이된다. 따라서 布斗呪는 북두칠성을 제사지낼 때 사용하는 주문인 듯하다.
555) 李載規, 『奇門遁甲藏身法』(明文堂, 1983), 3면.

사한 형태의 글귀가 도교적 수련에 관심이 있는 일부 사람들에게 오늘날까지 전해져 왔음이 확인된다. 따라서 이러한 주문은 도교 수련에 관심이 있었던 사람들에 의해 증산이 생존했던 당시에도 알려져 있었던 주문일 가능성이 크다.

증산이 『道藏』을 직접 보고 위의 주문을 찾았을 가능성이 희박하다는 역사적 사실을 고려해 본다면, 아마도 증산이 도교적 수련에 이용되던 『포두주』와 유사한 주문을 다른 사람을 통해 전해 들었다고 판단하는 편이 타당할 것이다.

그리고 증산은 『七星經』으로 알려진 도교의 『北斗呪』를 그대로 사용했다. 증산은 『칠성경』을 상당히 자주 언급했으며, 七星經을[556] 공사를 집행하면서 藥藏이나 종이에 썼다고 전한다.

실제로 『道藏』에 있는 七星信仰에 연관된 經은 매우 짧은 것이 특색이다. 그렇다 하더라도 증산이 제자들에게 그 전체를 외우게 했을 리는 없다. 이는 증산교단에서 사용하는 『칠성경』이라는 것이 실은 단일의 주문이라는 사실에서도 확인된다. 도교 교단에서 사용하는 『北斗呪』라는 주문은 다음과 같다.

北斗九辰中天大神, 上朝金闕下覆崑崙, 調理綱紀統制乾坤, 大魁貪狼巨門祿存, 文曲廉貞武曲破軍, 高上玉皇紫微帝君, 大周天界細入微塵, 何災不滅何福不臻, 元皇正氣來合我身, 天罡所指晝夜常輪, 俗居小人好道求靈, 願見尊儀永保長生, 三台虛精六淳曲生, 生我養我護我身形, 魁█▓█魓▓魒 尊帝, 急急如律令.[557]

『北斗呪』에는 북두칠성과 삼태성의 이름인 탐랑, 거문, 녹존, 문곡, 염정, 무곡, 파군, 허정, 육순, 곡생 등이 들어 있다. 속세에 사는 사람이 이 주문을 외우면서 장수하기를 비는 내용이다. 바로 이 『북두주』가 증산이 언급

---

556) 『칠성경』이라는 이름을 얼핏 생각해 보면 경전 형식으로 이루어진 한 권의 책인 듯 느껴진다. 그러나 『대순전경』 4장 29절의 "칠성경을 스물 한 번씩 읽는다."는 표현에 이르면, 책이라는 가능성은 점차 희박해진다.

557) 白雲觀長春眞人 編纂, 『太上三洞神呪』 卷八 第七, 『正統道藏』 第 2冊 (新文豊出版公司, 1977), 705면. 한편 『太上玄靈北斗本命延生眞經』 第五, 위의 책, 第19冊, 7면에는 네 글자씩 띄어져서 적혀 있다.

한 『칠성경』이다.558)

한편 증산은 道敎的 神格을 자주 언급했는데, 太乙天上元君, 竈王, 關王, 六丁六甲, 魑魅, 五方神將 등이559) 대표적이다. 그리고 증산은 도교의 믿음에서 유래된 별자리인 七星, 二十八宿, 三台星, 蟲星 등에560) 대해서도 말했다.

또 증산은 도교적 술법의 형태로 보이는 八門遁甲, 72遁, 火遁, 虎遁, 龍遁 등에 대해 언급했으며,561) 실제로 關雲長과 호랑이의 모습으로 변신하기도 했다고 믿어진다.562)

이 밖에도 증산은 玉樞經과 관련이 있는 玉樞라는 용어를 사용하기도 했고,563) 『陰符經』의 구절과 유사한 내용을 말했으며,564) 尸解法에 대해서도 언급했다.565)

한편 증산은 여러 종교에 대해 언급할 때 굳이 도교를 빠뜨리고 있다.566) 여기서 그가 도교가 우리나라에서는 교단으로 형성되지 못했기 때

---

558) ……七星經을 武曲, 破軍까지 읽고……(『대순전경』 2장 19절) 하루는 경석에게 일러 가라사대 너는 降靈을 받아야 하리라 하시고 元皇正氣來合我身을 읽히시며……(『대순전경』 2장 70절)……公又를 命하사 高松庵에게 가서 묻고 오라 하시고, 七星經에 文曲의 位次를 바꾸시니라"(『대순전경』 4장 36절) 등의 구절들은 증산이 『北斗呪』의 내용을 정확히 알았음을 알려준다. "무곡파군", "원황정기래합아신", "문곡" 등의 표현은 『북두주』가 아니고서는 찾아볼 수 없다. 한편 증산은 칠성의 신격인 文曲의 위치를 바꿈으로써 서양 기운을 몰아내는 公事를 행했다고 믿어진다.

559) 『대순전경』 7장 18절, 2장 95절, 3장 134절, 3장 15절, 3장 135절, 4장 138절, 7장 22절, 4장 91절 등이 관련 기록이다.

560) 『증산천사공사기』 144면, 『대순전경』 3장 134절, 4장 86절, 2장 75절 등이 관련 기록이다.

561) 『대순전경』 4장 73절, 4장 138절, 7장 22절, 3장 159절, 4장 94절, 4장 151절, 4장 161절 등이 관련 기록이다.

562) 『대순전경』 4장 90절, 4장 103절.

563) 『현무경』에 나오며, 『대순전경』 3장 110절에서 玉樞門이라는 표현을 사용했다.

564) ……生由於死하고 死由於生하나니……(『대순전경』 6장 110절)

565) 『대순전경』 3장 147절에서 震默의 尸解를 이야기했으며, 3장 148절에서는 최풍헌의 시해에 대해 이야기했다.

문에 사회적 기능을 상실했다고 판단했었음을 알 수 있다.

　그리고 증산은 도교에서 비롯한 勇力術, 縮地術,[567] 辟穀法,[568] 借力藥의 복용,[569] 符籍을 불살라 먹는 행위 등에 대해서는 강하게 비판했다.[570] 그는 장차 문명이기가 발전할 것이므로 기이한 술법에 관심을 가지지 말라고 가르쳤으며, 사람이 사는 일이 매우 중요하므로 곡기를 끊고서 특정한 목표를 이루려는 시도 자체를 거부한다.

　또 증산은 신선이 되어서 사는 일보다 人間事는 먹는 일에서 출발하여야 한다고 강조했다.[571] 그런데 증산의 이러한 경고에도 불구하고 후대의 일부 증산교단에서 벽곡법이 시행되기도 했다.[572]

　증산은 초기 東學교단에서 행했던 "符를 그려서 먹는 행위"에 대해 "비위를 상하게 하는 일"이라고 평한다. 그리고 이러한 행위를 통해 병든 사람이 나았다는 믿음도 잘못된 것이라고 비판한다.

　나아가 그는 하늘의 신비한 힘이 내려오는 데에도 크게 두 가지 즉 虛

---

566)『대순전경』1장 27절, 3장 144절, 4장 12절 등이 관련 기록이다.
567) 勇力術을 배우지 말라. 汽車와 輪船으로 백만 근을 운반하리라. 縮地術을 배우지 말라. 雲車를 타고 바람을 어거하야 만리 길을 경각에 대이리라.(『대순전경』5장 21절)
568) 어떤 사람이 生食과 辟穀의 편리함을 말하니, 天師 놀래여 가라사대 天下事는 살고 죽는 두 길에 그치나니, 우리의 쉴 새 없이 서두는 일은 하루에 밥 세 때 벌이로 먹고 살려는 일이라. 이제 먹지 않기를 꾀하는 자 무슨 營爲가 있으리오?(『대순전경』6장 137절)
569) 김병욱이 借力藥을 먹고자 하여 아뢰니, 가라사대 네가 藥먹고 借力하야 태전짐을 지겠느냐, 길품을 팔겠느냐, 난리를 치겠느냐, 死藥이니라.(『대순전경』6장 139절)
570)『대순전경』7장 15절.
571) 이와 관련하여 증산은 "나의 일은 남 죽을 때 살자는 일이요, 남 사는 때에는 영화와 복록을 누리자는 일"이라고 말했다.(『대순전경』6장 120절) 그리고 그는 인생의 재미는 衣, 食, 色에 있다고 규정하기도 했다.(『대순전경』4장 127절) 그러면서도 증산은 천지가 사람을 태어나게 해서 쓰려고 할 때, 여기에 참가하지 않는다면 어찌 사람이 진정한 삶을 영위한다고 말할 수 있을 것인가 말하여, 자신의 공사에 참여할 것을 유도했다.(『대순전경』6장 144절)
572) 보천교에서 辟穀法을 사용했다는 보고가 있다. 홍범초,『범증산교사』(한누리출판사, 1988), 93쪽-94쪽. 이능화,『조선도교사』, 344쪽-345쪽.

降과 眞降이 있는데, 동학의 呑符행위는 虛降에 가깝다고 말했다. 그러면
서 증산은 자신의 도를 제대로 이어받는 자를 眞人이라고 표현한 다음, 후
일에 道通을 시켜준 다음에 眞降을 내려줄 것이라고 제자들에게 약속했다.

그리고 장차 증산 자신이 내려줄 眞降은 符를 그려서 불태워 물과 함께
마시는 번거롭고도 비위를 상하는 행위가 없이, 병든 사람을 만지거나 쳐
다보거나 말만 해도 낫게 하는 신통한 형태가 될 것이라고 주장했다.

결국 증산은 도교적 수련을 제자들에게 권했지만, 그 효용이나 술법적인
차원에 대해서는 한사코 반대의견을 표명했다. 즉 증산은 마음을 닦는 일을
기본으로 삼을 것을 강조했으며, 조화나 술법을 부리는 행위는 거부했다.

한편 증산이 그토록 강한 어조로 도교적인 술법에 대해 비판했음에도
불구하고, 그 자신은 여전히 도교적인 술법을 부린 인물로 기억되고 있음
이 역설적이다. 증산은 자신의 가르침을 따라 마음을 닦고 수련하면 모든
일이 마음대로 된다고 주장하여, 이제 모든 사람이 도를 이루는 이상세계
가 올 것이라고 강조했다. 따라서 지나치게 증산의 조화에 내해 강조하는
일은 진정한 그의 가르침에 어긋나는 일이 될 것이다.

증산은 역사적 실존 인물로서의 老子에 대한 기초적인 지식을 가지고
있었다.[573] 그런데 증산은 다음과 같은 전설적인 이야기로만 노자를 비
판하였다.

  ······또 老子를 부르사 가라사대 世俗에 産母가 열 달이 차면 신 벗고 침실에
  들어앉을 때마다 신을 다시 신게 될까 하야 死地에 들어가는 생각이 든다 하거늘,
  여든 한 해를 어미 뱃속에 있었다 하니 그런 不孝가 어디 있으며, 그대가 異端 八
  十卷을 지었다 하나 세상에서도 본 자가 없고 나도 못 보았노라. 그대도 이 세상
  에서 쓸데없으니 딴 세상으로나 갈지어다 하시니라.(『대순전경』 4장 172절)

---

573) 증산은 유불선의 교조들의 탄생지를 儒佛仙이라는 글자 옆에 써서 불사르는 종
   교적 행위를 했다고 전한다. 이때 증산은 "仙字 옆에 苦縣이라고 썼다."고 한다.
   (『대순전경』 4장 164절)

노자의 출생지에 대해 정확히 언급한 증산이 느닷없이 그가 어머니의 뱃속에 81년간이나 있다가 태어났기 때문에 老子라고 이름을 지었다는 신화적인 이야기를 들려준다.[574]

노자가 역사적 인물이냐, 전설적인 인물이냐는 문제는 아직도 학계에서 논란이 된다. 그러나 대체로 老子는 孔子(紀元前 552년~479년)보다 먼저 산 실재했던 인물이며, 생전에 공자와도 1회 내지 3회 정도 만난 일이 있는 인물이라고 보는 주장이 지배적이다.[575]

한편 증산은 老子에 대한 신화적인 이야기를 들려준 다음 이러한 행위는 不孝가 아니냐고 비판한다. 그렇다면 도대체 증산은 노자가 81년간이나 어머니의 뱃속에 있었다는 신화적 이야기를 믿었단 말인가?

더욱이 증산은 도교의 중심사상인 無爲自然思想에 대해서는 일언반구도 없이, 孝라는 儒敎的 가치 판단의 잣대로 도교의 창시자를 재려는 愚를 범했다. 결국 증산은 노자가 81년간이나 어머니의 뱃속에 있었다는 사실(?)을 전제한 다음 그렇게 비판한 것이다. 따라서 증산의 노자에 대한 비판은 비판이 아니라 억지에 불과하다.

그리고 증산이 老子의 저작에 대해 異端이라고 표현한 일도, 일정한 입장에 서서 그를 폄하한 일이므로 적당한 평가가 아니다. 아마도 증산이 孝라는 잣대로 노자를 평한 일을 미루어 볼 때, 그는 儒敎的 正統의 입장에서 노자를 이단으로 본 듯하다.

그런데 老子가 지었다고 믿어지는 5,000여 글자로 이루어진 『道德經』이[576] 현존한다. 그렇다면 혹시 증산은 『도덕경』이 81章으로

---

574) 이 이야기는 『史記』 『老莊申韓傳』의 注에 실려진 이야기인데, 노자가 출생 시에는 어머니의 좌측 겨드랑이로 태어났다고 전한다. 이외에도 『史記』에는 玄妙玉女의 꿈에 流星이 입으로 들어가 임신한지 72년 만에 노자가 태어났다는 전설적인 이야기도 실려 있다. 한편 『路史』에는 노자가 태어나면서부터 말을 했고, 황색얼굴에 흰 머리였기 때문에 그렇게 이름 지었다는 이야기도 전한다. 『대한화사전』 권 9, 147면과 151면.

575) 박희준 평석, 『帛書 道德經-老子를 읽는다-』(도서출판 까치, 1991), 15쪽~26쪽에 자세한 설명이 있다.

이루어져 있다는 사실을 잘못 전해들은 것이 아닐까?

『도덕경』의 몇 구절을 증산이 인용하고 있다는 사실은 이미 확인되었다.[577] 어쨌든 증산은 노자가 지었다고 믿어지는 책이 없다고 말했고, 이를 읽은 사람조차 없다고 말한 잘못을 저질렀다.

결국 증산이 노자에 대해 비판한 부분은 적절한 평가가 아니었다. 역사적 사실과 종교적 믿음은 구별되어야 할 것이다. 설령 노자가 역사적 인물이 아니라고 하더라도, 老子가 『도덕경』 81장을 남긴 無爲自然思想의 선구적 개척자로 믿어지는 역사적 사실은 엄연히 존재해 왔고 존재하는 것이다.

어떠어떠하다고 믿어지는 사실들이 하나의 체계로 완성해 온 역사적 실체가 바로 종교라고 정의할 수도 있다. 실제 그러했는지의 여부가 문제되는 것이 아니라, 거기에 내포된 의미가 문제되는 것이 종교의 영역이다. 결국 증산은 자신이 노자에 대해 극히 피상적이고 부실한 판단을 내렸다는 점을 인정해야 할 것이다.

증산은 도교의 宗長을 老子에서 水雲으로 교체히여, 도교의 새로운 전개를 시도했다. 증산은 老子를 대신하여 앞으로 仙道를 이끌어갈 인물로서 동학의 창시자인 水雲 崔濟愚를 임명하였다.

동학의 교리체계가 도교로부터 많은 영향을 받았다는 사실에 대해서는 이미 상당한 연구 성과가 있다.[578] 이러한 동학에 대한 도교의 영향을 고려해서인지, 증산은 수운을 동학의 창시자로만 보지 않고 장차 仙道를 대

---

576) 『도덕경』은 모두 81장으로 이루어져 있으며, 상편 37장의 내용을 道經, 하편 44장의 내용을 德經이라고 부른다. 한 사람이 쓴 것이라고 볼 수는 없고, 여러 차례에 걸쳐 편집된 흔적으로 보아 오랜 기간 동안 많은 변형과정을 거쳐 서기전 4세기경에 지금과 같은 형태로 고정되었다고 여겨진다. 『도덕경』의 사상은 한 마디로 無爲自然의 사상이다. 모든 거짓됨과 인위적인 것에서 벗어나려는 사상을 설파했으며, 인간들이 인위적으로 비교하여 만들어낸 상대적 개념으로는 도를 밝힐 수 없다는 입장에 섰다.

577) 물론 『도덕경』을 읽지 않았더라도 "無爲而化"나 "말없는 가르침" 등의 표현은 가능하다.

578) 윤석산, 『용담유사연구』(한양대학교 박사학위논문, 1986)가 대표적인 연구이다.

표하여 자신의 문화통일공사에 참가할 인물로 보았다.

증산은 수운을 "仙道의 모든 도통신과 문명신을 거느리는 宗長"으로 창
조적으로 해석하여 그의 종교적 생명력이 계속 이어지게 했던 것이다.[579]
수운이 道敎의 宗長으로 임명되었다는 증산의 주장에 걸맞게, 수운은 회문
산에 있는 五仙圍碁穴을 중심으로 조선의 국운을 돌리는 증산의 공사에
결정적인 역할을 수행하는 인물로 등장한다.

한편 증산은 과거에는 도를 통한 사람이 없었다고 주장하고,[580] 장차
참된 의미의 도통이 이루어질 것이라고 주장했다. 그리고 이제 사람들이
공평하게 스스로 닦은 정도에 따라 누구나 道를 통할 수 있는 세상이 올
것이며, 자신이 이를 주도할 것이라고 강조했다.[581]

더욱이 증산은 지나간 세상에는 일부에 국한된 사람들만이 술법이나 기
예에 통할 수 있었으며, 그나마 通藝의 차원에도 도달하지 못한 많은 사람
들이 원한을 품게 되었다고 해석한다. 따라서 증산은 기존의 도교로는 이
세상의 모든 사람들의 욕구를 충족시켜 줄 수 없다고 주장한 것이다. 요컨
대 증산은 도교의 제한적인 측면과 불완전한 성향을 비판했다.

라. 공사사상에 나타난 불교적 연원

증산은 불교의 敎祖이자 신앙대상의 하나인 釋迦牟尼 부처님을 높이 평

---

579) 김탁, 『증산교 교리의 창조적 해석』, 앞의 책, 253쪽-257쪽.
580) 하루는 종도들에게 일러 가라사대 과거에는 道通이 나지 아니하였으므로 道家에
    서 陰害를 이기지 못 하야 成事되는 일이 적었으나, 이 뒤에는 도통이 났으므로
    음해하려는 자가 도리어 해를 입으리라.(『대순전경』 3장 142절)
581) 증산은 "모든 일을 뜻대로 행하는 차원"의 도통이 자신의 가르침에 의해 이루어
    질 것이라고 말한다. 그리고 지난 시대의 이른바 도통했다고 주장했던 사람들은
    "알기만 하고 用事하지 못하는 차원"의 도통이었다고 평가한다. 이러한 입장에서
    증산은 도교의 수련을 통해 신선이 되었다고 주장하는 사람들의 수준을 비판했다.

가했다고 전한다.582) 수많은 옛 사람들 가운데 증산이 칭찬한 몇 명 안
되는 인물의 한 사람으로 석가모니가 손꼽힌다는 사실은, 일단 증산이 석
가모니에 대해 긍정적인 평가를 내리고 있었음을 알려준다.

더욱이 증산은 석가모니 부처님이 500여명의 제자를 깨닫게 만들었다는
이야기를 제자들에게 들려주었다.583) 초기 경전에는 증산이 儒佛仙 세 글자
가운데 佛字를 선택한 제자에게 기쁜 표정을 지었다는 기록도 있다.584)

한편 증산은 자신이 한국 불교의 대표적 인물로 제시한 震默大師가 임진왜
란을 해결할 책임을 맡았었다면, 도교와 유교를 대표한 인물과는 다른 방법으
로 해결했으리라고 가정하기도 했다.585)

한편 증산이 불교서적을 읽었다는 사실은, "儒佛仙陰陽讖緯의 모든 글
을 읽었다."는 구절은 물론, 그가 『千手經』을586) 불태웠다는 기록으로도
확인된다.

또 증산은 속히 세상을 바꾸어 주기를 바라는 제자의 마음을 돌리기 위
해, 변산에 있는 불교사찰인 개암사에 가서 비를 내리는 이적을 행한다. 이
처럼 증산은 거처하던 지역에 가까이 있던 불교사찰에 제자들을 데리고 가
서, 자신의 고유한 가르침을 선포했던 존재였다.

---

582) 매양 옛 사람을 評論하실 때 강태공, 釋迦牟尼, 관운장, 이마두를 칭찬하시니라.
(『대순전경』 3장 49절)
583) ……釋迦牟尼는 오백 인을 通케 하였다 하나, 나는 差等은 있을지라도 백성까지
마음을 밝혀 주어, 제 일은 제가 알게 하며, ……(『대순전경』 3장 156절)
584) 『증산천사공사기』 39면~40면. 이 부분은 후대의 증산교 경전의 편찬과정에서는
삭제되었는데, 아마도 증산의 불교에 대한 이러한 언급이 중요하지 않다는 후대
편찬자의 생각이 반영되었던 것 같다.
585) ……지난 임진난리에 靖亂의 책임을……震默이 맡았으면 석 달이 넘지 않고, 이는
仙道와 佛道와 儒道의 법술이 서로 다름을 이름이라. ……(『대순전경』 5장 3절)
586) 『千手經』은 일반 민중들에게 널리 알려진 불교경전이다. 『천수경』은 千手觀音
즉 千手千眼觀世音菩薩의 공덕을 기리는 불경인데, 『千手千眼觀世音菩薩廣大圓
滿無碍大悲心陀羅尼經』의 약칭이다. 증산이 책과 종이를 불사르는 일은 일종의
종교적인 행위이다. 증산의 이러한 행동은 그가 특정한 서적이나 글들을 상징적으
로 신비하게 사용했다는 후대인들의 믿음을 유발시킨다.

이 밖에도 동학군의 행로를 따라 가던 증산이 몇몇 사람들과 함께 鷄龍山 甲寺에서 하룻밤 잤다는 기록이 있으며, 그가 전주 종남산에 있는 松廣寺에서 여러 날을 지냈다는 기록도 있다.

증산과 불교와의 관련을 가장 극명하게 드러내 주는 일은, 그의 이른바 天地大道를 깨달았다는 成道라는 사건이 불교사찰에서 이루어졌다는 사실이다.[587]

증산이 일반인의 삶과 구별되는 가장 큰 이유는 天地公事라는 종교적 행위를 행했기 때문이다. 증산은 천지대도를 깨달아 모든 일을 자유자재로 할 權能을 얻기 위해, 자신이 살던 인근 지역에 위치한 大院寺라는 불교 사찰에 들어가서 수도했다. 그리고 증산이 도를 닦는 과정에서 그 절의 주지가 모든 편의를 돌보아 주었다. 증산이 천지대도를 크게 깨달았던 순간, 그의 옆에는 오직 불교사찰의 주지가 함께 있었다.

특히 증산의 大覺을 설명하고 있는 "貪淫瞋癡 四種魔를 극복했다."는 표현도 불교의 三不善根인 貪慾, 瞋恚, 愚癡를[588] 전제로 한 표현이다.

증산은 자신이 살던 인근 지역의 사찰에 있던 몇몇 스님들과 교유한 일도 있다.[589] 또 증산은 明堂을 쓰기를 원하던 金山寺의 한 스님에게 자신을 믿고 있으라고 말한 일이 있었다.[590]

그리고 대원사 주지였던 박금곡은 증산이 신이한 능력을 지녔다고 믿었다.[591] 증산은 1907년 11월경에 갑자기 자신의 머리카락을 깎겠다고 대원사의 박금곡 주지를 모셔오라고 제자들에게 명했다.[592] 거의 동일한 기록

---

587) 『대순전경』 2장 1절.
588) 대한불교조계종 역경위원회, 『한글대장경』 1, 장아함경 외 14경 (동국역경원, 1965), 189쪽.
589) 『대순전경』 2장 49절.
590) 그런데 증산이 말한 명당은 "후대를 이어줄 아들"이었다.(『대순전경』 2장 49절)
591) ……대원사 주지 朴錦谷과……금곡이 天師의 神聖하심을 앎으로 그 일을 아뢰어 神方을 베풀어주시기를 간청하는지라. ……(『대순전경』 8장 1절) 그는 증산이 成道할 때 그의 隨從을 들어주었던 인물이다. 증산이 治病 활동을 행하게 된 직접적인 계기도 박금곡의 부탁 때문이었다.

이 『증산천사공사기』에 나오는데, 여기서는 더욱 구체적인 삭발이라는 표현이 사용되었다.[593] 증산이 삭발하려는 목적 아래 불교사찰의 스님을 모셔오라는 말을 한 적이 있다는 점에서 그의 불교 취향성의 일단을 짐작할 수 있다.

"佛之形體, 仙之造化, 儒之凡節."이라는 글귀는[594] 증산의 유일한 친필저작으로 믿어지는 『玄武經』에도 있다. 이처럼 불교를 形體라고 정의한 일은 증산 이전의 불교 관련 자료에서는 찾아보기 어렵다. 결국 形體는 증산이 독특하게 불교를 정의한 용어로 보아야 할 것이다.

그리고 『현무경』과 『대순전경』에 佛仙儒라는 글귀가 보이는데,[595] 증산이 불교를 도교와 유교보다 먼저 언급하고 있다는 점이 특기할 만하다.

한편 『현무경』에 "受天地之寂滅, 佛之養生."이라는 구절이 보인다. 이에 대해 후대의 증산교단에서는 증산이 우주 생명의 原始返本에 따라 종교통일이 이루어지게 만든 公事 내용이라고 풀이하기도 한다.[596] 여기서 증산이 佛敎에 대해 언급한 용어인 寂滅은 불교용어로서,[597] 번뇌를 벗어나 生死의 累를 끊는 경지를 가리키며 涅槃으로 번역하기도 한다.

또 증산은 불교에 대해 "不信看我足知覺."이라고 정의하기도 했다. 이를 "나의 만족한 知覺을 보고도 불신하니"라고 해석한 경우도 있다.[598] 그러나 필자의 견해는 이와 다르다. 필자는 역사적으로 儒佛仙이 순서에 따라 발생했다는 점을 밝힐 수 없을 뿐만 아니라, 유교, 불교, 도교를 각기 道, 敎, 德으로 특성화시킬 수만은 없다고 생각한다.

---

592) 『대순전경』 3장 34절.
593) 『증산천사공사기』 79면. 剃髮은 머리를 깎는 일로 중이 되는 일이다.
594) 『대순전경』 4장 142절.
595) ……佛仙儒 一元數 六十三合爲吉凶度數……(『대순전경』 4장 137절), 『대순전경』 4장 142절.
596) 안경전, 앞의 책, 187쪽-188쪽.
597) 적멸에 대한 불교경전의 용례로는 『法華經』 『序品』의 "或有菩薩, 見寂滅法."과 『維摩經』 『佛國品』의 "一切法皆悉寂滅."이라는 구절이 있다.
598) 장병길, 『大巡眞理講話』(大巡眞理會 출판부, 1978), 21쪽-22쪽.

필자는 증산이 『현무경』에서 虛靈符, 知覺符, 神明符라는 이름의 부적을 그린 일이 있다는 사실로 미루어 볼 때, 마지막 두 글자가 각각 떨어져서 해석되어야 한다고 본다. 특히 불교에 해당하는 둘째 구절의 足은 "족하다."는 뜻이 아니라 "발"로 풀이해야 한다.

따라서 필자는 "(석가는) 내 발을 보고서도 믿지 못하겠는가?(라고 말했다.) 智覺."이라고 풀이한다. 마지막의 智覺을 굳이 해석하자면, 불교 진리의 요체는 지각에 있으니, 釋迦가 그의 발을 드러내 보이면서 제자에게 죽음의 진리를 깨우치라고 가르쳤다는 의미이다.

필자가 주장하는 이러한 해석이 가능한 결정적인 단서는 禪宗의 迦葉에 대한 釋迦의 三處傳心이라는 교리이다. 석존의 입멸에 대해 전하는 신비한 이적은 생략하더라도, 제자의 한 사람인 가섭이 도착하기를 기다려 火葬이 거행된 것은 역사적 사실이다.[599]

한편 佛陀가 그의 法을 가섭에게 전한 것은 모두 세 번으로 알려져 있다. 소위 三處傳心이 그것이다. 尼連河畔에서 불타가 열반한 槨 앞에서 가섭이 눈물을 흘리니, 불타가 두 다리를 槨에서 나오게 해 보이셨다는 <槨示雙趺>의 소식이 세 번째 傳心이다.

불교의 중국적 전개인 禪宗에서는 불타가 49년간 설법한 것보다 이 삼처전심이 더욱 중요한 사상이라고 주장한다.[600] 어쨌든 증산이 썼다고 전하는 "不信看我足"이 불교와 관련된 구절이 분명하다면, 이 구절은 禪宗에서 주장하는 삼처전심설의 하나로 풀이해야 한다는 것이 필자의 견해이다.

---

599) 이에 대해 2세기경에 馬鳴이 지었다고 전하는 『붓다차리타』에는 가섭이 석존의 몸을 뵈옵기를 원하였기 때문에 죽은 석존의 몸에 세 번이나 불을 붙여도 타지 않았으며, 가섭의 일행이 이르러 슬피 한탄하면서 얼굴을 우르러고 석존의 두 발에 공경하여 예배하자 비로소 불이 붙었다고 전한다. 馬鳴 著. 김달진 譯註, 『붓다차리타』(고려원, 1988), 365쪽~365쪽.

600) 그러나 삼처전심에 대한 이러한 불교교리는 원시불교에서는 없었던 것으로, 이는 중국 불교에서 독특하게 발전한 사상이다. 즉 唐. 宋代에도 발견할 수 없는 이 삼처전심이라는 傳說은, 敎宗에 대한 禪宗의 純一한 교리로서, 이후 천 년 동안이나 禪家에서 가장 중요한 사상이 되었다.

그리고 증산이 『현무경』에서 兜率이라는 용어를 썼던 일에 대해 일부 증산교단에서는 증산이 하늘나라에 있을 때 거한다고 믿어지는 九天의 이름이 바로 통일을 의미하는 兜率天이며, 이 聖所에 御在하는 증산이 바로 彌勒尊佛이라고 주장한다.[601] 원래 兜率은 불교용어인데 欲界 六天의 第四天으로서 欲界의 淨土를 가리키는 말이다.[602]

또 증산은 『현무경』에서 陳設圖라는 그림 아래 南無阿彌陀佛이라고 적었다.[603] 이 밖에도 증산은 불교서적의 일부 구절을 인용하여 자신의 사상을 펼치는 데 사용했다.[604]

그리고 증산은 "3일간만 마음을 닦더라도 천년 동안의 보물이 될 것이요, 백년간이나 재물을 탐하더라도 하루아침에 티끌로 변하리라.(三日修心千載寶, 百年貪物一朝塵.)"에서 일부를 인용하였다. 이 글귀의 원전인 『自警文』은[605] 신라 元曉의 『發心修行章』과 고려 知訥의 『誡初心學人文』과 합본하여, 흔히 『初發心自警文』이라는 이름으로 沙彌科의 교재로 사

---

601) 안경전, 앞의 책, 188쪽.

602) 한편 도솔은 彌勒菩薩이 사는 곳이라고 전하며, 兜率天이라고도 부른다. 그리고 兜率宮은 須彌山 꼭대기에 있는 七寶로 된 궁전인데, 석가여래가 전생에 머물렀다고 전한다. 결국 도솔은 미륵보살과 관련되거나 석가가 전생에 머물렀던 고귀한 장소이다.

603) 南無는 梵語 Namas 또는 Namo의 漢譯語이며, 중생이 佛, 法, 僧 三寶에 진심으로 귀의하고 敬順한다는 말이다. 한국불교대사전편찬위원회, 『한국불교대사전』(寶蓮閣, 1982) 그리고 阿彌陀佛은 梵語 Amita-Budda이다. 아미타불은 無量하다는 뜻으로서 西方極樂世界의 救主의 이름이며, 그 곳에서 대중을 위하여 설법하고 있다고 믿어지는 佛이다. 따라서 南無阿彌陀佛은 아미타불에 귀의한다는 뜻이다.

604) 돈이란 것은 循環之理로 생겨 쓰는 것이오, 구하여 쓸 것은 못되니 百年貪物이 一朝塵이라 하느니라.(『대순전경』 6장 10절)

605) 『자경문』은 총 1,987자로 이루어져 있으며, 총설격인 警覺文이 있고 본론격인 自誡文으로서 열 가지를 열거하고 있으며, 결론격인 용맹정진을 당부하는 내용으로 구성되었다. 한편 『자경문』의 저자는 野雲和尚인데, 신라의 야운이라는 설과 고려 말엽의 懶翁和尚(1320~1376)의 제자로 여겨지는 야운이라는 두 가지 설이 있다. 이 가운데 祖師關이라는 어구가 나온다는 서지학적 입장에서 고려의 야운으로 보는 설이 유력하게 받아들여진다. "백년탐물일조진"이라는 글귀는 두 번째 경계문에 나오는 내용이다.

용되어 왔다.

증산이 재물을 탐하지 말라는 경계의 말을 제자들에게 해주면서 『자경문』의 글귀를 외워준 일은, 최소한 증산이 어떤 경로를 통해서든지 이 구절을 전해들은 일이 있었음을 짐작하게 한다.

더욱이 『자경문』은 현재에도 불교 교단에 입문하려는 출가인에게 필수적으로 읽혀지는 대표적인 책이라는 점을 생각한다면, 증산이 기본적인 불교의 교리에 대해서 일정한 수준 이상의 지식을 지녔을 것이라고 평가할 수 있다.

또 증산이 지었다고 전하는 五呪 가운데 네 번째 주문인 "明德觀音八陰八陽, 至氣今至願爲大降."에 나오는606) 觀音은, 梵語로는 Avalokitesvara이며 觀世音의 약칭이다. 관음은 大慈大悲를 근본 誓願으로 하는 보살의 이름인데, 세상 사람들이 이 보살의 명호를 부르는 것을 듣고 구원해 주기 때문에 이렇게 이름 붙여졌다.

증산교단의 대표적인 주문인 太乙呪에서 가장 많이 사용되는 吽이라는 글자는 梵語 Hum의 音似語이다.607) 증산은 제자들에게 불교의 주문에서 자주 사용되는 吽이라는 글자가 4번이나 언급되는 태을주를 항상 외울 것을 강조했다. 이는 증산이 불교의 주문이나 진언에도 어느 정도 익숙해져 있었을 것이라는 짐작을 가능하게 한다. 더욱이 증산은 태을주를 중이 염불하듯이 읽으라고 말한 적도 있다.608)

한편 증산은 이상세계를 설명하면서도 불교적인 표현을 사용했다.609) 번

---

606) 이 구절을 장병길은 "유교의 明德, 불교의 觀音, 팔괘의 八陰八陽의 거룩한 氣를 이제 이루도록 크게 내려주십시오."라고 풀이했다. 장병길, 앞의 책, 174쪽-175쪽.

607) 이 글자는 諸天의 모든 種子인 阿, 賀, 汚, 磨라는 네 글자가 모여서 된 것인데, 온갖 교의가 이 한 글자에 들어 있다고 전한다. 그리고 훔이라는 말은 원래 소의 울음소리에서 나왔으며, 예부터 베다 儀式의 모든 眞言에 사용되었다고 전한다. 훔은 降伏의 眞言의 끝에 붙이는 音이며, 훔이라는 글자 자체가 一切의 萬法을 갖추고 있다고 믿어진다.

608) ……태을주를 중이 念佛하듯이 스물한 번을 읽게 하신 뒤에…… (『대순전경』 7장 9절)

뇌가 그치고 과거, 현재, 미래, 十方世界의 모든 일을 통달한다는 그의 말
은 불교적인 표현이다.

그리고 증산은 장차 세상에 발생할 엄청난 병겁을 구원한다는 개념으로
서 醫統을 제시했다. 이 의통이라는 용어는 기존의 한자어에서는 찾아볼
수 없는 독특한 것이다.

질병을 다스린다는 의미인 醫統과 비슷한 용어로 불교의 醫方明이 있
다. 醫方明은610) 五明의 하나이다.611) 장차 발생할 병겁에 대비하여 증산
이 제시한 대비책이 바로 醫統이다.

증산이 생각한 의통은 세상의 온갖 고통 받고 병든 것들을 고치는 성인
이 행할 임무이다. 이러한 그의 해석에 따르면 불교의 醫方明이 세상의 모
든 병의 원인을 살피고 이를 고치는 방법을 총칭하므로, 醫統이 뜻하는 바
와 비슷하다.

또 開眼은 눈을 뜨고 바로 본다는 의미로서, 원래 불교용어이며 佛道의
진리를 깨닫는 일을 가리킨다.612) 이 개안은 증산교단에서 종교체험을 행
하는 첫 단계로 널리 알려졌던 용어이다.

그리고 증산이 사용한 原始返本이라는 용어도613) 불교의 返本還元이라
는 용어에서 연유한 듯하다. 불교적인 깨달음을 얻는 과정을 표현한 유명한
『十牛圖』의 아홉 번째 그림의 제목이 반본환원이다. 증산은 반본환원이라는
불교용어를 참고하여, 原始返本이라는 용어를 독창적으로 창안했던 것이다.

---

609) ……모든 번뇌가 그치므로……지혜가 밝아서 과거 미래 현재 十方世界의 모든
    일을 통달하며……(『대순전경』 5장 16절)
610) 醫治의 방법으로서 地水火風의 부조화, 息病, 寒熱 등 모든 병의 원인을 탐구하
    고 이를 고치는 방법이다. 석가모니 부처님은 일찍이 태자로 계셨을 때, 帝王學의
    한 부문으로서 醫方明을 배우셨다고 전한다.
611) 井上円了, 『外道哲學』에서 재인용. 服部敏良 지음. 이경훈 옮김, 『佛敎醫學』(경
    서원, 1987), 52쪽-56쪽.
612) 전하여 개안은 佛像을 落成할 때 행하는 의식을 가리키는 용어이다. 『大漢和辭
    典』, 권 11, 714면.
613) 이 시대는 원시반본하는 시대라. ……(『대순전경』 6장 124절), ……이제는 원시반
    본이 되어……(『대순전경』 6장 125절).

증산은 자신의 탄강 이유에 대해 佛陀와 菩薩들이 하소연했기 때문이라고 설명한다. 더욱이 九天에 있던 증산이 이 땅에 내려와서 처음 머무른 곳이 바로 金山寺였다.

이에 따라 증산은 금산사의 彌勒金像에 靈的인 存在로 삼십년간이나 머물렀던 신비한 존재로 믿어진다. 증산이 한반도에서도 특히 전라도 모악산에 위치한 금산사의 미륵금상에 30년간 머물렀다는 이야기는, 그 진위 여부와는 관계없이 금산사의 미륵불신앙과 연결되어 많은 사람들에게 믿어졌다.

나아가 증산은 불교의 기본적 교리인 因果應報說을 인정했다.[614] 증산은 구체적으로 前生이라는 용어를 사용했다. 따라서 증산은 불교의 윤회설을 긍정했다고 평가된다. 前生에 지은 인연에 의해 現世의 사건이 일어나며 일단 잘못을 저지르면 來世를 통해서라도 반드시 갚음이 있다는 증산의 설명은, 불교의 교리체계와 비슷하다.

또한 증산은 자신의 신분을 중이라고 말하고, 지나가는 노파에게 쌀을 동냥하기도 했다. 이때 그는 "중은 원래 걸식하는 것이다."라고 자신의 행위에 대해 설명하며, 그 타당성을 그 일을 행한 장소가 佛可止라는 사실을 통해 입증했다고 믿어진다.

따라서 증산은 불가지라는 지명을 지닌 장소에서 자신이 佛이라고 주장하며, 이를 乞食하는 구체적인 행위를 통해 제자에게 보여주었던 것이다. 이는 증산이 스스로를 부처라고 인식하고 있었던 사실을 강조하기 위해 행했던 일이다. 그리고 증산은 佛可止라는 지명을 부처가 머무를 장소라고 풀이했으며,[615] 萬人을 살릴 수 있는 곳이라는 전통적인 믿음이 그 곳에

---

614) 신경수가 돼지 한 마리를 기르다가 도적맞아 잃어버리고 와서 아뢴데, 가라사대 그 돼지를 찾지 말라, 네 前生에 그 사람의 눈을 속여서 손해를 붙였으므로 이제 그 보복을 받나니라.(『대순전경』 3장 155절)

615) 이 뒤에 치복과 여러 종도들에게 일러 가라사대 佛可止는 佛이 가히 그칠 곳이란 말이요, 그 곳에서 可活萬人이라고 일러 왔으니, 그 기운을 걷어 창생을 건지리라 하시고 교자를 타고 불가지로 가시며……(『대순전경』 4장 161절)

전한다고 설명한다.616)

한편 증산은 胡僧禮佛이라는 이름이 붙은 혈 자리를 公事에 신비하게 이용했던 인물로 믿어진다.617) 그에 따르면 胡僧禮佛이라는 명당은 전라북도 務安郡에 있는데, 造化가 佛法에 있기 때문에 호승예불의 기운을 거두어 쓴다고 주장했다.618)

이처럼 호승예불이라는 명당은 증산에 의해 佛法의 造化를 간직한 성스러운 장소로 상징되어, 장차 인류를 구원하기 위한 증산의 종교적 행위에 신비하게 사용되었다고 믿어진다. 결국 증산은 불교적인 의미를 지닌 풍수적인 명당을 자신의 종교적 행위에 결부시켰던 것이다.

그리고 증산은 스님의 옷을 자신의 公事에 사용하기도 했다. 증산은 산하대운을 돌리고 남조선 배 도수를 돌리는 공사라고 지칭한 일련의 종교적 행위에 중의 옷을 사용하였다.619) 그런데 증산이 행한 이 공사가 조선 중기의 스님이었던 震默의 영혼을 부르는 일이라는 초기 경전의 설명도 있다.620)

증산이 남긴 『혀무경』에 "耳目口鼻 性理大全 八十卷 震默大師 聰明道通"이라는 내용이 있다. 이처럼 증산이 직접 "진묵대사"라는 글귀를 썼다는 점으로 보아, 그는 자신이 살던 인근 지역에서 널리 알려진 유명한 스님이었던 진묵에621) 대해 알고 있었다.

---

616) 나아가 그는 전설에 응해 불가지의 기운을 거두어 창생을 구원하기 위해 제자들과 함께 불가지로 가서 여러 가지 종교적 행위를 행했다.(『대순전경』 4장 162절)

617) ……胡僧禮佛로 앉인 판이 되며,……이로써 밑자리를 정하야 山河大運을 돌려 發蔭케 하리라.(『대순전경』 5장 7절) 이 외에도 3장 68절, 4장 158절 등에 胡僧禮佛이라는 용어가 나온다.

618) ……양지 중앙에 胡僧禮佛……造化는 佛法에 있으니 胡僧禮佛 기운을 걷어 造化를 쓰고……(『대순전경』 4장 159절).

619) 『대순전경』 4장 15절.

620) 『증산천사공사기』 54면.

621) 震默은 朝鮮 明宗, 仁祖 때의 고승인 一玉(1562~1633)이다. 진묵은 전라북도 만경면 佛居村에서 출생했던 인물인데, 7세에 출가하여 전주 鳳棲寺에서 오랫동안 住錫했으며, 그 후 母岳山 大院寺, 邊山 月明庵, 珍山 太古寺 등에서 수도하고 在世時에 숱한 이적을 남긴 인물이다.

증산은 제자들에게 진묵과 鳳谷 金東準(1575~1661)에 얽힌 전설적인 이야기를 들려주기도 했다.[622] 민담과는 달리 역사적인 인물인 봉곡과 진묵은 서로 왕래하며 두텁게 교유한 사이였다. 증산이 해 주었던 이야기는 『진묵대사유적고』에 나오는 기록을 근거로 민간에서 전하던 이야기이다.

진묵과 증산과의 관계는, 증산이 천지대도를 대각했다는 장소인 大院寺가 바로 진묵대사가 중창한 절이라는 점에서 그 실마리를 찾을 수 있다. 증산이 진묵대사의 신이한 행적에 대해 전해 들었던 때는, 그가 대원사에서 수도할 무렵으로 짐작된다. 아마도 증산이 그의 극적인 종교체험을 했던 장소에 얽힌 진묵대사에 대한 이야기를 마음 깊이 기억했다가 훗날 제자들에게 들려주었을 것이다.

어쨌든 증산은 이야기의 말미에서 진묵이 "東洋의 道通神을 거느리고 西洋으로 갔다."고 말했는데, 이는 증산이 지어낸 말이다. 증산이 진묵대사의 이야기를 제자들에게 해 준 것은 진묵대사의 신이한 행적을 전해주기 위해서였으며, 보다 근본적인 이유는 진묵대사가 "각 지방 문화의 정수를 모아 천하를 크게 문명케 하고자 했던 위대한 인물"이었음을 강조하기 위한 것이었다.

이제 진묵은 단순히 술법을 부리는 신이한 승려가 아니라, 증산에 의해 천하를 이롭게 하기 위한 경륜을 품었던 위대한 인물로 승화되었다. 나아가 증산은 震默이 동양의 도통신을 거느릴 정도의 능력을 지녔던 인물이었으며, 그가 한 유학자의 질투심에 의해 이 땅에 그의 웅대한 꿈을 이루지 못하고 서양으로 건너갔기 때문에, 서양의 문명이 동양 보다 발전하게 되었다는 종교적 해석을 시도한다. 결국 증산은 전라도 지역을 중심으로 전승된 진묵대사에 대한 이야기를 새롭게 재구성하여 자신의 교리체계에 포함시켰던 것이다.

한편 증산은 대승불교의 주요 경전인 『화엄경』에서 유래한 海印을 적극

---

622) 『대순전경』 3장 147절.

적으로 수용하여, 이를 제자에게 전해주겠다고 약속하기도 했다.623) 해인
은 여러 가지 話素가 복합적으로 얽혀 있는 한국의 대표적인 보물로서 오
랫동안 믿어져 왔다.624) 이처럼 불교에 연원을 둔 해인신앙은 증산에 의
해 세상을 구원할 성스러운 물건으로까지 표현되었다.

한편 증산은 당시의 불교가 더 이상 제대로의 기능을 수행하지 못하고
있으며, 백성을 속이고 세상을 현혹시키는 지경에 이르렀다고 평가한다.625)
誣民惑世로 표현된 증산의 불교관은 佛法을 수호할 책임을 지닌 승려의 역
할에 대한 부정적인 인식으로 드러난다.

실제로 증산은 전북 종남산 기슭에 위치한 송광사에 가서 스님을 "요망
한 무리"라고 호칭하였다.626) 더욱이 그는 "산 속에 모여 불법을 빙자하고
갖은 악행을 저질러 세상에 해독을 끼친다."라고 승려들의 활동에 대해 부
정적으로 평했다.

증산은 불교계의 현실을 이렇게 극단적으로 비판하고 나서, 송광사의 법
당 기둥을 손으로 잡아당겨서 무너뜨리려는 구체적인 행동을 취했다고 전한
다. 증산이 특정 종교의 성소에 찾아가서 해당 종교의 활동에 대해 비판한
일은 드문 일이다.

이처럼 증산이 불교의 사회적 기능에 대해 부정적으로 평가했던 사실
은, 『대순전경』에 등장하는 승려가 부정적인 인물로 나타나는 점에서도

---

623) 증산이 김형렬에게 "잘 믿는 자에게 海印을 전하여 주리라."라고 말했다.(『대순전
경』 3장 42절)

624) 해인은 원래 『화엄경』을 설하실 때 부처님께서 드셨다는 海印三昧의 산스크리트
어에 대한 漢譯語이다. 華嚴의 宗旨가 한반도에 유입되는 과정에서 義湘大師가
작성한 『法界圖』의 圖像이 그의 가르침을 이어받은 제자들에 의해 간직되었다.
의상의 法孫이 되는 神琳의 제자인 順應과 利貞에 의해 합천 海印寺가 창건되었
으며, 오랜 시간이 흐름이 따라 점차 海印寺에 해인이라는 보물이 간직되어 있다
는 민중의 믿음으로 발전되기에 이르렀다. 그 후 『임진록』에서는 사명당이 해인을
가지고 왜국을 항복시켰다는 이야기로 구체화되었으며, 마침내 眞人이 南海에서
海印을 가지고 출현한다는 『格庵遺錄』의 비결로 정착되었다.

625) 『대순전경』 1장 27절.

626) 『대순전경』 1장 25절.

확인된다.

증산은 東學軍을 따라 淸州전투에 참여한 적이 있는데, 이때 동학군에 妖僧이 있어서 이 요망한 중의 말을 듣기 때문에 결국 동학군이 멸망할 것이라고 말했다.[627] "요망한 중"이라는 표현이 가능한 것도 불교 성직자에 대한 증산의 거부감이 드러난 것이다.

또 증산이 급병에 걸린 사람을 치료해 주는 방편으로 어떤 사찰의 노스님에게 그 병을 옮기게 하여 고쳐주었다는 이야기도 전한다.[628] 이는 당시에 비천하게 여겨지던 승려의 처지를 반영한 기록이라고 평가된다.

한편 증산은 석가의 탄생지를 西域이라고 표현했는데,[629] 석가모니에 대해 다음과 같이 비판한다.

> 유월 스무 이튿날……또 釋迦牟尼를 부르사 가라사대 樹陰 속에 깊이 앉아 남의 子侄을 誘引하야 부모의 倫氣와 陰陽을 끊게 하야 人種을 절멸시키려 하니, 그대가 國家를 아느냐? 先靈을 아느냐? 蒼生을 아느냐? 그대는 이곳에서 쓸 데 없으니 딴 세상으로나 갈지어다 하시고……(『대순전경』 4장 172절)

증산은 불교의 진리에 대해 본격적으로 비판한 것이 아니라, 불교의 사회적 기능에 대해 단편적인 안목에서 비판했다. 깨달음을 얻고자 출가하는 일은 불교교단 내에서는 지극히 당연한 일이며, 성스러운 삶의 선택이다. 그런데 증산은 불교의 출가제도에 대해 부모 자식간의 관계를 파괴시키고, 남녀의 정을 무시하여, 결국은 사회의 유지에 역기능적인 역할만 할 뿐이라고 비판한다.

증산이 석가모니에 대해 "남의 자식을 유인하여 인종을 절멸시키려 한다."라고 비판한 것은, 불교의 본질에 대한 비판도 아니며, 특정한 단점을 지나치게 확대해석한 비난조의 말투에 불과하다. 더욱이 증산의 이러한 비

---

627) 『대순전경』 1장 18절.
628) 『증산천사공사기』, 60면.
629) ……佛字 옆에 西域이라 쓰사 불사르시고……(『대순전경』 4장 164절)

판은 이미 증산 이전에도 흔히 있었던 비판이었다는 점에서 독특한 면이 없다.

이러한 儒學的인 입장의 비판에 대해, 불교는 기본적으로 出世間의 道이니 世間道를 하는 입장에서의 비판은 불교인에게는 전혀 관련이 없는 비판을 위한 비판일 뿐이라는 반론이 있다. 즉 불교의 大悲行願的 救世思想을 고려해 보지 못한 비판이라는 견해이다.630) 결국 증산의 불교 비판은 기존의 불교에 대한 비판을 그대로 답습하는 정도이며, 그 내용에 있어서도 전혀 새로운 것이 없다.

증산은 새로운 시대를 이끌어갈 각 종교의 대표자들을 자신이 새로 임명하는 이른바 "宗長의 교체"를 시도한다. 증산은 불교를 대표하는 인물로 震黙을 임명했다.631) 증산교인들은 진묵이라는 새로운 인물로 대표되는 불교가 비로소 기존의 한계를 극복하고 새로운 도약을 할 준비를 갖추었다고 믿는다. 이에 따라 震黙이 중심이 되어 각기 다르게 전개되어 왔던 여러 교파들의 장점을 취합하여 새로운 불교문화를 이룩할 것으로 기대한다. 종교적 진리의 주체는 역시 사람이라는 입장에서, 증산은 宗長의 교체를 주장했던 것이다.

한편 증산은 불교 교리의 핵심을 미래불인 彌勒佛의 출세를 기다리는 것이라고 파악했다.632) 증산은 불교를 교조인 釋迦牟尼가 기다려지는 신앙체계가 아니라, 새로 오실 부처님인 미륵불을 기다리는 종교라고 규정한다. 그는 미륵부처님이 모든 중생을 교화하여 佛國土를 지상에 마련하기 위해 올 것이라는 믿음이 불교의 이상이라고 이해하였다.

나아가 증산은 자신이 바로 새로 온 부처님이라는 사실을, 자신을 부처님에 비유한 제자의 마음을 미리 알고 있었다는 이야기로 넌지시 알려준

---

630) 이종익, 『鄭道傳의 闢佛論 비판』, 『불교학보』 제 8집 (동국대학교 불교문화연구소, 1971), 283쪽.

631) ……震黙은 佛道의 宗長이 되고…… (『대순전경』 5장 9절)

632) ……佛敎徒는 彌勒의 出世를 기다리고……(『대순전경』 3장 144절)

다.[633] 이처럼 증산은 제자들에 의해 부처님이라고 믿어졌으며, 구체적으로는 金山寺의 彌勒佛이라고 믿어졌다.

또 증산은 자기를 대접하기 위해 솥을 팔려는 제자에게 "솥이 들썩임은 미륵불이 출세함이로다."라고 말해주었다.[634] 이는 자신이 바로 금산사에 있는 솥 위에 서 있는 미륵불이라는 주장이다. 증산 스스로 자신을 미륵불에 비유한 일에 연유하여, 증산이 금산사의 미륵불과 닮았다는 이야기와 그의 미간에 있는 점이 바로 미륵부처님의 표시라는 인식이 널리 알려졌다.[635]

나아가 증산은 자신이 바로 미륵불이라고 강조했다.[636] 그는 자신이 미륵불이라는 증거로서 입안에 있는 붉은 점을 제자들에게 보여주었다. 시간이 흐르면서 이러한 직설적인 표현은 점차 사라지고, 증산이 "내가 금산사로 들어가리니, 나를 보고 싶으면 금산사로 오라."고 했다는 말만 기록된다.[637]

금산사 내의 구체적인 장소가 지칭되지 않고 단순히 금산사로 들어가겠다는 말과 초기 경전에 나타난 금산사 미륵불이라는 주장은 상당한 차이가 있다. 이러한 차이에 대해 필자는 금산사가 불교사찰이므로, 불교와의 대립과 갈등을 피하려는 후대인들의 의도가 반영되었다고 본다.

그리고 증산은 金山寺의 인근 지역에 대해 특별한 관심을 표명했으며, 장차 자신의 가르침이 세상에 뻗어갈 전진기지의 역할을 행할 지역이라고도 말했다. 이와 연관하여 증산은 금산사를 높이 평가한 시를 남기기도 했다.[638]

---

633) 『대순전경』 2장 73절.
634) 『대순전경』 4장 2절.
635) 天師께서는 얼굴이 원만하사 金山 彌勒佛과 흡사하시며, 兩眉間에 佛表가 있으시고……(『대순전경』 2장 134절)
636) 나는 彌勒이니 나를 보고 싶거든 金山 彌勒을 보라 하시고, 또 가라사대 金山 彌勒은 如意珠를 손에 들엇스나 나는 입에 물엇노라 하시며, 下唇안에 朱點을 보이시더라.(『대순전경』 초판(1929) 13장 1절)
637) 또 가라사대 내가 金山寺로 들어가리니, 나를 보고 싶거든 금산사로 오라.(『대순전경』 9장 11절)

또 증산은 자신의 죽음에 임박하여 제자들에게 자신이 얼마동안 금산사에 머물 것이라고 말하기도 했다.[638] 그리고 증산은 자신이 遊佛이 되리라는 말도 했다.[640] 미륵불은 앉아서 침묵하는 부처가 아니라, 서서 활동하는 부처이다. 따라서 遊佛은 彌勒佛을 뜻한다. 결국 증산은 자신이 각지를 떠돌아다니면서 중생들을 교화하고 구원하는 활동하는 부처가 될 것이라고 말했던 것이다.

증산교인들은 석가모니로 상징되는 것이 기존의 불교적 믿음이었다면, 이제 새 시대를 맞이하여 미륵불인 증산을 신앙하는 일이 바로 새로운 불교에 요구되는 믿음이라고 주장한다.

증산은 자신을 彌勒佛이라고 확신했으며, 이러한 그의 믿음은 증산이 金山寺의 彌勒佛과 동일시되는 후대인의 믿음으로 전개되었다. 증산은 자신이 부처이며 미륵불이 출세한 몸이라고 주장함으로써, 모든 중생을 교화시키고 이상세계를 건설하기 위해 지상에 강림한다는 미륵불에 대한 민중들의 오랜 신앙과 기대를 충족시켜 주고자 했다.

더욱이 증산의 이러한 주장은 그의 얼굴이 금산사의 미륵불과 비슷하며, 두 눈썹 사이에 佛表가 있으며, 입안에 붉은 점이 있다는 사실로 뒷받침되었다.

불교의 핵심을 미륵불의 출세를 기다리는 종교라고 파악한 증산은, 자신이 바로 그토록 오랜 시간 동안 염원되던 미륵불이라고 주장함으로써, 불교를 스스로의 사상체계에 흡수시키고 있다. 시대적으로 후대에 발생한 증산교의 이러한 주장은 불교인들의 신앙을 끌어안아 보려는 몸짓으로 평가할 수 있다.

---

638) ……天下之大金山寺……淸風明月金山寺……(『대순전경』 3장 136절)
639) 또 가라사대 내가 金山寺로 들어가서 佛養侤이나 차지하리라.(『대순전경』 9장 9절)
640) 또 형렬에게……너는 坐佛이 되어 處所를 잘 지키라. 나는 遊佛이 되리라 하시니라.(『대순전경』 3장 40절)

마. 공사사상과 耶蘇敎의 만남

증산은 동학에 비해 耶蘇敎를 적극 수용하려는 입장이다. 서양에 대한 종교적 대응이 동학의 기본입장이었기 때문에, 동학은 西學에 대해 비판하거나 거부하는 자세로 일관했다.[641] 반면 증산은 耶蘇敎라는 용어로 그리스도교를 인식하여,[642] 耶蘇라는 인물을 교조로 숭앙하는 종교라고 이해했다.[643]

한편 증산은 西洋에 대항하고 배척하기 보다는 받아들이려는 입장이다. 그는 서양을 맞선 상대로 인식하는 차원을 벗어나, 이제 이를 수용하여 자신의 새로운 가르침으로 승화시키려 했다.

증산은 서양에 대해 비를 내리게 하는 신인 雨師가 있는 지역으로서, 비를 내리게 하는 신성한 힘이 있는 장소라고 설명한다.[644] 그리고 증산은 朝鮮을 世界上等國으로 만들기 위해서는 西洋에 있는 神明들을 불러오는 작업이 선행되어야 한다고 말했다. 또 증산은 서양을 강력한 힘을 지닌 장

---

641) 실제로 내면적인 차원에서는 동학의 조직이나 교리에 천주교의 영향이 컸다는 연구 성과가 있다. 김상기, 『동학과 동학란』(대성출판사, 1947), 46쪽~47쪽. B. 윔스 지음. 홍정식 옮김, 『동학백년사』(서문당, 1975), 45쪽~46쪽. 윤성범, 『기독교와 한국사상』(대한기독교서회, 1964), 213쪽~214쪽. 최석우, 『서학에서 본 동학』, 『교회사연구』 제1집 (한국교회사연구소, 1977), 122쪽. 민경배, 『한국기독교와 재래문화와의 만남』, 『기독교사상(1979년 9월호), 39쪽 등을 참고하시오.

642) 『玄武經』과 『大巡典經』에 보이는 그리스도교 관련용어들을 살펴보면, 西學이 1번, 西敎(예수 新. 舊敎)가 1번, 西敎가 1번, 西道가 2번 보이며, 관련용어로는 耶蘇敎書가 2번, 耶蘇敎人이 3번, 耶蘇敎會가 1번, 耶蘇敎堂이 1번, 예수교도가 1번 보인다. 서교와 서도가 각각 2번씩 보이지만 관련용어인 耶蘇敎가 차지하는 빈도수를 고려해 볼 때, 耶蘇敎를 증산교에서 그리스도교를 가리키는 대표용어로 선택한다.

643) 증산은 그리스도교를 耶蘇敎로 표현하고 있어서, 서쪽에서 온 가르침<西學>이라는 용어를 사용한 동학과 비교해 볼 때, 그리스도교에 대해 좀더 많은 정보를 갖고 있다.

644) ……가라사대 네게 將令을 붙여 西洋으로부터 雨師를 불러 넘겨 만민의 渴仰을 풀어주려 하였더니……(『대순전경』 2장 116절) 서양으로부터 雨師를 불러 넘겨 비를 주리라 하시고……(『대순전경』 4장 158절)

소라고 생각했다.645)

한편 증산은 서양에 대해 우호적인 생각을 갖고 있었다. 특히 그들이 발명한 문명이기가 앞으로의 인류 생활에 매우 도움이 될 것이라고 긍정한다.646) 증산은 서양이 발달한 문명을 지니고 있다고 인정했으며, 이에 대한 종교적 설명을 시도하기도 했다.647)

그런데 증산은 서양에서 발전된 문명이 이룩될 수 있었던 궁극적 원인은 동양에 있었다고 설명한다. 즉 증산은 利瑪竇와 震默이라는 두 문화영웅의 노력에 의해 서양문명이 이루어질 수 있다고 종교적으로 해석했다.

> 서양사람 利瑪竇가 동양에 와서 천국을 건설하려고 여러 가지 계획을 내었으나 쉽게 모든 적폐를 고치고 이상을 실현하기 어려우므로 마침내 뜻을 이루지 못하고, 다만 하늘과 땅의 경계를 틔워 예로부터 각기 地境을 지켜 서로 넘나들지 못하던 신명들로 하여금 서로 거침없이 넘나들게 하고, 그 죽은 뒤에 東洋의 文明神을 거느리고 서양으로 돌아가서 다시 천국을 건설하려 하였나니, 이로부터 지하신이 천상에 올라가 모든 기묘한 법을 받아내려 사람에게 알음귀를 열어 주어, 세상의 모든 학술과 정묘한 기계를 발명케 하야 천국의 모형을 본떴나니, 이것이 현대의 문명이라. 그러나 이 문명은 다만 물질과 事理에 정통하였을 뿐이요, 도리어 인류의 교만과 殘暴를 길러내어, 천지를 흔들며 자연을 정복하려는 기세로써 모든 죄악을 꺼림 없이 범행하니, 神道의 권위가 떨어지고 三界가 혼란하야 天道와 人事가 度數를 어기는지라. 이에 利瑪竇는 모든 神聖과 佛陀와 菩薩들로 더불어 인류와 神明界의 큰 겁액을 九天에 하소연하므로, 내가 西天 西域 大法國 千階塔에 내려와서 삼계를 둘러보고 천하에 大巡하다가 이 東土에 그쳐……(『대순전경』 5장 12절)

---

645) 천사 매양 뱃소리를 하시거늘 종도들이 그 뜻을 물은대 조선을 장차 세계 상등국으로 만들려면 西洋神明을 불러와야 할지라. ……(『대순전경』 4장 168절) 그믐날 저녁에 우뢰와 번개가 크게 일어나거늘, 天師 가라사대 이는 서양에서 天子神이 넘어옴이니라. ……(『대순전경』 4장 54절) 결국 증산은 서양에 天子神이라는 신격이 거주했다고 생각했던 것이다.

646) ……그들의 문명이기는 하늘로부터 내려온 것이니라. ……(『대순전경』 4장 123절)

647) ……세상의 모든 학술과 정묘한 기계를 발명케 하야 天國의 모형을 본떴나니 이것이 현대의 문명이라. 그러나 이 문명은……(『대순전경』 5장 12절)

利馬竇는 Catholic Jesuits회의 선교사였던 Mateo Ricci(1552~1610)의 한문식 이름이다. 그는 동양권에 그리스도교를 전파한 핵심적인 인물이다. 특히 조선은 그의 저서인 『天主實義』(1595)를 통해 그리스도교를 소개받았으며, 비로소 서양문물에 대한 각성을 갖게 되었다.

증산은 이탈리아 출신의 가톨릭 신부인 맛테오릿치의 중국 전도를 "天國建設"의 이상을 실현시키기 위한 행동이었다고 평가했다. 즉 증산은 그의 삶을 특정 종교의 전도활동으로 이해하는 것이 아니라, 이상세계를 지상에 건설하려 했던 과정이라고 생각한다.

증산은 맛테오릿치에 의해 하늘과 땅의 경계가 틔워졌다고 말했다. 이때부터 각기 자리를 지켜오던 신명들 사이의 교류가 시작되었기 때문에, 현실적으로 국가와 국가 그리고 동양과 서양 사이의 본격적인 교류가 가능했다고 설명한 것이다.

나아가 증산은 맛테오릿치를 동양과 서양의 만남을 가능케 한 최초의 인물이라고 재평가하며, 나아가 하늘과 땅과의 만남을 가능케 만든 '지상문명의 창시자'라고 주장했다. 더욱이 맛테오릿치는 죽은 다음에도 西洋에 돌아가 天國建設을 위해 노력했다고 설명된다.

따라서 증산은 맛테오릿치를 '인간계와 신계의 경계를 없앤 최초의 인물'이며, '현대문명의 아버지'라고 새롭게 평가한다.[648] 결국 서양은 東洋의 文明神들의 도움으로 발전되었으며, 기본적으로 天上文明을 본받은 것이라는 주장이다.

또 증산은 震默이 죽은 다음에 東洋의 道統神들을 거느리고 西洋으로 건너가 서양문명을 발전시키는 데 노력했다고 말했다.[649] 증산의 이러한

---

648) 김탁, 『증산교 교리의 창조적 해석』, 앞의 책, 261쪽.
649) 진묵이 천상에 올라가서 온갖 묘법을 배워 내려 좋은 세상을 꾸미려 하다가…… 죽은 뒤에 원을 품고 東洋道統神을 거느리고 서양에 건너가서 文化啓發에 役事하였나니…… (『대순전경』 5장 13절) ……내가 각 지방 문화의 정수를 거두어 모아 천하를 크게 문명케 하고자 하였더니, 이제 봉곡의 질투로 인하야 헛되게 되었으니 어찌 한스럽지 않으리오? 이제 나는 이 땅을 떠나려니와……동양의 도통

설명은 동양문명이 낙후된 이유에 대한 종교적 설명이기도 하다.

震默의 죽음은 증산에 의해 '서양문화계발의 원동력'으로 평가되었다. 그리고 증산은 진묵이 품었던 원한은 고국 땅의 仙境建設에 참여함으로써 풀릴 것이라고 주장했다.[650] 결국 증산은 맛테오릿치 신부의 동양전도활동과 불교 승려인 진묵의 설화를 서양문명에 대한 종교적 설명에 이용했던 것이다.

그러나 증산은 서양의 문명발전은 근본적으로 한계를 지닐 수밖에 없었다고 말했다. 증산은 서양은 技藝로, 동양은 造化로 상징했다.[651] 서양은 하늘의 명을 받아 기예로써 성인의 일에 복무하였다. 따라서 동양보다 훨씬 발달한 물질문명을 구가할 수 있었다. 반면 동양은 造化를 가지고 서양인들의 악한 점과 잘못된 점들을 통제하는 역할을 맡게 될 것이다.

증산은 지금까지 서양문명이 발달한 것은 하늘의 예정이었고, 향후 이를 이용하여 보다 건전하고 건강한 문명으로 비약을 이루는 것은 동양의 造化에 달렸다고 주장한 것이다. 서양문명은 물질과 사리에만 밝았고, 정신적으로는 하위의 문명에 불과하다는 비판이다.

결국 증산은 서양문명의 발전으로 인해 전 세계는 심각한 정신적 위기 상황에 처할 수밖에 없게 되었으며, 그 해결의 방책은 동양에서 나올 것이라고 강조한다.

또 증산은 서양은 어두운 곳이며 정신적으로 수준이 낮은 지역이라고 말하기도 했다.[652] 그리고 증산은 背西向東을 서양을 등지고 동양으로 향하라는 말로 풀이한다. 나아가 그는 서양 사람을 믿는 사람은 이롭지 못하

　　신을 거느리고 서양으로 갔느니라 하시니라.(『대순전경』 3장 147절)

650) ……이제 그를 解寃시켜 故國으로 돌려와서 仙境建設에 役事하게 하리라.(『대순전경』 5장 13절)

651) 天이 以技藝로 與西人하야 以服聖人之役하고, 天이 以造化로 與吾道하야 以制西人之惡이니라.(『대순전경』 6장 140절)

652) 하루는 종도들에게 일러 가라사대 西洋이 곧 冥府라. 사람의 본성이 원래 어두운 곳을 등지고 밝은 곳을 향하나니, 이것이 곧 背西向東이라. 만일 서양사람을 믿는 자는 이롭지 못하리라.(『대순전경』 3장 98절)

다고 경고했다.

그런데 증산은 이러한 서양세력에 대해 동양을 지키기 위해 물리쳐야만
될 세력이라고 선언한다.[653] 증산은 서양의 세력을 꺾어버리고 동양을 보
전하기 위해 "日露전쟁을 붙여 일본을 도와 러시아를 물리치리라"라고 말
했다.[654] 이와 연관하여 그는 동남풍을 불게 만들어 일본이 러시아를 이기
도록 도왔다고 믿어진다.[655]

한편 증산은 서양세력을 물리치기 위한 종교적 행위를 한다고 주장했
다.[656] 先天에는 相克이 지배하는 세상이었으므로, 누가 힘이 센가 하는
것이 가치의 기준이 되는 시대였다. 따라서 선천에는 서양이 강력한 무기
의 힘으로 동양을 침범하는 형국이 전개되었다. 그러나 이제 相生의 원리
가 작용하는 後天을 맞이하여, 이러한 무기경쟁의 시기는 지나가리라고 기
대된다. 증산교인들은 이때는 오히려 사람을 살리는 醫統으로써 복을 얻게
되는 세상이 올 것이라고 믿는다.

증산은 『현무경』에 "西有大聖人曰, 西學. 東有大聖人曰, 東學. 都是教
民化民."이라는 글귀를 썼다. 증산은 西學을 서쪽에 있던 大聖人의 가르침
을 집대성한 종교라고 평가했다. 그리고 동학과 함께 서학은 백성들을 가
르쳐 교화시키는 역할을 맡고 있다고 믿는다.

---

653) ……이제 만일 서양 사람의 세력의 물리치지 아니하면, 동양은 영원히 서양 사람
에게 짓밟힌바 되리라. 그러므로 서양 사람의 세력을 물리치고 동양을 붙잡음이
옳으니, 이제 일본사람을 천지의 일꾼으로 내세우리라 하시고, 이에 天地大神門을
열고 날마다 公事를 행하사……그 뒤로 러시아가 海陸으로 연하야 패하니라.(『대
순전경』 4장 10절)
654) 『대순전경』 4장 9절.
655) 증산이 동남풍을 불게 만든 종교적 행위로 인해, 1905년 5월에 쓰시마해협에서
러시아의 발틱 함대 38척이 거의 전멸을 당하게 되었다고 해석한다. 안경전, 앞의
책, 278쪽.
656) ……이제 동양이 서양으로 떠 넘어가는데 공부하는 자들이 이 일을 바로잡으려
하는 자가 없으니 어찌 한심치 아니하리오? ……(『대순전경』 3장 97절) 이제 동
양형세가 위급함이 累卵과 같아서 내가 붙잡지 아니하면 영원히 서양으로 넘어가
리라.(『대순전경』 6장 131절)

증산은 耶蘇敎에 대해서 특별한 비판이 없이 다만 자신의 세력을 신장하기에 진력하고 있다는 정도로 그친다.[657] 또 그는 "耶蘇敎徒는 예수의 再降臨을 기다리고"라고 말하여,[658] 耶蘇敎의 핵심교리를 예수의 재강림을 기다리는 것이라고 이해했다.

그런데 耶蘇敎人은 증산과 관련된 인물들과의 교류에서 상당히 부정적인 인물로 그려진다. 증산의 제자인 박공우가 겪었던 일화를 설명하는 과정에서 그가 예수교인에게 돌로 가슴을 맞았다는 내용이 나온다.[659] 그리고 김형렬은 길에서 예수교인에게 패욕을 당했다.[660] 증산의 중요한 두 제자들이 유독 耶蘇敎 신자에게 돌로 가슴을 얻어맞거나 패욕을 당한다는 일이 공교롭다.

한편 증산은 수운의 경우처럼 耶蘇敎의 서적을 읽는 데 그치지 않고, 직접 耶蘇敎堂에 찾아가서 의례와 교리를 보고 듣는다.

> 丙午 (1906년) 시월에 耶蘇敎堂에 가사 모든 儀式과 敎義를 聞見하신 후에, 송도들에게 일러 가라사대 족히 取할 것이 없다 하시니라.(『대순전경』 3장 11절)

이처럼 증산은 耶蘇敎를 적극적으로 이해해 보려는 노력을 기울였다. 종교통합을 주장하기 위해서는 기존의 모든 사상을 수용해야 한다는 시대적인 요청이 제기됨에 따라, 水雲과는 달리 증산은 耶蘇敎도 포용하고 있음을 명확히 밝혀야 했던 것이다. 따라서 증산은 예수교당에 직접 가서 모든 교의를 듣는 과정을 겪은 인물로 경전에 기록된다. 그만큼 증산은 耶蘇敎를 소화하려는 의지를 표명했으며, 실제로 실천해 보였다.

---

657) ……西敎 (예수 新. 舊敎)는 세력을 신장하기에 진력하니……(『대순전경』 1장 27절)

658) 『대순전경』 3장 144절. 여기서 한국 신종교 가운데 예수라는 용어를 경전상에 처음 기록하고 있다는 점이 특기할 만하다.

659) 『대순전경』 2장 63절.

660) 『대순전경』 3장 53절.

그러나 그의 결론은 부정적이어서 "족히 취할 것이 없다"는 판단을 내린다. 그는 耶蘇敎의 의식과 교의는 쓸모가 있는 것이 아무 것도 없다는 매우 극렬한 반응을 보인다.

이러한 증산의 결론은 어떤 점에 근거하는가? 증산은 耶蘇敎는 神明薄待가 심하다고 비판한다.[661] 따라서 그는 耶蘇敎의 장래는 매우 어둡다고 진단한다. 신명을 박대하는 일은 祖上神을 부정하는 일이다.[662] 耶蘇敎는 유일신 신앙으로서 여호와 하나님 이외의 신격을 모두 부정하고 배척하는 입장이라는 비판이다.

이에 따라 耶蘇敎를 믿게 되면 민족의 시조신이나 자신의 조상신은 모두 부정해야 하는 신앙의 모순에 빠진다는 해석도 가능하다.[663] 이에 따라 耶蘇敎人들은 독선적인 태도가 나올 수밖에 없는 매우 편협한 신앙에 몰두하며, 제 조상과 제 나라의 민족신을 버리고 유대민족의 수호신과 유대의 혈통과 가계에 편입되려는 신앙을 결과한다. 결국 유대민족의 신명들 이외의 모든 민족과 나라의 신명들에 대해서는 우상숭배라는 딱지를 붙여 일체 배척하기에 이른다.

증산은 바로 그리스도교의 이러한 외곬의 신앙태도를 신명박대라고 표현한 것이다. 신명을 박대해서는 장차 성공할 수 없으며, 신명대접을 잘한 조선에 성공의 운수가 열릴 것이라는 것이 증산의 주장이다.

그리고 증산은 南朝鮮사람을 "동양과 서양의 각 종교의 교파에 물들지 않은 남은 朝鮮 사람"이라고 정의했다.[664] 증산이 吉運은 외래종교에 있지

---

661) 또 가라사대 西敎는 신명박대가 심하므로 능히 성공치 못하리라.(『대순전경』 3장 149절)

662) 이 시대는 原始反本하는 시대라. 血統줄이 바로잡히는 때니 換父易祖하는 자와 換骨하는 자는 다 죽으리라.(『대순전경』 6장 124절)

663) ……기독교도들은 하나님의 유일한 신앙에만 편중되어 지상자손과 천상의 조상이 함께 구원받아 그들의 말대로 부활을 준비하는 '原始反本하는 神人개벽기'에 조상을 박대하며, '자기 민족의 시조신'을 우상숭배라 하여 換父易祖와 換骨하는 도덕적인 죄악 때문으로 길을 못 찾고 있습니다. ……안경전, 앞의 책, 444쪽~445쪽.

664) 『대순전경』 3장 41절.

않고, 조선에서 창도한 고유의 종교에 있다고 강조한 기록이다. 신명대접을 잘한 조선에, 더구나 외래종교에 물들지 않은 조선 사람에게, 새로운 운수가 있을 것이라는 말이다.

한편 증산은 조선을 상등국으로 만들려는 公事를 행하면서 西洋에 朝鮮神明들을 보내어 활동하게 했다고 믿어진다.665) 그리고 증산은 公事를 보면서 耶蘇敎의 경전인 『聖經』을 사용했다.666)

책을 불사른다는 증산의 종교적 행위는 일반인의 상식으로 볼 때 선뜻 납득하기 어려운 행위이다. 그러나 여기서 『성경』은 증산에 의해 신비하게 사용된 것으로 보아야 한다. 왜냐하면 증산은 자신이 행한 公事에서 많은 종이와 책을 불사르는 종교적 행위를 자주 행했기 때문이다.667)

결국 증산은 耶蘇敎를 대립적인 형태로 인식하지 않았다. 이제 耶蘇敎의 교리체계는 증산의 公事에 흡수되어 진정한 이상세계를 실현할 방편으로 쓰였다. 증산은 독립적으로는 불완전했던 耶蘇敎를 公事라는 종교적 행위를 통해 완성시키고자 노력했다고 믿어진다.

맛테오릿치는 증산이 칭친한 인물이다.668) 더욱이 증산이 인류 구원을 위해 지상에 출세하게 된 직접적 계기가 바로 맛테오릿치가 주축이 된 성령들의 간절한 호소였다.669)

---

665) ……조선신명을 西洋으로 건너 보내여 役事를 시키려 하노니…… (『대순전경』 4장 3절)……이 지방을 지키는 모든 신명을 西洋으로 건너 보내어 큰 난리를 일으키리니, 이 뒤로는 外人들이 주인 없는 빈집 들 듯 하리라. …… (『대순전경』 4장 4절)

666) 유월 어느 날 형렬에게 耶蘇敎書 한 권을 구하여 오라 하시거늘 형렬이 이웃 마을 오동정 김경안에게서 예수교서를 빌려다 올리니, 天師 받아서 불사르시니라. …… (『대순전경』 2장 7절)

667) 『대순전경』 2장 8절, 2장 11절, 2장 25절, 2장 51절, 2장 54절, 2장 87절, 4장 25절, 4장 85절, 86절, 104절, 153절, 154절 등이 관련 기록이다.

668) 『대순전경』 3장 49절.

669) 利瑪竇는 세계에 많은 공덕을 끼친 사람이라. 그러나 그 공덕을 隱微중에 끼쳤음으로 세계는 이를 알지 못하느니라.(『甑山天師公事記』, 9면-10면.)

또 증산은 맛테오릿치가 해원시대의 우두머리가 되는 신명이라고 말했다.[670] 그는 맛테오릿치를 일개 서양인 선교사가 아니라, 과거의 모든 성인들을 대표하는 신명계의 최고지도자로 인정한 것이다.

나아가 증산이 세상을 널리 살펴본 종교적 행위인 天下大巡에 유일한 동행자로 맛테오릿치가 선임되었기 때문에, 그의 위대함은 증산교의 교리 체계에서 증산 다음가는 위격으로까지 격상된다.[671]

또 증산은 맛테오릿치의 영혼을 불러 上帝奉詔라는 혈 이름을 가진 光州 無等山에 葬事지냈으며,[672] 그의 曆法에 대해 언급하기도 했다.[673]

마침내 증산은 맛테오릿치를 西道를 대표하는 인물로 임명했다.[674] 증산교인들은 이제 耶蘇敎를 대표하는 인물은 예수가 아니라 맛테오릿치라고 믿는다.

동학이 서양세력의 침략이라는 관점에서 耶蘇敎를 극복해야 할 종교로 이해했다면, 증산은 이를 後天仙境을 이루기 위한 자신의 公事에 포함시키고 용해시킨다. 증산은 서양에서 현실적인 문명이 발달할 수 있었던 근본적인 원동력이 耶蘇敎라고 인식했으며, 정신의 힘에 의해서만이 이를 극복할 수 있다고 보았다.

서구의 침범은 단순한 문화 충격을 넘어서, 세계를 바라보는 눈에 결정적인 충격을 가한 것이다. 결국 증산은 이러한 시대적인 상황을 명확히 인식하고 있었으며, 이에 응하여 새로운 세계관을 나름대로 제시해냈던 인물이다.

---

670) 天師 가라사대 利瑪竇는 現 解寃時代에 神明界의 主壁이 되나니, 이를 아는 者는 마땅히 경홀치 말지니라.(『증산천사공사기』, 11면)

671) ……天師께서 大法國 天啓塔에 게시다가 西洋에서 실패한 利瑪竇를 다리시고 天下에 大巡하시다가……(증산천사공사기, 11면) 이후 일부 증산교단에서는 이마두를 九天上帝라고 부르고, 증산을 十天上帝라고 부르기도 한다. 안원전, 『증산도의 세계』 하 (대원출판사, 1994), 197쪽.

672) ……利瑪竇를 招魂하야 광주 무등산 上帝奉詔에 葬事하고……(『대순전경』 4장 162절)

673) 利瑪竇가 二十四節을 마련하여 人民이 그 德을 입어 왔으나, 이 뒤로는 分刻이 나리니 分刻은 우리가 쓰리라.(『대순전경』 6장 118절)

674) ……利瑪竇는 西道의 宗長이 되어……(『대순전경』 5장 9절)

바. 공사사상의 민간신앙 흡수

증산의 공사사상에는 오랜 기간 동안 한국인의 종교적 심성을 형성시켜 왔던 민간신앙적인 요소가 일정하게 반영되어 있다. 여기서는 風水信仰, 秘訣信仰, 南朝鮮信仰, 민간풍속 등으로 나누어 살펴보겠다.

증산은 땅에 존재한다고 믿어지는 地方神과 땅에 있는 기운인 地運이라는 용어를 사용했다.[675] 따라서 증산에게 있어서 땅은 단순한 물질적 대상이 아니다. 그는 땅에는 각기 고유한 경계를 지키는 地方神이 있으며, 그 지역을 주관하는 地運이 있다고 주장했다.

나아가 그는 인류 역사에 있어서 끊임없이 있어 왔던 갈등과 투쟁의 원인이 지방신과 지운이 통일되지 못했기 때문이라고 주장한다. 이러한 관점에서 증산은 자신의 권위와 능력으로 이들 지방신과 지운을 통일시킴으로써, 인류가 평화롭게 공존할 수 있는 실질적인 계기를 삼겠다고 선언했다.

한편 증산은 특정한 장소에 있는 혈 자리에 대해 그 이름을 잘못 지었기 때문에 기운이 발하지 않았다고 말해 주기도 했다.[676] 증산은 혈 자리의 이름을 잘못 지었다고 지적할 수 있을 정도로 풍수지리에 대해 일정한 지식을 지녔던 인물이다. 더욱이 증산은 실제로 어떤 제자의 祖母가 죽자 특정한 장소를 묘소 터로 지정해 주기도 했다.[677]

한편 『대순전경』에 나타나는 穴名과 관련되는 風水地理說의 형국으로는 玉女織錦形, 仙人讀書形, 五仙圍形, 碁形, 胡僧禮佛形, 臥牛形, 死稚掛壁形 등이 있다.[678]

---

675) 대개 예로부터 각 地方을 활거한 모든 族屬들의 紛亂爭鬪는 각 地方神과 地運이 서로 통일되지 못함을 인함이라. 그러므로 이제 각 지방신과 지운을 통일케 함이 人類和平의 원동력이 되느니라.(『대순전경』 5장 6절)

676) 『대순전경』 3장 67절.

677) 하루는 김자현의 祖母의 葬事를 지내려고 상여를 운반하야 定한 땅으로 향하거늘, 천사 구릿골 앞에 金鑛 터를 가리키시며 이 곳에 장사하라 하시니, 자현이 듣지 않거늘 畵龍千年에 眞龍이 이르름을 모른다 하시니라.(『대순전경』 3장 131절)

특히 증산은 回文山의 五仙圍碁穴을 중심으로 丹朱의 解寃度數를 붙여
朝鮮國運을 돌린다고 주장했다.[679] 또 그는 회문산에는 24개의 穴이 있으
며, 이곳에 崔水雲의 영혼을 장사지냈다고 주장했다.[680] 그리고 증산은 光
州 無等山 上帝奉詔穴에는 利瑪竇의 영혼을 葬事지냈다고 주장했다.

이 밖에도 증산은 邊山에도 24穴의 명당이 있으며, 九月山의 金盤死雉,
忠淸道 庇仁에 있다는 覆鍾, 古阜에 있는 仙人布氈 등에 대해서도 언급했
다.[681]

아울러 증산이 젊은 시절 고향인 古阜郡 우덕면 객망리에 있는 시루산
의 仙人讀書形에 올라가 글을 읽거나 명상과 사색에 잠긴 일이 있었다는
기록도 전한다.[682]

한편 증산은 지방신과 지운을 통일시키기 위해서는, 지구상의 모든 산을
대표하는 아버지산과 어머니산을 선정하여 이로부터 통일작업을 시작해야
한다고 주장했다.[683]

증산이 부모산으로 선택한 산은 모두 한반도의 全羅道 땅에 있다. 그리
고 증산은 부모산 가운데서도 어머니산인 모악산을 주장으로 삼아, 여기에
아버지산인 회문산을 응기시킴으로써 산과 물로 대변되는 땅의 기운과 신
령스러움을 통일시킨다고 주장했다.

또 증산은 일본에 너무 강렬한 地氣가 모여 있기 때문에 그 민족성이
사납고 탐욕이 많아 우리나라가 그들의 침략을 받아왔다고 설명한 다음,
일본의 地運을 뽑아버리는 일을 행하기도 했다.[684]

---

678) 최창조, 『좋은 땅이란 어디를 말함인가』(서해문집, 1990), 325쪽-327쪽 참조.
679) 『대순전경』 4장 28절.
680) 『대순전경』 4장 93절과 4장 162절.
681) 『대순전경』 2장 68절, 4장 45절, 4장 71절, 4장 107절 등이 관련 기록이다.
682) 김병철, 『中和經』(증산천사법문연구회, 1955), 1쪽.
683) 全州 母岳山은 淳昌 回文山과 서로 마주서서 父母山이 되었으니, 地運을 통일
     하려면 부모산으로 비롯할지라. 이제 모악산으로 主張을 삼고 회문산을 應氣시켜,
     써 山河의 氣靈을 통일할지니라.-이로써 밑자리를 정하야 山河大運을 돌려 발음
     케 하리라.(『대순전경』 5장 7절)
684) 『대순전경』 4장 169절.

　　그러나 증산은 기본적으로 先天에는 땅기운이 제대로 돌지 않기 때문에 묘를 써도 기운이 응하지 않는다고 말했다.685) 결국 증산은 풍수지리에서 설명하는 명당에 대해서 전적인 신뢰를 가지지는 않았던 것이다. 증산은 天地에 水氣가 도는 새로운 세상이 전개되어야만 비로소 풍수적인 설명과 주장이 맞을 것이라고 확신했다.

　　이처럼 증산은 상당한 풍수적 지식을 가지고 있었으면서도, 기존 풍수적인 전통을 극복한 새로운 세상의 도래를 기대한다. 이와 연관하여 증산은 明堂에 대한 전통적인 입장에서 벗어나, 명당은 바로 대를 이을 아들을 두는 일이라고 주장했다.686) 나아가 증산은 장차 올 새 세상인 後天에는 특정 장소에 시체를 묻는 장례법이 사라질 것이라고 주장하기도 했다.687)

　　한편 증산이 민간에 전승되던 비결에 특별한 관심을 가지고 있었음은, 그가 읽었다고 전하는 서적의 분류방법에 "陰陽讖緯"가 포함된688) 사실에서 충분히 짐작된다. 특히 증산은 음양으로 대표되는 易學, 易術, 占卜 등의 서적과 讖緯로 내번되는 각종의 秘訣書를 낡독했다고 보인다.

　　『정감록』 신앙자들은689) 계룡산에 등장하는 정씨 왕조의 800년 통치에 이어, 가야산에 趙氏 왕조가 세워질 것이며, 그 후 完山에 范氏 왕조가 세워질 것이라고 믿는다. 증산은 이러한 정감록 신앙에 대해 잘 알고 있었다.690) 그러나 증

---

685) ……또 가라사대 지금은 天地에 水氣가 돌지 아니하야, 墓를 써도 發蔭이 되지 않느니라. 이 뒤에 수기가 돌 때에는 와직끈 소리가 나리니, 그 뒤에라야 땅 기운이 발하리라.(『대순전경』 3장 68절)
686) ……하루는 병욱이 여쭈어 가로대 전에 허락하신 明堂은 언제나 주시려나잇가? 천사 가라사대 네가 아들을 원하므로 그 때에 明堂을 쓰였나니, 이미 발음되었느니라. ……(『대순전경』 2장 49절)
687) ……先天에는 白骨을 묻어서 장사하였으되, 後天에는 백골을 묻지 않고 장사하나니라. ……(『대순전경』 2장 49절)
688) ……천사 개연히 匡救할 뜻을 품으사 儒佛仙陰陽讖緯의 모든 글을 읽으시고…… (『대순전경』 1장 27절)
689) 『정감록』은 난세에 풍수설에 따라 3지정된 피난처에서만 至福을 누릴 수 있으며, 궁극적으로 鄭氏 姓을 지닌 眞人이 출현하여 이씨 왕조가 멸망하고 새로운 세계가 도래하리라는 것이 중심적인 내용이다.

산은 『정감록』의 주장을 인정하지 않으며, 정씨를 찾아 운수를 구하는 일을 경계하였다.

증산이 『정감록』을 보았을 것이라는 필자의 추정을 뒷받침해 주는 자료가 있다.[691] 金用柱가 편찬한 『鄭鑑錄』의 『徵秘錄』에 다음과 같은 내용이 있다.

……堪曰, 吾觀一行編目, 天地終以十二會. 天開於子, 地闢於丑, 人生於寅, 日出於卯, 月出於辰, 星出於巳, 各定其方. 然後五行相生, 先有理氣造化之間, 次生萬物. 萬物之中, 天皇氏體天, 地皇氏體地, 而生萬物之首, 壽各一萬八千歲也.……[692]

인용문에 나오는 一行編目은 中國 唐代의 승려인 一行이[693] 지었다고 믿어지는 책이다. 증산이 썼다는 "天開於子, 地闢於丑, 人起於寅."이라는 글귀는 원래 『論語』의 각주에 나오는 내용인데, 기본적으로는 12干支에 맞추어 天地의 盛衰를 설명하는 중국 宋代의 철학자 邵雍(1011~1077)의 元會運世論에[694] 근거한 것이다.

물론 증산이 소옹에 대해 긍정적으로 언급하고 있으므로[695] 그의 저작

690) ……또 가라사대 예로부터 鷄龍山의 鄭氏王國과 伽耶山의 趙氏王國과 七山의 范氏王國을 일러오나, 이 뒤로는 모든 말이 影子를 나타내지 못하리라. 그러므로 鄭氏를 찾아 運數를 구하려 하지 말지어다 하시니라.(『대순전경』 3장 22절)
691) 하루는 公事를 보실 새 글을 쓰시니 이러하니라.……天開於子……地闢於丑……人起於寅……(『대순전경』 4장 136절).
692) 金用柱 編, 『徵秘錄』, 『鄭鑑錄』(朝鮮圖書株式會社, 1923년), 1면. 安春根 編, 『鄭鑑錄集成』(아세아문화사, 1981), 485면.
693) 一行은 新羅 末期의 유명한 승려인 道詵의 스승이다.……『一行訣』道詵者, 一行弟子也.……安春根 編, 위의 책, 179면. 一行은 中國에서 密宗之祖로 숭앙받는 인물이며, 시호가 大慧禪師였다. 그는 『大日經疏』라는 책을 저술했다고 전한다. 『中國人名大辭典』(臺灣 商務印書館公司, 1921), 1面. 그러므로 역사적 인물로서 일행이 『一行編目』이라는 책을 지은 일은 없다. 결국 『일행편목』은 후대에 그의 이름을 빌어 유포된 비결서로 보인다.
694) 소옹은 人起於寅까지만 언급했다.
695) ……알음은 康節의 知識이 있나니……(『대순전경』 6장 136절)

에서 직접 이러한 글귀를 보았을 가능성도 있다. 그러나 증산이 『정감록』의 위의 인용문을 보았을 개연성이 더욱 높다는 것이 필자의 생각이다.

한편 증산이 儒佛仙에 대해 정의한 것과[696] 비슷한 구절이 『정감록』에 보인다.

> 『蕉蒼訣』……대저 정씨의 운은 귀신세계이며, 유불선 세 글자를 합하여 일가를 이룬 것이다. 佛이 眞主가 되니 서로 살육하는 일이 없어진다. 佛의 형체, 儒의 풍절, 仙의 조화가 계룡산 운과 만나면 대낮에 하늘로 올라가는 자가 빈번히 있을 것이다.……[697]

증산이 썼다는 글귀와 『정감록』의 글귀는 凡과 風이 다를 뿐 동일하다. 이러한 글귀를 거의 똑같이 사용했다는 점은, 증산이 『정감록』을 보았을 것이라는 추정을 확실하게 뒷받침해 준다. 필자는 『정감록』의 風이 증산 또는 증산의 추종자들에 의해 凡으로 잘못 전달되었다고 본다.

또한 증산은 제자들에게 세간에서 吉星所照를 말한다고 이야기한 적이 있다.[698] 吉星所照는 난리를 피해 살 수 있는 땅을 가리키는 말로서, 『정감록』에 나온다. 그런데 『정감록』에 나오는 吉星所照의 의미와는 달리, 증산은 특정한 장소를 가리키는 말이 아니라, 덕을 잘 닦고 사람을 잘 대우하는 처세라고 풀이했다. 특히 그는 일본사람을 잘 대접하는 일이 복을 받을 수 있는 길이라고 해석했다.

증산이 時俗이라는 단서를 달면서 길성소조에 대해 이야기했던 사정으

---

696) 하루는 公事를 보시며 글을 쓰시니 이러하니라. "佛之形體, 仙之造化, 儒之凡節."(『대순전경』 4장 142절)

697) 大抵, 鄭氏之運, 鬼神世界, 儒佛仙三字, 合爲一家. 佛爲眞主, 無相戮之事. 佛之形體, 儒之風節, 仙之造化, 鷄龍山運會, 白日昇天者, 比比有之矣.……安春根 編, 앞의 책, 171면. 『초창결』은 필자. 필사년 미상의 책이다. 安春根 編, 위의 책, 6면. 『要覽歷歲』에도 거의 동일한 내용이 실려 있다. 金用柱 編, 『要覽歷歲』, 위의 책, 4면-5면. 安春根 編, 위의 책, 514면-515면.

698) 『대순전경』 3장 102절, 6장 31절.

로 미루어 볼 때, 이는 『정감록』을 가리키는 말이 틀림없다. 그리고 증산에게 『정감록』의 내용에 대해 물었던 사람도 많이 있었다.[699] 그러나 『정감록』 비결에 대한 신빙성 여부를 묻는 사람들에게, 증산은 단호하게 부정적인 입장을 표명한다.

또 증산은 일본사람들이 온갖 방법을 동원하여 정씨 건국설의 허망함을 밝힌 마당에 더 이상 정씨를 믿을 이유가 어디 있느냐고 반문한다.[700] 그리고 그는 장차 동양과 서양이 통일이 될 것인데, 어찌 계룡산에만 집착하느냐고 반문하기도 했다.[701] 여기서 증산은 자신의 公事에 의해 장차 동양과 서양이 통일될 것이며, 각기 다른 언어도 통일시킬 것이라는 자신감을 표명하였다.

어쨌든 증산은 당시 『정감록』의 비결을 믿는 많은 사람들에게, 대신 자신의 가르침을 따를 것을 권유했다. 나아가 증산은 자신의 권능을 이용하여 『정감록』의 비결을 극복할 수 있는 일련의 종교적 행위를 시도한다.

증산은 "세상에 정씨의 노래가 끊이지 않는다."라고 당시의 시대상황을 설명하고 나서, 李氏 王朝의 기운을 돋우고 정씨의 기운을 꺾어버리는 공사를 보았다고 주장한다.[702] 이는 정씨 왕조 건국설에 대한 전면적인 부정이며, 이를 구체적으로 처리한 인물이 바로 증산 자신이라는 주장이다.

또 증산은 정씨뿐만 아니라 조씨와 범씨의 기운도 없앴다고 주장했다.[703] 여기서 그는 아무 것도 배운 것이 없는 무식한 대중들이 정감록 신

---

699) 『대순전경』 3장 164절, 3장 183절.
700) 『대순전경』 3장 164절.
701) 『대순전경』 3장 183절.
702) ……가라사대 우리 國運에 대하야 鄭氏를 없이 하였음에도 불구하고 세상에 정씨의 노래가 끊어지지 아니하니, 혹시 李氏가 鄭氏의 禍를 받을 염려가 있겠으므로, 이제 그 살을 풀기 위하여 이씨 기운을 돋우고 정씨의 기운을 꺽어버리는 公事를 보았노라 하시니라.(『대순전경』 4장 83절)
703) 조선 사람은 鄭氏만 찾으니 아무 것도 배운 것 없이 정씨만 찾아서 무엇하리오? 한갖 분잡케만 될 뿐이라. 그러므로 鄭氏와 趙氏와 范氏를 다 없이 하였노라. 시속에 그른 일 하는 자를 訪鄭맞다 이르고, 옳은 일 하는 자를 來鄭이 있다 이르느니라.(『대순전경』 5장 22절)

앙에 **빠져** 있다고 비판했다. 그런데 증산은 민간에 유포되었다는 訪鄭과
來鄭이라는 말을 이용하여 정감록 신앙의 헛됨을 지적했는데, 이는 근거가
부족한 말이다.704)

또 증산은 정감록 신앙이 심각한 정도에 다다랐다고 보았으며, 구체적으
로 朝鮮이 개국한 다음 그 臣下된 자들이 모두 鄭氏 建國說에 **빠져** 있었
다고 비판했다.705) 두 마음을 품은 신하들을 도적질하는 신으로 표현한 증
산은, 그들이 혁명을 꿈꾸다가 실패하여 반역으로 몰려 죽은 신들의 비판
에 꼼짝하지 못한다고 설명했다.

더욱이 증산은 일본 사람들이 조선에 와서 인류 역사상 있었던 모든 逆
神들을 거느리고 일을 행한다고 주장했으며, 역신을 거느리는 일본 사람들
에게 정씨 건국설을 믿는 조선의 신하들이 두려워서 떤다고 보았다. 이는
현실적으로 일본의 외교 관리들에게 조선의 신하들이 굴종하는 일을 증산
이 종교적으로 해석한 일로 보인다.

한편 『격암유록』에는 증산이 자주 사용하던 解寃이라는 용어가 보이
며,706) 吉星所照와 비슷한 글귀도 있다. 그리고 미륵불이 출세하리라는 내
용도 있고,707) 증산이 외워준 "道通天地無形外"라는 글귀도 보인다.708)

---

704) 방정은 "몹시 가볍게 하는 말이나 행동, 또는 그런 행동을 하는 사람"이라는 뜻
으로 순수 우리말이다. 그리고 來鄭과 가장 유사한 말로는 장래의 사정을 뜻하는
來情이라는 용어가 있을 따름이다. 따라서 증산이 자신의 주장을 합리화시키기
위해서 세간에 전하는 말의 속뜻을 변용한 것이라고 평가할 수 있다.

705) 이제 日本사람이 朝鮮에 와서 千古逆神을 거느려 役事를 시키느니라. 李朝 開國한
후로 벼슬하는 자들이 모두 鄭氏를 사모하였나니, 이는 곧 두 마음이라. 남의 신하
로도 두 마음을 품었거니, 어찌 逆神을 그다지 학대하느뇨? 이로 인하야 저들이 일
본사람을 대하면 죄지은 자와 같이 두려워서 벌벌 떠느니라.(『대순전경』 5장 23절)

706) 『南師古秘訣』……天下萬民解寃世.……南北相和太平歌, 欲識蒼生保命處, 吉星照
臨眞十勝.……三十六宮都春.…… 그런데 『격암유록』은 최소한 1970년대 이후에
집대성된 예언서로 보아야 한다는 주장이 상당히 있다.

707) 『末運論』……中西兵四起, 戊亥人多死, 寅卯事可知, 辰巳聖人出, 午未樂堂堂.
……釋迦之運三千年, 彌勒出世鄭氏運.……

708) 『末初歌』……天下文明始於艮에 禮義東方湖南으로 人王四維全羅道를 道通天地
無形外.……

증산은 南朝鮮 배 도수를 돌린다고 선언하고 일련의 종교적 행위를 행했다.[709] 이처럼 증산이 南朝鮮이라는 용어를 배와 함께 사용한 것은, 험한 바다를 헤쳐 나가는 배에다 조선의 운명을 비유했기 때문이라고 짐작된다. 어쨌든 이러한 종교적 행위의 결과 증산은 남조선의 운명을 짊어진 배의 진행경로를 새롭게 정하는 행위를 했다고 믿어진다.

증산은 南朝鮮 배에는 血食千秋道德君子의 神明들이[710] 탈 수 있다고 강조한다. 그러므로 역사상 유명·무명의 도덕적 인물들이 남조선 배에 탈수 있으며, 그들이 一心을 지녔기 때문에 가능한 일이었다고 설명된다.

나아가 증산은 남조선 배가 풍랑에 처해 위기상황에 이르렀다고 노래했으며, 이윽고 남조선 배가 무사히 상륙했다고 말했다.[711] 증산은 朝鮮의 운명을 상징하는 남조선 배가 무사히 육지에 도착했다고 말함으로써, 朝鮮의 國運에 대한 자신의 희망을 표명했다. 이처럼 증산은 직접 일련의 종교적 행위를 행함으로써 남조선배로 상징되는 조선의 국운이 잘 진행될 수 있도록 도모했던 인물로 믿어진다.

그리고 증산은 자신이 제자들을 모으는 과정을 남조선 뱃길이라고 표현하기도 했다.[712] 그는 자신이 남조선 배의 진로를 결정하는 책임을 지니고 있다고 믿었으며, 자신의 가르침을 따르는 사람을 찾는 일이 바로 남조선 뱃길이라고 생각했다.

---

709) 『대순전경』 4장 15절.
710) 血食은 毛血을 犧牲으로 삼아 宗廟에 제사지내는 일을 가리키며, 여기에 근거하여 자손이 계속 이어져 제사지내는 일을 뜻한다.(『대한화사전』 권 10, 130면.) 千秋는 오랜 세월을 뜻하므로, 혈식천추도덕군자는 오랫동안 자손들의 제사를 받아오는 존경받을 만한 도덕적 인품의 소유자로 해석할 수 있겠다. 증산에 의하면, 이들을 총지휘하는 사람은 동학혁명의 주동자인 全琫準이다.
711) ……"南朝鮮 배가 汎彼中流로다." 라고 노래하시며 가라사대, 상륙하였으니 風波는 없으리라 하시니라.(『대순전경』 4장 150절)
712) ……정읍으로 가실 때 원평에 이르사, 군중을 향하야 가라사대 이 길은 南朝鮮 뱃길이니 짐을 채워야 떠나리라 하시고, 술을 나누어 주시며, 또 가라사대 이 길은 聖人 다섯을 낳는 길이로다 하시니, 모든 사람은 그 뜻을 알지 못하더라. …… (『대순전경』 3장 21절)

또 증산은 萬國活計南朝鮮이라는 글귀를 썼는데,713) 이러한 남조선신앙은 東學을 거쳐 증산에 의해 계승된 신앙이라고 판단된다.

한편 증산은 공사를 보면서 "걸군굿 초란이패 남사당 여사당 삼대치"라고 쓴 적이 있다.714) 그가 스스로 주문이라고 제자들에게 말해준 이 구절은, 이 글을 읽을 때에 웃으면 안 된다고 특별히 주의시키고 있는 점으로 보아, 주문이라는 성스러운 글귀와는 전혀 어울리지 않는 속된 뜻이 내포되어 있다고 짐작된다.

걸궁<乞粒>은 절을 중건할 때 모금하기 위해서 중들이 민가로 다니며 經文을 외우거나 염불을 하여 시주를 받는 일이다. 후대에는 여기에 놀이패가 가담하여 집집마다 다니며 고사를 해주고 돈과 쌀을 걷는 전문적인 걸립패가 나타났다.

그리고 "초란이패"는 초라니, 초란이, 초랑이, 초랭이 등으로 불리는 河回別神굿. 송파산대놀이. 고성오광대. 마산오광대의 등장인물이다.715) 따라서 초랑이의 신분은 사회적으로 천대받던 계층이었고, 성격은 세상을 조롱하는 듯한 경거망동 형이며, 그의 모습은 우스꽝스런 것이다.

또 사당은 원래는 寺黨 또는 社黨이라고 하는데, 조선시대에 패를 지어 다니며 賣春을 하던 여자들을 가리키는 말이었다. 조선 말기에 이르러서는 男寺黨패가 출현하였는데, 이들은 鷄姦 행위로써 생활의 방편을 삼았던 점에서 사당패와 다르다.716)

따라서 증산은 걸군굿, 초랑이패, 남사당, 여사당 등의 민간풍속에 대해

---

713) 『대순전경』 3장 136절.
714) 『대순전경』 4장 28절.
715) 이들 탈놀이나 민속극에 등장하는 초랭이의 특징은, 하회 별신굿에서는 양반의 하인 역으로 경망하게 까불어대는 성격이며, 바지저고리 위에 붉은 쾌자를 입고 두 어깨와 허리에 걸쳐 청홍색 띠를 두르는데, 짙은 눈썹에 둥글고 조그만 눈을 튀어나오게 만든 탈을 쓴다. 그리고 송파산대에서 초랭이는 붉은 면에 매부리코를 한 탈을 쓴다. 한국민속사전편찬위원회, 『한국민속대사전』 2 (민족문화사, 1991), 1386쪽~1387쪽.
716) 한국민속사전편찬위원회, 위의 책, 726쪽.

알고 있었으며, 이들 용어를 연결하여 주문이라고 말하고는 이를 제자들에게 곡조를 매겨 외우게 했던 것이다.

한편 증산은 진주노름에 관해 이야기한 적도 있다.[717] 이때 증산은 獨助師라는 용어를 빌어 특정 제자가 자신의 재물을 계속 써야만 되는 이유를 설명해 주었다. 그리고 증산은 三神, 五方神將 등의 민간적인 신의 이름을 언급하며, 臘月祭祀를[718] 지냈다.

또 증산은 神農牌를 써서 붙이는 풍속에 대해서도 말했으며,[719] 직접 써서 붙이기도 했다.[720]

증산은 淸國祈雨祭를 지냈다고 말하고 돼지를 잡아서 소주와 함께 마시기도 했다.[721] 또 그가 죽기 전에 제자로 하여금 쓰게 했다는 글귀 가운데 "西神司命"이라는 구절이 있는데, 전라도지방에 新婦가 新行 길에 오를 때 西神司命이라는 旗를 만들어 꽂고 가는 풍속이 있다.[722]

그리고 증산이 종교적 행위를 행하면서 불살랐다고 전하는 康節觀梅法이라는 책은[723] 아마도 『觀梅全書』나[724] 『邵康節先生梅花觀梅折字數全

---

717) ……眞主노름에 독조사라는 것이 있어서 남의 돈은 따 보지 못하고……(『대순전경』 4장 62절)

718) 臘은 음력 12월에 지내는 제사이름인데, 짐승을 잡아 先祖에 제사지내는 일이다. 구체적으로 冬至後 제3의 戌日에 先祖와 百神에 제사지낸다고 한다.

719) ……天師 가라사대 神農氏가 耕農과 醫藥을 天下에 끼침으로 천하가 이를 힘입어 살어오나 그 공덕을 앙모하야 써 보답하지 안코 다만 賣藥에 神農遺業이라 써 붓칠 뿐이며, 姜太公이 富國强兵의 術을 천하에 깃침으로 천하가 다 이를 힘입어 大業을 이루엇스나 이 공덕을 앙모하야 보답하지 안코 다만 足砧에 庚申年月日姜太公造作이라 써붓칠 뿐이니 엇지 道義에 합당하리오? ……『증산천사공사기』, 114면~115면.

720) ……벽 위에 글을 써 붙이시니 이러하니라. 八八 九九 神農牌……(『대순전경』 4장 114절)

721) 하루는 淸國祈雨祭를 지내리라 하시고, 돌 한 마리를 잡아서 찜하고 (燒)酒를 사서 종도들로 더불어 마시시니라.(『대순전경』 4장 157절

722) 洪又, 『新稿 東學入門』(일조각, 1977), 28쪽. 이러한 풍속은 모든 厄이 없어지고 행복하게 시집살이를 하게 된다는 민중들의 믿음에서 연유한 것이라고 전한다.

723) 『康節觀梅法』은 邵康節이 지었다고 믿어지는 점술에 관한 책이다. 증산이 살았던 19세기말부터 20세기초에는 朝鮮의 거의 모든 지역에서 소위 "梅花占"에 관

集₎725) 등의 책이었을 것이다.

증산은 天下遊歷 기간 동안 그 해의 身數나 관상을 봐주거나, 앞날을 점쳐주는 행위를 했던 적이 있다. 또 증산에게 채무관계의 일을 해결해 주기를 청하는 경우도 있었는데, 이때 증산은 무명베 한 필을 사오게 하여 옷을 지어 입어서 이 문제를 해결했다고 전한다. 특정인이 어려운 일이 있을 때 점술가나 무당에게 그 일의 해결을 의뢰하는 모습과 비슷하다.

이처럼 증산이 굿에 사용되는 무명베를 "길을 닦는 것"이라고 표현하면서 사건을 해결해 주는 모습에서도 그의 점복신앙의 일단을 엿볼 수 있다.

그리고 증산이 썼다고 전하는 "葬死病衰旺冠帶浴生養胎胞"이라는 글귀는726) 점복신앙과도 관련이 있다. 命理學에서는 인간의 운명을 살펴보는 방법의 하나로 12運星法이 있다.727) 각 단계는 人生一代의 생육과정에 견주어지며, 이를 五行發用十二運 養生衰絶吉凶이라고도 한다.728)

전통적인 명리학에서 이야기되는 12운성법과 증산이 말한 구설과는 약간 차이가 있다. 그러나 그 대강이 같다는 점을 고려볼 때, 증산이 한 때 명리학을 공부했었다고 판단할 수 있다.

한 책자가 널리 유포되었다고 전한다. 그러나 현재에는 이 점술법이 거의 전하지 않는다.

724) 1886년에 간행된 중국 목판본이며 3冊 5卷이다. 표제는 "邵康節先生 著 梅花易數"라고 되어 있다. 국립중앙도서관 승계 古 149-2-1이다.

725) 天地人 3冊으로 구성되어 있으며, 『要覽』이라고 표시되기도 한다. 국립중앙도서관 소장도서이다. 이 책에는 동양권에서 전해져 오는 거의 모든 형태의 점술에 대한 정보가 수록되어 있는데, 易學, 五行說, 占法, 占術論, 秘訣, 점술에 대한 노래 등이 실려 있다.

726) 『대순전경』 4장 98절.

727) 인간의 胚胎에서부터 成長. 死滅과정을 말하는 것으로서, 운명상 작용은 四柱六神보다 약하기 때문에 혹자는 이를 경시하기도 한다. 이 胞胎法은 단순히 四柱解에만 쓴다고 전하는데, 이 십이 단계는 인간과 우주만물의 生老病死의 과정을 풀이한 것으로서 불교의 十二 因緣法과도 관련이 있는 듯하다. 이 12 운성법은 兄弟宮을 살피는 데 주로 사용되는 술이기도 하다.

728) 朴在玩, 『命理要綱』(전광산업사, 1985), 52쪽-54쪽.

민간신앙은 대다수 민중들에 의해 믿어지고 있다는 포괄성이 특징이다. 종교가 많은 사람들의 관심을 끌고 그들의 영적 복지에 이바지하기 위해서는, 무엇보다도 널리 알려져야 한다. 이러한 목적에 부합하기 위해서라도 새로운 사상은 이른바 전통에 의지하여 창조적으로 전개되어야 한다. 민간신앙은 광범위한 범위에 걸쳐 유포되어 있으면서도 특정 집단으로부터의 거부감이 비교적 없다는 점에서 새로운 종교의 발흥에 일정하게 수용되며 나름대로 기능한다.

증산은 전통적인 민간신앙에서 상당히 많은 부분을 인용하여 자신의 독창적인 사상체계에 편입시켰다. 그러나 그는 민간신앙의 전통을 단순히 답습한 것이 아니라, 어디까지나 새로운 형태로 바꾸어서 이해하거나 자신의 사상에 적극적으로 흡수하였다.

사. 공사사상에 보이는 지적 요인들

『대순전경』에는 증산이 "옛글" 혹은 "古詩"라고 명확히 언급하면서 종도들에게 외워준 漢詩들이 있다. 이 가운데 몇몇 시의 전거가 필자에 의해 확인되었다.

증산은 朱子(1130~1200)의 『武夷九曲詩』,[729] 栗谷 李珥(1536~1584)의 『예안 땅을 지나다가 퇴계 이 선생 황을 뵙고 율시 1수를 올리다(過禮安謁退溪李先生滉仍呈一律)』,[730] 杜甫(712~770)의 『諸將五

---

[729] 증산은 『玄武經』의 虛靈符, 智覺符, 神明符에서 3번이나 "武夷九曲"이라는 표현을 사용했다. 현재 유통되는 『현무경』 가운데 무이구곡시를 첫머리에 싣고 있는 경우도 있다. 『현무경』(증산법종교본부. 1986)

[730] 하루는 경석에게 "溪分洙泗波, 峯秀武夷山, 襟懷開霽月, 談笑止狂瀾, 活計經千卷, 行裝屋數間, 小臣求聞道, 非偸半日閑."의 古詩를 외워주시고……(『대순전경』 3장 28절)

首』,731) 두보의 『去蜀』,732) 程明道(1032~1085)의 『秋日』,733) 韓忠(1486~ 1521)과 관련된 『回文詩』,734) 唐代 盧綸의 『和張僕射塞下曲』,735) 『擇里志』에 나오는 琉球國 世子의 絶命詩,736) 『정감록』에 보이는 鄭道傳의 秘訣로 믿어지는 詩,737) 東洋算法의 歌訣738) 등의 한시를 능숙하게 인용하거나 외울 정도의 능력을 갖춘 인물이었다.

이로 미루어 볼 때 증산은 매우 다양한 지적 관심을 지닌 교양인이었다. 증산은 전통적인 지식인들의 필수적인 교양서라고 할 수 있는 唐詩와 杜甫詩 등을 보았음은 물론이고, 주자의 시나 율곡의 시를 암기하고 있을 정도였다. 나아가 증산은 동양의 算法에서 외워지던 歌訣도 외우고 있었으며, 전설적인 이야기 속에 나오는 유구국 태자의 절명시도 알고 있었다. 더욱이 그는 韓 忠이라는 인물의 운명과 관계있는 回文詩도 외울 정도였고, 비결서인 『정감록』에 실린 시도 알고 있었다.

한편 증산은 이들 詩의 원래의 作詩 의도와는 달리 독자적인 변용을 가

---

731) 또 古詩를 외워주시니 이러하니라. "胡來不覺潼關隘, 龍起猶聞秦水淸."(『대순전경』 3장 204절)

732) 天師께서 일찍이 四幅屛風 한 벌을 만드사, 그 이면과 표면에 모두 친필로 글을 쓰사 再從叔氏에게 주시니, 그 글은 이러하니라……표면 한 편에 "萬事已黃髮, 殘生隨白鳩, 安危大臣在, 何必淚長流."라 쓰셨고……(『대순전경』 3장 161절)

733) 하루는 종도들에게 古詩를 외워주시니 이러하니라. "道通天地無形外, 思入風雲變態中, 萬事分已定, 浮生空自忙."(『대순전경』 3장 182절)

734) 하루는 김송환에게 옛글 한 수를 외워주시니 이러하니라. "少年才氣拔天摩, 手把龍泉幾歲磨, 石上梧桐知發響, 音中律呂有餘和, 口傳三代詩書敎, 文起千秋道德波, 皮幣已成賢土價, 賈生何事怨長沙."(『대순전경』 3장 141절)

735) 『대순전경』 1장 14절.

736) ……"骨暴沙場纏有草, 魂返故國吊無親."이란 글 한 귀를 전하야 永學으로 하여금 살펴 깨닫게 하시되, 영학이 종시 살펴 깨닫지 못하니라.(『대순전경』 2장 26절)

737) 하루는 종도들에게 옛글을 외워주시니 이러하니라. "七八年間古國城, 畵中天地一餠成, 黑衣飜北風千里, 白日頃西夜五更, 東起靑雲空有影, 南來赤豹忽無聲, 虎兎龍蛇相會日, 無辜人民萬一生."(『대순전경』 3장 177절)

738) 하루는 종도들에게 옛글 한 수를 외워주시며, 잘 기억하여 두라 하시니 이러하니라. "三人同行七十里, 五老峰前二十一, 七月七夕三五夜, 冬至寒食百五除."(『대순전경』 3장 171절)

하여 새롭게 해석하여, 漢詩를 자신의 가르침을 알리는 방편으로 이용했다. 물론 단장취의한 점도 있지만, 증산은 해당 시의 특정한 구절들을 취하여 무엇인가 독특한 해석을 시도한다.

증산은 두보의 『諸將五首』의 한 구절을 인용하여, 龍으로 상징되는 인물의 위력을 노래함으로써 종교적 진리의 완성을 강조했다. 또 증산은 두보의 『去蜀』의 일부 구절을 인용하여, 萬事가 대국적으로 운명이 틀 지워졌으니 이를 받아들여 유유자적하는 삶을 살라고 가르쳤다.

그리고 증산은 정명도의 시를 인용하여, 道通의 경지를 설명했으며, 멀리 떨어진 별세계에서가 아니라 일상생활의 현장에서 道가 체득되어야 함을 힘주어 말한다.

또 증산은 율곡의 시를 인용하여 진리를 추구하는 삶의 자세를 이야기한다. 나아가 증산은 한 충의 『回文詩』를 통해 젊은 날 억울한 죽음을 당한 역사적 인물들이 지녔던 원한의 원인과 해결을 암시해 주었다.

한편 증산은 난해한 漢詩를 제자들에게 외워줌으로써, 한시를 풀이하면 미래의 비밀을 알 수 있다는 후대의 믿음을 유발시켰다. 증산이 동양 산법의 나눗셈 원리를 밝혀 놓은 歌訣을 외워줌으로써, 후대의 증산교인들이 이를 세계사의 대변혁을 미리 알려주는 신비한 시로 풀이하는 결과를 낳았다.

또 증산은 唐詩를 인용하여 동학의 패망을 예언했고, 『택리지』의 유구국 태자가 지었다는 절명시를 인용하여 자신의 동생이 죽을 것을 미리 알았던 인물로 믿어진다.

결국 그는 한시라는 형식이 지닌 함축적이고 상징적인 의미를 가지고 앞날을 예언했던 인물이다. 나아가 증산은 『鄭鑑錄』에 실려 있는 『三道峯詩』를 외워줌으로써, 미래의 비밀이 漢詩에 숨겨져 있다는 후대의 믿음에 박차를 가했다.

증산은 正易思想의 창시자인 一夫 金 恒(1826~1898)과의 직접적인 만남을 통하여[739] 正易의 논리를 수용함으로써 公事의 이론적 기초로 삼았다. 27세의 증산이 전국을 유력하는 기간 동안에 가장 처음으로 만났던 인물이 바로 김일부이다.

증산의 유력 기간 동안 만났다고 경전에 기록된 유일한 인물로서 一夫가 등장하고 있다는 사실에서, 증산의 公事思想 형성에 있어서 일부의 정역사상이 영향을 끼쳤음은 분명하다.

1897년 당시 72세의 一夫는 계룡산 남쪽에 위치하고 있는 香積山 國師峯에서 1893년 2월부터 그가 임종하는 1898년 11월까지 각지에서 모여든 제자들에게 詠歌舞蹈와 정역이론을 가르치고 있었다.[740] 이때 일부와 증산의 만남이 있었다.[741]

증산과 일부의 만남이 "一夫가 이상한 꿈을 꾸고 나서 증산에게 호를 지어준" 정도이기에 그들 간의 만남의 양상을 구체적으로 알 수 있는 기록은 없다. 다만 청년 증산이 遊歷하자마자 一夫를 찾아갔다는 사실에서, 증산이 正易思想에 대한 소문을 듣고 가르침을 받고자 원했음을 짐작할 수 있겠다.

그러나 "수일 간 머물렀다."라는 기록을 볼 때, 증산이 正易思想에 대한 가르침을 받았으나 그 정도는 심오한 것이 될 수 없었으며, 一夫의 詠歌舞蹈의 교단에 뛰어들 만큼 강렬한 매력을 느끼지 못했었다는 점도 추정된다.

한편 증산은 공사를 행하면서 약방 벽 위에 "氣東北而固守, 理西南而交通."이라는 글귀를 썼다고 전한다.[742] 이 글귀는 『正易』에 나온다.

> 우리 황극대도가 천심에 당하니, 氣는 동북에서 굳게 지키고, 理는 서남에서 사귀어 통하네. ……吾皇大道當天心, 氣東北而固守, 理西南而交通. ……
> 『正易』, 『金火二頌』[743]

위의 인용문에서 東北은 三八과 一六을 가리키고, 西南은 四九와 二七을 가리킨다고 풀이된다.[744] 이는 "二七六, 九五一, 四三八."로 상징되는

---

739) 그의 初名은 在一이라고 전한다. 이정호, 『正易硏究』(국제대학 인문사회과학연구소, 1976), 188쪽~229쪽 참고. 『대순전경』에는 "易學者 金在一"로 기록되었다.

740) 이정호, 앞의 책, 220쪽~224쪽.

741) 『甑山天師公事記』 4면~5면.

742) 『대순전경』 4장 75절, 7장 11절.

743) 이정호, 앞의 책, 242쪽.

文王八卦圖에서 방향을 가리키는 일로 해석한 것이며,745) 河圖의 정연한 계획에 비하여 洛書의 엄청난 逆行을 표현한 말이다.746) 즉 "기동북이고 수, 리서남이교통"이라는 글귀는 洛書의 특성을 나타낸 一夫의 말이다.

그리고 증산이 "'二七六, 九五一, 四三八.'을 한번 외우신 뒤에"라는 기록이 있는 것으로 보아, 그도 『정역』의 이 글귀가 문왕팔괘도 또는 洛書를 상징함을 알았던 듯하다.

또 증산은 다음과 같은 글귀를 외우고 풀이하기도 했다.

> 또 가라사대 文王은 羑里에서 三百八十四爻를 해석하였고, …… "天地無日月空殼, 日月無知人虛靈."이라 하시니라.(『대순전경』 3장 160절)

> ……唐堯의 "曆像日月星辰敬受人時"를 해설하야 가라사대, 天地가 日月이 아니면 空殼이오, 日月은 知人이 아니면 虛影이라. ……(『대순전경』 4장 39절)

이는 一夫가 그의 나이 59세 때인 甲申年 (1884) 6월에 썼던 글귀이다.747)

『玄武經』에서 증산은 "수화금목이 때를 기다려 이루어진다. 水가 火에서 생기므로, 천하에 相克의 이치가 없게 된다. 水火金木, 待時以成. 水生於火, 故天下無相克之理."라는 글귀를 썼다. 이는 전통적인 相生, 相克의 이치에 의하면 도저히 이해할 수 없다.

---

744) 이정호, 위의 책, 18쪽.
745) 河圖는 南方에 二七火가 있고 西方에 四九金이 있어 각기 제 고장을 지키고 있는 데 반해, 洛書는 一六과 三八은 北과 東을 固守하고 있지만, 四九와 二七은 西南으로 交通하여 火鄕과 金鄕이 서로 交易 轉位되었다. 구체적으로 河圖의 南方에 있던 二七火가 洛書의 西方으로 바뀌었고, 河圖의 西方에 있던 四九金이 洛書의 南方으로 交易된 일을 가리킨다.
746) 이정호, 위의 책, 18쪽.
747) ……하늘과 땅이 해와 달이 아니면 빈 껍질과 같으며, 해와 달은 至人이 아니면 빈 그림자에 불과하도다. ……天地匪日月空殼, 日月匪至人虛影. …… 『正易』, 『一世周天律呂度數』

水에서는 木이 생기고, 火에서는 土가 생기며, 金에서 水가 생긴다. 그리고 水는 火를 克하고, 火는 金을 극한다. 결국 水와 火는 대립되는 개념으로서 전혀 화합할 수 없는 것이 기존의 易學體系였다. 그런데 火에서 水가 생긴다는 증산의 말은 어디에서 연원한 것일까?

필자는 金一夫의 『正易』에서 그 근거를 밝힐 수 있다고 본다. 『十五一言』에서 一夫는 "易은 거스르는 것이니, 지극하면 돌이키는 것이다. 토가 지극하면 수를 낳고, 수가 지극하면 화를 낳고, 화가 지극하면 금을 낳고, 금이 지극하면 목을 낳고, 목이 지극하면 토를 낳으니, 토는 화에서 나는 것이다. 易, 逆也, 極則反. 土極生水, 水極生火, 火極生金, 金極生木, 木極生土, 土而生火."라 했다.

이는 一夫가 極則反의 논리를 사용하여 기존의 相克關係를 역전시키고 있는 새로운 체계이다. 필자는 증산이 바로 이러한 正易의 논리를 빌어 "水生於火"라는 말을 할 수 있었다고 생각한다.

한편 증산이 "陰과 陽을 밀할 때에 陰字를 먼저 읽나니, 이는 地天泰니라."라고[748] 말한 것은, 一夫가 제시한 "금과 화가 바로 바뀌니, 天地否는 가고 地天泰가 오는구나. 金火正易, 否往泰來"[749]라는 논리를 연상시킨다.

특히 『정역』의 "음을 누르고 양을 높이는 것은 선천 심법의 학이요, 양을 고르고 음을 맞추는 것은 후천 성리의 도이다. 抑陰尊陽, 先天心法之學. 調陽律陰, 後天性理之道."[750]라는 선천과 후천의 정의 및 변화의 원칙은, 증산의 "正陰正陽으로 乾坤을 짓는다." 또는 "예전에는 抑陰尊陽이 되면서도……이 뒤로는 陰陽 그대로 사실을 바로 꾸미리라."라는[751] 말의 근거가 된다.

---

748) 『대순전경』 4장 75절. 한편 증산이 "先天은 天地否요, 後天은 地天泰니라."라고 말했다고 기록한 경전도 있다. 李重盛, 『天地開闢經』(龍鳳出版, 1992), 卷 八 戊申篇 3章, 422면.
749) 『正易』, 「化翁親視監化事」
750) 『正易』, 「一歲周天律呂度數」
751) 『대순전경』 6장 134절, 135절.

따라서 후대의 증산교단에서는 一夫가 증산이 만들 세상의 원리를 밝혔던 인물이며,[752] 증산이 "내가 천지 가운데 고치지 않은 것이 없지만, 오직 曆에 있어서는 어떤 사람(一夫, 필자 주)이 이미 만들었으므로 그 曆을 사용한다."라고 말했다고[753] 표현될 정도였다.

이와 같이 증산이 一夫의 정역사상을 수용하여 公事의 이론적 근거로 활용하고 있음을 볼 때, 증산과 일부와의 상호관련성은 분명하다. 결국 증산이 정역사상에 일정한 영향을 받았음은 그가 『정역』의 글귀를 인용했으며, 『정역』에 보이는 독특한 논리를 받아들이고, 『정역』과 유사한 기록을 남기고 있다는 점에서 충분히 확인된다.

증산은 金一夫를 淸國冥府를 담당하는 대표자로 임명하였다. 새로운 易學體系를 수립했다고 평가받는 김일부는, 그의 생전의 활동에 힘입어, 후대의 증산에 의해 중국에서 죽은 모든 신명들이 가는 세계로 믿어지는 淸國冥府의 주재자로 재평가되었다.

한편 증산은 姜太公을 긍정적으로 보며, 그가 십년 동안 渭水에서 삼천 육백 개의 낚시를 벌렸던 일이 그의 도술을 후세에 전하기 위한 일이었다고 주장했으며, 장차 강태공의 도술이 세상에 드러나게 될 것이라고 말했다.[754]

증산은 구체적으로 강태공의 도술은 잔악함을 제거하고 폭력을 금하는 것<除殘禁暴의 妙略>이라고 규정한 다음, 이제 解寃時代를 당하여 그의 은혜를 보답해야 될 것이라고 주장했다.[755] 또 증산은 강태공을 齊나라의 흉년을 없앤 인물이라고 평가하기도 했다.[756] 따라서 증산이 강태공의 유일

---

752) "金一夫는 明我世之理也라."는 기록이 있다. 李重盛, 앞의 책, 卷 貳 壬寅篇 4章, 46면.

753) "曰我於天地之間에 無不改之언마는, 惟於曆에 人이 已有作焉하니 用其曆也니라."라는 기록이 있다. 李重盛, 위의 책, 卷 參 癸卯篇 1章, 83면.

754) 『대순전경』 3장 49절, 3장 159절, 3장 160절 등이 관련기록이다.

755) 『대순전경』 3장 173절.

756) 『대순전경』 4장 41절.

한 저작으로 전하는 『六韜』를 탐독했을 것이라는 추정은 어쩌면 자연스러운 일일 것이다.

또 증산은 다음과 같은 말을 했다고 전한다.

　　나는 生長斂藏 四義를 쓰노니, 곧 無爲而化니라.(『대순전경』 6장 67절)

위의 기록은 증산이 천지창조와 변화의 원리에 대해 밝혀준 내용이라고 해석된다. 낳고, 기르고, 거두어들이고, 감추어 두는 것이 우주의 질서이며, 바로 이러한 운행을 주재하는 인물이 바로 증산 자신이라는 주장이다. 증산이 특별한 인위적인 행위가 없이 생장염장하는 우주의 원리에 따라 세상을 주재한다는 후대의 믿음이 생겨나게 한 매우 중요한 기록이다. 그런데 生長斂藏은 姜太公이 지었다고 믿어지고 있는 『六韜』에 나오는 독특한 용어이다.

　　……태공이 가라사대 "하늘은 사시를 낳고, 땅은 만물을 낳고, 천하의 백성들을 성인이 기르시니라. 그러므로 봄의 도는 낳는지라, 만물을 나타나게 하고, 여름의 도는 기르는지라, 만물이 이루어지고, 가을의 도는 거두는지라, 만물이 번성하게 하고, 겨울의 도는 감추는지라, 만물을 쉬게 하는도다. 번성한즉 쉬게 하고, 쉬게 한즉 다시 일어나서, 그 끝나는 바를 알지 못하고, 그 시작하는 바를 알지 못하는도다. ……"라 하셨다.
　　……太公曰, 天生四時, 地生萬物, 天下有民, 聖人牧之. 故春道, 生, 萬物榮, 夏道, 長, 萬物成, 秋道, 斂, 萬物盈, 冬道, 藏, 萬物靜. 盈則藏, 藏則復起, 莫知所終, 莫知所始. ……[757]

증산이 生長斂藏이라는 표현을 쓸 수 있었던 것은 강태공이 지었다고 믿어지는 『육도』를 보았기 때문이다. 동일한 조합어를 역사적으로 먼저 사용한 예가 있다면, 당연히 그에 근거하여 후대인이 똑같은 용어를 사용했

---

[757] 『文韜』 守國第八, 『六韜』, 『六韜三略. 孫武子直解』(세창서관, 1928), 14면.

다고 보아야 할 것이다.

한편 『三略』은 흔히 『黃石公書』 혹은 『黃石公三略』이라고 부른다. 원래는 姜太公이 지은 책인데, 비밀리에 전수되다가 황석공이라는 노인이 張良에게 전해주었다고 믿어지는 책이다. 장량은 漢高祖 劉邦의 謀臣인 張子房이다.

증산이 제자에게 외워주었다는 "옛글 한 章"은758) 『삼략』에 나오는 구절이다.759) 그는 무릇 큰일을 해 보려는 마음을 품은 사람이 간직해야 할 心法에 대해 설명하면서 『삼략』의 글을 외워 주었던 것이다.

그리고 증산은 제자에게 『삼략』의 首章을 하루 밤낮으로 읽으라고 명한 적도 있다.760) 이러한 증산의 말에 따라 『삼략』을 1,000번이나 읽었다는 제자가 있다는 사실은, 증산교단에서 『삼략』의 首章이 주문처럼 외워졌었음을 알려준다.

또 증산이 김형렬에게 외워주었다는 "옛글"도761) 『삼략』에 나온다.762) 따라서 증산은 『삼략』을 외울 정도로 탐독했었던 인물이라고 추정된다. 이러한 전거 확인을 통하여 증산이 兵法書에 특히 관심을 가지고 있었으며, 병사들을 다루는 장수의 마음가짐에 각별한 주의를 가졌던 사실을 짐작할 수 있다.

따라서 증산이 자신의 제자들을 각기 아랫사람을 다스릴 역량을 갖춘 재목으로 키우려 했다는 점도 확인된다. 그리고 증산이 자신이 하고자 하는 일이 마치 천하의 난을 평정하여 안정시키려는 일과 비슷하다고 믿었음도 엿볼 수 있다. 증산은 전통적으로 전해 오는 훌륭한 병법서를 읽었으며, 특정 구절은 외울 정도로 마음 깊이 새기고 있었다. 나아가 그는 해당 구

---

758) "夫主將之法, 務攬英雄之心, 賞祿有功, 通志於衆. 與衆同好靡不傾, 治國安家, 得人也, 亡國敗家, 失人也. 含氣之類, 咸願得其志."……(『대순전경』 3장 30절)

759) 『上略』, 『三略』, 앞의 책, 1면.

760) ……三略首章을 一晝夜間 읽되 콩으로 그 番數를 세어라 하시므로……(『대순전경』 4장 22절)

761) "夫用兵之要, 在崇禮而重祿, 禮崇則義士至, 祿重則志士輕死. 故, 祿賢, 不愛財, 賞功, 不逾時, 則士卒幷, 敵國削."(『대순전경』 3장 38절)

762) 『上略』, 『三略』, 앞의 책, 15면.

절을 주문과 같이 제자에게 외우게 했으며, 그 내용을 숙지하라고 당부했다.

한편 증산은 인류 역사상 상상이 가능한 모든 책략과 술법이 시험되었던 때가 바로 중국의 삼국시대였다고 평한다.[763] 그리고 그는 당시에 나타났던 술수가 모두 성공하지 못했기 때문에, 애초에 그러한 계책을 생각했던 사람들이 원한을 맺게 되었다고 설명한다.

증산이 행한 公事의 기본이념이 원한을 푸는 일이므로, 그는 삼국시대의 온갖 술수가 장차 이 세상에 다시 한 번 전개되면서 오랫동안 쌓였던 한을 풀어가게 될 것이라고 주장한다.

증산은 『三國志演義』를 읽었음이 틀림없다. 왜냐하면 증산이 제자에게 써서 주었다는 "將驕者敗니 見機而作하라."는 말은[764] 關羽가 그의 의형제인 張飛에게 한 말이다.[765] 또 증산은 『삼국지연의』에 나오는 사건을 소재로 하여[766] "萬方日月銅雀臺"라는 시구를 짓기도 했다.

그리고 증산은 "諸葛亮이 祭壇에서 七日七夜동안 공을 들여 東南風을 불렀다는[767] 것이 우스운 일이라."는 말도 했다.[768] 여기서 증산은 역사상 뛰어난 술법가로 받들어지는 제갈량 보다 자신의 능력이 훨씬 낫다는 점을

---

763) 術數는 三國時代에 나서 解冤하지 못하고, 이제야 비로소 해원하게 되느니라.(『대순전경』 6장 83절)

764) 『대순전경』 3장 122절.

765) 袁昭의 孟將인 顔良과 文醜를 목베어버린 관우가, 劉備를 찾아 어쩔 수 없이 원소의 진영으로 가야 할 상황에서, 어떻게 할 작정이냐는 장비의 질문에 대꾸했던 말이다.

766) 曹操가 북방지역을 평정하고 나서 하늘의 기운을 살피다가 발견한 구리참새 <銅雀>를 경축하여 跌河지역에 만든 누대의 이름이 바로 銅雀臺이다.

767) 제갈공명이 赤壁大戰의 승리를 위해 겨울철에 때 아닌 동남풍을 불게 만들기 위해서, 南屏山에 七星壇이라는 祭臺를 쌓아 술법으로 이를 가능하게 만들었다는 이야기이다. 이는 제갈공명이 천지조화를 마음대로 하는 법을 알았고, 귀신도 헤아릴 수 없는 술수를 지녔다는 점을 강조하기 위해, 『삼국지연의』의 저자가 正史의 사실 여부와는 상관없이 덧붙인 허구적인 이야기이다.

768) 『대순전경』 2장 14절.

강조하기 위해, 『삼국지연의』에서 제갈량이 동남풍을 불러오는 이야기를 들어 그를 비판한 다음, 즉시에 동남풍을 불러오는 이적을 행했다고 전한다.

또 증산은 제갈량의 재주가 신통하다고 말하기도 했다.[769] 이는 제갈량이 적벽대전에서 참패한 曹操가 華容道로 갈 것을 미리 알고 관우를 보내어 지키게 했다는 이야기이다.

증산의 제자가 증산에게 中國의 王位에 오르라고 간청하면서 "天與不取 면 反受其殃이라."는 "옛 말"을 인용한 적이 있다.[770] 이 말은 『삼국지연의』에서 제갈공명이 유비에게 했던 말과 비슷하다.

그리고 증산이 제자들에게 "閩以內는 朕이 制之하고, 閫以外는 將軍이 制之하라."는 말을 들려주었다고 한다.[771] 이 말은 『삼국지연의』에도 나온다.[772] 또 "孔明의 正大를 본받으라."는 증산의 말은[773] 제갈량과 마속에 얽힌 이야기에 근거한다.[774] 이는 개인적인 정리를 떠나 공적인 군법을 엄히 시행하려는 제갈량의 의지로 해석할 수 있다.

한편 증산은 자신이 당시에 구해볼 수 있었던 대표적인 의학서적인 『방약합편』에[775] 나오는 약 이름에다 제자로 하여금 붉은 점을 찍게 하여 불사르는 종교적 행위를 했다. 그는 약국을 개설하고 24종의 약재를 준비하

---

769) ……제갈량의 재조는 曹操로 하여금 華容道에서 만나게 함에 있었느니라.(『대순전경』 6장 71절)
770) 『대순전경』 4장 105절.
771) 『대순전경』 4장 121절.
772) 吳의 군주인 손권이 거듭되는 패전을 만회하기 위한 수단으로서, 주유의 유언을 믿고, 약관의 나이였던 육손을 최고사령관에 임명하는 자리에서 했던 말이다.
773) 『대순전경』 6장 147절, 9장 4절.
774) 『대순전경』 9장 25절. 魏의 대군과 싸우는 과정에서 街亭이라는 군사적 요충지를 지키러 보냈던 蜀의 장수 馬謖이 진을 잘못 세워 대패하게 되었다. 이에 軍律에 따라 제갈공명이 아들과 같은 정으로 아끼던 마속의 목을 베게 했다.
775) "天師께서 龍頭酒店에 계실 새 광찬을 命하야 漢方醫書 方藥合編을 사온 후"라는 기록이 『증산천사공사기』 106면에 기록되어 있다. 『대순전경』 4장 152절에도 비슷한 내용이 있다. 『方藥合編』은 惠庵 黃度淵(1807~1884)이 지은 의학서이다.

고,776) 24가지의 약재만 잘 활용하면 이름난 名醫가 될 수 있을 것이라고
말한 적도 있으며,777) 전통적인 한의학의 체계도 인정하였다.778)

『대순전경』에 언급되는 증산의 醫方은 小柴胡湯,779) 四物湯,780) 四聖
飮781) 등 모두 3가지 처방이 나온다. 이는 수천 가지나 되는 의방 가운데
극히 일부이다. 증산이 정식으로 의술을 교육받은 바가 없다는 점은 그가
사용하고 있는 처방이 매우 적다는 사실에서도 확인된다. 아울러 그는 이
러한 처방을 직접 환자에게 먹여서 병을 낫게 하는 것이 아니라, 다만 상
징적으로 사용할 따름이다. 이 밖에도 증산은 烏梅, 매실, 滑石, (鏡面)朱
砂782) 등의 한약재도 사용하였다.

한편 증산은 예전의 도를 통했다는 사람들은 天文과 地理 등으로 대변되는 인간
을 둘러싼 객관적인 세계에 대한 깨달음이었다고 비판하고, 자신이 처음으로 인간
자체에 대한 깨달음을 얻었다고 주장한다.783) 이처럼 증산이 中通人義라는784) 표
현을 사용할 수 있었던 것은 아마도 『홍길동전』에서 영향을 받은 듯하다.

---

776) 『대순전경』 4장 74절.
777) 또 가라사대 스물네 가지 藥種만 잘 쓰면 萬國醫員이 되리라 하시니라.(『대순전
    경』 3장 192절)
778) "藥은 五行기운을 응하였다."(『대순전경』 8장 19절)
779) 증산이 직접 적어준 약방문에 적혀 있다.(『대순전경』 2장 25절) 三禁湯이라고도
    부르며 柴胡 (멧미나리), 黃芩 (속서근풀뿌리), 人蔘, 半夏, 甘草가 들어가는 처방
    이다.
780) 『대순전경』 4장 129절, 4장 150절, 8장 12절, 8장 13절, 8장 39절 등이 관련 기
    록이다. 四物湯은 血病을 치료하는 약으로서, 熟地黃. 白芍藥. 川芎. 當歸를 동일
    하게 배합하여 만들기 때문에 사물탕이라고 부른다.
781) 『대순전경』 8장 15절, 8장 53절 등에 나온다. 四聖丸, 四聖散, 四聖散 등의 비슷
    한 이름의 처방만 확인되며, 四聖飮이라는 처방은 전거를 찾지 못했다.
782) 『대순전경』 4장 17절, 4장 38절, 8장 22절, 4장 72절, 4장 125절 등이 관련 기록
    이다.
783) 『대순전경』 6장 76절. 完板本 『홍길동전』에 비슷한 구절이 보인다. ……길동이 이
    말을 듣고 우셔왈, "딕장부 셰상의 쳐흥믹 맛당이 상통쳔문흐고, 하찰지리흐고, 즁
    찰인의흘지라. ……
784) 한편 『增補秘傳 萬法歸宗』(上海書局, 石印版, 1900), 卷 四, 『周易內秘丁甲大法
    』의 序文에 "上察天機, 下察地府, 中通人間"이라는 표현이 보인다.

또 증산이 이상사회의 모습을 설명하면서 "길에 흘린 것을 줍는 자가 없게 한다."는 표현을 사용했다.[785] 道不拾遺는 나라가 태평하고 풍속이 아름다워 백성이 길에 떨어진 물건을 주워 가지지 아니함을 뜻하는데,[786] 『홍길동전』에도 나오는 표현이다.

그리고 증산은 전설적인 이야기나 속담을 자주 사용했다. 이는 증산이 쉬운 언어로써 자신의 생각을 표현했으며, 그가 접했던 사람들이 알아듣기 쉽도록 배려했던 일이라고 평가된다.

그는 宋象賢에 얽힌 이야기, 宋龜峰이야기,[787] 宋尤庵이야기, 송우암과 萬東廟이야기, 許眉叟와 송우암, 洪成文이 道 닦은 이야기, 농바우 전설, 위징이 당태종을 섬긴 이야기[788] 등의 전설적인 이야기나 민담도[789] 잘 알고 있었다.

또 『증산천사공사기』에서 김형렬이 증산에게 "栗谷이 李舜臣의게는 杜律千讀을 命하고, 李恒福의게는 넓지 안는 울음에는 苦草가루 싼 手巾이 됴타고 일넛슬뿐이오 壬亂에 쓸 일은 이르지 아니함과 갓흠이로소이다."라고 말했는데,[790] 이 이야기는 『임진록』에 나온다.[791]

그리고 증산은 제자들에게 특정한 이름이 거론되지 않는 익명의 인물에 대한 이야기도 자주 들려주었다. 농한기에 자신의 논에 물길을 낸 농

---

785) 『대순전경』 3장 156절.
786) 『十八史略』, 唐太宗, 『韓非子』, 外儲說 左上, 『史記』, 齊世家 등에 용례가 보인다.
787) 『임진왜란과 瀟湘班竹』, 『韓國口碑文學大系』 6-2 전라남도 함평군편 (한국정신문화연구원, 1981), 787쪽-791쪽에 비슷한 내용이 보인다.
788) 『소강절과 동해 용왕』, 『한국구비문학대계』 1-6 경기도 안성군편 (한국정신문화연구원, 1982), 578쪽-582쪽에 비슷한 내용이 있다.
789) 『대순전경』 4장 159절, 5장 3절, 2장 10절, 4장 101절, 8장 9절, 4장 160절, 3장 28절 등이 관련 기록이다.
790) 『증산천사공사기』 130면-131면. 동일한 기록이 『典經』, 『행록』 제 1장 32절 (大巡眞理會 出版部, 1974), 13쪽에도 적혀 있다.
791) 김기동 편역, 『임진록』(서문당, 1977), 237쪽. 白淳在 소장본이다. 『계압만록』, 정명기 편, 『한국야담자료집성』 8권 (태학사, 1987), 86면에는 이와 연관된 漢詩도 실려 있다.

부가 가뭄을 잘 극복했다는 이야기, 天下事를 하러 떠난 스승의 가족을 잘 보살폈다는 사람에 얽힌 이야기, 주문외우는 처녀에 대한 이야기, 仙術을 배운 머슴이야기, 知覺이 막혀 버린 수련인 이야기, 어떤 대신이 임무를 맡아 처음으로 행한 일이 술집의 사정을 물었다는 이야기 등이[792] 대표적이다.

증산은 속담이나 일반적으로 흔히 거론되는 말도 자주 사용했다. 철부지, 烏飛梨落, "福은 위로부터 내리는 것이오, 아래에서 치오르지 아니한다.", "水原나그네", "문턱 밖이 저승이라.", "범이 새끼를 친 곳에는 그 부근 동네까지 보호한다.", "病身이 六甲한다." 등이[793] 그 예이다.

또 증산은 제자의 행위에 대해 春雉自鳴이라고 평했던 적이 있는데,[794] 이는 "봄 꿩이 제 울음에 죽는다."는 속담과 관련이 있는 말이다. 또 증산이 말했던 "九年洪水, 七年大旱"이라는 구절은[795] 판소리대목에도 나온다.

한편 증산은 특정 지역의 지명에 대해서도 남다른 관심을 가지고 주목했다. 그는 자신이 咸悅지방에 있었던 것은 "모든 사람이 함께 기뻐한다."는 뜻을 취했기 때문이라고 설명했으며,[796] 佛可止라는 곳은 말 그대로 "부처가 머무를 곳"이므로 이곳에서 일정한 종교적 행위를 함으로써 많은 사람을 살릴 수 있다고 주장했다.[797]

또 증산은 泰仁의 신방죽에서 행한 일로 인해 日本의 神戶에 큰 화재

---

792) 『대순전경』 3장 96절, 3장 116절, 3장 186절, 3장 187절, 7장 20절, 6장 153절 등이 관련 기록이다.

793) 『대순전경』 3장 139절, 5장 41절, 2장 4절, 9장 15절, 9장 8절, 3장 77절, 3장 121절 등이 관련 기록이다.

794) 이정립, 앞의 책, 21면.

795) 『대순전경』 4장 137절. 『흥부전』과 『春香傳』에 나오는 대사의 일부이다.

796) 天師께서 咸悅에 많이 계셨는데, 이것은 萬人咸悅의 뜻을 취함이라 하시더라.(『대순전경』 3장 13절)

797) ……佛可止는 佛이 可히 그칠 곳이란 말이요, 그 곳에서 可活萬人이라고 일러왔으니 그 기운을 걷어 蒼生을 건지리라. ……(『대순전경』 4장 161절)

가 발생했다고 주장했다.[798] 그리고 증산은 淸國에 대한 공사를 행하기 위해 明나라 황제들의 위패가 모셔진 청주 만동묘에 가야 되지만, 길이 멀다는 이유로 발음이 비슷한 장소에서 그 일을 행하기도 했다.[799]

이처럼 증산은 다양한 지적 유산을 두루 섭렵했으며, 특히 민중들이 쉽게 알아들을 수 있는 표현들로 자신의 독창적인 사상을 전달하고자 노력했다.

798) ……전날 신방죽<神濠> 공사를 보았는데, 신방죽과 語音이 같은 神戸에 火災가 일어난 것은 장래에 그 地氣가 크게 뽑혀질 징조니라.(『대순전경』 4장 169절)
799) 『대순전경』 4장 153절.

Ⅳ. 公事思想의 구조와 특성

증산이 주장했던 사상의 핵심은 하늘과 땅을 지배하는 질서의 근본적인 개혁을 이룬다는 (天地)公事이다. 따라서 공사사상은 인간 구원의 실현 행위로서 이해하여야 한다.

증산의 사상은 여러 분야로 나눠진 사상들로 따로 평가되어서는 안 된다. 어디까지나 전체적 해석학의 틀로서 공사사상을 주목해야 할 것이다. 증산은 개인적인 차원의 일이 아니라, 세계 나아가 우주의 근본적인 開闢을 집행한 인물이다. 그러므로 세계 구원의 종교적 행위로서 증산사상을 설명하는 여러 측면들을 포함시켜 보아야 한다.

이 장에서는 먼저 공사사상의 구조를 살펴서 그 기본 뼈대를 이루는 하부 사상들의 내용을 알아본다. 그리고 공사사상을 이루는 하부 사상들을 함께 조직화할 수 있었던 기본원리가 무엇인지를 찾아서 역동적인 사상적 유기체를 형성하는 생명력의 근원을 살펴본다. 나아가 공사사상이 어떤 특성을 지니고 있는지를 신앙적 특성과 이념적 특성으로 나누어 살펴보겠다.

1. 공사사상의 구조

思想은 단순히 개인의 생각 차원에 그치지 않고, 통일성 있는 판단의 체계를 이루어 사회 및 인생에 대한 일정한 견해를 지닌 것이다. 특정한 사상을 이해하기 위해서는 먼저 그 전체적인 구조를 살펴보는 일이 필요하다.

이 절에서는 증산의 공사사상의 짜임새를 고찰해 보기 위해, 하위개념인 세분된 사상들을 각기 뚜렷한 목적지향적인 성격을 가진 論으로 묶어보겠다. 이에 따르면 공사사상은 크게 보아 이상론과 현실론, 현실에서 이상을 실현하기 위한 방법론의 세 가지 측면을 지녔다고 볼 수 있다.

그리고 이러한 공사사상의 본래적 구조와는 별도로 공사사상의 신앙적인 산물인 결과론이 있다. 결과론은 공사사상 자체의 구조에는 포함시킬 수 없다. 왜냐하면 결과론은 공사사상을 종교적으로 신앙하는 사람들에 의해 자의적으로 해석될 여지가 많으므로 객관화시키기 어렵기 때문이다. 그러나 결과론은 기본적으로 공사사상의 구조에서 기인하고 유출된 것이므로, 구조를 살펴보는 부분과 관련하여 살펴보아야 할 것이다.

결국 공사사상은 여러 各論에 각기 배열된 하부 사상들이 유기적으로 결합하여 전체를 이루고 있다. 여기서 각론이 결합되는 원리는 解寃이다.

가. 理想論인 開闢思想과 原始返本思想

흔히 理想은 개인적인 것이 아니라 절대적이고 恒常的인 본질을 의미하며, 인생의 최고 궁극의 목적이라고 규정된다. 따라서 바람직한 상태가 체계적으로 제시된 것이 이상론이다. 증산이 제시한 인생의 의의와 목적을 이상의 실현에 두는 인생관과 세계관으로는 개벽사상과 원시반본사상을 들 수 있다.

ㄱ) 開闢思想

증산은 이상론으로서 새 세상이 열린다는 개벽사상을 주장했다. 개벽사상은 "새 세상",800) "不老長生의 仙境",801) "仙境",802) "좋은 세상",803) "좋은 시대",804) "앞으로 오는 좋은 세상"805) 등으로 표현된 이상향이 새롭게 이 세상에 구현된다는 기쁜 소식이다. 이처럼 증산은 일상적으로 사용하는 쉬운 용어를 사용하여 이상향을 지칭했다.

증산이 지향한 이상사회는 특별한 이름을 지니지 않고 누구나 이해할 수 있다는 점에서 대중적이다. 한편 증산은 이상사회를 後天이라고 표현하기도 했다.806) 후천은 앞으로 전개될 세상이라는 의미로서, 희망찬 미래를 가리킨다. 증산에 의하면 선천과 후천은 開闢을 기준으로 대별되는 세계이다. 증산은 先天開闢이라는807) 표현을 사용했는데, 이는 先天의 시작도 開闢으로부터 말미암았다는 주장이다.

그런데 증산은 後天開闢이라는 표현은 사용하지 않았다. 그는 天地開闢808) 또는 天地開闢時代809)라는 표현을 사용하여 새로운 세상인 후천이 개벽된다고 주장하였다. 따라서 증산은 先天의 말기에 開闢이라는 말을 사용하는 것은 곧 後天開闢을 의미하는 것으로 여겼다.

그에 따르면 先天은 相克의 원리가 인간사회를 지배하는 시대로서 투쟁, 갈등, 분열을 통해 생겨나고 자라는 과정이다.810) 반면 後天은 相生의 원리가 세상을 지배하는 시대로서 협력, 화목, 통합을 통해 완성하고 갈무리

---

800) 『대순전경』 2장 42절, 4장 53절, 9장 4절 등에 나오는 용어이다.

801) 『대순전경』 2장 5절.

802) 『대순전경』 2장 42절, 3장 22절, 3장 99절, 4장 1절, 5장 3절, 5장 4절 등에 나온다.

803) 『대순전경』 3장 106절과 5장 13절에 보이는 용어이다.

804) 『대순전경』 6장 6절.

805) 『대순전경』 2장 42절과 5장 18절에 나온다.

806) 『대순전경』 2장 49절, 3장 24절, 3장 193절, 4장 40절, 4장 47절, 4장 48절, 4장 171절, 5장 16절, 5장 17절 등에서 後天을 이상사회를 지칭하는 용어로 사용하였다.

807) "先天開闢 이후로 水旱刀兵의 겁재가 서로 번갈아서 그칠 새 없이 세상을 진탕하였으나……"(『대순전경』 5장 33절)

808) 『대순전경』 5장 1절.

809) 『대순전경』 4장 44절.

810) 先天에는 相克之理가 人間事物을 맡았으므로……(『대순전경』 5장 4절)

하는 과정이다.[811]

이처럼 개벽을 전환점으로 하여 선천에 이어 후천이 온다는 사실을, 증산은 특히 生長斂藏이라고 표현했다.[812] 즉 증산은 生長斂藏이라는 표현을 통해 우주가 성장하고 완성하는 순환적인 질서를 따르는 것으로 이해했다. 이러한 그의 생각은 우주의 고유한 특성을 사계절의 순환에 비유했던 글귀에서도 확인된다.[813]

한편 증산이 天이라는 용어를 사용한 것은 새로운 질서와 이념에 따른 근본적인 변혁이 있으리라는 것을 의미하며, 결코 인간계를 벗어나서 차원이 다른 세상을 지향하는 것이 아니다. 이는 증산이 後天文明과[814] 後天聖人時代)라는[815] 용어를 사용한다는 사실로도 확인된다. 문명과 시대라는 말은 人間을 떠나서는 상정하기 어려운 것이다. 결국 증산이 생각한 이상 사회는 이 지상에 건설된다는 믿음에 기초한다.

증산은 새 세상이 온다는 확신을 "앞으로 無極大運이 열린다.", "이제 開闢時代를 당했다.", "장차 眞法이 나리라.", "새 기틀이 열리리라." 등으로[816] 표현했다. 그는 동시대인들에게 희망찬 미래상을 일정하게 제시하였고, 인류 역사의 전개에 있어서 "새 세상"이라는 진취적 좌표를 설정했다.

따라서 증산은 天地公事라는 구체적인 종교적 행위를 함으로써 이상향을 이루기 위해 모범을 보인 인물로 이해되어야 한다. 증산은 이러한 이상향을 "건설

---

811) ……相生의 道로써……세상을 고치리라. …… (『대순전경』 5장 4절)
812) 나는 生長斂藏 四義를 쓰노니 곧 無爲而化니라.(『대순전경』 6장 67절)
813) ……萬物資生, 羞恥, 放, 蕩, 神, 道, 統. 春之氣放也. 夏之氣蕩也. 秋之氣神也. 冬之氣道也. …… (『대순전경』 3장 134절) 이 구절을 안경전은 "우주의 봄이 되면 따뜻한 하늘 기운(생명과 성신들)이 지상에 내쳐(放) 만물을 소생케 하고, 여름 기운은 땅이 이를 받아들여 강렬하게 성장(蕩)시키며, 가을이 되면 神의 심판으로 결실이 이루어지며, 겨울에는 生, 長, 成의 창조운동을 종결하고 생명의 근본자리(道)로 돌아가 대휴식에 접어든다."라고 풀이한다. 안경전, 앞의 책, 25쪽.
814) 『대순전경』 5장 8절.
815) 『대순전경』 6장 12절.
816) 『대순전경』 2장 5절, 3장 47절, 3장 143절, 3장 165절, 5장 15절, 4장 173절, 5장 3절, 5장 10절 등이 관련 기록이다.

한다.", "맞이하라." 등으로817) 표현하여, 인간의 실제적인 실천 행위에 의해 이루어질 수 있는 세상이라고 강조한다. 그리고 그는 "이 運數는 天地에 가득 찬 元元한 天地大運이다."라고818) 밝혀, 인류사의 필연적인 귀결임을 다시 한번 강조했다.

증산이 개벽사상을 정립하게 된 근본적인 이유는 그의 삶의 목표에서 찾아야 할 것이다. 증산은 "민중은 苦窮에 빠져서 안도할 길을 얻지 못하고, 四圍의 현혹에 싸여 의지할 바를 알지 못하여, 危懼와 불안이 온 사회를 엄습하였다."라고 자신이 살던 시대를 평가한 다음, 이러한 세상을 "널리 구원할<匡救> 뜻"을 품었다고 전한다.819) 이는 증산이 "천하를 구원하려는<匡救天下> 뜻"을 품었다는 기록을820) 통해서도 확인된다.

또 증산은 開闢과 天地開闢을 동일한 용어로 사용했으며, 개벽의 목적은 "인간과 하늘의 혼란을 바로잡으려는 일"이라고 밝혔다.821) 그리고 증산은 개벽을 "西神이 命을 맡아서 萬有를 지배하야 뭇 이치를 모아 크게 이루나니 이른바 開闢이라. 만물이 가을바람에 혹 말라서 떨어지기도 하고 혹 성숙하기도 함과 같이, 참된 자는 큰 열매를 맺어 그 壽가 길이 창성할 것이오, 거짓된 자는 말라 떨어져 길이 멸망할지라."라고822) 정의했다. 여기서 西神이란 "자손을 두지 못한 中天神"을 가리키는데,823) 개인적인 감정에 치우치지 않는 공정한 집행을 주도하는 神格으로 이해된다.

한편 증산은 죽기 직전에 "全羅北道 古阜郡 優德面 客望里 姜一淳 西神司命"이라는 글귀를 제자에게 써서 불사르게 했는데,824) 이는 그가 西神

---

817) 『대순전경』 2장 42절.
818) 『대순전경』 3장 170절.
819) ……天師 개연히 匡救할 뜻을 품으사…… (『대순전경』 1장 27절)
820) ……上帝가 天師께 대하야 匡救天下하려는 뜻을 칭찬하며……(『대순전경』 1장 28절)
821) 『대순전경』 3장 22절.
822) 『대순전경』 5장 14절.
823) 『대순전경』 3장 92절.
824) 『대순전경』 9장 28절.

에게[825] 명령을 내리는 존재라는 사실을 밝힌 것이다. 결국 증산은 자신이 바로 개벽을 주재하는 인물이라고 주장하였다.

가을바람은 만물이 열매를 맺는 데 결정적인 역할을 수행한다. 가을바람은 봄과 여름의 오랜 성장기를 거쳐 결실을 맺는 일을 상징하며, 한편으로는 제대로 발육하지 못한 쭉정이를 솎아내는 기능을 한다. 열매를 맺느냐, 맺지 못하느냐의 갈림길에서 가을바람의 역할과 의미는 사뭇 다르게 느껴진다. 일단 가을바람을 이겨내지 못하면 영원히 멸망하는 길 밖에 없다. 여기에 開闢의 의미가 가을바람으로 표현되는 이유가 있다. 증산은 참된 자와 거짓된 자로 나누어 창성함과 멸망함의 극단적인 두 갈래의 결과를 초래할 것을 암시했다.

이러한 증산의 생각은 "天地의 大德이라도 春生秋殺의 恩威로써 이루느니라." 라는 말에서도[826] 확인된다. 봄기운은 만물을 살리는 기능을 하며 은혜를 베푸는 것이지만, 가을 기운은 완성을 위해 제대로 성장하지 못한 것을 죽이는 위엄을 보인다.

증산은 이러한 대조적인 표현을 통하여 開闢의 양면성을 잘 드러내고 있다. 결실을 맺으려는 입장에서는 가을바람이 반가운 것이며, 그렇지 못한 입장에서는 가을바람이 자신을 죽이고 해치는 달갑지 않은 손님일 것이다. 증산의 말을 빌면 참된 자는 개벽을 원할 것이고, 거짓된 자는 개벽이 바로 자신의 죽음인 것이다.

결국 개벽을 어떤 측면에서 받아들이고 이해할 것이냐는 지나온 성장 과정에서 스스로를 얼마나 알차게 가꾸어 나갔느냐는 점에 달려 있다. 여기서 자신이 행한 일은 자신이 책임질 수밖에 없다는 엄연한 자연의 법칙이, 증산의 개벽사상에 일관되게 흐르는 중심적인 생각임을 알 수 있다.

---

825) 西神은 자손을 두지 않은 神格이므로 사사로운 감정에 끄달리지 않고 매사를 공정하게 처리할 수 있다는 점에서 개벽의 집행자로 선택된 듯하다. 그리고 음양오행설에 따르면 서쪽은 완성과 결실을 뜻하며, 절기로는 가을을 상징한다. 따라서 西神은 이상적인 사회를 이루는 상징적인 신격이라고 생각된다.

826) 『대순전경』 6장 109절.

또 증산은 天地開闢을 다음과 같이 정의했다.

> 天師 가라사대 이제 혼란키 짝이 없는 末代의 天地를 뜯어고쳐, 새 세상을
> 열고 否劫에 빠진 인간과 신명을 널리 건져 각기 안정을 누리게 하리니, 이
> 것이 곧 天地開闢이라. ……(『대순전경』 5장 1절)

증산에 따르면 그가 살던 시대는 오랜 성장기를 거쳐 완성을 향한 마
지막 여정인 "혼란키 짝이 없는 末代"이다. 이러한 혼란을 없애고 새 세
상을 열기 위해 낡은 천지를 뜯어고치는 일이, 증산 자신이 해야 할 성
스러운 임무이다.

하늘과 땅이 새롭게 열리는 천지개벽은 자연스럽게 오는 것이 아니라,
인위적으로 그리고 의도적으로 뜯어고침으로써만이 비로소 가능하다. 혼
란한 세상을 종결짓고 신천지가 열리는 새로운 천지개벽을 증산은 "천지
를 뜯어고침"이라고 표현하였다. 그리고 이 개벽은 인간계에 국한된 일
이거나 신계에 한정된 일이 아니라, 인간과 신을 다 함께 구원하여 각기
안정을 누리게 만드는 일이다. 여기서 개벽은 단순히 인간의 힘으로 이
루어지는 일도 아니요, 인간을 초월한 존재라고 믿어지는 신들만의 일도
아님을 알 수 있다.

한편 "이제 구년 동안 보아온 開闢公事의 確證을 天地에 質正하리라."
는827) 증산의 말에서, 그가 개벽(공사)과 (천지)공사를 거의 동일한 개념으
로 이해하고 있음을 짐작할 수 있다.

증산은 자신을 천지개벽을 주재하는 인물이라고 확신했다.828) 그리고 그
가 주장한 천지개벽은 역사상 처음 있는 일이라는 점이 강조된다. 요컨대
증산은 개벽이 자기의 능력과 의지로써 이루어지는 일이라고 믿었다.

---

827) 『대순전경』 4장 173절.
828) "옛 일을 이음도 아니요, 世運에 매여 있는 일도 아니요, 오직 내가 처음 짓는
    일이라."(『대순전경』 5장 1절)

이러한 그의 확신은 "새 배포를 꾸민다."는 말과 비유로도 확인된다.[829] 즉 증산에 의해 기존에 있어 왔던 온갖 방법들이 폐기되었다. 나아가 "새 배포를 꾸민다."는 증산의 주장은 일반적인 생각으로는 전혀 예상하지 못할 독특한 방법으로 개벽이 진행될 것이라는 믿음으로 이어진다.

그는 천지개벽은 남들이 쉽사리 알아차리지 못하는 신비한 방법으로 이루어질 것이라고 다음과 같이 주장했다.

> 대범 판 안에 드는 법으로 일을 꾸미려면 세상에 들켜서 저해를 받나니, 그러므로 판 밖에 남 모르는 법으로 일을 꾸미는 것이 완전하니라.(『대순전경』 5장 2절)

판 안에 드는 법은 인간의 인지능력으로 파악이 가능한 범위에서 일어나는 일이다. 증산은 만일 판 안에 드는 법으로 개벽이 이루어진다면 세상에 들켜서 제대로 진행되지 못할 것이라고 생각했다. 따라서 그는 "판 밖의 남 모르는 법"으로 천지개벽을 주재하여 완전하게 이루겠다는 의지를 밝혔다. 증산이 주장한 개벽은 일상적인 안목으로는 전혀 이해하지 못하는 신비한 방법으로 진행될 것이라는 전제가 제시되었다.

결국 증산은 완벽을 기하기 위하여 세상 사람들이 쉽사리 눈치를 챌 수 없는 전혀 새로운 방법으로 개벽을 이루어 나가겠다는 독창적인 사상을 제시하였다.

여기서 증산이 말한 "남 모르는 법"은 인간의 눈이나 감각으로는 알 수 없는 차원에서 이루어지는 일이다. 따라서 증산은 영혼의 세계인 冥府에서 일어나는 일을 결정짓는 冥府公事를 집행했다고 믿어진다. 그는 그 이유에 대해 "冥府公事의 審理를 따라서 세상의 모든 일이 결정된다."고 말

---

829) "비유컨대 부모가 모은 재산이라도 항상 얻어 쓰려면 쓸 때마다 얼굴을 쳐다보임과 같이, 쓰러져 가는 집에 그대로 살려면 엎드러질 염려가 있음과 같이, 남이 지은 것과 낡은 것을 그대로 쓰려면 불안과 危懼가 따라다니나니, 그러므로 새 배포를 꾸미는 것이 옳으리라.(『대순전경』 5장 1절)

했다.830)

육체를 가지지 않은 영혼의 세계에서 신비하게 진행되는 일을 통해 완벽한 방법으로 개벽을 주재하겠다는 증산의 주장은 기본적으로 그에 대한 믿음을 전제한다.

일반인의 인식으로는 도저히 파악하고 이해할 수 없는 방법으로 진행된다는 開闢은, 증산에 의해 神的인 차원에서 집행되는 종교적 행위이다. 그러므로 증산은 큰일이거나 작은 일이거나 모두 신을 다스리는 방법으로 해결한다고 믿어진다.831) 이와 연관하여 증산은 신을 天理의 지극함이라고 정의했으며,832) 그의 공사에는 항상 신이 참여한다고 믿어진다.

증산이 자신을 개벽의 주재자로 자처한 일은 독창적인 생각이다. 이상사회가 올 것이라는 주장과 와야 한다는 논리는 예전에도 있었지만, 증산과 같이 내가 公事를 행하여 개벽을 오게 한다는 주장은 한국종교사에서 처음이다.

한국종교사에서 開闢이라는 용어를 이상사회의 도래와 관련하여 처음 사용한 인물은 동학을 창시한 水雲 崔濟愚(1824~1864)이다. 수운은 "後天 五萬年의 運數", "다시 開闢 아닐런가?" 등의 말을 통해, 개벽이라는 종교적 주제를 한국사에서 처음으로 제기하였다.

이후 先天과 後天은 지나간 세상과 다가올 세상이라는 독특한 의미를 지닌 용어로833) 이해되기 시작했으며, 장차 朝鮮을 중심으로 이상향이 전

---

830) 『대순전경』 4장 1절.
831) 크고 적은 일을 물론하고 神道로써 다스리면 玄妙不測한 功을 거두나니……(『대순전경』 5장 3절)
832) ……鬼神은 天理의 至極함이니, 公事를 행할 때에 반드시 귀신과 더불어 판단하노라 하시고……(『대순전경』 4장 23절)
833) 기존에는 인간이 탄생하기 이전과 이후라는 일반적인 의미나 단순히 과거와 미래, 天道와 人事, 生長과 成藏의 대비적인 관념을 뜻하는 말로 받아들여졌다. 그리고 『易』 乾卦 文言에 선천과 후천이라는 용어가 보이며, 卦 자체의 內卦와 外卦, 易의 분류, 伏羲卦圖와 文王卦圖를 대비하는 말로도 선천과 후천이라는 말이 쓰였다. 이정호, 앞의 책, 3쪽-19쪽 참조.

개되리라는 믿음으로 발전하였다. 그리고 一夫 金恒(1826~1898)은 동양의 역학체계에서 새로운 易을 창안하고[834] 그 이론적 근거를 밝혔다. 一夫의 正易思想은 이상사회의 이론적인 청사진을 제시했다는 점에서 획기적이다.

易의 완성을 이루었노라고 주장한 一夫는, 『正易』(1885)에서 자신의 발견을 하늘의 계시에 의한 것이라고 강조했으며,[835] 스스로를 하늘의 대변자라고 자처했다. 一夫는 자신의 역이 河圖와 洛書에 견줄 만하다고 자평했으며,[836] 궁극적으로 두 易의 완성을 이루었다고 강조했다.[837]

『정역』에는 새로운 역을 발견한 기쁨을 노래한 구절이 상당히 있으며, 度數라는 용어도 많이 사용되었다.[838] 그러나 정역에 의해 새로운 세상이 전개되리라는 주장은 있지만,[839] 과연 어떠한 과정을 거쳐 누구에 의해 주도된다는 이야기는 없다. 더욱이 『정역』에는 開闢이라는 조합어도 없다.[840]

결국 易의 度數가 바뀐다는 것이 일부의 사상이며, 내가 도수를 바꾼다

---

834) 十數八卦圖, 제3의 卦圖, 正易卦圖 등으로 불리며, 완전무결한 河圖의 실현이라고 인정된다. 즉 洛書의 모순과 부조리 속을 헤매던 河圖의 과정이 이 정역괘도의 출현으로 인해 비로소 미래의 궤도를 회복하여 본연의 조화와 평화의 세계를 이룰 수 있다고 평가된다. 이정호, 위의 책, 19쪽.

835) 『金火五頌』에서 "성인께서 말씀하지 않으신 바이니 어찌 일부가 감히 말하리오마는, 때가 왔고 명이 계시기 때문일세. 聖人取不言, 豈一夫敢言, 時命."이라고 노래했다. 그리고 "하늘과 땅이 말이 있으시니 일부가 감히 말을 한다. 하늘과 땅이 일부에게 말하라고 말씀하시니, 일부가 하늘과 땅의 말씀을 말한다. 天地有言, 一夫敢言. 天地, 言一夫言, 一夫, 言天地言."라고 주장하기도 했다. 나아가 "조화옹께서 친히 보여주신 변화의 모습이다. 化翁親視監化事."라고 노래하기도 했다.

836) 堯의 朞는 366일이고, 舜의 朞는 365度 4분지 1이지만, 一夫 자신의 朞는 375度에서 15를 尊空한 360일이라고 강조했다.

837) 伏羲先天. 文王後天이라고 부르던 기존의 선후천관이 일부에 의해 文王先天. 一夫後天 또는 周易先天. 正易後天으로 바뀌었다고 평가받는다. 이정호, 앞의 책, 20쪽.

838) 天地之度數, 律呂度數, 一歲周天律呂度數, 无極體位度數, 月極體位度數, 日極體位度數, 先后天正閏度數, 先后天周面度數, 十二月二十四節氣候度數 등의 용례가 보인다.

839) 『十一吟』에서 해와 달이 빛나는 琉璃世界라고 노래했고, 上帝가 照臨하는 세계의 기쁨을 노래했다.

840) 『十一一言』에 "하늘의 政事는 子에서 열리고, 땅의 政事는 丑에서 열린다. 天政開子, 地政闢丑."이라는 구절이 보일 따름이다.

는 것이 증산의 독창적인 사상이다. 그러므로 開闢이라는 종교적 모티브가 수운에 의해 "후천 오만년 운수"라는 말로 제시되었고, 후천에 대해 1년 360일841)과 24절기의 改名842)까지 천착한 일부에 의해 이론적 근거가 확립되었다면, 증산은 후천이 어떤 과정을 거쳐 이루어질 것인지를 결정하고 실천한 公事를 집행했던 인물이다.

따라서 증산은 새 세상이 자신의 권위와 능력에 의해 "천지를 새롭게 뜯어고침"에 따라 비로소 가능하다고 주장했다는 점에서 독창적이다. 결국 증산은 자신이 새 세상을 만들어갈 인물이라고 확신했던 것이다.

실제로 증산은 제자들에게 "천지를 개벽하여 새 세상을 건설한다."고 말했다. "건설한다."는 말은 필연적 법칙으로 당연히 오는 것이 아니라, 새로운 계획과 이에 따른 실천에 의해 이루어내야 할 과정인 것이다. 그리고 새 세상을 건설하는 개벽은 주체가 있어야 비로소 가능한 일이다. 개벽의 주체가 바로 자신이라고 주장했다는 점에서, 증산은 새로운 사상을 일정하게 제시했던 인물로 평가받아야 마땅하다.

이러한 입장에서 증산은 자신을 "開闢長"이라고 주장했으며,843) "내가 三界大權을 主宰하야, 天地를 開闢하여 무궁한 仙境의 운수를 정하고, 造化政府를 열어 災劫에 쌓인 神明과 民衆을 건지려 하노라."라고 선언하였다.844) 아울러 증산은 "이제 混亂覆滅에 임한 천지를 개조하여 새 세상을 열고 大否劫에 싸인 사람과 신명을 널리 건져 각기 안락을 누리게 하려는 모임"이라고 자신의 무리를 규정하기도 했다.845)

그런데 증산의 일부 제자들은, 그가 그러한 말을 한지도 오래이며 公事

---

841) 一夫는 자신의 朞가 360일이라고 주장했으며, 이에 따라 1달이 정확히 30일이 되는 이상적인 曆法을 밝혀 놓았다.
842) 기존의 24절후가 기후의 변화와 대비되는 至, 分, 寒, 暑, 冬, 夏, 霜, 雪 등의 용어로 표현된 데 반하여, 일부는 元, 化, 和 등이 주로 사용되는 새로운 24절후명을 주장했다.
843) ……이는 開闢長이 날 것을 이름이라. …… (『대순전경』 4장 1절)
844) 『대순전경』 4장 1절.
845) 『대순전경』 4장 53절.

를 행하기도 여러 번이었지만, 時代의 現象이 조금도 변함이 없다는 사실에 의혹을 제기하였다.

개벽을 단순히 "이 세상을 뒤집는 것"으로 이해했던 증산의 일부 제자들은 "남의 비웃음을 받지 않게 하고 애타게 기다리는 자신들에게 榮華를 주기"를 간절히 원했다.[846)

그러나 증산은 결코 이러한 급진적이고 파괴적인 개벽을 주장하지 않았다. 증산은 "人事는 기회가 있고, 天理는 度數가 있나니, 그 기회를 지으며 도수를 짜내는 것이 公事의 규범이다."라고 강조했으며, "그 규범을 버리고 억지로 일을 꾸미면 이는 천하에 재앙을 끼침이요, 億兆의 생명을 빼앗음이라. 차마 할 일이 아니니라."라고 단언한다.

그러므로 증산의 개벽사상에는 애초부터 時限附末世論이나 待時主義的인 경향이 없었던 것이다. 증산은 "천하를 물로 덮어 모든 것을 멸망케 하고, 우리만 살아 있으면 무슨 복이 될 것이냐?"는 말로 자신의 개벽관을 정립한다.

나아가 증산은 "내가 相生의 道로써 萬民을 教化하며 세상을 평안케 하려 하노니, 새 세상을 보기가 어려운 것이 아니요, 마음을 고치기가 어려운 것이라. 이제부터 마음을 잘 고치라. 大人을 공부하는 자는 항상 남 살리기를 생각하여야 하나니, 어찌 억조를 멸망케 하고 홀로 잘 되기를 도모함이 옳으리오?"라고 제자들에게 반문한다.[847)

이처럼 증산이 제시한 개벽사상의 핵심은 "새 세상의 열림"이지 "묵은 세상의 파괴나 멸망"이 아니었다. 많은 이들의 생명을 빼앗는 "모든 것을 멸망케 하는 일"은 증산이 생각한 개벽이 아니었다. 어디까지나 증산은 人事에 따라 기회를 지으며, 天理에 의거하여 度數를 짜내는, 실제적이고 구체적인 계획에 입각한 개벽을 지향했다. 천하에 재앙을 끼치는 파괴적인 개벽관은 묵은 하늘의 질서였던 相克의 극한적인 상황이다.

---

846) 『대순전경』 2장 42절.
847) 『대순전경』 2장 42절.

그런데 "相生의 道"로써 온갖 생명을 교화하고 세상을 편안하게 만들려는 증산의 의도와는 전혀 다른 관점의 개벽관을 가진 증산의 제자들도 있었다. 그들의 관심은 오로지 자신들의 부귀영화를 보장해 주는 일이었다.

증산은 이러한 제자들의 개벽관에 대해 자신이 주장하는 개벽은 "남 살리기"가 핵심임을 다시 한 번 강조한다. 그리고 그는 개벽된 새 세상을 보는 것은 오직 개개인의 "마음 고치기"에 달려 있다고 가르쳤다.

그럼에도 불구하고 일순간의 변화에 의하여 혼란하고 무도한 천하를 속히 진멸하고 새 운수를 여는 일을 개벽이라고 생각한 사례는, 증산의 가르침을 직접 받은 당시부터 이미 있었던 문제였다. 개벽이 늦어진다는 사실에 회의를 느낀 것은 증산이 이 세상을 떠나기 직전까지 끊임없이 제기된 문제였음이 다음의 기록을 통해 확인된다.

> 동짓달에 광찬이 開闢을 속히 붙이지 아니하심에 불평을 품어 항상 좌석을 시끄럽게 하며 가로대, 내가 집안일을 돌보지 아니하고 여러 해 동안 선생을 따르기는 하루바삐 새 세상을 보자는 일이어늘, 이렇게 시일만 遷延함에 집에 돌아가서 처자권속을 대할 낯이 없으니, 차라리 스스로 생명을 끊음만 같지 못하다 하거늘, 天師 일깨워 가라사대 開闢이란 것은 때와 기회가 있나니 마음을 눅혀 어린 짓을 버리라. …… (『대순전경』 9장 4절)

인용문에서 증산의 제자가 바라는 일은 집안일을 돌보지 않고 증산을 따른 대가이다. 그는 처자권속을 대할 낯이 서도록 그 동안 들인 시간과 정력에 합당한 지위와 부귀를 보장받는 일을 개벽의 실질적인 결과라고 이해했다. 여기서 "開闢을 속히 붙이지 않는다."는 표현은 증산을 개벽의 주재자로 믿고 있다는 신앙고백이며, 증산이 개벽을 붙이는 순간에 모든 일이 이루어질 것이라는 순진한 생각의 토로이다.

그러나 증산은 "새 세상을 보는 일"인 開闢은 "때와 기회가 있다."고 대답한다. 시기와 그에 맞는 일의 기미를 꾸며서 이에 상응하는 노력과 실천이 뒤따라야, 개벽하는 일이 가능하다는 증산의 생각은 변함없다. 어쨌든 증산이 이 세상에 살아 있을 당시에도 개벽에 대한 여러 가지 형태의 믿음이 각기 다르게 있었다고 짐작된다.

한편 증산은 "나의 일은 비록 부모, 형제, 처자라도 모르는 일이다."라고 말하여,[848] 자신이 주도할 개벽이 사람들이 쉽사리 알아차릴 수 없는 신비한 영역에서 진행될 것이라고 선언했다. 그는 동양권에서 난해한 글의 대명사격인 周易을 자신의 일을 알 수 있는 지침서로 제시하기도 했다.[849] 이는 증산이 자신의 公事가 고차원적으로 전개되고 있다는 점을 강조하려는 일로 평가된다.

그리고 증산은 새 세상은 南朝鮮에서 먼저 이루어질 것이라고 주장했다. 지상천국이 이루어질 중심지역은 한반도의 남쪽이다. 이러한 증산의 개벽사상은 韓民族이 주체가 되어 새 세상을 만들어가야 한다는 選民意識으로까지 연결된다. 나아가 증산에 의해 개벽을 주도하는 집단으로서 東西각 敎派에 빼앗기고 '남은 조선사람'인 南朝鮮사람이 선택된다.

또 "세상에 전해 온 모든 虛禮를 그르게 여겨 가라사대 이는 묵은 하늘이 그르게 꾸민 것이니 장차 眞法이 나리라."라는[850] 증산의 말에 따르면, 개벽은 새 하늘이 정하는 眞法이 출현하는 일이다. 묵은 하늘이 정한 헛된 예법이 다시 꾸며지는 새 하늘이 바로 증산의 개벽에 의해 열릴 新天地이다.

무엇보다도 증산이 말한 새 세상은 인간이 죽은 뒤에 靈的인 存在로 산다고 믿어지는 세계가 아니라, 육체를 지닌 채 이 땅 위에서 살 수 있다는 地上天國이라는 점에서 기존의 종교사상과 구별된다.

증산은 現世에서의 至福이 가능하다는 입장에서 향후 인류가 지향해 나가야 할 구체적인 목표를 제시해 주었다는 의의를 지닌다. 따라서 地上天國은 인류가 빚어낸 기존의 문명 자체의 근원적 변화를 지향한다.

결국 증산의 개벽사상은 지상천국의 열림을 알린 福音이다. 그는 새로운

질서의 도래를 예견하고 현실의 근본적인 변혁을 추구했다. 증산은 인류 문명의 근본적인 변화의 조짐을 느끼고 이를 자신의 사상에 적극적으로 반영했던 것이다. 그러면서도 개벽이 증산이라는 인격의 권능에 의지하고 있다는 점에서, 개벽사상은 기본적으로 종교적 차원의 주장이며 후대의 믿음이라는 한계를 지닌다.

ㄴ) 原始返本思想

원시반본사상은 인류 역사에 있어서 가장 이상적인 상태를 회복하고자 하는 염원이 집약된 것이다.[851] 原始와 返本은 모두 "근원과 근본을 탐구하고 돌아간다."는 뜻으로 풀이할 수 있다. 그러므로 原始返本은 原始로 返本하는 것이 아니라, 始를 原하고 本으로 返하는 일을 강조한 동어반복이다.

한편 最善이라는 녹선적 수장이 아니라, 最適이라는 공동의 노력으로 달성이 가능한 상태를 지향하는 것이, 원시반본이라는 용어가 의미하는 바이다. 이제껏 가장 이상적인 사회라고 상정되던 시대를 모범으로 삼아 그러한 이상의 상태를 현실적으로 이룩해 내겠다는 생각이 집약된 것이 바로 원시반본사상이다. 그러나 復古主義的이거나 回顧主義的인 관념[852]과는 노선을 달리한다. 따라서 앞으로 이루어질 이상사회의 최적의 모델로서 原始返本하는 일이 요청되는 것이다.

---

851) 이에 대한 기존의 연구성과와 자세한 내용은 김탁, 「강증산의 원시반본사상」, 『한국종교』 제 18집 (원광대학교 종교문제연구소, 1993)을 참고하라.

852) 그런데 증산의 원시반본사상이 "檀君에로의 근원적 복귀"를 의미한다고 잘못 이해한 경우도 있다. 이을호, 「한민족 신앙의 정통성」, 『증산사상연구』 제 9집 (증산사상연구회, 1983), 41쪽. 이는 단군-화랑-동학-증산의 계보로 민족 신앙을 도식화하려 했던 선입견에서 나온 주장이라고 평가된다. 이와 비슷한 논지로는 이현희, 「민족정통사의 원류와 증산사상」, 위의 책, 45쪽~57쪽과 정연선, 「증산의 정치교의와 실천」, 위의 책, 206쪽 등이 있다.

증산이 생각한 원시반본은 일단 "혈통줄이 바로 잡히는 일"[853]이 우선한
다. 각 민족마다 제각기 근본이 된 祖上을 잘 모시게 되면 질서가 정립되고
규범이 확립될 것이라는 주장이다. 따라서 증산은 "換父易祖하는 자와 換骨
하는 자는 모두 죽으리라."[854]고 경고했다.

자기 조상을 인정하지 않고 스스로의 근원을 망각하는 행위가 "아버지와
할아버지를 바꾸는<換父易祖>"일로 표현되었다.[855] 구체적으로는 자민족
의 고유성을 무시한 채 타민족의 장점과 우월성을 적극 받아들여 스스로를
비하하거나 폄하하는 행위를 가리킨다.

그리고 "모든 族屬들은 각기 색다른 생활경험으로 인하여 유전된 특수한
사상으로 각기 文化를 지어내었다."는[856] 증산의 문화에 대한 이해는, 어떤
단일의 독선적인 사상체계로 세계의 다양한 문화를 흡수하려는 문화제국주
의적인 전횡을 거부한다.

증산은 "각 족속의 모든 문화의 津液을 뽑아 모아 後天文明의 기초를 정
하리라."고 주장하여,[857] 여러 민족이 고유하게 이룩해 낸 문화를 모두 인정
하는 입장에서 새 세상을 건설하려 했다. 이러한 그의 생각은 "文明開化三
千國"이라는 시구에서도[858] 잘 드러난다.

또 증산은 원시반본에 대해 다음과 같이 설명하였다.

---

853) 『대순전경』 6장 124절. 한편 증산은 『대순전경』 3장 47절에서 姜氏가 姓氏의 原
始이므로 姜氏인 자신이 개벽시대를 맞아 일을 맡았다고 주장했다. 이는 성씨의
최초로 돌아가자는 기준을 제시했다는 의의는 있지만, 신앙의 문제로 제기된다는
한계를 지닌다. 물론 이러한 그의 주장은 자신이 개벽을 주재한다는 주장의 타당
성을 보증받기 위한 것이며, 하나의 상징적인 의미로써 원시반본이 구체화되는 모
습을 보여주기 위한 말이다. 나아가 이 말은 증산 자신이 왜 하필이면 강씨로 태
어났는가에 대한 종교적 설명으로도 제시되었다.
854) 『대순전경』 6장 124절.
855) 『대순전경』 4장 125절에는 先靈神을 부인하거나 박대하는 자는 새 세상에 살아
남기 어려울 것이라는 기록도 있다.
856) 『대순전경』 5장 8절.
857) 『대순전경』 5장 8절.
858) 『대순전경』 3장 136절.

옛적에 神聖이 立極함에 聖雄이 겸비하야 政治와 敎化를 통제관장하였으나, 中古以來로 聖과 雄이 바탕을 달리하여 政治와 敎化가 갈렸으므로, 마침내 여러 가지로 分派되어 眞法을 보지 못하였나니 이제는 原始返本이 되어 君師位가 한 갈래로 되리라.(『대순전경』 6장 125절)

"政治와 敎化가 통합되어 聖과 雄을 겸비한 인물에 의해 다스려지는 세상"이 증산이 지향한 "君師位가 한 갈래로 되는 原始返本이 이루어진 상태"이다. 정치와 종교가 갈라져서 각기 다르게 특화된 것이 이상사회를 건설하는 데 걸림돌이 된다고 생각한 증산은, 정치와 교화가 통합되는 사회를 이상적이라고 규정한다.

그에 의하면 堯舜이 다스리던 시대가 바로 이상적인 사회이다.[859] 사람들이 요순시절의 德治에 의한 태평성대를 바라고 있어서, 後天에는 정치와 교화가 원시반본에 의해 합일된다는 주장이다. 태초의 이상상태인 神聖에 의한 政敎一致時代가 올 것이라는 그의 주장은 후대에 이르면 皇帝政治라는 말로도 해석된다.[860]

어쨌든 증산은 요임금을 이상적인 정치를 펼친 인물이라고 이해하며, 원시반본하는 일이 君主制에 의한 정치형태를 지닐 것이라고 생각한 듯하다.[861] 그러나 증산이 만국의 제왕을 없애는 공사를 행했다는 기록과[862] 그가 여전히 절대왕권을 인정한다는 점은 모순이라고 판단된다.[863]

---

859) 『玄武經』에 "曰有道, 道有德, 德有化, 化有育, 育有蒼生, 蒼生有億兆, 億兆有願戴, 願戴有唐堯."라는 기록이 보인다. 그리고 『증산천사공사기』 136면에 "堯舜의 道가 이제 다시 나타나리라."는 증산의 말도 있다.

860) 안경전, 앞의 책, 220쪽. 근거로는 『대순전경』 4장 35절의 "皇極 后妃所"라는 기록과 『대순전경』 9장 27절의 "大始太祖, 出世, 帝王."이라는 글귀가 제시된다.

861) ……君臣奉詔는 將相이 王命을 받는 것이니, 그 기운을 걷어서 나라를 태평케 할 것이오……(『대순전경』 4장 159절)

862) ……世界一家 統一政權의 公事를 행하실 새, ……이제 萬國帝王의 기운을 걷어 버리노라 하시더니……(『대순전경』 4장 101절)

863) 『대순전경』 3장 136절에서 삼천국에 문명이 개화되리라는 증산의 말이 각 민족중심의 여러 나라로 독립되는 상태를 지칭하는지의 여부도 밝혀져야 할 것이다.

더욱이 증산이 모든 문화의 진액을 뽑아 모아 後天文明의 기초를 정한다고 말했으므로[864] 특정한 제도로 되돌아가자는 주장은 아닐 것이다. 그러므로 원시반본하는 정치제도는 아마도 인류에게 최적의 정치형태는 어떤 것이었는지를 역사적으로 전개되었던 여러 정치제도 가운데서 찾는 작업일 것이며, 특히 그들의 장점들을 뽑아 사회제도화한 형태가 될 것이다.

한편 증산이 주장한 원시반본은 자연히 발생하는 현상이 아니라, 주체가 분명히 제시되었다. 따라서 증산이라는 종교적 인물의 주도에 의해 원시반본이 이루어진다고 이해하여야 할 것이다.

그는 "옛 사람의 법"을 따르는 것을 근본자리로 돌아가는 한 방법이라고 생각했으며,[865] 먼저 가정을 잘 다스리는 일 구체적으로는 부인에게 더욱 예를 갖추어 대하는 일을 강조하기도 했다.[866]

결국 原始返本은 단지 시간적으로 거슬러 올라간 옛날이 이상적인 새 세상으로 관념되는 것이 아니라, 새로운 이상의 제시에 따라 성실한 실천과정이 전제되는 새로운 출발이라고 이해된다.

또 증산은 "묵은 하늘이 잘못 꾸민 것"이라는 표현을 통해[867] 지난 세상의 제도와 가치기준들을 비판한다. 따라서 원시반본하는 기준으로서의 始와 本은, 결코 지난 전통의 답습이 아니라, 전통의 철저한 변혁이다. 잘못된 것은 과감하게 고쳐야 한다는 의지가 강하게 내포되어 있다.

그런데 증산은 성인의 성품과 영웅의 도략을 함께 갖추지 못한 인물들이 세상을 다스리게 되면서부터 점차 세상이 어지러워지게 되었다고 생각한다. 분파되었기 때문에 참된 법을 보지 못하였으므로, 애초의 완벽한 상태로 되돌아가자는 생각이다. 즉 근본자리로 회향하여 이상적인 상태를 회복하자는 주장이다.

---

864) 『대순전경』 5장 8절.
865) 『대순전경』 3장 58절.
866) 『대순전경』 3장 59절.
867) 『대순전경』 3장 143절.

이는 단순한 復古主義가 아니며, 미래지향적인 입장에서 이상을 설정하는 증산의 생각들이 구체화된 것이라고 평가될 수 있다. 왜냐하면 정치와 교화를 통합하는 일은 분파된 현실에서 다시금 지향하여 이룩해 내어야 할 현재와 미래의 일이기 때문이다.

결국 개벽사상과 원시반본사상은 서로 통하는 개념이다. "이제 개벽시대를 당하여 原始로 反本된다."868)는 증산의 말은, 나눠지기 이전의 완전성을 회복하는 일이 새 세상을 여는 중요한 관건이라는 의미이다.

전통, 뿌리, 근본을 회복함으로써 비로소 우리는 새로운 출발이 가능하다. 존재의 이유와 근거를 어디에 기준을 삼을 것이며, 본연의 모습은 어떻게 설정할 것인가의 문제는, 지향해야 할 바람직한 이상의 모습과도 통한다.

그러므로 이상적인 상태인 始와 本으로 어떻게 돌아갈 것이며 어떤 방법으로 회복시킬 것인가는, 이제는 달라져야 하며 변화해야 한다는 시대적 요청이자 현실을 극복하고 이상을 이룩하려는 몸짓이나.

이상의 실현은 溫故而知新하는 전통의 창조적 계승과 비판적 수정에 의해 비로소 가능하다. 증산은 밝은 미래상을 제시하여 영원한 이상세계를 향한 희망과 용기를 심어준 인물로 평가되어야 할 것이다. 그리고 그는 희망과 구원의 상징으로 개벽과 원시반본이라는 이상을 제시했다.

나. 現實論인 天下皆病思想

증산은 자신이 살던 세상을 바라보고 이해하는 방식을 天下皆病思想으로 표현했다. 증산의 세계 이해를 알 수 있는 『病勢文』에 다음과 같은 내용이 보인다.

---

868) 『대순전경』 3장 47절.

……病有大勢, 病有小勢. 大病無藥, 小病或有藥.……大病, 出於無道, 小病, 出於無道.……忘其君者, 無道, 妄其父者, 無道, 忘其師者, 無道. 世無忠, 世無孝, 世無烈. 是故, 天下皆病. ……(『대순전경』 4장 129절)

증산에 의하면 病은 크게 大病과 小病으로 대별된다. 그러나 큰 병이나 작은 병이나 모두 無道에서 기인한다. 그는 인간으로서 마땅히 지켜야 할 규범으로서의 道가 없어진 상태가 병을 유발한다고 보았다. 구체적으로 無道는 다스리는 군주를 잊어버리고, 길러준 부모를 잊어버리고, 가르쳐준 스승을 잊어버리는 사람에게서 나타나는 현상이다. 그리하여 세상에는 忠, 孝, 烈이라는 기본적인 규범이 어그러지고 없어지게 되었으며, 따라서 온 천하가 모두 병들게 되었다.

여기서 증산이 생각한 병은 개인적인 병이 아니라 사회적인 병이며, 육체적인 병이 아니라 정신적인 차원의 병이다. 사회를 이루고 유지하는 데 필요한 규준이 없어진 상태가 바로 증산이 본 天下皆病의 위기상황이다.

증산은 왜 새 세상이 와야 하는가에 대한 설명과 이유로서 세상이 모두 병들었다고 주장하였다. 세상을 지배하는 원리인 우주질서 자체가 전면적으로 바뀌어야 할 시점에 이르렀기 때문에 이러한 결과가 도래하였다는 설명도 가능하다.

실제로 그는 하늘과 땅, 그리고 세상의 모든 것이 병들었고, 나아가 영혼계와 인간계도 모두 병들었다고 말한다. "苦海에 빠진 중생", "殘疲에 빠진 민중", "病毒에 걸린 인류" "天下蒼生이 殄滅之境에 이르렀다.", "全人類가 殄滅之境에 이르렀다." 등의 표현[869]은 인간이 병든 모습을 표현한 것이다.

그리고 인간만 병든 것이 아니라, 하늘 또는 신명계도 재앙으로 가득 찼다. "인간과 하늘의 혼란", "災劫에 싸인 신명과 민중", "大否劫에 싸인 사람과 신명", "否劫에 빠진 인간과 神明", "인류와 神明界의 큰 劫厄" 등의

---

869) 『대순전경』 2장 5절, 3장 22절, 4장 95절, 5장 36절, 5장 37절 등이 관련 기록이다.

표현870)에서 인간계를 초월한 세계로 인정되는 신명계 또한 심각하게 병들었음을 알 수 있다.

증산은 하늘로 표현되는 신명계와 땅으로 표현되는 인간계가 모두 병든 상황을 "混亂覆滅에 임한 天地",871) "혼란한 세상",872) "혼란키 짝이 없는 末代의 천지"873)라고도 말했다.

또 증산은 天下皆病은 인간이 저지른 罪惡에 의해 필연적으로 결과지어진 상황이었다고 설명했다.874) 인간의 교만한 행위는 神界의 권위마저 무시했으며, 인간의 잔인함과 폭력은 자연을 정복하려는 듯했다. 인간이 하늘의 존재도 인정하지 않고, 자신이 살아가는 환경인 자연도 파괴했던 것이다.

이러한 인간의 행위는 결국 三界의 혼란을 야기했다. 이에 따라 하늘이 가야 마땅할 길과 인간이 행해야 할 규준이 마침내 正道를 벗어났다. 증산은 이러한 인간 행위의 결과로 인간만이 아니라 우주를 이루고 있는 하늘과 땅마저도 모두 병들었다고 생각했던 것이다.

한편 증산은 병든 大地를 "末世"875) 또는 末代876)라고도 표현했다. 또 증산은 현실의 불합리하고 불완전한 사회를 先天이라고 불렀다.877) 따라서 증산은 先天이 끝나는 시점에 이르렀음을 끝나는 세상과 마지막 세대 등의 용어를 사용하여 강조했던 것이다.

그렇다면 하늘과 땅이 이처럼 병들게 된 근본적인 원인은 무엇인가? 증산은 "원한이 맺히고 쌓여 三界에 넘침에 마침내 殺氣가 터져 나와 세상

---

870) 『대순전경』 3장 22절, 4장 1절, 4장 53절, 5장 1절, 5장 12절 등이 관련 기록이다.
871) 『대순전경』 4장 53절.
872) 『대순전경』 4장 101절.
873) 『대순전경』 5장 1절.
874) "현대의 문명은 인류의 교만과 殘暴를 길러내어 천지를 흔들며 자연을 정복하려는 기세로써 모든 죄악을 거리낌 없이 범행하니, 神道의 권위가 떨어지고 三界가 혼란하야 天道와 人事가 도수를 어기는지라."(『대순전경』 5장 12절)
875) 『대순전경』 2장 5절과 4장 44절에 나오는 용어이다.
876) 『대순전경』 5장 1절.
877) 『대순전경』 2장 49절, 3장 80절, 4장 35절, 4장 40절, 5장 11절, 6장 1절, 6장 11절, 6장 12절, 6장 36절, 6장 106절에 나온다.

의 모든 참혹한 재앙을 일으킨다."[878]라고 말했다. 즉 병의 원인은 怨恨이다. 이 원한이 하늘과 땅과 지하세계에 오랫동안 누적되어 넘칠 지경에 이르렀다. 원한이 극도로 집약되어 마침내 殺氣로 변하며, 결국 이 살기에 의해 三界의 재앙이 발생한다는 주장이다.

증산은 상대방의 생명을 죽이고 없애려는 기운을 殺氣라고 불렀는데, 그는 살기의 최초 형태가 원한이라고 주장했다. 이러한 그의 세계 이해는 "원한이 더욱 발달하여 천지에 가득 차서 세상을 폭파함에 이르렀다."는 표현[879]에서 극적으로 드러난다. 원한이 충만하자 이제 원한은 그것이 생겨난 세상 자체를 원초적으로 無化시킬 정도로 걷잡을 수 없는 상태에 이르렀다.

그리고 "人間에서 하고 싶은 일을 하지 못하면 분통이 터져서 큰 병을 이룬다."[880]는 것이 증산의 생각이다. 이처럼 사람이 하고 싶은 일을 이루지 못하는 상태가 바로 병든 상태라는 증산의 평가는 기존의 질병관과는 차이가 있다.

증산의 생각에 따르면 인간이 하고 싶은 욕구가 충족되지 않아서 원한이 생기는 것이 병의 실제이다. 즉 원한은 신적인 존재가 내려주는 것도 아니고, 자연이 주는 것도 아니다. 원한은 인간이 스스로 맺는 일이다.

또 증산은 어머니가 자신의 뱃속에서 10개월 동안 아이를 기를 때에는 온갖 착한 일을 하지만, 막상 아기가 태어날 때에는 일분간의 惡을 쓰기 때문에 세상이 악하게 되었다고 말하기도 했다.[881] 여기서도 惡의 본질을 인간의 구체적인 행위에서 찾는다는 사실을 알 수 있다.

그런데 현재 전해지는 예법이 잘못되었다고 주장한 증산은 그렇게 된 연유를 "묵은 하늘"에서 찾는다.[882] 그는 지나간 시대는 묵은 하늘이 지배하는 시대였기 때문에 헛된 예법이 제정될 수밖에 없었다고 주장하였다.

---

878) 『대순전경』 5장 4절.
879) 『대순전경』 5장 4절.
880) 『대순전경』 5장 15절.
881) 『대순전경』 3장 88절.
882) 세상에 전하여 온 모든 虛禮를 그르게 여겨 가라사대 이는 묵은 하늘이 그르게
    꾸민 것이니…… (『대순전경』 3장 143절)

또 증산은 이처럼 세상이 모두 병들게 된 근본적인 이유에 대해 "묵은 하늘이 사람을 죽이는 공사만 보고 있기 때문이다."라고[883] 답한다. 그리고 증산에 의하면 先天이라는 지난 시대는 罪惡으로써 먹고 사는 시대였다.[884] 결국 한 시대를 풍미하는 가치관이 죄를 저지를 상황을 조성했다는 주장이다.

> 先天에는 相克之理가 人間事物을 맡았으므로 모든 人事가 道義에 어그러져서 원한이 맺히고 쌓여 三界에 넘침에 마침내 殺氣가 터져 나와 세상의 모든 참혹한 재앙을 일으키나니……(『대순전경』 5장 4절)

先天은 상극하는 이치가 인간과 사물을 맡은 세상이었다. 서로 경쟁하고 남과 싸워 이기는 길만이 생존하는 유일한 방법으로 받아들여졌기 때문에, 죄악이 생겨날 수밖에 없었다. 先天은 인간사 모든 일이 도의에 어긋날 수밖에 없었던 모순의 시대였다. 그러므로 선천은 원한이 맺히고 쌓이는 결과를 초래했다. 인간이 잘못된 것이 아니라, 우주의 질서를 상징하는 하늘이 근본적으로 잘못되었다는 설명인 것이다.

선천에는 남과 경쟁하는 것을 능사로 삼았기 때문에 남을 이기는 위엄과 능력이 우선되었다. 이를 증산은 "威武로써 보배를 삼았다."라고 표현했다.[885] 기본적으로 남을 해치거나 억누름으로 인해 복과 영화를 구해야 했기 때문에 잘못된 세상이 先天이었다. 그리고 선천은 運數 자체가 잘못 정해져 있었으므로 인간이 不義를 행했던 세상이었다.[886] 증산 자신도 세상이 너무 악하기 때문에 몸 둘 곳조차 없다고 표현할 정도이다.[887]

---

883) 『대순전경』 4장 166절.
884) 先天 英雄時代에는 罪로써 먹고 살았으나……(『대순전경』 6장 12절)
885) "先天에는 威武로써 보배를 삼아 福과 榮華를 이 길에서 구하였나니 이것이 相克의 유전이라."(『대순전경』 5장 11절)
886) "先天에는 度數가 그르게 되어서 제자로 선생을 害하는 자가 있었으나, 이 뒤에는 그런 불의를 감행하는 자는 背師律을 받으리라 하시니라."(『대순전경』 3장 80절)
887) "이 세상이 너무 악하여 몸 둘 곳이 없으므로 장차 깊이 숨으려 한다."(『대순전경』 9장 10절)

그렇지만 선천의 잘못은 相克의 이념에만 있지 않다. 증산은 先天의 인간들이 하늘만 받들고 땅을 무시하는 잘못을 범했다고 평가한다.[888] 결국 증산은 선천은 묵은 하늘이었으므로 세계의 운행질서 자체가 相克이었으며, 이에 따라 인간이 죄악을 저지를 수밖에 없었다는 입장이다.

나아가 증산은 실제로는 인간이 원한을 맺고 죄악을 저지르는 구체적인 행위를 통해 하늘과 땅이 모두 병들게 되었다고 평한다. 인간과 하늘의 상호작용에 의해 원한과 살기가 상승작용으로 三界에 가득 차게 되었다는 주장이다. 따라서 인간의 실천과 함께 새 세계의 새로운 질서가 정해져야 병든 三界를 고칠 수 있을 것이다.

한편 증산이 주장한 또 다른 병이 있다. 이는 후천이라는 새 세상이 오기 전에 인류가 겪어내야 할 "괴이한 병"이다.[889] 증산은 천하가 병든 상태에서 그 병독의 최후 저항으로 여겨지는 괴병에 대해 다음과 같이 설명한다.

先天開闢以後로 水旱刀病의 劫災가 서로 번갈아서 그칠 새 없이 세상을 진탕하였으나 아직 病劫은 크게 없었나니, 이 뒤에는 병겁이 온 세상을 엄습하여 인류를 전멸케 하되 살아날 방법을 얻지 못하리니……(『대순전경』 5장 33절)

증산은 앞으로 괴이한 병이 전 세계에 유행하여 온 인류를 전멸시킬 지경에까지 이를 것이라고 예언했다. 이 괴병이 전개되는 상황은 매우 급박하게 표현된다.[890] 그는 일상적인 생활을 하다가 느닷없이 들이닥치는 괴병의 위력에 대해 섬뜩하게 설명했으며, 이를 "급살병"이라고 표현하기도 했다.[891]

---

888) 先天에는 하늘만 높이고 땅은 높이지 아니하였나니, 地德이 큰 것을 모름이라. 이 뒤에는 하늘과 땅을 일체로 받듦이 옳으니라.(『대순전경』 6장 1절)
889) ……이 뒤에 괴이한 병이 온 세계를 엄습하야, 몸 돌이킬 틈이 없이 이와 같이 사람을 죽일 때가 있으리니, ……(『대순전경』 4장 82절)
890) 이 뒤에 怪病이 돌 때에는 자다가도 죽고, 먹다가도 죽고, 왕래하다가도 죽어, 묶어낼 자가 없어 쇠스랑으로 찍어 내되, 신 돌려 신을 정신을 차리지 못하리라.(『대순전경』 5장 34절)
891) 時俗에 부녀자들이 비위만 거슬리면 急殺 맞아 죽으라 이르나니, 이는 急殺病을 이름이라. ……(『대순전경』 5장 35절)

그리고 증산은 怪病이 전 세계에 유행하여 그 결과 동양과 서양의 판세가 고르게 될 것이라고 예견하기도 했다.[892] 그는 동양과 서양의 기운 판을 바로 잡기 위해서 病劫의 발생은 필연적이라고 설명하였다. 병겁이 발생하고 이를 다스리는 과정에서 동양과 서양의 기울어진 국력의 차이가 해소될 것이라는 증산의 주장에서 병겁이 단순한 질병이 아니라는 사실이 짐작된다.

증산은 병겁이 발생하는 것은 인간이 저질러왔던 죄악에 대한 단죄이며, 이때 거짓을 행했던 사람들이 비참한 최후를 맞게 된다고 주장했다.[893] 그러므로 증산이 예언한 병겁은 神明들에 의한 심판으로까지 믿어진다.[894] 세계적으로 발생한다고 예언된 괴병은 天下皆病의 마지막 환란으로 받아들여진다. 이 밖에도 증산은 일상 생활용품과 식량이 모두 부족하게 되는 극한적인 위기상황이 닥치게 될 것이라고 예언하기도 했다.[895]

다. 方法論인 生命思想, 人尊思想, 津液思想, 醫統思想

주어진 現實과 원하는 理想과의 괴리를 좁히기 위한 실제적 수단이 무엇이냐를 밝혀주는 것이 바로 방법론이다. 天下皆病이라는 현실의 질곡을

---

892) 동서양 싸움을 붙여 기우른 판을 바로 잡으려 하나 워낙 짝이 틀려 겨루기 어려우므로 病으로써 판을 고르게 되느니라.(『대순전경』 5장 32절)

893) "마음을 바르게 못하고 거짓을 행하는 자는, 기운이 돌 때에, 쓸개가 터지고 뼈마디가 튀어나오리라. 運數는 좋건만 목 넘기기가 어려우리라."(『대순전경』 5장 15절)

894) "六丁六甲을 쓸어들일 때에는 살아날 자가 적으리로다 하시니라."(『대순전경』 4장 15절)

895) ……이 뒤에 日用百物이 모두 乏絶하야 살아나갈 수 없게 되리니, 이제 뜯어고치지 않을 수 없도다 하시고, 사흘 동안 公事를 보신 뒤에 가라사대, 간신히 연명은 해 나가게 하였으나 장정의 배는 채워 주지 못하게 되리니, 배 고프다는 소리가 九天에 사무치리라 하시니라.(『대순전경』 4장 166절), "장차 밥 찾는 소리가 九天에 사무치리라."(『대순전경』 3장 74절) 등이 관련기록이다.

타개하고 바람직한 이상사회를 이루기 위한 방법으로 증산은 생명사상, 인존사상, 진액사상, 의통사상 등을 제시하였다.

ㄱ) 生命思想

증산은 삼라만상의 모든 것을 "생명을 지닌 것"으로 여겼다. 이러한 세계관을 지닌 증산에게 있어서 살아 있는 모든 것의 생명을 북돋아주는 일은 매우 중요했다. 따라서 증산의 삶과 그의 성격에 대한 최초의 언급은 다음과 같이 시작된다.

> 어려서부터 好生의 德이 많으사 나무 심으시기를 즐기시며, 자라나는 草木을 꺾지 아니하시고, 미세한 곤충이라도 해하지 아니하시며, 혹 위기에 빠진 生物을 보시면 힘써 구하시니라.(『대순전경』 1장 5절)

살아있는 것을 좋아하는 성격<好生之德>을 지녔던 증산은 풀, 나무, 곤충, 동물에 이르기까지 자신의 사랑을 미쳤다. 그리고 증산은 어릴 적부터 동물들을 사랑했다고 전하는데, 특히 그는 벼를 말리는데 새와 닭을 심하게 쫓는 아버지에게 "새 짐승이 한 알씩 쪼아 먹는 것을 그렇게 못 보시니 사람들을 먹일 수 있겠습니까?"라고 말했다고 전한다.[896]

그리고 증산이 어떤 사냥꾼이 기러기 떼를 향하여 총을 쏘려는 일을 보고 "군자로서 차마 보지 못할 일이라."[897]라고 말하고, 발로 땅을 굴려 총이 발사되지 않게 했다는 일화도 전한다.

그리고 제자들이 꿩을 잡으려고 홀치를 만들자, 증산은 "너희는 잡을 공부를 하라. 나는 살릴 공부를 하리라."라고 말하기도 했다.[898] 이러한 증산의 말이 있은 다음부터는 꿩 떼가 그 곳에 많이 내려왔지만 한 마리

---

896) 『대순전경』 1장 11절.
897) 『대순전경』 2장 57절.
898) 『대순전경』 2장 58절.

도 잡히지 않는 이상한 일이 일어났다고 전한다.

한편 증산은 물건에도 생명력이 있다는 생각을 지니고 있었는데, 그는 돈에도 눈이 있다는 표현을 쓸 정도였다.[899] 돈의 눈이 어두웠기 때문에 의롭지 못한 사람들의 재산이 많아지게 되었으며, 결국은 바람직하지 못한 사회를 만들게 되었다는 비판이다. 그는 앞으로는 돈의 눈을 새롭게 틔워서 착하고 의로운 사람들을 따르도록 만들겠다고 주장했다. 이처럼 증산은 돈도 사람이나 동물처럼 눈이 있다는 상징적인 말을 통하여, 물체에도 일정한 생명력이 있다는 사실을 강조했다.

한편 돈에도 神이 깃들 수 있다는 믿음은 "그 돈에 賊神이 범하였음을 알았다."라는 증산의 말을 통해서도[900] 알 수 있다. 이처럼 특정한 물체에 신적인 존재가 영향을 미칠 수 있다는 증산의 생각은 다음과 같은 선언에서 극대화된다.

> 천지간에 찬 것이 神이니, 풀잎 하나리도 神이 떠나면 마르고, 흙 바른 벽이라도 神이 떠나면 무너지고, 손톱 밑에 가시 하나 드는 것도 神이 들어서 되느니라.(『대순전경』 6장 99절)

하늘 아래 땅 위에 존재하는 모든 것이 神이라는 증산의 주장은 충격적이다. 여기서 증산이 말하는 神은 생명력으로 보아도 될 것이다. 그에 의하면 모든 것이 살아있는 실체로 파악된다. 여기서 유기체의 집합체로 상호 연관되어 있는 세계관이 제시된다. 동물과 식물은 물론이고 벽이나 가시 등의 물체에도 신이 들어 있다는 증산의 생각은, 만물이 모두 신령스럽다는 주장이다.

나아가 증산은 아주 하찮게 보이는 작은 것일지라도 하늘이 안다는 표현을 통해 만물을 유기적인 관계로 파악한다.[901] 땅에 떨어진 밥알 하나도

---

899) 先天에는 돈의 눈이 어두워서 不義한 사람을 따랐거니와, 이 뒤로는 그 눈을 틔워서 善한 사람을 따르게 하리라.(『대순전경』 6장 11절)
900) 『대순전경』 2장 38절.

"하늘이 안다."는 말을 통해, 증산은 인간계에서 일어나는 온갖 사건과 변화를, 초월적인 영역의 상징인 "하늘"이 알고 있다는 믿음을 주장했다.

이러한 그의 생각에 따르면 소홀히 할 일은 하나도 없다. 모든 물건을 신령스럽게 대해야 할 것이며, 지극히 사소한 일이라도 경건한 마음으로 행해야 할 것이다.

그리고 증산은 땅에 대해서도 地氣, 地運 등으로 表現하여, 생명이 깃든 체계로 파악했다. 증산은 이러한 지기와 지운의 불통일에 영향을 받아 인간계에 갈등과 반목, 대립이 생겼다고 본다.

대개 예로부터 각 지방을 활거한 모든 족속들의 紛亂爭鬪는 각 地方神과 地運이 서로 통일되지 못함을 인함이라. 그러므로 이제 각 지방신과 지운을 통일케 함이 인류 화평의 원동력이 되느니라.(『대순전경』 5장 6절)

땅이 바로 인간들이 싸우고 인간끼리 분란이 일어나는 이유 가운데 하나라는 증산의 설명이다. 여기서 땅은 단순한 물질로서 존재하는 것이 아니라, 그 속에 地方神들이 살고 있는 신령스러운 세계로 이해된다.

땅에는 地運이라는 것이 있으며, 각 지역마다 이를 지키는 신적인 존재들이 제각기 거주하고 있다. 각 지역에 나뉘어 존재했던 여러 지방신과 지운이 서로 통일되지 못했기 때문에, 이에 영향을 받은 인간들이 화목하지 못하고 투쟁만 일삼았다는 말이다. 증산은 지방신과 지운을 통일시키는 일이 인류에게 평화를 가져다주는 원동력이 된다고 주장했다.

또 증산은 특정한 지역에는 특별한 기운이 묻혀 있다고 생각했다.[902] 나

---

901) 밥티 하나라도 땅에 흘린 것을 반드시 주으시며 가라사대, 장차 밥 찾는 소리가 九天에 사무치리니 어찌 경홀히 하리오? 한낱 쌀이라도 하늘이 아나니라 하시니라.(『대순전경』 3장 74절)
902) 증산은 순창에 있는 농바우라는 장소에 "큰 기운이 묻혀 있다."고 말한 적이 있다.(『대순전경』 4장 27절) 그리고 그는 "……回文山에 二十四穴이 있고, 邊山에 二十四穴이 있어 각기 사람의 몸에 二十四椎를 응하야 큰 기운을 간직하였으니……"(『대순전경』 4장 93절)라고 말하여, 회문산과 변산에도 큰 기운이 있다고

아가 그는 지금은 天地에 水氣가 돌지 않아 명당자리에 묘를 쓰더라도 기
운이 발하지 않는다고 주장하고, 훗날 수기가 돌 때에는 와지끈 소리가 날
것이며 그 뒤에야 "땅기운"이 발할 것이라고 말했다.[903]

한편 증산은 신은 인간의 변화된 모습이며, 사람이 죽은 다음에는 누구
나 神的인 존재가 된다고 주장했다.

> 김송환이 死後 일을 물은대 가라사대, 사람에게 魂과 넋<魄>이 있어 혼은 하
> 늘에 올라 神이 되어 제사를 받다가 四代가 지나면 靈도 되고 혹 仙도 되며,
> 넋은 땅으로 돌아가서 四代가 지나면 鬼가 되나니라.(『대순전경』 3장 93절)

인용문에서 증산은 인간의 영혼은 기본적으로 魂과 魄으로 구성되어 있
다고 설명한다. 그에 따르면 인간의 혼은 하늘로 올라가고, 백은 땅으로
돌아간다. 혼은 하늘에 올라가서는 神이 되고, 魄은 땅으로 돌아가서 鬼로
변한다. 결국 神은 인간이 변화된 존재이다.

『대순전경』에 神觀과 관련하여 가장 많이 나오는 용어는 神明이다.[904]
따라서 증산교의 신관을 나타내는 대표적인 용어인 신명에 대해 알아보자.

증산은 특히 인격적인 神을 지칭할 때 神明이라는 표현을 사용한다. 먼
저 증산은 인간이 독자적으로 존재한다고 생각하지 않았다. 증산은 "그대
의 집에 三神이 들어가니 産氣가 있을지라."[905]라고 말하여, 제자의 집에
아들이 태어날 것을 짐작하기도 했다. 이는 그가 삼신이라는 신격을 매개

주장했다. 이 밖에도 淳昌 五仙圍碁, 長城 玉女織錦, 務安 胡僧禮佛, 泰仁 群臣
奉詔, 淸州 萬東廟 (4장 154절), 母岳山 (5장 7절), "山河의 氣靈"(5장 7절) 등의
용례가 있다.
903) 『대순전경』 3장 68절.
904) 神明 이외에도 魂, 魄, 神, 靈, 靈魂, 先靈, 先靈神, 神仙, 神聖, 鬼神, 仙人, 聖
靈, 神人, 聖人 등이 신관과 관련되어 『대순전경』에 언급된다. 이 가운데 神明은
모두 50번이나 등장하여, 다른 용어보다 월등하게 자주 나온다. 김탁, 『증산교의
신관』, 앞의 책, 58쪽.
905) 『대순전경』 2장 3절.

로 하여 인간이 태어난다는 전통적인 믿음을 인정한 대목이다.

또 증산은 사람은 先靈神들의 오랜 공력 덕분에 비로소 이 세상에 태어날 수 있었다고 믿었다.[906] 그리고 신명은 사람과 함께 이 세상에 살고 있는 존재이다. 증산은 사람마다 그 사람을 "護衛하는 神明"이 있다고 주장했다.[907]

한편 증산은 사람에게 특별한 일을 맡은 신명이 붙어 다닌다고 말하기도 했으며,[908] 사람이 책을 읽는 소리에 응하는 신이 있다고 주장하기도 했다.[909] 그에 따르면 신명의 도움을 받기 위해서는 의뢰심과 두 마음을 품지 않아야 한다.[910]

또 증산은 사람이 공부할 때 즉 정신수련을 행할 때 신명들이 그를 호위하여 지켜주기도 한다고 설명했다.[911] 나아가 증산은 신명이 사람들의 체질과 성격을 고칠 수도 있다고 말했으며,[912] 신명이 인간을 감시하는 역할도 한다고 주장했다.[913]

---

906) 하루는 종도들에게 일러 가라사대, 하늘이 사람을 낼 때에 무한한 공부를 들이나니, 그러므로 모든 先靈神들이 쓸 자손 하나씩 타 내려고 육십년 동안 힘을 들여도 못 타는 자도 많으니라. 이렇듯 어렵게 받아난 몸으로 꿈결같이 쉬운 일생을 보낼 수 있으랴 하시니라.(『대순전경』 3장 87절)

907) 하루는 종도들에게 일러 가라사대, 사람마다 그 닦은 바와 器局을 따라서 그 임무를 감당할 만한 神明이 護衛하여 있나니, 만일 남의 자격과 공부만 추앙하고 부러워하여 제 일에 懈怠한 마음을 품으면 神明들이 그에게로 옮아가나니라.(『대순전경』 3장 103절) 그리고 『대순전경』 6장 103절도 관련기록이다.

908) 증산은 가뭄이 심하여 해결책을 구하러 온 제자에게 "네가 비를 빌러 왔도다. 네게 雨師를 붙이노니, 곧 돌아가되 길에서 비를 만나더라도 피하지 말라."(『대순전경』 2장 29절)라고 말했다.

909) 戰爭史를 읽지 말라. 戰勝者의 神은 춤을 추되, 戰敗者의 神은 이를 가나니, 道家에서는 글 읽는 소리에 神이 응하는 까닭이니라.(『대순전경』 6장 33절)

910) "의뢰심과 두 마음을 품으면 신명의 陰護를 받지 못한다."(『대순전경』 3장 115절)

911) 『대순전경』 7장 17절.

912) ……또 神明으로 하여금 사람의 뱃속에 나들게 하여 그 체질과 성격을 고쳐 쓰리니, 이는 비록 말뚝이라도 기운을 붙이면 쓰임이 되는 연고라. ……(『대순전경』 5장 10절)

913) "神明이 먹줄을 잡고 섰다."(『대순전경』 4장 154절)

인간의 잘잘못을 판단하는 신명은 나무를 재단할 때 사용하는 먹줄과 같은 규준을 지닌 존재이다.914) 이 신명은 항상 사람에게 붙어 있으며, 사람의 행동거지를 자세히 살펴본다. 그리하여 "기운이 돌 때" 즉 인간에 대한 심판의 날이 오면, 이제까지 신명의 보고에 근거하여 결정된 대로 신명이 인간에게 벌을 준다는 것이 증산의 설명이다.

신명이 인간에게 벌을 내리는 존재라는 믿음은 신명이 연분이 아닌 사람이 부부가 된 경우에 이를 벌주어 없애려 했던 일에서도 확인된다.915)

또한 신명은 증산에게 불경스러운 말을 하는 증산의 친척들에게도 반드시 벌을 내리는 존재이다.916) 그리고 쓸데없이 불평을 하다가 입이 돌아간 사람을 보고 증산은 "부엌신에게 벌을 받은 것"이라고 설명한다.917)

또 증산은 갑자기 소리를 내어 통곡하는 제자를 보고 "그 울음은 神明에게 벌을 받는 소리니라."라고 말했다.918) 그리고 그는 大神明들이 모였다가 흩어질 때에 잘못을 범한 사람에게 참혹한 응징을 내릴 것이라고 주장했던 일도 있다.919)

한편 신명은 인간에게 질병을 내리는 존재로도 이해된다.920) 그리고 사람이 모르는 일도 신명은 알 수 있다고 믿어진다.921) 겉으로 행동화되어 드러나지 않는 인간 마음속의 작용까지도 신명은 낱낱이 알 수 있다. 신명은 사람들이 하는 일을 눈여겨보고 이를 감시하는 역할도 한다.

---

914) "이제 神明으로 하여금 사람에게 臨監하야, 마음에 먹줄을 잡히여 邪正을 감정하야 번갯불에 달리리니, 마음을 바르게 못하고 거짓을 행하는 자는 기운이 돌 때에 쓸개가 터지고 뼈마디가 튀어나오리라."(『대순전경』 5장 15절)

915) 『대순전경』 8장 46절.

916) 『대순전경』 3장 132절.

917) 『대순전경』 2장 95절.

918) 『대순전경』 2장 70절.

919) 『대순전경』 2장 40절.

920) 증산은 콜레라<虎列刺>가 유행하는 일을 보고 "怪疾神將"(『대순전경』 2장 117절)이라고 말하여 질병을 맡은 신명이 있음을 밝혀주기도 했다.

921) 어떤 사람을 대하든지 마음으로 반겨하여 잘 대우하면, 사람은 모를지라도 神明은 알아서 어디를 가든지 대우를 잘 받게 되느니라. …… (『대순전경』 6장 40절)

증산이 公事를 행하는 과정에서 49일 동안 정성을 드릴 것을 약속한 사람이 이를 어긴 일이 있었다. 이때 증산은 "나는 비록 용서하고자 하나 神明들이 듣지 않는다."[922]라고 말했으며, 훗날 무사히 공사를 마치고나자 그 사람의 정성이 "神明에게 사무쳤다."는 증거라고 주장하면서 하늘에 五色彩雲이 달을 끼고 있는 현상을 가리키기도 했다. 따라서 인간의 내면세계까지도 속속들이 아는 존재인 신명은 장차 인간의 죄를 심판할 존재이기도 하다.

> 이때는 神明時代라. 삼가 죄를 짓지 말라. 새 기운이 돌 때에 神明들이 불칼을 휘두르며 죄지은 것을 내어 놓으라 할 때에는 정신을 놓으리라.(『대순전경』 6장 57절)

인용문에서 神明時代라고 표현한 것은 신명들이 인간의 죄를 맡아 다스리는 존재임을 강조한 말이다. "새 기운이 돌 때"는 지난 인류 역사를 마감하는 시기에 인간의 죄를 심판하는 때이다. 그런데 신명은 비교적 적은 죄를 다스린다.[923]

증산은 자신이 살던 시대를 "天地神明이 運數자리를 찾으려고 각 사람의 가정에 들어가서 器局을 시험하는 때"라고 말하기도 했다.[924] 그에 의하면 신명들의 시험을 잘 이겨 받아야 큰일을 행할 자격이 있다고 한다. 따라서 인간은 잠시라도 소홀히 하지 말고 매사에 노력하고 게으르지 않아야 한다.

한편 신명은 앞으로 특정인의 자격을 판단하고 접대하는 역할도 할 것이다.[925] 그리고 증산은 그가 다시 이 세상에 出世할 때, 사람들이 각자 닦은 공력에 따라 앉을 자리에 앉혀 옷과 밥을 신명들이 받들게 할 것이

---

922) 『대순전경』 2장 15절.
923) 창생이 큰 죄를 지은 자는 天罰을 받고, 적은 죄를 지은 자는 神罰 혹은 人罰을 받느니라.(『대순전경』 6장 59절)
924) 『대순전경』 3장 71절.
925) 앉을 자리를 탐내어 당치 않은 자리에 앉으면 신명들이 등을 쳐서 물리치나니, 자리 탐을 내지 말고 德닦기에 힘쓰며 마음을 잘 가지면, 신명들이 자리를 정하여 서로 받들어 앉히느니라.(『대순전경』 6장 88절)

라고 주장했다. 그런데 증산은 이때 못 앉을 자리에 앉는 사람이 있으면 신명들이 그를 끌어내어 목을 칠 것이라고 엄포를 놓기도 했다.926)

증산의 주장에 따르면 신명이 西洋이라는 구체적인 인간 세상에서 난리를 일으키기도 한다.927) 이 밖에도 증산은 "이 지방을 지키는 모든 神明을 西洋으로 건너보내어 큰 난리를 일으키겠다."928) 또는 "朝鮮을 장차 世界上等國으로 만들려면 西洋神明을 불러 와야 할 것이다."929)라고 말하기도 했다.

더욱이 증산은 인간들 사이에 몹쓸 일을 하는 사람은 神明에게 벌을 받아 죽기까지 한다고 주장했다.930) 실제로 증산에게 부당하게 돈을 요구하고 빼앗아 간 순검이 도적에게 맞아 죽었다는 일을 전해들은 증산은, "도적을 다스리는 직책을 가진 巡檢이 도리어 分外의 재물을 즐기니 도적에게 죽음이 당연하지 않으냐? 이것이 다 神明의 행하는 바이니라."931)라고 말했다.

또 공짜로 남의 이름을 대고 술밥을 먹은 사람이 죽자, 증산은 "몹쓸 일을 행하야 神明에게 죄를 얻어 그릇 죽음을 하게 되었다."고 말했다.932) 또 남편이 죽자 순절한 젊은 부인의 죽음을 전해들은 증산은 "악독한 鬼神이 무고히 인명을 살해한다."고 말했다.933)

신명은 인간은 볼 수 없지만 동물에게 감지되는 존재이다.934) 그러므로

---

926) 『대순전경』 5장 39절.
927) ……關王廟에 致誠이 있느냐? 대하야 가로대 있나이다. 가라사대 그 神明이 이 지방에 있지 아니하고 西洋에 가서 큰 난리를 일으키나니, 致誠은 헛된 일이니라.(『대순전경』 3장 135절)
928) 『대순전경』 4장 4절.
929) 『대순전경』 4장 168절.
930) 『대순전경』 2장 118절.
931) 『대순전경』 2장 93절.
932) 『대순전경』 2장 118절.
933) 『대순전경』 3장 140절.
934) "……온 마을의 개가 일시에 짖는지라. 덕겸이 여쭈어 가로대 어찌 이렇듯 개가 짖나이까? 가라사대 大神明이 오는 까닭이니라. ……"(『대순전경』 4장 111절)

온갖 존재들은 상호 교류가능하고 서로 간에 영향을 미칠 수 있다는 것이 증산의 기본적인 세계관이다.

증산에 따르면 깨달은 인간 또는 장차 이상사회에 살 인간은 신명을 부릴 수 있는 능력이 있다고 한다. 증산이 "神明에게 治道令을 써서 불사르는 행위"를 통해 순탄한 길을 걸었다는 기록이 있으며,935) 길이 질어 걷기가 불편하자 治道神將에게 명령을 내리는 글귀를 써서 길을 얼어붙게 했다고 전한다.936)

또 증산은 怪疾神將에게 명을 내리기도 한다.937) 그리고 증산은 인간이 神力을 통하면 능히 "神明을 부리고 물을 뿌려 비가 오게 할 수 있다."고938) 설명하기도 했다.

이제 증산은 신, 신명, 귀신 등으로 불리는 神格들과 함께939) 세상을 구원하기 위한 公事를 집행한다.940) 증산이 公事를 행할 때는 여러 신명941)들이 참가했다고 믿어진다.942) 이러한 신명들의 모임은 증산에 의해 "造化政府"라는 말로 명명된다.943) 실제로 농사가 잘 될 것인지의 여부를 神明

---

935) 『대순전경』 2장 11절.
936) 『대순전경』 2장 45절.
937) 『대순전경』 2장 117절.
938) 『대순전경』 2장 20절.
939) 天地神明이 모여서 증산에게 "천지를 바로잡아 줄 것"을 간청했다.(『대순전경』 4장 167절)
940) "鬼神은 天理의 至極함이니 公事를 행할 때에 반드시 鬼神으로 더불어 판단하노라."(『대순전경』 4장 23절), "크고 적은 일을 물론하고 神道로써 다스리면 玄妙不測한 功을 거둔다."(『대순전경』 5장 3절), "나의 일은 모든 것을 神明으로 더불어 작정하는 것이므로 한 가지라도 사사로이 못한다."(『대순전경』 2장 36절) 등이 관련기록이다.
941) 신명도 각기 그 특성에 따른 이름과 서로 다른 위격이 있다. 『대순전경』에 등장하는 神格은 약 115종에 달한다. 김탁, 『증산교의 神觀』을 참고하시오.
942) 대표적인 기록은 好笑神 (『대순전경』 2장 51절), 大神明 (2장 71절), 최수운 (4장 28절), 神仙들 (4장 28절) 등이다. 그리고 "天地公事를 행하실 때 형렬에게 神眼을 열어 주어 神明의 會散과 聽令을 參觀케 하시니라."(『대순전경』 2장 5절), "공사를 행하실 때 大神明이 모였다."(2장 40절), "天師 大神明이 들어설 때마다 손을 들어 머리에 올려 禮하시니라."(2장 71절) 등도 관련 기록이다.

公事에서 결정했다는 증산의 말도 전한다.[944)

증산은 세계의 구조가 신명계와 인간계[945) 그리고 지하계로 이루어졌다고 이해했다.

> ……하늘과 땅의 경계를 틔워……이로부터 地下神이 天上에 올라가 모든 기묘한 법을 받아 내려, 사람에게 알음귀를 열어 주어, 세상의 모든 학술과 정묘한 기계를 발명케 하야 天國의 模型을 본떳나니, 이것이 現代의 文明이라. ……(『대순전경』 5장 12절)

지하계에는 지하를 관장하는 신격이 있다. 증산은 이를 地下神이라고 명명했는데, 이 지하신도 天上에 올라갈 수 있다. 지하에 있는 신도 하늘에 올라가 인간을 위해 봉사하는 존재이다. 구체적으로 지하신은 "天國의 모형"을 보고 와서 이를 사람들에게 알려주는 역할을 했다고 설명된다. 증신은 이러한 지하신의 알려줌으로 인해 인간들이 학문을 발달시키고 기계를 발명하여 현대의 문명을 이룩했다고 생각한다.

그리고 증산은 세계를 하늘, 땅, 인간계로 이루어진 三界라고 이해했다. "三界를 둘러 살폈다."는[946) 표현과 증산이 지은 "天上無知天, 地下無知地, 人中無知人, 知人何處歸."라는 시[947)를 통해서도 그가 생각한 세계의 구조를 엿볼 수 있다.

여기서 天은 人間界 위에 있으므로 上이라는 용어가 붙었고, 땅은 인

---

943) "造化政府를 열어 인간과 하늘의 혼란을 바로잡으려 하노라."(『대순전경』 3장 22절), "조화정부를 열어 災劫에 싸인 神明과 民衆을 건지려 한다."(『대순전경』 4장 1절) 등이 관련기록이다. 한편 증산이 종교적인 통일을 상징적인 표현으로 조화정부라고 불렀다는 연구가 있다. 여기서는 도덕적인 통일과 세계통일정부 사이의 매개적인 역할을 조화정부가 행한다고 보았다. 최동희, 「증산의 세계통일이념」, 『증산사상연구』(증산사상연구회, 1983), 121쪽.

944) 『대순전경』 2장 9절.

945) "人類와 神明界"(『대순전경』 5장 12절)라는 표현이 있다.

946) 『대순전경』 3장 22절.

947) 『대순전경』 3장 26절.

간계 아래에 있기 때문에 下라는 용어가 함께 쓰였다. 三界는 각기 따로 떨어진 별개의 세계가 아니라, 서로 소통가능하고 상호 긴밀한 연관관계를 지닌 세계로 보인다.[948]

증산은 인간과 자연이 하나의 큰 생명체로서 존재하는 세계를 제시했다. 이러한 생명의 본질을 회복하는 사상이 바로 생명사상이다. 결국 신명과 지하신 등이 인간과 함께 살아 있는 존재라고 믿어진다.

그는 天上(하늘)계에는 先靈神, 文明神, 道通神, 寃神, 逆神, 仙女[949] 등이 살고 있고,[950] 地下(땅속)界에는 地下神이 살며,[951] 地上(땅위)界에는 인간이 살고 있다고 생각했던 것이다.[952]

증산은 그 가운데 주체적 역할은 인간이 한다고 보았다. 특히 그는 천상계와 지하계, 그리고 각 지역별로 나뉘어졌던 신명계 사이의 원활한 교통이 가능했던 것도 사람의 힘에 의해서라고 설명한다.[953]

예전에는 신명들이 서로 넘나들지 못했다.[954] 그러다가 利瑪竇 즉 맛테

---

948) 인간이 맺은 원한이 三界에 영향을 미칠 수 있다는 사실은 "원한이 맺히고 쌓여 三界에 넘친다."(『대순전경』 5장 4절) 라는 기록을 통해 확인된다.

949) 『대순전경』 1장 3절.

950) 증산이 말한 冥府 (『대순전경』 4장 1절)는 인간의 영혼이 천상에 거주하는 장소로 믿어진다. "冥府公事의 審理를 따라서 세상의 모든 일이 결정되나니, 冥府의 혼란으로 인하여 세계도 또한 혼란하게 되나니라."(『대순전경』 4장 1절)이 대표적인 기록이다.

951) 『대순전경』 5장 12절.

952) 이러한 증산의 신관을 다신론적이라고 평가하고, 한국인의 종교적 심성의 바탕을 이루고 있는 巫俗의 신관과 거의 일치한다고 본 견해도 있다. 노길명, 『한국의 신흥종교』(가톨릭신문사, 1989), 302쪽.

953) 서양사람 利瑪竇가 동양에 와서 天國을 건설하려고 여러 가지 계획을 내었으나, 쉽게 모든 積弊를 고치고 理想을 실현하기 어려우므로 마침내 뜻을 이루지 못하고, 다만 하늘과 땅의 경계를 틔워 예로부터 각기 地境을 지켜 서로 넘나들지 못하던 神明들로 하여금 서로 거침없이 넘나들게 하고……이로부터 地下神이 天上에 올라가……(『대순전경』 5장 12절)

954) ……옛적에는 東西洋 交通이 없었으므로 神明도 또한 서로 넘나들지 못하였나니, ……(『대순전경』 4장 3절) 결국 인간이 교류하기 이전에는 각 지역의 신명들도 교류하지 못했었다는 설명이다.

오릿치(1552~1610)라는 위대한 인물에 의해서 비로소 신명계간의 교류가
일어났다. 이마두는 현실적으로 동양과 서양의 만남을 가능케 했을 뿐만 아
니라, 죽어서는 천상계, 인간계, 지하계의 만남도 가능케 했다고 믿어진다.

나아가 증산은 지하계의 지하신과 천상계의 신명계가 인간계를 중심으
로 통합될 가능성을 제시했다.[955] 이러한 그의 생각은 지상에 건설될 仙境
으로 상징된다.

증산은 장차 지상에 새로운 세상이 전개되면 신이 인간의 명을 받아 인
간을 섬긴다고 주장했다.[956] 특히 그는 살아있는 나를 통해 과거 인물의
신명이 맺었던 원한이 해소될 수 있다고 본다. 너와 내가 원한을 풀면 천
하가 화목하게 될 것이라는 설명에서[957] 증산의 이러한 입장이 확인된다.

본질적으로 신명은 인간의 활동에 부수적으로 따를 수밖에 없는 존재이
다.[958] 인간은 영혼과 육체를 동시에 가진 존재이지만,[959] 신명은 그렇지
못하다. 그러므로 신명은 독자적으로는 움직이지 못한다. 반드시 인간의 행
위에 따라 부수적으로 움직일 수밖에 없다. 신명들이 잘못을 범한 사람에
게 벌을 줄 것이라는 증산의 말은, 실제로는 사람들의 구체적인 행위로 인
해 드러난다.[960]

---

955) 신은 만물 속에 내재하여 있고, 만물 중에서 인간은 가장 존귀하고 존엄한 존재
　　이므로, 그 인간 속에 가장 高級神이 내재한다는 증산의 신관을 人尊的 汎神論
　　이라고 명명하기도 한다. 이항령, 『統一神團의 地上具現』, 『증산사상연구』 제9
　　집 (증산사상연구회, 1983), 111쪽.
956) 『대순전경』 5장 16절.
957) 『대순전경』 3장 50절.
958) ……옛적에는 東西洋交通이 없었으므로 神明도 또한 서로 넘나들지 못하였나니,
　　이제는 汽車와 輪船으로 輸出入하는 貨物의 標號를 따라서 서로 통하여 다니
　　므로…… (『대순전경』 4장 3절) 신명이 貨物標를 따라서 왕래한다는 표현은 4장
　　168절에도 나온다.
959) 靈肉幷進이라는 용어에서 알 수 있듯이 인간은 영혼과 육체가 복합된 존재이다.
　　(『증산천사공사기』 5면.)
960) 『대순전경』 2장 40절. 평소에 동네 청년들의 도움으로 술 장사를 해 오던 주막주
　　인이 청년들이 돈이 떨어지자 냉대를 했었다. 이에 청년들이 그 주막에 몰려가
　　세간살이와 술독을 부셔버리는 행패를 벌였다. 증산은 이 일을 두고 "大神明이

물론 때로는 신명이 인간의 행위에 영향을 미치는 작용을 하기도 한다. 이때는 신명이 강력한 의지의 힘을 발산하거나 특별한 사명을 부여받았기 때문이다. 그렇지만 기본적으로 신명은 인간의 정성에 응하여 움직이는 존재이며,[961] 신명은 사람들이 제사지낼 때 그들에게 바치는 물밥을 먹고 생명을 유지하는 존재이다.[962] 그리고 인간이 제사지내는 행위에 의해 신이 흠향하기도 한다.[963] 특히 증산은 우리나라가 세상에서 신명을 가장 잘 대접하는 나라라고 말했다.[964]

신은 인간이 죽은 다음에 새롭게 존재하는 양식으로서 인간 모습의 꼴바꿈이다.[965] 즉 인간은 신으로 화하는 존재이다. 증산은 인간은 만물의 靈長이며,[966] 살아서 수행을 많이 한 사람은 죽어서도 그의 정신체가 고스란히 유지된다고 주장한다.[967] 어떤 경우에는 신이 사람에게 붙어 있는 존재라고 설명된다.[968] 그리고 인간의 마음과 의지에 따라 신명이 붙는다는 주장도 있다.[969]

해산한 다음에 참혹한 응징이 있을 것"이라고 말했다. 또 증산의 제자들은 그 날 밤에 주막이 저절로 부서진 일이 신명들이 해산할 때 응징한 것이라고 믿었다.(『대순전경』 2장 41절)

961) "이번에 최익현이 動함으로 인하야 天地神明이 크게 동하였나니, 이는 그 血誠에 감동된 까닭이라."(『대순전경』 4장 20절)

962) 『대순전경』 4장 77절.

963) 神은 사람이 먹는데 따라서 歆享이 되느니라.(『대순전경』 6장 100절) 그리고 증산은 제사를 지내지 않는 기독교를 비판했는데, "西敎는 神明薄待가 심하므로 능히 성공치 못하리라."(『대순전경』 3장 149절)라고 말했다.

964) 이 세상에 朝鮮과 같이 神明待接을 잘 하는 곳이 없으므로, 神明들이 그 은혜를 갚기 위하여 각기 소원을 따라 꺼릴 것 없이 공궤하리니, 道人들은 아무 거리낌 없이 天下事만 생각하게 되리라.(『대순전경』 5장 38절)

965) 『대순전경』 6장 104절.

966) 『대순전경』 4장 108절.

967) 도를 잘 닦는 자는 그 精魂이 굳게 뭉쳐서 천상에 올라 영원히 흩어지지 아니하나, 도를 닦지 않는 자는 정혼이 흩어져서 연기와 같이 사라지느니라.(『대순전경』 6장 77절)

968) "皇極神은 淸國 光緖帝에게 應氣되어 있나니라."(『대순전경』 4장 101절)

969) 모든 일에 마음을 바로 하여 正理대로 행하여야 큰일을 이루나니, 만일 邪曲한

신명의 도움을 받으려면 "德 닦기에 힘쓰고 마음을 잘 가지는 것"이 요구된다.[970] 결국 증산은 인간을 신과 함께 살아가는 존재라고 파악했다. 증산에게 완전한 신은 없다. 신도 인간과 마찬가지로 불완전한 존재이며, 後天이 되어 三界가 완성될 때 신도 인간과 더불어 완성되는 존재이다. 그는 신계도 인간계와 같이 성장, 발전할 수 있는 기회가 주어진다고 생각한다.

한편 증산은 윤회를 인정했는데, 이러한 윤회의 과정에서 신도 인간과 더불어 완성되어 가는 미완성된 존재라고 파악했다. 따라서 삼계를 주재하여 이상사회를 지상에 구현하려는 증산은, 어쩌면 先天이 낳은 최고인간이자 최고신이라고 믿어진다.

왜냐하면 인간이 살아서 행한 일의 결과에 따라 신계에서의 위치가 자연스럽게 결정되고, 죽어서 신이 되어서도 인간계의 일에 관여한다는 것이 그의 주장이었기 때문이다.

그러므로 증산은 절대유일신을 인정하지 않았으며, 전지전능한 신도 상정하지 않았다. 왜냐하면 그런 인간은 아직 없었기 때문이다. 지금까지 인간이 상상해 왔던 神은 인간의 생각 속에서 이상적인 인간의 모습으로 그려졌던 것이다.

다만 증산은 자신이 주도하는 公事를 완벽하게 완성시킴으로써 최고인간으로서 후천을 여는 최초의 위대한 인물이 될 것이라고 기대되며, 이에 근거하여 현재 神界에서 공사를 집행하는 최고신으로 믿어지는 것이다.

또 증산은 만물이 신령스럽게 살아서 활발히 활동하는 세계관을 제시했다. 이러한 그의 세계관은 "기운"이라는 말로 표현된다. 비록 말뚝이라는 무생물에도 "기운을 붙이면" 특별한 용도로 사용할 수 있을 것이라는 것이 그의 주장이다.[971]

마음을 끼어두면 邪神이 들어 일을 망치고, 믿음이 없이 일에 처하면 弄神이 들어 일을 飜弄하며, 貪心을 두는 자는 賊神이 들어 일을 더럽히느니라.(『대순전경』 6장 87절)

970) 『대순전경』 6장 88절.

971) 『대순전경』 5장 10절.

증산은 채소도 기운을 붙이면 살아나는 일과 마찬가지로, 병든 사람과 죽어가는 사람도 기운만 붙이면 살아난다고 주장했다.[972] 그리고 증산은 天地 至靈之氣를 타고난 사람이 사는 집에는 눈이 쌓이지 못하고 녹는 이적이 일어난다는 제자의 말을 듣고 이를 인정해 주었으며, 자신이 거처하는 곳의 지붕에 눈이 쌓이지 않고 "맑은 기운이 하늘에 뻗쳐 구름이 가리지 못하고 푸른 空中이 통하여 보이는" 이적을 행하기도 했다.[973]

나아가 증산은 "기운이 돌 때"라는 말로[974] 새 세상이 오는 일을 표현하기도 했다. 이에 따라 그의 제자들도 後天이 되면 새 기운이 돌 것이라고 믿었다.[975]

한편 증산은 생명이 지닌 참된 기운과 반대되는 말로서[976] 殺氣[977] 또는 殺, 척 등의 용어를 사용했다. 증산은 참외를 먹고 설사가 난 제자에게, 그 참외는 그를 준 사람의 아내가 주기 싫어하였으므로 殺氣가 붙어 있었기 때문이라고 진단한다.[978] 그리고 "꿩에 殺이 박혀 있나니라."라는 표현을 통해[979] 증산은 자신에게 꿩을 바치기를 싫어했던 어떤 사람의 아내의 부정적인 기운을 설명했다.

이 밖에도 증산은 부자들에게는 대부분 殺氣가 붙어 있다고 주장했

---

972) 가을에 구릿골 김성원의 남새밭에 뜨물과 석음이 일어 채소가 전멸케 되었거늘, 天師 보시고 가라사대 죽을 사람에게 기운을 붙여 회생케 함이 이 채소를 소생케 함과 같으리라 하시고 곧 비를 내리시더니……가라사대 사람의 일도 이와 같이 병든 자와 죽는 자에게 기운만 붙이면 일어나느니라. (『대순전경』 2장 17절)

973) 『대순전경』 2장 10절.

974) 『대순전경』 5장 15절, 6장 57절.

975) 『대순전경』 4장 47절.

976) 生氣와 死氣라는 용어를 사용하기도 했다.……知天下之勢者, 有天下之生氣. 暗天下之勢者, 有天下之死氣.……(『대순전경』 4장 129절)

977) 증산은 "원한이 맺히고 쌓여 三界에 넘침에 마침내 殺氣가 터져 나와 세상에 모든 참혹한 재앙을 일으키나니……"(『대순전경』 5장 4절)라고 말하여 원한이 살기로 변한다고 주장했다.

978) 『대순전경』 3장 63절.

979) 『대순전경』 3장 65절.

다.980) 또 증산을 따르는 형의 처사에 불만을 품은 동생이 이를 따지러 찾아온 일도 "殺氣를 띠고 찾아왔다."고 표현한다.981) 그리고 그는 특정인의 성격에서 殺氣가 뿜어져 나오기도 한다고 주장한다.982) 나아가 증산은 특정한 산도 살기를 피워낸다고 주장했다.983)

한편 증산은 악담을 하면 척이 된다고 주장했다.984) 일반적으로 척지다 또는 척 짓다는 말은, 서로 원한을 품게 되거나 서로 원한을 품을 일을 만든다는 뜻이다.985) 증산은 척이 없어야 잘 산다는 말을 "무척 잘 산다."는 일상적인 말을 풀이하여 설명하기도 했다.

그리고 증산은 남을 미워하면 그 사람에게 붙어있는 신명이 척이 되어 보복한다고 주장했다.986) 이웃 사람이 주는 음식을 사양하는 일도 척이 될 수 있으며,987) 사교 관계에 불평을 품을 만한 일을 한 경우에도 척이 생긴다.988) 또 남이 말할 때 반박하는 일도 척이 될 수 있다.989)

---

980) 天師 富豪를 싫어하사……從徒늘이 ㄱ 언고를 물은대, 기라사대 그들에게는 ㄱ 가진 財産 수효대로 殺氣가 붙어 있나니, 만일 그들의 추종을 허락할진대 먼저 ㄱ 살기를 제거하여 앞 길을 맡겨 주어야 할지니, 허다한 시간을 낭비하야 公事에 지장이 있게 될지라. …… (『대순전경』 3장 85절)

981) 『대순전경』 3장 125절.

982) 『대순전경』 3장 128절.

983) 母岳山은 靑鳩貫雲形인데, 그 殺氣를 피워 내는 바람에 세계가 물끓듯 하리라 하시니라.(『대순전경』 3장 184절)

984) ……대저 天師께서 종도들로 하여금 惡談을 못하게 하심은 척이 되어 보복됨을 인함이러라.(『대순전경』 3장 111절)

985) 여기서 척은 한자로는 隻을 사용하는데, 隻은 외짝이라는 말이다. 서로 어울리지 못하고 외로이 있다는 의미이다. 『대순전경』 3장 51절에서 斥神으로 표기하고 있는데, 斥은 쫓다 또는 물리친다는 뜻이므로 의미가 다르다. 따라서 굳이 한자로 표기하려면 隻으로 표현해야 할 것이다.

986) 상말에 무척 잘 산다 이르나니, 척이 없어야 잘 산다는 말이라. 남에게 冤抑을 짓지 말라. 척이 되어 갚느니라. 또 남을 미워하지 말라. 그의 神明이 먼저 알고 척이 되어 갚느니라.(『대순전경』 6장 38절)

987) 이웃 사람이 情 붙혀 주는 음식이 맛없어 먹고 병들지라도 辭色을 내지 말라. 오는 정이 꺾여서 다시 척이 되느니라.(『대순전경』 6장 39절)

988) 『대순전경』 8장 31절.

989) 남이 힘들여 말할 때에 설혹 그릇된 점이 있을지라도 일에 낭패만 없으면 반박

그리고 증산은 돌에 가슴을 얻어맞아 고통을 받는 제자에게 그가 이전에 어떤 사람의 가슴을 쳐서 사경에 이르게 한 일이 척이 되어 그 앙갚음을 받은 것이라고 설명한다.[990]

증산은 척神이라는 표현을 사용하여 척을 맺은 신의 존재도 인정했다. 증산은 처음으로 자신을 따르려는 사람에게 붙은 척신을 제거해 주었다.[991] 나아가 그는 신계에서 先靈神들이 자신의 자손들을 척神의 손에서 구하려고 애쓰고 있다고 주장하기도 했다.[992]

또 증산은 전쟁에서 승리하는 일도 생명을 빼앗는 일이므로 악한 척이 되어 그 사람의 앞길을 막는다고 보았다.[993] 나아가 증산은 나라와 나라 사이에도 척이 맺힌다고 설명한다.[994]

증산은 묵은 기운이 있는 곳에 척이 많이 있을 것이라고 주장했으며, 마음과 입과 뜻으로부터 일어나는 모든 죄를 조심하고, 특히 남에게 척을 짓지 말라고 강조한다.[995] 여기서 척은 드러나는 죄는 아닐지라도 남에게 알게 모르게 억울한 마음이나 원망하는 마음이 생기게 하는 일이다.

따라서 생명사상은 총체적이며 유기적인 세계관이며, 버리고 배척할 것이 없는 相生의 이념이다. 이는 "大人을 공부하는 자는 항상 남 살리기를 생각

하지 말라. 그도 또한 척이 되느니라.(『대순전경』 6장 41절)

990) 『대순전경』 3장 63절.

991) 『대순전경』 3장 51절, 7장 19절.

992) 이제 모든 先靈神들이 발동하여 그 善子善孫을 척神의 손에서 빼앗어 내어 새 運數의 길로 인도하려고 분주히 서두느니라.(『대순전경』 6장 42절)

993) 大軍을 거느리고 敵陣을 쳐 破함이 영화롭고 장쾌하다 할지라도, 人命을 殘滅하는 일이므로 惡척이 되어 앞을 막느니라.(『대순전경』 6장 43절)

994) ……일본은 壬辰亂後로 道術神明들 사이에 척이 맺혀 있으니, 그들에게 (조선을) 넘겨주어야 척이 풀릴지라. 그러므로 그들에게 일시 天下統一之氣와 日月大明之氣를 붙여주어 役事를 잘 시키려니와……(『대순전경』 4장 28절)

995) ……오직 어리석고 가난하고 천하고 약한 것을 편히 하여, 마음과 입과 뜻으로부터 일어나는 모든 죄를 조심하고, 남에게 척을 짓지 말라. 富하고 貴하고 지혜롭고 強權을 가진 자는 모든 척에 걸려서 콩나물 뽑히듯 하리니, 묵은 기운이 채워 있는 곳에 큰 運數를 감당키 어려운 까닭이라. 부자의 집 마루와 방과 곳집에는 殺氣와 災殃이 가득히 채워 있느니라.(『대순전경』 5장 10절)

하여야 하느니라."라는996) 증산의 적극적인 말로 표현된다.

살아 있는 모든 만물의 생명을 북돋워주는 일이 바로 증산이 강조한 "살리는 공부"이다. 사람은 모름지기 活人之氣를 지녀야 한다는 증산의 가르침은997) 증산의 생명사상의 지향점이다. 결국 증산은 天地人 三界가 모두 살아 있다고 보았다.

ㄴ) 人尊思想

증산은 인간에 대한 새로운 이해의 길을 열었다. 그는 인간은 기본적으로 神 보다 우위에 있는 존재이며, 인간이 신을 부리는 이상세계가 지상에 건설될 것이라고 주장했다.998)

증산은 "人望을 얻어야 神望에 오르느니라."라고 말하여999) 먼저 사람들 사이에서 信望을 얻어야 비로소 신계의 인정을 받을 수 있다고 강조했다. 따라서 신보다 인간 사이에서의 평판이 우선한다는 입장이다. 이는 "神報가 人報만 같지 못하느니라."라는1000) 그의 말에서 극명하게 드러난다. 신의 보답이 인간의 그것보다 못하다는 증산의 주장은, 인간이 본질적으로 신보다 못하지 않다는 생각이 집약된 것이다.

그리고 "한 사람의 소리가 곧 대중의 소리니라."라는1001) 증산의 말은 인간 개개인의 존엄성을 적극적으로 표현한 것이다. 한 사람의 말이나 주장이 많은 사람의 입장을 대변한다는 것은, 개인의 가치가 결코 집단의 이름으로 무시되거나 소홀히 다루어져서는 안 된다는 생각이다. 증산은 개인의 바람일지라도 남김없이 인정되고 받아들여지는 사회를 지향했다.

---

996) 『대순전경』 2장 42절.
997) 『대순전경』 3장 18절.
998) 『대순전경』 5장 16절.
999) 『대순전경』 6장 26절.
1000) 『대순전경』 6장 70절.
1001) 『대순전경』 2장 48절.

또 "한 사람이 원한을 품음에 능히 천지기운을 막는다."는[1002] 증산의 말
은 인간 한 사람이 원한을 맺는 일에도 천지의 기운이 막힐 수 있다는 주장
이다. 이는 인간과 천지가 밀접한 관련을 가지고 있다는 점과 인간의 지엄
한 가치는 천지의 존재 모두와도 동등하게 인정되어야 한다는 믿음이다.

증산에 따르면 모든 인간은 단순히 태어나는 것이 아니라, 각기 그의 先
靈神들이 육십년 동안 온갖 힘을 다 기울여 비로소 인간의 몸으로 태어난
다.[1003] 물론 이러한 공력을 기울여도 자손을 얻지 못하는 신명들도 있다.
이처럼 한 인간이 탄생하기까지에는 조상신들의 엄청난 공력이 있어야 한
다. 신의 노력이 한 인간의 생명을 태어나게 한다는 증산의 설명에서 기본
적으로 신보다 인간의 가치가 높이 평가되었다.

한편 증산에 의해 기존의 하늘과 인간 사이의 관계가 역전된다.

> 先天에는 謀事는 在人하고 成事는 在天이라 하였으나, 이제는 謀事는 在
> 天하고 成事는 在人이니라.(『대순전경』 6장 106절)

지난 시대에는 어떤 일을 계획하고 꾸미는 것은 인간이 하지만, 그 일의
成事 여부는 하늘에 달려 있다고 믿었다. 그러나 증산은 이제는 특정한 일
을 구상하고 의도하는 것은 하늘이 하지만, 실제로 일이 이루어지는 것은
전적으로 인간의 손에 달려 있는 시대가 전개되었다고 선언한다. 증산의
주장에 따르면 인간의 존엄성이 하늘보다도 우위에 있게 된 것이다.

그리고 증산은 인간의 본질적 가치가 극적으로 발현되는 시대를 "人尊
時代"라는 말로 표현했다.

> 天尊과 地尊보다 人尊이 크니, 이제는 人尊時代니라.(『대순전경』 6장 119절)

예전에는 하늘과 땅을 인간 보다 우위에 두었던 시대였지만, 이제 시대

1002) 『대순전경』 4장 10절.
1003) 『대순전경』 3장 87절.

가 바뀌어 인간이 하늘과 땅보다 오히려 높임을 받는 때가 이르렀다는 것
이 증산의 주장이다.

증산은 인간이 스스로 주인공이 되어 자신의 인생을 전개해 나가야 한
다는 새로운 시대를 선포하였다. 하늘을 믿고 땅을 의지하고 그 뜻에 맞추
어 살아나가야 했던 지나간 시대의 소극적이고 의뢰적인 인간상을 과감히
탈피하여, 이제는 인간이 모든 책임을 지는 입장에서 그 무엇에도 의존하
지 않고 자신의 삶을 개척해야 할 새 시대가 다가왔다는 것이 요지이다.

하늘과 땅에서 가장 높은 존재보다도 인간계에서 지고한 존재가 본질적
으로 더 낫다는 그의 말은, 주어진 조건에서 한계를 지으며 신적인 존재에
순종하고 자연의 질서에 복종하는 인간관을 폐기한다. 그는 인간 사이의
신뢰에 기초를 둔 적극적인 실천을 강조했던 것이다.

한편 증산은 인간이 가장 귀한 존재라고 강조하며, 인간의 자유의지에
입각하여 거리낌이 없이 활발하게 인생을 개척해 나가야 하는 시대가 도래
했음을 다음과 같이 공표하였다.

　"事之從容도 自我由之하고, 事之紛亂도 自我由之라."(『대순전경』 6장 147
　절, 9장 4절)

증산은 모든 일의 주체가 되는 것은 바로 나 자신이라는 점을 강조했
다. 일이 조용해지는 것도 나로 말미암아 생기는 것이요, 일이 시끄러워지
는 것도 역시 나로 말미암아 그렇게 되는 것이라는 증산의 말은, 이 세상
의 모든 사건도 나의 실행에 따라 변하는 것이며 그 책임도 역시 나에게
있다는 생각이다.

내가 없으면 천지도 없는 것이요,[1004] 객관적인 자연세계도 인식할 수
조차 없다. 모든 것이 내가 있음으로 인해서 비로소 의미와 가치가 있는
것이며, 만물이 있다는 사실도 나라는 주체가 있어야 인지될 수 있다.

1004) "無人이면 無天地."(『대순전경』 6장 144절)

만일 주체가 되는 내가 없다면 아무리 훌륭하고 아름다운 세상이 있더라도 없는 것과 마찬가지일 것이다. 따라서 인간이 주체가 되어 모든 사건이 진행되어 간다는 확신을 가지고, 매 순간마다 자신의 결정에 따라 일에 임하여야 된다는 가르침이다.

내 인생의 주인공은 나 이외의 그 누구도 될 수 없다. 나를 대신하여 누군가가 나의 인생을 대신 살아줄 수는 없는 일이며, 설령 그렇다고 할지라도 그것은 내 인생은 아닌 것이다. 그러므로 증산은 내가 내 인생의 주인공이 되어 모든 일을 자유롭게 살아갈 때만이 참된 인생의 보람이 있을 것이며, 나로 말미암아 세상 모든 일이 전개되어 간다는 확고한 신념을 가지고 자신을 가지고 살아가라고 주장했던 것이다.

한편 증산의 가르침이 지향하는 목표는 大人이 되는 것이다. "大人의 道를 닦으려는 자"가[1005] 바로 그의 가르침을 따르는 사람이다. 그는 큰 사람이 되는 것이 진정한 인간의 삶의 길이요, 천지가 사람을 쓰려고 하는 때에 참여하는 것이 인간이 마땅히 해야 할 일이라고 말했다.[1006]

증산은 새로운 세상이 열리는 때를 맞아 새로운 질서를 만들어 가고 기존의 잘못된 세상과 가치관을 변화시키는 주체가 바로 인간이며, 앞으로 인간이 가장 귀하게 여겨지는 시대가 열릴 것이라고 주장했다.

相克의 시대를 相生의 시대로 바꾸는 것과 묵은 하늘을 새 하늘로 전환시키는 것은 인존시대를 맞아 인간의 몫으로 남겨졌다. 이것이 바로 천지가 사람을 쓰려는 때이며, 이 일을 수행하는 것이 참된 인생이 선택할 길인 것이다. 새 하늘이 열릴 것이라는 하늘의 계획을 成事시키는 것은 인간이다. 이것이 증산이 주창한 人尊의 본래 뜻이다.

인간의 근본적이고 본질적인 변혁은 새 시대의 도래에 발맞추어 스스로를 변혁시키는 사람의 구체적인 행동에 달려 있다. 가만히 앉아서 기다

1005) 『대순전경』 3장 58절.
1006) "……天地生人하야 用人하나니, 以人生으로 不參於天地用人之時면 何可曰人生乎아?"(『대순전경』 6장 144절)

리면 저절로 되는 것이 아니라, 모든 일은 나로부터 비롯하여 그 결과가 이루어진다는 증산의 말에서 알 수 있듯이, 나 자신이 할 일이다.

"成事在人"이라는 새로운 사상으로 무장한 큰 사람이 많이 배출될 때, 비로소 이 사회는 자연스럽게 새 세상이 되는 것이다. 만일 증산이 "成事在天"을 가르쳤다면 그가 주장한 이상사회는 인간을 둘러싼 자연환경과 질서의 변화를 단지 기다리기만 하면 자연스레 이루어질 것이다. 그러나 증산은 成事在天하는 세계관을 근본적으로 폐기했다.

이제 일이 이루어지는 것은 전적으로 인간에게 맡겨졌다. 인간 가운데서도 큰 사람에 의해 이상향 건설의 위대한 꿈은 조금씩 이루어질 것이다. 이것이 증산의 믿음이요, 확신이자, 가르침이었다.

그리고 증산이 생각한 이상사회가 이루어지면 인간은 모든 일을 자유욕구에 따라 신명들을 부리면서 행할 수 있다. 더욱이 사회에는 원통, 한, 相克, 사나움, 貪心, 음탕, 노여움, 번뇌가 모두 없어지고, 衰病死葬이 없이 不老不死하며, 인간의 지혜가 밝아져서 과거, 미래, 현재, 十方世界의 모든 일을 통달하게 된다고 한다.[1007]

인간의 존엄성이 남김없이 선양되는 시대는 모두 함께 이루어야 할 일이며, 증산만이 행할 수 있는 일이 아니다. 증산은 새 시대가 열림을 누구보다도 먼저 감지하고 이를 체계적으로 설명했으며, 몸소 실천함으로써 모범을 보이고자 노력했던 인물이다. 이러한 관점에서 볼 때 증산은 당시로서는 보기 드물게 근대적인 인간관을 지녔고 이를 주장했던 사람이다.

그리고 증산은 신분차별과 남녀차별로 점철되었던 지난 시대를 폐기하며, 억울하고 천대받던 사람들이 대접받고 잘 사는 시대가 도래할 것이라고 주장했다.

증산은 "어찌 男將軍만 있으리오, 마땅히 女將軍도 있으리라."라고[1008] 말하여 여성도 남성과 동등한 자격과 지위를 지녔음을 밝혀주었고, "大丈

1007) 『대순전경』 5장 16절.
1008) 『대순전경』 2장 86절.

夫, 大丈婦"라 써서 불사르는1009) 종교적 행위를 통해 이를 다시 한번 확인했다. 그리고 증산은 장차 여성도 남성과 마찬가지로 존경받고 숭앙받는 시대가 도래할 것이라고 주장했다.1010)

나아가 그는 여성의 원한을 풀어서 새로운 예법을 다시 꾸며야 된다고 강조하기도 했다.

> 이 때는 解冤時代라. 몇 천 년 동안 깊이깊이 갇혀 있어 남자의 玩弄거리와 使役거리에 지나지 못하던 여자의 冤을 풀어 正陰正陽으로 乾坤을 짓게 하려니와, 이 뒤로는 예법을 다시 꾸며 여자의 말을 듣지 않고는 함부로 남자의 권리를 행하지 못하리라.(『대순전경』 6장 134절)

몇 천년간 쌓여온 여성의 원한을 푸는 일은 해원시대를 맞아 행해야 할 중요한 일이다. 그리고 여성의 원한을 푸는 방법은 여성과 남성의 본질적 평등성을 인정해 주는 것이다.

이에 따라 증산은 正陰正陽의 원리에 입각한 새로운 예법이 다시 세워질 것이며, 여성의 말을 듣지 않고 남자가 권리행사를 할 수 없으리라고 예견한다. 나아가 증산은 여성이 남성보다 우위에 있게 될지도 모른다고 암시하기도 했다.1011)

그리고 증산이 "사람을 쓸 때에는 男女의 구별이 없다."고1012) 말하여 여성의 능력을 적극적으로 수용했던 점과 "男女同權時代가 되리라."

1009) 『대순전경』 3장 140절.
1010) 또 가라사대 自古로 婦人을 尊信하는 일이 적었으나, 이 뒤로는 부인도 각기 닦은 바를 따라 功德이 서고 信仰이 모여, 金牌와 金像으로 尊信의 表를 세우리라.(『대순전경』 3장 59절)
1011) 예전에는 抑陰尊陽이 되면서도, 恒言에 陰陽이라 하여 陽보다 陰을 먼저 이르니, 어찌 기이한 일이 아니리오? 이 뒤에는 陰陽 그대로 사실을 바로 꾸미리라.(『대순전경』 6장 135절) 陰陽이라는 말의 순서에 따른다면 당연히 여성의 위계가 남성보다 우선적으로 고려되어야 할 것이라는 의미이다.
1012) 『대순전경』 6장 114절.

는1013) 말을 통해 여성의 권리를 보장했던 점은 당시로서는 상당히 진보적인 생각이었다.

더욱이 증산은 자신보다 신분이 낮은 사람에게도 존댓말을 하는 모범을 보였으며, 앞으로는 적자와 서자의 차별이나 양반과 상놈의 구별이 없어질 것이라는 당시로서는 탁견을 제시하기도 했다.1014)

또 증산은 "이 세상에 上等 사람은 農民이라."1015)고 말하여 신분이나 경제력에서 보잘 것 없는 농사짓는 사람을 인정해 주었다. 그리고 증산은 "이제는 解寃時代라. 賤한 사람부터 敎를 전하리라."1016)라고 선언하여, 자신의 가르침이 원한을 없애는 일이므로 천대받아 원한이 쌓일 수밖에 없었던 부류와 계층에서부터 확대되어 나갈 것이라고 말했다.

나아가 증산은 "이 때는 解寃時代라. 사람도 이름 없는 사람이 기세를 얻고, 땅도 이름 없는 땅에 吉運이 돌아오느니라."1017)라고 말하여, 드러나지 않았거나 무시되고 버려졌던 사람과 땅에 새로운 기운이 돌아 그들에게 복된 일이 이루어질 것이라고 예견했다.

한편 증산은 양반을 자처하고 조상의 공덕에 의지하여 뽐내는 일은 망하는 지름길이므로, 양반인 체 하는 교만을 버리고 천한 사람들을 우대하여야 하루 빨리 좋은 시대가 될 것이라고 강조하기도 했다.1018)

증산은 인간이 지극히 존엄하게 되는 시대가 전개되는 시점에서 그 대표적 인물로 부각된다. 결국 증산은 모범적 실천자 또는 선각자로서 중요

1013) 『대순전경』 3장 120절.
1014) 天師 비록 미천한 사람을 대할지라도 반드시 尊敬하시더니, 형렬의 종 지남식에게도 매양 존경하시거늘, ……다른 곳에 가면 어떤 사람을 대하든지 다 존경하라. 이 뒤로는 嫡庶의 名分과 班常의 구별이 없나니라.(『대순전경』 3장 5절)
1015) 『대순전경』 3장 130절.
1016) 『대순전경』 7장 1절.
1017) 『대순전경』 6장 5절.
1018) 양반을 찾는 것은 그 先靈의 뼈를 오려내는 것과 같아서 망하는 기운이 이르나니, 그러므로 양반의 氣習을 속히 빼고 賤人에게 우대하여야 속히 좋은 시대가 이르리라.(『대순전경』 6장 6절)

하며, 이러한 사실을 인간들에게 밝혀주고 실천하도록 요구했다는 점에서 기억되어야 한다.

인간이 참으로 존귀하게 되는 귀중한 모범은 증산에 의해 제시되었으며, 무엇보다도 인간 자신의 가치에 대한 새로운 인식의 전환이 요청된다는 사실이 그에 의해 밝혀졌다는 점에서 의의가 있다.

특정 종교의 교조가 특정 종교를 신앙했던 것은 아니다.[1019] 다만 그들은 그가 만날 수 있었던 사람들에게 삶의 모범을 보여 주고, 새로운 길로 인도했던 위대한 인간이었다. 마찬가지로 증산이 보여준 濟生醫世의 삶도 이러한 맥락에서 이해해야 할 것이다. 특히 인간이 스스로 가장 귀하게 되는 일이 증산이 제시한 이상을 지상에 이룩하는 일의 첫 걸음인 것이다.

ㄷ) 津液思想

증산은 기존의 모든 법을 합하여 문제해결을 위한 방법론으로 제시한다.

>……옛적에는 판이 적고 일이 간단하여 한 가지만 따로 쓸지라도 능히 난국
>을 바로 잡을 수 있었거니와, 이제는 판이 넓고 일이 복잡하므로 모든 법을
>합하여 쓰지 않고는 능히 혼란을 바로잡지 못하리라.(『대순전경』 5장 2절)

인용문의 앞부분에서 증산은 仙道와 佛道와 儒道의 法術이 서로 다르다는 사실을 밝혔다. 따라서 그가 생각한 모든 법은 인류의 위대한 지적 유산인 종교를 지칭한다고 볼 수 있다. "판이 넓고 일이 복잡해진" 현재의 온갖 문제를 해결하기 위해서는 기존의 모든 법을 합하여야 한다는 것이 그의 주장이다. 모든 법의 장점을 취합하여 이를 당면한 문제해결을 위해 가능한 수단으로 활용해야 한다는 것이 주장의 핵심이다.

그리고 증산은 과거에는 한 가지 법을 사용하더라도 충분히 특정한 문

1019) 붓다가 불교를 신앙한 것이 아니고, 예수가 그리스도교를 믿었던 것이 아니다.

제의 해결이 가능했다고 말했다. 여기서 법은 기본적으로 종교의 가르침을 뜻하므로, 이제는 복합적인 종교체계가 출범해야 한다는 속뜻을 내포하고 있다. 그는 기존 종교의 장점들을 합침으로써 새로운 종교가 발생해야 하는 당위를 강조한 것이다.

특히 증산은 기존의 모든 사상, 문화, 인물들의 장점들만 모아서 합친다는 의미로 진액을 모으는 일을 강조했다.

> 또 모든 족속들은 각기 색다른 생활경험으로 인하야 遺傳된 특수한 思想으로 각기 文化를 지어내어, 그 마주치는 기회에 이르러서는 마침내 큰 是非를 이루나니, 그러므로 각 족속의 모든 문화의 津液을 뽑아 모아 後天文明의 기초를 정할지니라.(『대순전경』 5장 8절)

증산은 서로 다른 민족들에게 각기 따로 유전된 사상들이 있으며, 이에 따라 제각기 고유한 문화가 형성되있고, 이들 다양한 문화들이 마주치게 되면 자연히 시비를 일으킨다고 진단했다.

나아가 그는 이른바 통합체계를 제시하여 일부 또는 단편으로써는 해결하기 힘든 현실상황을 타개하려 한다. 이는 "각 족속의 모든 문화의 津液을 뽑아 모아 後天文明의 기초를 정할 것이다."라는 그의 말에 그 핵심이 잘 드러나 있다.

한편 증산은 종교가 각 문화의 근원이 되었다고 판단했으며, 실제로 전통 종교의 대표자인 宗長을 교체하여 문화통일을 도모한다.

> 仙道와 佛道와 儒道와 西道는 세계 각 족속의 文化의 根源이 되었나니, 이제 崔水雲은 선도의 宗長이 되고, 震默은 佛道의 宗長이 되고, 朱晦庵은 儒道의 종장이 되고, 利瑪竇는 西道의 종장이 되어, 각기 그 津液을 거두며 모든 道統神과 文明神을 거느려 각 족속들 사이에 나타난 여러 갈래 문화의 精髓를 뽑아 모아 통일케 하느니라.(『대순전경』 5장 9절)

증산은 여러 민족의 다양한 문화를 이루는 핵심은 각 민족의 고유한 신앙이었다고 판단한다. 특히 그는 세계종교라고 인정되는 유교, 불교, 도교, 서교 등은 세계문화의 근원이 되었다고 평가했다.

모든 문화의 津液 내지 眞髓를 모아 새로운 세상인 後天 문명의 기초를 정하겠다는 증산의 의도는, 결국 문화의 근원이 되는 종교의 진액을 모으는 일로 집약된다.

따라서 증산이 후천문명의 기초라고 주장한 세계 각 민족의 모든 문화의 진액 모으기는 세계 여러 민족의 신앙의 핵심을 모으는 일로 요약되며, 이는 세계의 유력한 종교인 4대 종교를 선별하여 그 정수를 모으는 일로 간추려진다.

여기서 증산은 인물 중심으로 종교를 파악했는데, 이는 그가 사용한 宗長이라는 용어를 통해 알 수 있다. 그는 종교의 핵심을 교조라는 인물의 행적과 이에 연유한 가르침이라고 파악했던 것이다.

그런데 증산은 세계종교의 종장들을 기존의 교조가 아닌 새로운 인물로 교체한다. 도교는 노자에서 최수운으로, 불교는 석가모니에서 진묵으로, 유교는 공자에서 주자로, 서교는 예수에서 이마두로 그 대표자가 바뀐 것이다.

실제 여부와는 상관없이 증산은 이러한 宗長 교체를 가능하게 만든 인물로 믿어지며, 증산의 이러한 확신에 따라 새로운 종교통합체계가 이루어졌으며 이에 근거하여 새 세상이 열린다는 믿음으로 전개된다.

그에 의해 새로 임명된 宗長들은 각기 해당 종교전통에서 역사적으로 위대한 종교가들과 새로운 문화를 계발시켰던 인물들을 가리키는 道統神과 文明神을 거느려서 문화의 정수를 뽑아 모아 통일시키는 임무를 맡았다.

인류 문명이 발생시킨 온갖 학설과 제도를 한 곳에 모아 새로운 시대를 개척해 나가자는 것이 증산의 원초적인 생각이다. 다양한 문제와 복잡한 상황에 의해 이제는 어느 한 주장이나 방편으로는 도저히 손도 못 댈 정도로 복잡다단한 상황에 처해 있다는 정세판단에 근거하여, 증산은 "뭇 이치를 모아서 크게 이루는 일"을 강조했다.[1020] 그리고 그는 이것이 바로

開闢이라고 정의했다.

나아가 증산은 開闢을 위해서는 지운의 통일, 조화정부의 수립, 宗長의 교체 등의 구체적 일들에 의해 인류사의 진액이 모아짐으로써만이 가능하다고 강조했다.

그리고 증산은 "모든 術數는 내가 쓰기 위하여 내놓은 것이다."[1021]라고 말하여, 자신이 여러 사상의 핵심을 취합할 수 있는 자격이 있다고 강조했다. 또 그는 각종의 물건이나 제도가 세상에 나오게 되는 일도 자신이 사용하기 위해서라고 주장했다.[1022]

한편 증산은 자신이 하는 일은 한 나라를 도모하는 일이 아니라 天下事이므로 늦어진다고 말했다.[1023] 또 그는 판밖의 남모르는 법으로 일이 이루어질 것이라고 말하여[1024] 신비함을 강조하기도 했다. 이러한 증산의 말은 그가 생존시에는 많은 이들의 공감을 얻지 못했음을 알려주며, 그의 사후에도 그러할 것을 예견했었나고 볼 수 있다.

증산은 天地의 津液을 다음과 같이 정의하기도 했다.

······종도들에게 五呪를 가르쳐 주시며 가라사대, 이 글은 天地의 津液이니라 하시니 이러하니라. ······ (『대순전경』 7장 4절)

증산은 천지의 진액이 모아진 것은 성스러운 몇몇 글자의 조합으로 이루어진 呪文이라고 주장했던 것이다. 따라서 주문은 증산의 가르침에서 핵심적인 것으로 믿어진다.[1025]

1020) 이때는 天地成功時代라. 西神이 命을 맡아서 萬有를 지배하야 뭇 이치를 모아 크게 이루나니 이른바 開闢이라. ······ (『대순전경』 5장 14절)

1021) 『대순전경』 3장 205절.

1022) 또 가라사대 앞으로 産金增殖이 前古에 類例가 없게 될 터인데, 이는 다 내가 장차 거두어 쓰려고 시킨 바이라 하시니라.(『대순전경』 3장 189절)

1023) 내가 보는 일이 一國 일에 그칠진대 어렵지 않지만은, 天下事인 고로 이렇듯 더디노라.(『대순전경』 6장 130절)

1024) 『대순전경』 5장 2절.

1025) 증산교단의 대표적인 주문은 太乙呪이다.

ㄹ) 醫統思想

증산은 괴병이 전 세계에 유행할 것을 예언했다.1026) 이때 그는 자신의
이름을 부르면 살 수 있을 것이라고 강조했다. 나아가 증산은 급살병이라
고도 표현되는 괴병이 발생할 때 병든 사람을 구원하는 사람들이 있을 것
이라고 주장했다. 이들의 활동상황이 "하루 온 종일 자지도 않고 쉬지도
않으며, 열심히 죽음을 이기고 생명을 살리는 일"이라고 설명된다.1027) 증
산은 이렇게 급박한 상황에서는 자신을 믿으라고 말하면 안 믿을 사람이
한 사람도 없을 것이라고 예견했다.

그렇다면 증산은 이러한 예언적 상황에서 죽어가는 자를 살리는 방법은
과연 무엇이라고 주장했는가?

> ······이 뒤에는 病劫이 온 세상을 엄습하여 인류를 전멸케 하되 살아날 방
> 법을 얻지 못하리니, 모든 奇事妙法을 다 버리고 醫統을 알아두라. 내가 天
> 地公事를 맡아봄으로부터 이 땅의 모든 큰 劫災는 물리쳤으나, 오직 病劫은
> 그대로 두고 너희들에게 醫統을 전하여 주리니, 멀리 있는 진귀한 약품을 중
> 히 여기지 말고 순전한 마음으로 醫統을 알아두라. 몸 돌이킬 겨를이 없이
> 홍수밀리듯 하리라.(『대순전경』 5장 33절)

인용문에서 증산은 醫統이라는 독특한 용어를 사용했다. 증산에 따르면 醫統
은 일단 "인류를 전멸케 할 병겁에서 살아날 방법"으로 정의된다. 바로 여기서
의통이 정신적인 것이냐 물질적인 것이냐는 서로 다른 해석이 제기된다.1028)

1026) ······이 뒤에 괴이한 병이 온 세계를 엄습하야 몸돌이킬 틈이 없이 이와 같이
    사람을 죽일 때가 있으리니, 그 위급한 때에 나를 부르라 하시니라. ······(『대순전
    경』 4장 82절)
1027) 『대순전경』 5장 35절.
1028) 홍범초도 濟生醫世의 法方인 醫統을 有道로서의 의통과 呪術로서의 의통으로
    대별하여, 증산교단의 여러 교파에서 주장하는 내용을 간략히 설명했다. 홍범초,
    『病劫과 醫統』, 『한국철학종교사상사』(원광대학교 종교문제연구소, 1990), 845
    쪽~857쪽.

병겁과 대비되는 개념으로 제시된 것이 의통이다. 따라서 병겁의 원인을 특정한 세균이나 바이러스라고 상정하는 경우에 의통은 실물이 될 수밖에 없을 것이며, 병겁의 원인이 정신적인 차원의 알 수 없는 어떤 것이라고 상정한다면[1029] 의통은 실물을 지니지 않은 정신적인 것으로 여겨질 수 있다.

또 하나 단서가 되는 것은 奇事妙法인데, 기이한 일과 교묘한 법방과 대비되어 의통이 말해졌다. 여기서도 기사묘법에 대한 해석의 여하에 따라 의통이 실체를 지닌 것인지 그렇지 않은 것인지가 판정될 것이다.

그리고 증산이 제자들에게 醫統을 전해 주겠다고 말한 점도 해석의 여지가 있다. 물건을 전해주겠다는 말로 볼 수도 있지만, 정신적인 가르침으로도 해석이 가능하다. 더욱이 "순전한 마음으로 醫統을 알아두라."는 증산의 말도 여운을 남긴다. 순수한 정신적 차원에서 의통을 알아두라는 말인지, 올곧은 신앙심으로 의통이라는 神物을 간직하라는 말인지 알 수 없다.

증산은 죽기 며칠 전에 세상의 모든 병을 대속하는 종교적 행위를 한 후에 제자들에게 다시 한 번 더 "의통을 전해주겠다."고 강조했다고 전한다.[1030] 여기서도 의통의 성격에 대한 논란을 없애기가 어렵다.

> ……전쟁은 장차 끝을 막으리라. 그러므로 모든 武術과 兵法을 멀리 하고 비록 卑劣한 것이라도 醫統을 알아두라. 사람을 많이 살리면 報恩줄이 찾아 들어 영원한 복을 얻으리라.(『대순전경』 5장 11절)

위의 인용문에 이르면 점차 醫統이 물질적인 것으로 여겨질 가능성이 높아진다. 일단 醫統이 비루하고 열악해 보이는 것이라고 해석하기가 쉽

1029) 증산은 "病自己而發"(『대순전경』 4장 98절)이라고 하여 병이 각자의 몸에서 스스로 발생한다고 말했으며, "大病出於無道, 小病出於無道."(『대순전경』 4장 129절)라고 규정하기도 했다.

1030) ……天師 드디어 누우사 여러 가지 病을 번갈어 앓으시며 가라사대 내가 이러한 모든 병을 代贖하여 세계 창생으로 하여금 영원한 강령을 얻게 하리라 하시더라.……다시 가라사대 세상에 있는 모든 병을 다 대속하였으나, 오직 怪病은 그대로 남겨두고, 너희들에게 醫統을 전하리라 하시니라.(『대순전경』 9장 19절)

다. 아니면 의통이 단순하고 하찮은 가르침이라고 볼 수도 있다. 그러나 의통으로 사람을 많이 살린다는 부분에 접어들면 의통을 정신적인 것으로만 보려는 주장에 의문이 제기된다.

> 이 날 밤에 공우를 침실로 불러 들여 일러 가라사대, 네 입술에 崑崙山을 달라. 戊辰 冬至에 起頭하며 묻는 자가 있으리니, 醫統印牌 한 벌을 전하라. 좋고 나머지가 너희들의 차지가 되리라.(『대순전경』 9장 29절)

마침내 위의 인용문에서 처음으로 "醫統印牌 한 벌"이라는 표현이 사용되었다. 도장과 패찰이 醫統과 함께 쓰였으므로 의통은 실물의 형태를 지닌 것이 분명하다. 그리고 한 벌이라는 개수를 세는 量辭가 사용되었으므로 구체적 형태를 지닌 물체일 것이다.

그러나 증산이 죽기 전날 밤에 일어났다고 주장되는 위의 사건은 신빙성에 있어서 문제가 있다.[1031] 특정인의 주장을 여과도 없이 전재했기 때문이다. 더욱이 아무리 높이 평가하더라도 이러한 주장은 증산교단의 일부에서 주장하는 내용이다.

한편 증산은 『病勢文』에서도 醫統이라는 용어를 사용했다.[1032] 『病勢文』에서 병을 大病과 小病으로 나눈 증산은, 두 가지 종류의 병이 모두 無道에서 발생한다고 파악했다. 그리고 大病의 약은 安心安身이며, 小病의 약은 四物湯 八十貼이라고 밝혔다.

결국 증산은 작은 병은 일반적인 약재로써 치료가 가능하지만, 큰 병은 몸과 마음을 편안히 하는 것이 최선의 처방이라고 주장했던 것이다. 병의 원인을 바람직한 질서나 원리의 파괴에서 찾았기 때문에, 그는 大病의 약이 육체와 정신의 안정에 있다고 설명한 것이다.

1031) 『대순전경』의 편찬자인 이상호가 1928년에 東華敎를 창립할 때 박공우가 찾아와서 전해준 이야기가 그대로 실린 것이다.
1032) 『대순전경』 4장 129절. 이는 증산의 친필저작으로 믿어지는 『현무경』에 나오는 기록을 그대로 옮긴 것이다.

나아가 증산은 "得其有道, 則大病, 勿藥自效, 小病, 勿藥自效."라고 적었다. 즉 無道에서 병이 발생하므로, 道를 얻으면 큰 병이나 작은 병이나 모두 특별한 약을 사용하지 않더라도 자연스레 낫는다는 말이다.

이어서 증산은 醫統이라는 용어 다음에 "忘其君者, 無道, 忘其父者, 無道, 忘其師者, 無道, 世無忠, 世無孝, 世無烈, 是故, 天下皆病."라는 글귀를 기록하였다.

그리고 증산이 병이 없는 상태라고 말한 것으로는 "大仁大義, 無病."이라는 구절이 있다. 그는 得道하면 대병과 소병이 勿藥自效한다고 말했으며, 크게 어질고 의로우면 병이 없다고 밝혔던 것이다.

증산은 仁과 義로 대표되는 도덕성의 회복이 대병의 약이라고 주장하였다. 마침내 증산은 "先天下之職, 先天下之業, 職者, 醫也, 業者, 統也. 聖之職, 聖之業."이라는 글귀로 『병세문』을 끝맺는다. 따라서 의통이 증산의 가르침과 道를 상징한다고 볼 수도 있다.

결국 병이 없는 경지에 이르는 것이 의통의 목적이라면, 증산이 말한 것처럼 大仁大義가 바람직한 상태인 것이다. 그리고 인간의 정신적인 측면을 강조한 勿藥自效의 경지가 바로 의통이 구현하는 세계의 표상이다.

증산은 살아생전에 자신의 가르침을 받으러 오는 사람들의 육체적, 정신적 병을 고쳐주었다. 그러나 증산이 죽은 다음에는 그의 가르침이 온통 병이 든 이 천지에서 건강하게 살 수 있는 유일한 방법으로 제시된다.

> 나의 말은 藥이라. 말로써 사람의 마음을 위안도 하며, 말로써 병든 자를 일으키기도 하며, 말로써 죄에 걸린 자를 끌으기도 하나니, 이는 나의 말이 곧 약인 까닭이니라. 忠言이 逆耳나 利於行이라 하나니, 나의 말을 잘 믿을 지어다.(『대순전경』 5장 43절)

증산은 자신의 말이 곧 藥이라고 강조했으며, 자신의 말을 잘 믿을 것을 제자들에게 요구했다.

또 증산은 특히 말을 조심할 것을 경계했는데, "모든 일에 실없는 말을 삼가라.",[1033] 혹은 "한 가지라도 분수 밖의 생각을 가지고 실없는 말을 하지 말라."라고[1034] 가르쳤다.

그리고 증산은 "말은 마음의 소리요, 行事는 마음의 자취라. 말을 좋게 하면 복이 되어 점점 큰 복을 이루어 내 몸에 이르고, 말을 나쁘게 하면 재앙이 되어 점점 큰 재앙을 이루어 내 몸에 이르리라."라고[1035] 밝혀, 마음이 드러나는 것이 말이며 말을 좋게 하면 복이 되고 그렇지 않으면 재앙이 미칠 것이라고 경고했다.

보이지 않는 생각이나 의식이 보이는 행위로 구현되는 첫 단계가 바로 말이다. 말은 보이지 않는 세계와 보이는 세계의 매개역할을 한다. 여기서 말은 들을 수 있고, 나아가 실천되는 과정이 확인될 수 있다. 보이지 않는 것은 확인이 불가능한 관념의 세계일 따름이다. 행위의 기본이 되며 행위의 프로그램화가 바로 인간의 말인 것이다. 필자는 이것이 바로 증산이 말을 그토록 강조한 이유라고 생각한다.

또한 증산은 일상적인 말 습관을 고치라고 가르쳤다. "言習을 삼가하라. 時俗에 먹고 살려고 좋은 반찬에 잘 먹고 나서는 문득 배불러 죽겠다고 말하며, 일하여 잘 살려고 땀을 흘리며 일한 뒤에는 문득 힘들어 죽겠다고 말하나니, 이때는 말대로 되는 때라."[1036], "추워도 춥다고 하지 말고, 더워도 덥다고 하지 말고, 비나 눈이 와도 괴로운 말을 내지 말라. 천지에서 쓸 데가 있어서 하는 일을 항상 말썽을 부리면 逆天이 되느니라."[1037] 등이 그 대표적인 예이다.

나아가 증산은 "어디서 무슨 부족한 일을 보더라도, 큰일에 낭패될 일만 아니면 항상 좋게 붙여서 말하라.",[1038] "惡談을 하지 말라.",[1039] "言德을

1033) 『대순전경』 2장 77절.
1034) 『대순전경』 2장 94절.
1035) 『대순전경』 3장 6절.
1036) 『대순전경』 3장 73절.
1037) 『대순전경』 3장 114절.

잘 가지라. 남의 말을 좋게 하면 그에게 德이 되어 잘 되고, 그 남은 德이 밀려서 점점 큰 福이 되어 내 몸에 이르고, 남의 말을 나쁘게 하면 그에게 害가 되어 망치고, 그 남은 害가 밀려서 점점 큰 재앙이 되어 내 몸에 이르느니라."라고[1040] 강조하여 남에게 항상 덕스러운 말을 할 것을 요청했다. 또 그는 "이 시대는 거짓말하는 자는 없이 하는 시대니, 꼭 바른 말을 하라."고 요구하여[1041] 진실한 말을 할 것을 강조하기도 했다.

결국 증산의 본질적인 가르침이 세상에 드러날 때, 비로소 그가 주장한 이상세계가 실현가능하다. 이를 위해 증산은 "모든 말을 묻는 자가 있거든, 듣고 실행이야 하든지 아니하든지 너는 바른대로만 일러주라."고[1042] 말하여 자신의 가르침을 올바르게 전달할 것을 당부했다.

이 밖에도 증산은 "이해득실이 모두 제 몸에 있고 위치에 있지 아니하나니, 삼가하여 모든 사람에게 온정을 베풀라."라고[1043] 말하여 온화함을 베푸는 사람이 될 것을 가르쳤고, 특히 "네 마음을 잘 풀어 加害者를 恩人과 같이 생각하라."라고[1044] 가르쳐서 자신에게 해를 끼친 사람마저도 은인과 같이 여길 것을 요구했다.

또 증산은 항상 "스스로 몸을 살피라. 만일 허물이 네게 있는 때에는 그 허물이 다 풀릴 것이요, 허물이 네게 없을 때에는 그 毒氣가 本處로 돌아 가나니라."라고 말하여[1045] 반성하는 삶을 살 것을 강조했고, "종도들에게 항상 참는 공부를 가르치사, 남에게 분한 일을 당할지라도 대항하지 말고 자기의 과실을 생각하야 끌으라 하시니라."라는[1046] 방식으로 제

1038) 『대순전경』 3장 105절.
1039) 『대순전경』 3장 111절.
1040) 『대순전경』 6장 21절.
1041) 『대순전경』 4장 52절.
1042) 『대순전경』 3장 46절.
1043) 『대순전경』 2장 40절.
1044) 『대순전경』 2장 63절.
1045) 『대순전경』 3장 53절.
1046) 『대순전경』 3장 110절.

자들을 가르쳤다고 전한다.

그리고 증산은 부모를 공경할 것과 조상의 제사를 잘 지낼 것과 가정을 다스리고 자녀양육에 힘쓸 것을 당부하기도 했다. "부모를 잘 공경하라.",[1047) "農事를 힘써 밖으로 奉公義務와 안으로 先靈祭祀와 齊家養育의 일을 힘써 몸을 잘 닦을지니라."[1048)라는 말은 증산이 특별히 강조한 내용이다. 그리고 그는 항상 모든 사람을 대함에 있어서 존경하는 마음으로 처신할 것을 요구하기도 했다.[1049)

또 증산은 "남을 미워하지 말라."고[1050) 말했으며, "다른 사람이 만일 나를 치면 그의 손을 만져 위로할지니라."라고[1051) 말하여 가해자에 대한 사랑을 제 몸 사랑하듯이 하라고 가르쳤다. 그리고 그는 "원수를 풀어 은인과 같이 사랑하면 德이 되어 福을 이루느니라."라고[1052) 가르쳐, 실제적인 복을 이루는 방법으로 제시하기도 했다. 특히 증산은 남에게 받은 은혜는 반드시 갚으라고 가르쳤다.[1053)

증산은 "삼가 죄를 짓지 말라.",[1054) "모든 일에 조심하여 남에게 척을 짓지 말고, 죄를 멀리하라.",[1055) "죄가 없어도 있는 듯이 잠시라도 방심하지 말고 조심하라.",[1056) "모든 일에 조심하여 남에게 척을 짓지 말고 죄를 멀리하라."라고[1057) 말하여 드러난 죄도 조심해야 하지만 남에게 원억을 짓는 일도 삼가라고 가르쳤다.

1047) 『대순전경』 3장 4절.
1048) 『대순전경』 3장 54절.
1049) "어떤 사람을 대하든지 다 존경하라."(『대순전경』 3장 5절)
1050) 『대순전경』 6장 38절.
1051) 『대순전경』 6장 47절.
1052) 『대순전경』 6장 48절.
1053) "밥을 한 그릇만 먹어도 잊지 말고, 반 그릇만 먹어도 잊지 말라."(『대순전경』 6장 40절)
1054) 『대순전경』 6장 57절.
1055) 『대순전경』 2장 5절.
1056) 『대순전경』 6장 152절.
1057) 『대순전경』 2장 5절.

한편 증산은 적극적으로는 "너희들은 항상 平和를 주장하라."고[1058] 가르쳤다. 또 증산은 남과 싸우는 자는 잘 되지 못할 것이므로 마음을 눅혀서 지라고 했으며,[1059] "항상 恭謹하고 溫和한 기운을 기를지니라."라고[1060] 말했다. 그는 마음을 바로 하는 일을 특히 강조했고,[1061] 남을 속이는 일을 경계했다.[1062]

그리고 증산은 고생을 잘 견딜 것을 제자들에게 당부했으며,[1063] 불의한 일을 하지 말고, 남의 재물을 탐내지 말고, 남과 싸우지 말라고 했으며,[1064] "오직 모든 일에 마음을 바르게 하라. 거짓은 모든 죄의 근본이요, 진실은 萬福의 근원이라."라고[1065] 가르쳤다.

한편 증산은 다른 사람의 잣대에 포착되지 말라고 가르쳤다.[1066] 자신이 품고 있는 생각이 남에게 들키면 이는 처신에 상당한 지장이 될 것이라는 가르침이다.

그리고 상대방에게 자신이 어떠한 사람이라고 평가받는 일 자체가 스스로를 한정짓는 행위라고 말한다. 이를 증산은 "이 시대를 지내려면 남

1058) 『대순전경』 6장 102절.
1059) 남이 트집을 잡아 싸우려 할지라도 마음을 눅혀서 지는 것이 上等 사람이라 복이 되는 것이요, 분을 참지 못하고 어울려 싸우는 자는 下等 사람이라 신명의 도움을 받지 못하나니 어찌 잘 되기를 바라리오?(『대순전경』 6장 150절)
1060) 『대순전경』 6장 7절.
1061) "모든 일에 마음을 바로 하여 正理대로 행하여야 큰일을 이루나니라."(『대순전경』 6장 87절)
1062) 종도들에게 남 속이지 않는 공부를 시키사 비록 성냥이라도 다 쓴 뒤에는 그 빈 갑을 깨어서 버리라 하시니라.(『대순전경』 3장 108절)
1063) 先天에 安樂을 누리는 자는 後天에 복을 받지 못하리니, 고생을 복으로 알고 잘 받으라. 만일 당하는 고생을 이기지 못하여 애통하는 자는 오는 복을 물리치는 것이니라.(『대순전경』 6장 36절)
1064) "不義로써 남의 자제를 유인하지 말며, 남의 보배를 탐내지 말며, 남과 서로 싸우지 말라."(『대순전경』 6장 16절)
1065) 『대순전경』 5장 15절.
1066) "이 시대가 장차 길에는 두 사람이 뭉쳐가기 어렵고, 방에는 다섯 사람이 모여 앉기 어려우리니, 아는 것도 모르는 체하고 엄벙덤벙하여 폭 잡기 어렵게 지낼지어다."(『대순전경』 3장 188절)

에게 폭을 잡히지 아니하여야 하리라."라고도[1067] 표현했다. 일반인의 규준과 잣대를 벗어나 자유롭게 사고하고 행동할 수 있는 사람이 되라는 말이다. 폭을 잡히면 凡俗한 사람이라는 증산의 말에서[1068] 그가 제자들에게 요구한 인간상은 범속을 벗어난 사람임을 짐작할 수 있다.

나아가 증산은 자신에 대한 믿음을 강조하기도 했다.[1069] 그는 가난한 사람들이 자신의 가르침을 잘 지켜나갈 것이라고 생각했는데,[1070] 왜냐하면 그들이 道成德立하는 세계가 속히 이루어지도록 항상 바라고 있기 때문이라고 설명했다.

또 증산은 자신을 잘 믿고 있을 것과 자신의 범주에서 벗어나면 죽는다는 극단적인 표현을 사용하기도 했다.[1071] 그렇지만 증산은 믿음은 천천히 이루어나가는 것이 좋고 갑자기 조급하게 하면 위험하다는 것을 활을 만드는 법에 비유하기도 했다.[1072]

> "聖人의 말은 한 마디도 땅에 떨어지지 아니하나니……나의 말도 또한 땅에 떨어지지 아니할지니, 오직 너는 나의 말을 믿으라. 또 가라사대 믿는 자가 한 사람만 있어도 나의 일은 되리니, 너는 알아서 할지어다."(『대순전경』 9장 23절)

1067) 『대순전경』 6장 54절.
1068) 혹 말하되 甑山은 진실로 폭을 잡기가 어렵다 하거늘 天師 들으시고 가라사대 사람이 마땅히 폭잡기가 어려워야 할지니, 만일 폭을 잡으면 凡俗에 지나지 못하느니라.(『대순전경』 6장 149절)
1069) "나를 믿는 자는 무궁한 행복을 얻어 仙境의 樂을 누리리라."(『대순전경』 3장 22절), "부디 마음을 부지런히 닦고 나의 생각을 많이 하라."(5장 40절), "너희들은 삼가 타락치 말고 오직 一心으로 믿어나가라."(3장 173절), "나를 믿고 마음을 정직히 하면 하늘도 오히려 떠느니라."(6장 86절) 등이 관련기록이다.
1070) 부귀한 자는 自慢自足하여 그 名利를 증대하기에 몰두하여 딴 생각이 나지 아니하나니, 어느 겨를에 나에게 생각이 미치리오? 오직 빈궁한 자라야 제 신세를 제가 생각하여 道成德立을 하루바삐 기다리며, 運數조일 때마다 나를 생각하리니, 그들이 내 사람이니라.(『대순전경』 6장 15절)
1071) "내가 이제 일이 있어서 장차 어디로 떠나려 하노니 돌아오도록 잘 믿고 있으라. 만일 내 그늘을 벗어나면 죽으리라."(『대순전경』 9장 22절)
1072) 믿기를 활 다리듯 하라. 활 다리는 법이 너무 성급히 다리면 꺾어지나니 진득히 다려야 하느니라. (『대순전경』 6장 151절)

증산은 믿음의 근거를 자신의 말이라고 확언했다. 그래서 증산은 "오직 나의 말을 믿으라."고 강조한 것이다. 그러므로 일단 증산신앙의 원천은 증산 자신이 행한 말이다. 더욱이 증산은 자기를 믿는 사람이 단 한 명만 있더라도 자신이 계획한 일이 이루어질 것이라는 확신을 가졌던 인물이다.[1073]

그리고 증산은 자신을 믿게 되는 행운을 가질 수 있는 것은 특정인의 선령들이 닦아놓았던 음덕으로 가능하다고 말했다.[1074] 또 증산은 죽기 며칠 전에 자신의 제자들을 한 곳에 모아 놓고 자신을 믿는지를 확인하기도 했다.[1075]

믿음은 자신과의 대화이다. 종교의 본질과 이상형에 대한 닮음의 몸짓이요 이상추구의 방법이 바로 믿음이다. 이상적인 인생관을 몸소 보여준 종교적 인물을 닮아가려는 구체적 실행이 믿음의 본래적 의미이다. 바라고 갈구하고 복종하는 일은 믿음의 드러난 모습일 따름이다. 믿음의 본질은 나 자신의 염원이 투사되어 그것이 다시 나에게 돌아오는 것이다.

그러므로 진정한 믿음은 스스로가 특정 신앙대상이 지향하는 이상적인 인간이 되는 일이 가능할 때 비로소 성취된다. 나 스스로가 신앙대상의 입장에서 생각하고 행동할 수 있을 때만이, 특정 종교라는 울타리를 깨뜨리고 그 종교의 본질을 찾을 수 있을 것이다. 결국 조직화되고 정체된 敎가 아니라, 본래적이고 실천적인 法의 속뜻을 되새겨야 할 것이다.

한편 증산은 자신이 행하는 天下事가 궁극적으로는 죽느냐 사느냐의 갈림길로 이어진다고 말했다.[1076] 새 세상에서 살 수 있는 방법이 바로 증산

1073) 『대순전경』 9장 18절.

1074) 先靈의 蔭德으로 나를 믿게 되나니, 음덕이 있는 자는 들어왔다가 나가려 하면 神明들이 등을 쳐 들이며 이 곳을 벗어나면 죽으리라 이르고, 음덕이 없는 자는 설혹 들어왔을지라도 이마를 쳐 내치며 이 곳이 너는 못 있을 곳이라 이르나니라.(『대순전경』 6장 142절)

1075) 스므날 여러 종도들이 구릿골에 모이니, 天師 앞에 한 줄로 꿇려 앉히시고 물어 가라사대 너희들이 나를 믿느냐? 모두 대하야 가로대 믿나이다. 가라사대 죽어도 믿겠느냐? 모두 대하야 가로대 죽어도 믿겠나이다. 또 가라사대 한 사람만 있어도 나의 일은 성립되리라 하시니……(『대순전경』 9장 18절)

의 가르침을 실천하는 天下事의 목적이다.

과연 어떻게 하면 살 수 있는가? 무엇보다도 증산은 사람을 많이 살리라고 요구했다.[1077] 내가 살기 위해서는 먼저 남의 생명을 살려 주는 일이 요청된다. 증산은 사람을 많이 살리는 자에게는 자연스럽게 報恩의 德이 되돌아 올 것이며, 결국 영원한 복락을 누릴 수 있으리라고 말했다.

증산은 자신의 가르침을 따르고 실천하는 사람들이 완성을 상징하는 가을의 뜻을 얻었다고 표현하고, 이를 생명을 살리는 능력을 지닌 것으로 주장하기도 했다.[1078] 물론 그는 특별한 물건을 가져서 사람을 살릴 수 있는 것이 아니라, 덕을 잘 닦고 사람을 잘 대우하는 일을 실행할 것을 강조했다.[1079]

한편 증산은 제자에게 "각기 십만 명에게 布敎하라."라고 요구하기도 했다.[1080] 또 그는 "삶을 구하는 자와 福을 구하는 자는 힘쓸지어다."라는[1081] 말로 자신의 가르침을 널리 선포할 것을 요구했다. 이를 증산은 "天下의 大巡"이라고 명명했다.[1082]

또 증산은 자신의 가르침을 널리 알리는 일을 강조했으며,[1083] 장차 세계 각국에 자신의 가르침이 전파될 것이라고 예언하기도 했다.[1084]

1076) "天下事는 살고 죽는 두 길에 그치나니, 우리의 쉴 새 없이 서두는 일은 하루에 밥 세 때 별로로 먹고 살려는 일이라."(『대순전경』 6장 137절)

1077) "사람을 많이 살리면 報恩줄이 찾아들어 영원한 복을 얻으리라."(5장 11절) "항상 남살리기를 생각하여야 한다."(『대순전경』 2장 42절)

1078) 너희들은 손에 살릴 生字를 쥐고 다니니 得意之秋가 아니냐? 三遷이라야 일이 이루어지느니라.(『대순전경』 6장 30절)

1079) 時俗에 吉星所照를 찾으나 길성소조가 따로 있는 것이 아니요, 德을 잘 닦고 사람 대우하는 데 吉星이 비춰나니, 이 일이 곧 避難하는 길이니라.(『대순전경』 6장 31절)

1080) 『대순전경』 7장 10절.

1081) 『대순전경』 5장 14절.

1082) 공우 삼년 동안 天師를 모시고 天地公事에 많이 隨從하였는데, 매양 公事 뒤에는 각처 從徒들에게 巡廻演布하라 명하시며, 가라사대 이 일은 곧 天地의 大巡이니라 하시니라.(『대순전경』 3장 162절)

1083) 하루는 공우로 하여금 각처 종도들에게 순회하며 전하라 하사…… (『대순전경』 3장 163절)

라. 結果論인 度數思想

증산의 공사의 결과가 어떻게 역사 속에서 구체화되었으며, 앞으로 어떤 과정을 거쳐 이루어질 것인가를 집약한 것이 도수사상이다. 度數라는 용어 자체가 증산의 공사가 실제 역사에 구체적인 힘으로 작용했다는 믿음의 표현이다. 따라서 도수사상은 증산의 공사사상의 본래적인 구조에는 포함될 수 없지만, 공사사상과 연관되어 반드시 논의해야 할 부분이다.

도수사상은 天地度數를 뜯어 고친다는 증산이 행한 공사의 결과에 따라 세상일이 그대로 진행되어 간다는 사상이다. 도수는 구체적으로 증산의 예언을 통해 표현되며, 그의 의사에 따라 결정된다고 믿어진다.

따라서 증산교인들은 증산이 이상향의 도래에 대한 진행과정을 확정한 내용이 그의 예언을 통해 조금씩 실현되어 간다고 믿는다. 흔히 度數로 결정된 예언의 실현 자체도 또 다시 지상천국건설이라는 최종 목표를 실현하기 위한 과정의 하나로 언급된다. 직선적인 시간의 끝에 있는 말세가 아니라, 순환으로 극복되는 시간관을 토대로 도수사상이 전개된다.

결국 증산은 後天은 오게 되어 있는 우주의 필연적 법칙이며, 개벽을 통해 구현되는 새로운 시간대를 인류가 경험하도록 결정되어 있다고 믿는다.

도수사상은 새로운 질서가 증산의 公事에 의해 결정되어 그대로 역사적 사건으로 투영된다는 믿음이다. 이러한 사상에 입각하여 증산교인들은 세계사의 변화과정과 한반도를 둘러싼 정치적, 사회적 변화상도 증산이 행했던 공사의 결과라고 믿는다.

"이제 하늘도 뜯어 고치고, 땅도 뜯어 고쳐, 물 샐 틈 없이 度數를 짜 놓았으니, 제 限度에 돌아 닿는 대로 새 기틀이 열리리라."라는[1085] 증산의 말이 도

1084) 하루는 종도들에게 일러 가라사대 너희들이 장차 天下萬國에 돌아다니며 가르칠 때에 오죽히 대우를 받겠느냐, 그 때에는 큰 營貴가 되리라.(『대순전경』 3장 167절)
1085) 『대순전경』 5장 10절.

수사상에 대한 핵심적인 언급이다. 이에 따라 증산이 정한 度數는 장차 인류가 겪어야 할 미래사를 종교적으로 결정한 것으로 믿어진다.

증산이 하늘과 땅의 지배원리를 근본적으로 변혁시켜 새롭게 度數를 짜놓은 일이 바로 公事이다. 이러한 증산의 공사에서 결정된 도수에 따라 앞으로 전개되는 정치사회적인 변화상과 종교계의 사건들이 대국적으로 이루어져 갈 것이라는 것이 증산교인들의 믿음이다.

증산은 "물 샐 틈도 없이 도수를 짜놓았다."고 주장하여, 도수가 완벽하게 결정되었음을 강조했다. 기존에는 전혀 짐작조차 할 수 없었던 "새 기틀"이 열릴 것이라는 그의 확신에 의해 도수 내지 예언이 결정된다.

먼저 증산은 "辛丑年 이후로는 年事를 내가 맡았노라."라고[1086] 말하여, 자신이 도를 이룬 1901년 이후부터는 해마다 일어날 크고 작은 일들이 모두 자신의 권능으로 결정된다고 확신했다. 이러한 증산의 확신은 다음의 인용문에서도 확인된다.

> "나의 일은 비록 농담 한 마디라도 度數에 박혀 天地에 울려나가나니, 이 뒤로는 모든 일에 실없는 말을 삼가하라."(『대순전경』 2장 77절)

증산의 모든 말은 度數에 결정적으로 영향을 미친다고 믿어진다. 그러므로 증산의 농담 한 마디도 천지에 울려 나가는 결과를 초래하기 때문에 깊이 생각하지 않고 어떤 일을 요구하거나 헛된 의뢰를 삼가하라는 말이다. 그렇다고 천지의 도수를 결정하는 일이 증산의 독단이나 독선적 결정에 의해서 이루어지지는 않는다.

> "人事는 기회가 있고, 天理는 度數가 있나니, 그 기회를 지으며 度數를 짜내는 것이 公事의 規範이라. 이제 그 규범을 버리고 억지로 일을 꾸미면 이는 天下에 재앙을 끼침이요, 億兆의 생명을 빼앗음이라. 차마 할 일이 아니니라."(『대순전경』 2장 42절)

1086) 『대순전경』 2장 16절.

하늘의 이치를 대변하는 도수는 항상 공정하게 결정되고 집행되어야 한다. 따라서 공평무사한 도수를 짜내는 일이 증산이 행하는 公事의 規範이된다. 사적인 일이 아니라 공적으로 합의에 따라 도출되어야 하는 것이, 도수가 결정되는 관건이다. 이러한 규범을 버리고 억지로 일을 꾸미면 오히려 천하에 재앙을 끼치게 된다.

따라서 새 세상을 만드는 일인 度數를 짜 내는 일이 근본부터 어긋나게되어서는 안 된다. 항상 남 살리기를 염두에 두고 이루어져야 할 새 세상만들기는 도수를 결정하는 공사에서도 반드시 지켜야할 규범이다.

새 세상을 여는 일인 개벽은 갑자기 진행되는 일도 아니요, 정해진 순서를 넘어서 혼란스럽게 이루어지는 일도 아니다. 어디까지나 개벽에는 때와 기회가 있다는 것이 증산의 설명이다.[1087]

한편 증산은 사적인 일도 度數에 붙여두기만 하면 공적인 일의 결과에 맞추어 자연스레 해결된다고 말하기도 했다.[1088]

> "내가 天地運路를 뜯어고쳐 물 샐 틈 없이 度數를 굳게 짜놓았으니, 제度數에 돌아 닿는 대로 새 기틀이 열리리라. 너희들은 삼가 타락치 말고 오직 一心으로 믿어나가라."(『대순전경』 4장 173절)

증산이 행한 도수를 짜는 일은 천지의 운로를 뜯어 고치는 일이다. 우주질서의 진행과정을 미리 결정하는 일이 바로 증산이 公事를 통해 度數를 정하는 일이다. 여기서 증산은 도수의 집행자라고 자처하며, 자신이 짜 놓은 도수는 어김없이 이루어질 것이므로 이를 一心으로 믿어나갈 것을 당부한다.

증산이 도수를 뜯어 고치는 목적은 세상을 고치기 위함이다.[1089] 애초에

1087) "開闢이란 것은 때와 기회가 있나니……"(『대순전경』 9장 4절)
1088) "매양 私事일이라도 天地公事의 度數에 붙혀 두기만 하면 그 度數에 이르러 公事와 私事가 다 함께 끌리나니라."(『대순전경』 2장 84절)
1089) "이제 天地度數를 뜯어 고치며, 神道를 바로잡아 만고의 원을 풀고, 相生의 道로써 仙境을 열고……세상을 고치리라."(『대순전경』 5장 4절)

정해진 천지도수가 있었던 것을 증산이 "뜯어 고쳤다."는 말에서, 시대의
변화에 따라 새롭게 도수가 정해질 수 있다는 사실도 짐작된다.

그리고 천지도수가 뜯어 고쳐짐으로 인해 神道가 바로잡히며, 오랫동안
쌓여온 온갖 원한이 풀리며, 이에 따라 仙境으로 불리는 이상사회가 건설
될 것이라는 믿음이 전개된다. 실제로 증산은 後天이 오면 사람들이 "善으
로 먹고 살 度數"가 정해졌다고 주장한다.[1090]

또 증산은 도수에 맞는 일은 결코 실패하는 법이 없다고 주장한다.[1091]
비록 하찮고 적은 일로 보이더라도 도수에 합당하면 반드시 큰 결과를 이
룰 것이라는 확신이다. 그리고 증산은 사람 기르기를 도수에 맞게 하면 좋
은 결과를 함께 누릴 수 있으리라고 말하기도 했다.[1092]

나아가 증산은 先天은 "度數가 잘못 정해졌었기 때문에 온갖 잘못과 불
의가 행해졌던 시대"라고 진단한다.[1093] 도수가 그르게 결정되었기에 악행
이 일어날 수밖에 없었다는 설명을 통해, 증산은 이제 자신에 의해 도수가
제대로 결정되었으므로 이상사회의 지상건설의 꿈이 이루어질 것이라는 믿
음을 강조한다.

또 그는 이제 천지도수가 정리되었으며, 이에 따라 도수의 집행자로 믿
어지는 神明들의 위치도 다시 정해지는 과정이라고 말했다.[1094]

증산은 度數라는 말을 다양하게 사용했다.[1095] 도수를 맡는 특정한 사람

1090) 선천 영웅시대에는 죄로써 먹고 살았으나, 후천 성인시대에는 善으로써 먹고 살리
    니, 죄로써 먹고 사는 것이 장구하랴? 善으로써 먹고 사는 것이 장구하랴? 이제 後
    天 衆生으로 하여금 善으로써 먹고 살 度數를 짜놓았노라.(『대순전경』 6장 12절)
1091) 아무리 큰일이라도 度數에 맞지 아니하면 虛事가 될 것이요, 輕微하게 보이는
    일이라도 도수에만 맞으면 마침내 크게 이루게 되느니라.(『대순전경』 6장 105절)
1092) "사람 기르기가 누에 기르기와 같아서 일찍 내이나 늦게 내이나 먹이만 度數에
    맞게 하면 올릴 때에는 다 같이 오르게 되나니라."(『대순전경』 3장 17절)
1093) 하루는 종도들에게 일러 가라사대 先天에는 度數가 그르게 되어서 제자로 선생
    을 해하는 자가 있었으나, 이 뒤에는 그런 不義를 감행하는 자는 背師律을 받으
    리라 하시니라.(『대순전경』 3장 80절)
1094) "이제는 天地度數가 정리되어 각 神明의 자리가 잡히는 때라."(『대순전경』 6장
    126절)

이 정해져 있기도 하며,[1096] 공사를 집행하는 일이 "도수를 본다."는 말과 상통한다.[1097]

그리고 증산은 일정한 기간을 한 도수로 하여 특정한 사안을 판단하라고 제자들에게 말했으며,[1098] 옛 이야기에 근거하여 그 도수를 썼다고 주장하기도 한다.[1099]

한편 증산은 度數와 유사한 運數라는 말도 사용했다.[1100] 운수는 개인적인 차원에서 정해지는 것으로 생각되는데, 규모가 도수보다 작으며 때로는 다른 사람에게 자신의 운수를 빼앗기기도 한다.[1101] 반면 도수는 한 번 결정되면 상당한 범위와 기간에 걸쳐 영향력을 행사한다.

> 天師께서 구년 동안 公事를 행하사, 天地運路를 뜯어 고치시고, 後天世界 人間生活의 모든 秩序를 결정하시니, 世間 萬事萬物에 어느 것이나 天師의 筆端에 거쳐 나가지 아니한 것이 없어, 公事 건수가 실로 무한하지만……(『대순전경』 4상 175절)

인용문에서 증산이 공사를 통하여 천지의 운로를 뜯어 고친 결과가 천지도수를 새로이 결정한 일이다. 증산의 도수에 의해 후천의 인간 생활의

1095) 그는 북度數 (『대순전경』 4장 45절), 後天陰陽度數 (4장 47절), 正陰正陽度數 (4장 49절), 文王의 度數 (4장 49절), 伊尹의 도수(4장 49절), 白衣君王白衣將相 度數 (4장 50절), 古阜度數 (4장 62절), 독조사度數 (4장 62절), 巫堂度數 (4장 124절) 등의 용어를 사용했다.

1096) 『대순전경』 4장 49절과 4장 62절이 관련 기록이다.

1097) 『대순전경』 4장 50절.

1098) "이렛 동안을 한 度數로 하야 문 밖에 나가지 말고 中國 일을 가장 공평하게 재판하라. 이 재판으로 중국 일이 결정되리라."(『대순전경』 4장 105절)

1099) "옛 사람이 오십 살에 사십 구년 동안의 그름을 깨달았다 하나니, 이제 그 度數를 썼노라."(『대순전경』 4장 173절)

1100) 이제 너희들에게 다 각기 運數를 정하였노니 잘 받아 누릴지어다. 만일 받지 못한 자가 있으면 그것은 誠心이 없는 까닭이니라.(『대순전경』 3장 199절)

1101) 또 가라사대 運數를 열어주어도 이기어 받지 못하면, 그 운수가 本處로 돌아오기도 하고, 또 남에게 그 운수를 빼앗기기도 하느니라.(『대순전경』 3장 153절)

모든 질서가 결정되었고, 온갖 사건과 사물이 모두 그의 결정을 벗어나지 않는다는 것이 증산교인들의 믿음이다.

증산의 도수 결정에 대한 증산교인들의 믿음은 증산의 예언에 대한 해석에서도 잘 드러난다. 러일전쟁의 발발,[1102] 청일전쟁의 발발,[1103] 제1차 세계대전의 발발,[1104] 제2차 세계대전의 발발,[1105] 일제로부터의 해방,[1106] 한반도를 중심으로 한 4대 강국의 패권쟁탈전,[1107] 남북한의 분단[1108]과 휴전선의 확정,[1109] 향후 발생할 병겁[1110]과 한반도의 통일,[1111]

1102) 『대순전경』 4장 8절부터 10절까지가 관련기록이다. 이때 증산은 "일러전쟁을 붙여 일본을 도와 러시아를 물리치리라."고 말했다고 전한다.

1103) 장차 日淸戰爭이 두 번 나리니, 첫 번에는 청국이 패하고 말 것이오, 두 번째 일어나는 싸움이 십년을 가리니……(『대순전경』 5장 26절)

1104) 『대순전경』 3장 135절, 4장 4절, 4장 44절 등이 관련기록이다. 증산은 신명을 서양에 보내어 난리를 일으키게 했다고 믿어진다.

1105) 『대순전경』 4장 24절에 증산이 제자로 하여금 "丙子, 丁丑."이라고 외우면서 밤새도록 큰 북을 치게 한 일이 있었으며, 이때 "이 북소리가 멀리 서양까지 울려 들리리라."라고 말했다고 전한다. 이 기록이 1937년 7월에 중일전쟁이 터질 것을 예언한 내용으로 믿어진다. 이 전쟁의 충격으로 인하여 세계대전으로 확대되었다고 풀이한다.

1106) 『대순전경』 3장 171절의 "七月七夕三五夜"라는 구절이 해방된 년도와 날짜를 정확히 예언한 내용으로 믿어진다. 이효진, 『증산천도-세계통일공사의 원리-』(장학출판사, 1987), 68쪽-70쪽. 『대순전경』 4장 18절의 "사십년도 십년이야 되지만은 넘지는 아니하리라."는 기록과 3장 77절의 "靑龍이 動하면 白虎는 물러가나니라."라는 구절도 관련기록이다. 그리고 "일본 사람이 미국과 싸우는 것은 背師律을 범하는 것이므로 참혹히 망하리라."(6장 129절)라는 증산의 말은 원자폭탄의 투하로 일본이 항복했던 일을 예언한 것으로 믿어진다. 또 "조선은 원래 일본을 지도하는 先生國이었나니, 배은망덕은 神道에서 허락하지 아니하므로, 저희들에게 일시의 영유는 될지언정 영원히 영유하지는 못하리라."(6장 132절)라는 기록도 있다.

1107) 현하대세를 五仙圍碁의 氣靈으로 돌리노니……우리나라는 좌상에서 得天下하리라.(『대순전경』 5장 25절)

1108) "虎兎龍蛇相會日, 無辜人民萬一生."(『대순전경』 3장 177절)이라는 시구가 6. 25사변을 정확히 예언한 기록으로 믿어진다. "현하대세가 씨름판과 같으니 애기판과 총각판이 지난 뒤에 상씨름으로 판을 마치리라."(『대순전경』 5장 28절)라는 기록과 『대순전경』 4장 29절의 금강산 겁살을 벗기는 공사도 관련기록이다.

1109) ……일본은 쫓겨 들어가고 胡兵이 들어오리라. 그러나 漢江 以南은 범치 못하리니, 그 때에 질병이 맹습하는 까닭이오, 미국은 한 손가락을 튕기지 아니하여도

자연환경의 변화1112) 등이 핵심적인 내용이다.

증산은 자신이 정한 도수는 어느 특정한 나라의 운명을 결정짓는 일에 그치는 것이 아니라고 강조했다.1113) 결국 증산의 도수에 의해 정해지는 일은 天下事 즉 세계 모든 나라에 영향을 미치는 결정적인 권위를 지닌 것으로 믿어진다. 이러한 믿음과 해석에 근거하여 남북한통일은 단순히 지역적으로 한반도의 통일에 국한되지 않고 전 세계적 차원에서 이루어질 근본적인 통일의 서곡으로 믿어진다.

2. 공사사상의 기본원리

公事思想의 구조를 살펴본 결과, 공사사상은 인간 완성을 통해 궁극적으로 이상사회를 지상에 건설하려는 종교적 목적을 달성하기 위한 이상론, 현실론, 방법론으로 구성되어 있음을 알았다.

공사사상이 지향하는 이상은 새 세상이 온다는 開闢思想과 황금시대의 완벽한 상태로의 회복을 추구하는 原始返本思想으로 요약된다.

그리고 공사사상의 현실 이해는 천하가 모두 병들었다는 天下皆病思想으로 이해해 볼 수 있다.

현실을 극복하고 이상을 이루어 내기 위한 방법론으로는, 삼라만상이 모

쉬이 들어가리라. …… (『대순전경』 5장 26절)

1110) 『대순전경』 5장 32절부터 5장 37절까지가 관련기록이다.

1111) 『대순전경』 4장 101절의 “상씨름이 넘어간다.”는 내용과 3장 136절의 “萬國活計南朝鮮”, 4장 150절의 “남조선 배가 상륙하였으니 풍파는 없으리라.”라는 구절을 중심으로 풀이한다. 안경전, 앞의 책, 300쪽-303쪽.

1112) “동양은 불로 치고, 서양은 물로 치리라.”(『대순전경』 5장 30절), “내가 천지를 돌려놓았음을 세상이 어찌 알리요?”(『대순전경』 5장 44절) 등이 관련기록이다.

1113) 『대순전경』 6장 130절.

두 신령스럽게 살아있으므로 온갖 살아 있는 존재의 생명을 북돋워 주어야 한다는 生命思想, 초월적 존재나 자연의 理法 등에 의존하던 과거를 탈피하여 이제는 인간이 중심이 되어 새 세상을 만들자는 人尊思想, 나뉘고 흩어진 모든 法方들의 장점과 핵심을 모아서 새로운 문제해결책으로 삼자는 津液思想, 無道한 사회를 道가 있는 상태로 회복시켜 병이 없는 상태를 이룩하자는 醫統思想 등이 있다.

그리고 증산이 公事를 통하여 정해 놓은 度數가 역사의 흐름과 사회의 변화에 따라 실제로 전개되고 있다고 믿는 사람들에게서는, 공사사상의 결과론인 度數思想이 도출된다.

그러므로 공사사상은 내부적으로는 주어진 현실에서 추구하는 이상을 이루기 위한 실제적인 방법이 과연 무엇이냐를 알려 주기 위한 서술구조를 지녔으며, 외부적으로는 증산의 공사가 역사의 진행에 적극적인 영향을 미치고 있다고 믿는 사람들의 신앙을 반영하고 있다고 볼 수 있다.

이처럼 공사사상을 이루는 하위개념인 여러 사상이 各論으로 구성되어 있음에도 불구하고, 이들을 일관되게 묶어 주고 이들 모두에 공통적으로 작용하는 원리가 있다. 이것이 바로 解冤의 原理이다.

증산은 인류가 겪어 왔고 현재 겪는 모든 재난의 원인이 원한을 품는 일에서 비롯되었다고 진단했다. 무엇보다도 그는 地上天國이라는 理想을 이루기 위해서는, 인류가 걸어온 여정만큼 맺힌 온갖 원한들을 풀어 없애는 일이 요청된다고 주장했다.

먼저 증산은 "이 때는 解冤時代라.",1114) "이제는 解冤時代라."라고1115) 선언하여, 인류사의 온갖 원한이 풀어져서 결국은 사라지는 시대가 도래했다고 힘주어 말했다.

증산에 따르면 원한이 생기게 된 궁극적인 원인은 지나온 시대를 맡았던 원리이다. 이제까지 인류는 相克하는 이치에 의해 지배되는 先天이라

1114) 『대순전경』 3장 106절, 6장 5절, 6장 134절 등에 나온다.
1115) 『대순전경』 3장 61절, 3장 78절, 3장 173절, 7장 1절 등에 보이는 구절이다.

는 시간대를 살아왔기 때문에 원한이 생길 수밖에 없었다.

> ……先天에는 相克이 人間事物을 司配함으로, 世世의 寃이 싸이고 매처 三
> 界에 充溢하야, 天地가 常度를 일코 人世에 모든 慘災가 생기나니,……(『증산
> 천사공사기』 9면)
> 先天에는 相克之理가 人間事物을 맡았으므로, 모든 人事가 道義에 어그러
> 져서 원한이 맺히고 쌓여 三界에 넘침에, 마침내 殺氣가 터져 나와 세상의 모
> 든 참혹한 재앙을 일으키나니……세상을 고치리라. ……(『대순전경』 5장 4절)

서로 상대방을 이겨야 살아남는 相克의 이치가 기본적으로 작용했던 先
天은 분열과 투쟁과 갈등과 반목의 시대였다. 생존을 위한 끊임없는 싸움
은 필연적으로 弱肉强食의 논리를 낳았고, 이에 따라 힘없고 약한 자의 서
러움과 억울함이 생기기 마련이었다.

가진 자의 그칠 줄 모르는 탐욕은 富益富貧益貧의 결과를 초래하여, 못
가진 자와 없는 자의 한숨과 탄식을 토하게 했다. 성장과 발전과 진화라는
미명 아래, 열악한 조건과 열등한 사람 그리고 부족한 것은 도태되고 억압
되었으며 때로는 폐기되기도 했다. 한편에서 잘되고 흥하면, 반드시 다른
편에는 못되고 사그라지는 쪽이 있었다. 얻는 자가 있으면 빼앗긴 자가 있
었고, 이긴 사람이 있으면 반드시 진 사람이 있었다.

증산은 인간의 역사가 이렇게 전개되었던 것은 相克의 理가 先天을 지
배하는 원리였기 때문이라고 밝혀 주었다. 그는 인지가 밝아지고 문명이
개화되기 위해 인류가 어쩔 수 없이 겪어 와야 했던 고통의 시기가 바로
先天의 진면목이며, 결국 원한은 先天이라는 역사 시간대가 相克의 질서
에 의해 유지되었기 때문에 생겨났던 필요악이라고 해석했다.[1116]

1116) 증산이 동양의 정신세계에 대하여 전통을 승계하는 연속성과 그 전통을 혁파하
   려는 불연속성을 동시에 지닌 兩價的인 논리를 지녔다는 평가는 매우 시사적이
   다. 김형효, 「원시반본과 해원사상에 대한 철학적 성찰」, 『증산사상연구』 제 5집
   (증산사상연구회, 1979), 28쪽.

先天에서 생겼던 원한들은 누적되고 덧붙어, 이제는 天上과 地上 그리고 地下에까지 가득 넘칠 지경에 이르렀다는 것이, 증산이 본 이 시대의 참혹한 정경이다.

그에 따르면 오랫동안 맺히고 쌓여온 인간의 원한이 급기야 생명을 죽이고 해치는 殺氣로 뿜어져 나오기 시작했다고 한다. 증산은 현재 세상의 모든 참혹한 재앙을 일으키는 것이 원한이라고 보았다. 원한이 원한인 채로 남아 있지 못하고 살기로 변했으며 나아가 三界의 구체적인 재앙을 일으키게 했다는 증산의 설명은, 세상을 바라보는 새로운 시각이라는 점에서 일정한 의의가 있다.

따라서 증산에 따르면 인류 문명의 발전사는 인류 원한의 누적사라고 부를 수도 있을 것이다. 증산은 문명의 화려함 뒤에 감추어진 인간의 원한에 주목하여 독특한 역사관을 정립한 것이다.[1117]

원한이 맺히고 쌓인다는 관점에서 인류사를 바라보았던 증산은, 이에 대한 근본적인 해결책으로 "종교적 행위를 통한 인류사의 한풀이"를 시도했다. 온갖 원한인 "萬古의 寃"을 풀어 없애는 일이 증산이 목표한 이상실현의 방법이었다.

원한을 풀기 위해서는 증산에 의해 "天地度數를 뜯어 고치는 일"과 이를 통한 "神道를 바로잡는 일"이[1118] 집행된다. 그 결과 원한과 살기에 의해 참혹한 재앙이 일어나는 이 땅은, 장차 相生의 道에 의해 다스려지는 仙境이라고 부를 만한 새 세상으로 변화되는 것이다.

한편 증산은 원한이 생기는 이유에 대해 다음과 같이 설명하기도 했다.

1117) 김형효는 우리 민족의 고유한 사상인 風流道에서도 실행하지 못한 전대미문의 새로운 사상이 바로 증산의 解寃相生思想이라고 강조했다. 김형효, 앞의 글, 48쪽. 나아가 그는 증산사상이 한국사상사에서 抵抗의 病理學을 대신하여 創造의 生理學의 새로운 전통을 확립했다고 평하기도 한다. 김형효, 위의 글, 57쪽.

1118) 증산의 해원사상은 신과 인간이 서로 도우면서 지상의 이상사회를 건설한다는 점에서 극락왕생시킨다는 불교의 薦度와 구별된다. 이종익, 「해원상생사상의 사회적 측면과 종교적 측면」, 『증산사상연구』 제 5집 (증산사상연구회, 1979), 102쪽.

원래 人間에서 하고 싶은 일을 하지 못하면 분통이 터져서 큰 병을 이루나
니, 그러므로 이제 모든 일을 풀어 놓아 각기 자유행동에 맡겨 먼저 亂法을
지은 뒤에 眞法을 내리니……(『대순전경』 5장 15절)

인용문에서 "분통이 터진다."는 것은 "원한이 맺힌다."는 말과 통한다.
사람은 자신이 하고 싶은 일을 하지 못할 때 원한이 생기게 되며, 결국 이
원한이 쌓여서 큰 병을 이루기도 한다는 설명이다.

인간을 욕구 충족의 존재라고 파악한 증산은 하고 싶은 그 무엇이 있기
때문에 인류 역사가 발전적으로 전개되었다고 이해했다. 한편 그러한 과정
속에서 인간들은 필연적으로 하고 싶은 일을 하지 못하는 경우가 생기기
마련이다. 바로 여기서 인간은 원한을 맺을 수밖에 없는 운명을 맞이한다.
그러나 증산은 이제 後天이라는 이상사회가 지상에 전개되는 시점이 임박
했으며, 이때는 해원시대라고 선언했다.

증산은 인간이 맺어 왔던 모든 원한을 풀어 없애는 일이 가능할 때, 비
로소 새 세상이 올 것이라고 힘주어 말했다. 결국 解寃이야말로 증산이 꿈
꾸었던 세계의 완성이요, 인간의 완성이다.

그렇다면 증산이 생각한 해원의 구체적인 방법은 무엇인가?

증산은 "모든 일을 풀어 놓아 각기 자유행동에 맡긴다."라고 주장했다.
인간이 자기가 하고 싶은 대로 자유의사에 따라 마음껏 행동하는 과정을
통해서, 비로소 하고 싶은 일을 하지 못해서 생겼던 분통이나 원한이 풀어
지고 없어질 것이라는 논리이다.[1119]

인간이 자신이 처한 상황에서 스스로의 결정에 따라 모든 일을 할 수
있도록 그 동안 강제되었던 규범이나 윤리. 가치관마저도 해체시켜 버렸다
는 증산의 주장은, 오늘날 온갖 형태의 생각과 행동들이 난립하는 현상을
지켜볼 때 의미심장하다.

1119) "남녀의 분별을 틔워 각기 하고 싶은대로 하도록 풀어놓았다."(『대순전경』 3장
61절)

증산은 이러한 혼란상을 亂法이라고 규정지었다. 그는 난법이라는 과정이 바로 인간의 원한을 해소시키는 길이라고 설명한다. 이러한 난법이 있은 다음에야 비로소 眞法으로 표현되는 이상적인 질서가 틀 지워져 나갈 것이다. 결국 원한이 없어진 상태가 되기 위해서는 원한이 생기지 않도록 모든 일을 자유욕구에 응하여 풀어놓는 방법 밖에 없다는 말이다.

한편 『老子』 제 63장에 "報怨以德"이라는 말이 있다. 이는 원한을 품고 대하는 사람이 있을지라도 은덕을 가지고 대하라는 뜻으로 풀이된다. 그런데 이 구절에 대응하여 『논어』 『憲問』편에서는 누군가가 "원한을 덕으로 갚으라는 말에 대하여 어떻게 생각하십니까? 以德報怨, 何如?"라고 묻자, 공자는 "어째서 덕을 가지고 갚는다는 말인가? 원한은 원한으로 갚고, 덕은 덕으로 갚아야지. 何以報德? 以直報怨, 以德報德."라고 대답했다.

그리고 『논어』 『衛靈公』편에 "어떤 일이나 잘못된 인간관계에 대한 책임을 자기에 대해서는 준엄하게 묻고, 남에게는 관대하게 대해 주고자 한다. 그런 마음가짐으로 처신하면 남의 원한을 사는 일은 없다. 躬自厚, 而薄責於人, 則遠怨矣."라는 글귀도 있다.

즉 『노자』는 남의 원한을 사게 했으면 그에게 잘 대접하는 적극적인 자세로 처신할 것을 가르치고 있다. 반면 『논어』는 원한에는 원한으로 맞대응을 할 것이며, 엄격한 자기반성과 수련을 통해 애초에 원한을 맺지 말라고 가르쳤다.

그리고 『菜根譚』에는 "사람에게 은혜를 베풀었으면, 그 보답을 기대하지 말라. 베풀고 원한을 사지 않았다면, 그것만으로도 보답을 받은 것으로 생각하고 만족하라. 與人不求感德. 無怨便是德."라는 말이 있다.

또 『채근담』에 "누구에게서 받은 은혜는 결코 잊어서는 안 된다. 그러나 남에 대한 원한은 되도록 빨리 잊어야 한다. 人有恩於我不可忘, 而怨則不可不忘."라는 말도 있다.

주로 개인적인 차원에서 원한을 이해한 동양의 전통적 가르침에서는 소극적인 해결책을 도모하거나 부분적인 해원을 시도한다. 그러나 인류사에는 이러한 가르침으로는 도저히 해결할 수 없는 온갖 원한이 엄연히 존재한다. 물론 원한에 대한 인식의 차이는 존재하지만, 원한에 대해 전반적이고 적극적인 해결을 모색했다는 점에서 증산의 원한관이 재조명되어야 한다.

한편 증산은 원한이 모조리 없어진 상태가 이르러야 새 세상이 이루어진다고 강조했다.

> 파리 죽은 귀신이라도 怨望이 붙으면, 天地公事가 아니니라.(『대순전경』 6장 44절)

> "微物昆蟲이라도 원망이 붙으면, 天地公事가 아니니라."『대순전경』 4장 49절)

怨望은 남을 못마땅하게 여기고 탓하는 행위이다. 증산은 풀잎이나 벌레에 이르기까지 모든 것이 생명을 지닌 존재라고 이해했다. 그에 의하면 파리 한 마리가 죽어도 귀신이 된다고 한다. 증산은 만일 하찮은 파리가 죽은 귀신이라도 원통하고 억울한 마음을 가진다면, 자신이 행하는 공사는 이루어지지 않는다고 말했다.

사소한 원한이 생기더라도 이상사회가 건설되는 일이 미루어질 것이라는 이러한 설명은, 증산이 원한을 없애는 일의 중차대함을 특히 강조했던 말이라고 평가된다. 나아가 증산은 한 사람의 인간이 품는 원한에 의해 천지기운이 막힌다고 주장했다.

> 한 사람의 冤恨이 능히 천지기운을 막히게 하느니라.(『대순전경』 6장 45절)

인용문에서는 冤恨이라고 표기하였으나, 흔히 怨恨이라고도 쓴다.1120)

1120) 冤恨과 怨恨은 원통한 생각이나 뉘우치는 생각을 의미한다. 여기서 怨은 원망하다, 미워하다라는 뜻이며, 怨聲, 怨心, 怨恨, 怨讐, 怨敵 등의 용례가 있다. 그

어떤 개인이 품는 원한일지라도 그 파장이 천지의 운행에까지 영향을 미친다는 증산의 말은, 삼라만상이 모두 상호영향관계에 있다는 의미이자 원한의 해소가 우주질서의 재정립을 위해 필수불가결하다는 이야기이다.

인간들은 모두 나름대로 완벽한 삶을 추구하려고 노력한다. 그러나 그들의 삶은 제각기 온전하지 못하다. 흔히 사람들은 온전함은 오로지 인간들의 소망으로서 멀고 먼 彼岸에 있다고 생각한다. 이 온전함이라는 이상에 대한 절절한 소망이 바로 원한이다.

그러므로 恨은 슬픔과 소망을 함께 껴안은 언어라고 할 수 있다. 따라서 원한은 삶의 팽팽한 과정에서 생명에 깃든 核과 같은 것이라고 평할 수 있다. 증산은 이러한 슬픔과 소망의 행위인 恨의 표출을 잘 이해하고 있다.

여기서 원한은 우리 민족의 고유한 정서로 이해해 볼 수 있다. 슬픔은 생명이 안고 있는 모순을 수용하려는 노력이며, 소망은 모순을 극복하려는 의지이다.

가슴에 한을 끌어안고 품었다는 의미의 抱恨이라는 말의 용례에서 알 수 있듯이, 한국인의 한은 소망의 다른 표현이었다. 무언가 이루고 싶은 일이 있기에 한을 가졌던 것이다. 그리고 그 恨은 생명에 뿌리를 두고 있는 것으로, 恨의 마음은 곧 생명에 대한 공경으로 나타나는 것이다.

따라서 한풀이는 결코 보복이 아니다. 恨이란 것은 사람들이 좌절된 소망을 안고 이것을 기어이 이루려고 몸부림치는 것이며, 하고자 하는 일이 이루어질 때까지 계속해서 추구해 가는 것이다.

소극적이고 부정적인 한풀이가 아니라, 적극적이고 긍정적인 차원에서 증산의 한풀이를 평가해야 한다. 왜냐하면 한풀이를 통해서 증산이 바라는 바는, 궁극적으로 원한이 없어져서 相生의 질서가 보편화되는 새로운 세상

리고 冤은 원통하다는 뜻이며, 冤痛, 冤淚, 冤恨, 冤罪, 冤魂 등의 용례가 보인다. 일반적으로 원한을 줄여서 冤, 怨, 恨 등의 한 글자로 부르기도 한다. 우리 민족의 정서를 가장 잘 표현하는 용어로 흔히 恨을 드는데, 怨恨이나 冤恨과 상통한다고 볼 수 있다.

을 만들려는 것이기 때문이다.

　인간이 하고 싶은 일을 마음껏 할 수 있어야 비로소 한이 풀린다는 증
산의 설명에서, 이상을 향한 끊임없는 실천의 치열함이 느껴진다. 그러므로
이상사회를 지상에 이루어내기까지 인간은 이제껏 품어 왔던 모든 한을 풀
수는 없을 것이다. 이번 세대에서 이상에 도달하지 못한다면, 다시 다음 세
대에서 그 理想의 경지에 대한 풀어지지 않은 한을 찾아서 나아간다. 거기
에는 내가 이루지 못하면 나의 후손이 이루고야 말 것이라는, 결코 포기할
수 없는, 恨의 굽힐 수 없는 의지가 있다.

　결국 恨은 소망의 형태로 미래에 대해 전진해 가는 것이라고 볼 수 있
다. 그리고 특정인이 품은 한이 무엇이냐에 따라 환상적인 이상론에 그치
지 않고 구체적인 목표설정이 가능하다. 그러므로 한은 목적달성으로 끝나
는 것이지 보복이 아니다.

　한편 증산에 따르면 역사상 최초로 원한을 맺은 인물은 丹朱이다.

　　……人倫記錄의 시초이며 冤의 역사의 처음인 唐堯의 아들 丹朱의 깊은
원을 풀면, 그 뒤로 수천 년 동안 쌓여 내려온 모든 冤의 마디와 고가 풀릴
지라. 대저 唐堯가 丹朱를 不肖히 여겨 두 딸을 虞舜에게 보내고 드디어 天
下를 전하니, 단주는 깊이 원을 품어 그 분울한 기운의 충동으로 마침내 虞
舜이 蒼梧에서 죽고 두 왕비가 瀟湘에 빠진 참혹한 일을 이루었나니, 이로부
터 원의 뿌리가 깊이 박히고 시대의 推移를 따라 모든 원이 덧붙어서 더욱
발달하여, 드디어 천지에 가득 차서 세상을 폭파함에 이르렀나니, 그러므로
丹朱解冤을 첫 머리로 하고, 모든 천하를 건지려는 큰 뜻을 품고 時勢가 이
롭지 못함으로 인하야 九族을 멸하는 慘禍를 당하여 의탁할 곳이 없이 恨을
머금고 千古에 떠도는 萬古逆神을 그 다음으로 하야, 각기 원통과 억울을 풀
어 혹은 행위를 바로 살펴 曲解를 바루며 혹은 의탁을 붙여 영원히 안정을
얻게 함이, 곧 仙境을 건설하는 첫 걸음이니라.(『대순전경』 5장 4절)

　인용문에서 증산은 중국의 전설적인 임금인 堯의 아들인 丹朱를 "人倫記錄
의 시초이며 冤의 역사의 처음"이라고 지칭하였다. 증산은 인류사에서 기록상

으로 볼 때 개인적 차원을 벗어나 강도가 높은 원한을 맺은 최초의 인물이
丹朱였다고 주장한다.

증산은 단주의 원한은 천하의 지배권을 빼앗겼기 때문에 생긴 것이라고 보
았으며, 그의 깊은 원한은 풀 수 있는 길이 없을 정도로 강하게 인류 역사에
각인되었다고 설명한다.

여기서 堯임금과 丹朱에 얽힌 이야기는 중국사가 아닌 문명사의 시각에서
보아야 할 것이며, 동양문화권에서 왕위계승권을 둘러싼 대표적인 갈등을 드
러낸 것으로 받아들여야 할 것이다.

증산에 따르면 丹朱는 그를 불초하게 여긴 堯임금이 천하를 舜에게 전했기
때문에 깊은 원한을 맺게 되었다고 한다. 한편 丹朱가 원래 총명하고 천하를
다스릴 자질을 충분히 갖춘 인물이었음에도 불구하고, 그의 이름이 왜곡된 채
오랫동안 전했기 때문에 원한의 뿌리가 되었다는 해석도 있다.[1121]

그런데 단주의 분하고 억울한 기운 때문에 舜임금이 창오라는 곳에서
죽었고, 그의 두 왕비가 瀟湘江에 빠져 죽은 참혹한 일이 일어나, 급기야
원한이 상승적으로 서로 맺히게 되었다는 증산의 설명은 현재 전하는 관련
기록과는 차이가 있다.

요임금은 娥皇과 女英이라는 두 딸을 舜에게 시집보냈으며,[1122] 또 그
의 아홉 아들들을 순과 함께 생활하게 하여 그가 정말 재능이 있는 사람
인지를 알아보게 했다.[1123] 요임금의 양위를 받아 임금 자리에 오른 순은
자신의 덕과 재능을 발휘하여 오랫동안 나라를 잘 다스렸다.

舜은 만년에 남쪽 지방의 여러 곳을 순시하였는데, 그만 도중에 창오의
들판에서 죽고 말았다.[1124] 이 슬픈 소식이 전해지자 온 나라의 백성들은
자신의 부모가 돌아가신 것처럼 애통해 했다.[1125] 그의 두 아내인 娥皇과

1121) 『甑山道 道典』(대원출판사, 1992), 372쪽.
1122) 『列女傳』, 「有虞二妃」, "有虞二妃, 帝堯二女也. 長娥皇, 次女英."
1123) 『史記』, 「五帝本紀」
1124) 『史記』, 「五帝本紀」, "(舜)南巡狩, 崩於蒼梧之野."
1125) 『書』, 「堯典」

女英1126) 역시 이 불행한 소식을 듣고서 간장이 끊어질 듯이 슬퍼하였다.
그래서 그녀들은 수레와 배를 타고 즉시 남쪽으로 갔는데,1127) 가는 도중에
보이는 각 지방의 수려한 경치가 더욱 마음을 슬프게 해 눈물이 샘물처럼
솟아나왔다. 이 상심의 눈물이 남쪽의 대나무 숲에 흩뿌려지자, 그 대나무
에는 온통 그녀들의 눈물 자국이 남겨지게 되었다. 이런 연유로 해서 훗날
남방에는 湘妃竹이라는 무늬 있는 대나무가 생겨나게 되었다고 한다.1128)
마침내 그녀들이 湘水에 도착하여 그 강을 건너는데, 파도가 크게 일어 배
가 뒤집어져서 강물에 빠진 그녀들은 湘水의 신령이 되었다고 전한다.1129)

따라서 순임금과 두 왕비의 죽음에 丹朱가 개입되었다는 기록은 남겨진
것이 전혀 없다.1130) 다만 두 왕비의 신령이 심기가 불편해지면 맹렬한 바람
이 일고 거센 비가 쏟아져 내렸다고 전한다.1131) 이들은 湘君이라는 신격으

1126) 한편 순의 아내로는 아황과 여영 외에 登比氏라는 여인이 있었다고 한다. 등비
    씨는 宵明과 燭光이라는 두 딸을 낳았는데, 그녀들은 황하 근처의 큰 연못에 살
    았다. 저녁이 되면 그녀들의 몸에서 뿜어 나오는 빛이 주위 백 리나 되는 곳을
    밝게 비춰주었다고 한다. 『산해경』, 『海內北經』.
1127) ……舜葬於蒼梧之野, 蓋三妃未之從也, 季武子曰, 周公蓋祔.……순임금은 창오
    의 들에 장사지냈다. 그런데 순임금의 세 사람의 비를 모두 그의 무덤에 부장하
    지는 않았다. 계무자가 말하기를 "주공 때부터 비로소 부장하였다."라고 하였다. 『
    禮記』, 『檀弓』上.
1128) 『博物志』, 『史補』와 『群芳譜』.
1129) 『水經注』, 『湘水』, "二妃從征, 溺於湘江, 神遊洞庭之淵, 出入瀟湘之浦" 袁珂
    지음. 전인초·김선자 옮김, 『중국신화전설』(민음사, 1992), 426쪽. 여기서 원문에
    는 없는 "한을 품은 채"라는 표현을 번역자가 임의로 사용하고 있는데, 한을 품었
    다는 의미는 남편인 순임금이 죽었기 때문이다.
1130) 한편 仁祖 때 閭巷의 시인이었던 金孝一의 『鷦鷯』라는 시에도 "상강의 두 여
    인 원혼이 남았으니, 황릉묘를 향해 울지 말아라. 湘江二女怨魂在, 莫向黃陵廟裡
    啼."라는 시가 있다. 李德懋(1741~1793), 『劉希慶』, 『淸脾錄』 4, 『靑莊館全書』
    권 35, 58면. 『국역 靑莊館全書』 7 (민족문화추진회, 1980), 221쪽~222쪽. 이는
    순임금에 대한 절절한 사랑의 원한을 표현한 것이지, 丹朱 때문에 생긴 원한이라
    는 의미가 아니다.
1131) 『山海經』, 『中次十二經』 비바람 속에서 사람의 모양을 한 괴상한 신들이 뱀을
    밟고서, 또 왼손과 오른손에 뱀을 쥐고서 사납게 몰아치는 파도 위를 넘나들곤
    했다고 전한다.

로도 불렸으며,1132) 그녀들의 애달픈 사연에 이름난 시인들이 시를 남기기도
했다.1133) 『述異記』에 "옛날 舜임금이 남쪽 지방을 巡狩하다가 붕어하자, 아
황과 여영이 湘江가에 이르러 통곡하다가 빠져 죽었다."라고 하였고,1134) 이
들을 추도하여 그 곳에는 아황과 여영의 黃陵廟가 세워졌다고 전한다.

어쨌든 증산은 요임금과 단주에 얽힌 전설적인 이야기를 소재로 하여
인류 역사상 원한이 맺힌 기원을 설정하였다. 순임금과 두 왕비가 단주의 원
한 기운에 의해 죽었다는 증산의 주장은 현재 전하는 기록으로는 전거가 확
인되지 않는다.

아마도 증산은 두 왕비의 극적인 죽음이라는 역사적 사실을 토대로 하여,
그녀들이 단주의 원한 때문에 죽었기 때문에 원한의 역사가 얽히기 시작되었
다는 종교적 진실을 추출해 냈던 것으로 보인다.

결국 사건의 실제 여부와는 상관없이 종교적 진실은 나름대로 생명력을
지니고 전승되며, 이를 믿는 사람들 사이에서는 특별한 의미를 지닌 이야기
로 받아들여진다.

한편 요임금이 불초한 자식인 단주에게 마음을 수양하라고 바둑판을 물
려주었다는 고사에1135) 빗대어 증산은 다음과 같은 공사를 보았다.

1132) 湘君은 長沙를 거쳐 洞庭湖로 들어가는 湘江의 女神이다. 원래는 堯임금의 딸
로 舜의 妃가 되었으나, 순임금이 남방을 돌아보다 죽은 것을 비관하여 상강에
투신하여 신이 되었다고 전한다.

1133) 李白이 지은 『陪族叔刑部侍郎曄及中書賈舍人遊洞庭』이라는 시에도 "어느 곳에
서 湘君을 조문할꼬? 不知何處弔湘君"라는 시구가 있다. 梁相卿 譯, 『時調譯 唐
詩選 (上)』(을유문화사, 1974), 237쪽~238쪽. 그리고 賈至가 지은 『初至巴陵與李
十二白同泛洞庭湖』라는 시에도 "흰 구름과 밝은 달 아래 湘娥에 조문하였다네.
白雲明月弔湘娥"라는 시구가 있다. 여기서 湘君은 湘娥로도 불렸음을 알 수 있
다. 또 아황과 여영이 죽은 일에 대해 杜甫가 지은 시에 "창오의 恨이 얕지 않도
다."라는 구절도 있다.(蕭蕭湘妃廟, 空檣碧水春, 蟲書玉佩蘇, 燕舞翠帷塵, 晩泊登
汀樹, 微馨借渚蘋, 蒼梧恨不淺, 染淚在叢筠.) 『湘夫人祠』, 『分類杜工部詩』 卷之
六, 『重刊 杜詩諺解』 二, 56면~57면. 그러나 이 시의 恨이라는 표현도 굳이 丹
朱의 원한과 관련시켜 볼 여지가 없다.

1134) 湖中 泰山에 이들을 위한 湘君廟가 세워져 있다고 전한다.

1135) 바둑의 기원에 관한 최초의 기록인 後漢代의 인물인 許愼의 『說文』에는 舜임금

……가라사대 回文山에 五仙圍碁穴이 있으니, 이제 바둑의 元祖 丹朱의 解冤度數를 이 곳에 붙쳐서 朝鮮國運을 돌리려 하노라. 다섯 神仙중에 한 신선은 주인이라 수수방관할 따름이오, 네 신선이 판을 대하야 서로 패를 들쳐서 따먹으려 하므로, 시일만 천연하야 승부가 속히 나지 아니한지라. 이제 崔水雲을 청해 와서 증인으로 세우고 승부를 결정하려 하노니, ……(『대순전경』 4장 28절)

오선위기혈은 다섯 명의 신선이 바둑을 두는 형국이므로, 바둑판의 원조로 일컬어지는 丹朱와 관련이 있는 혈 자리이다. 丹朱의 맺힌 한을 풀기 위해서 오선위기혈이 이용되었다는 증산의 주장이다.

단주의 해원을 위한 증산의 공사는 동시에 朝鮮의 國運을 돌리는 일로도 믿어졌다. 즉 다섯 신선의 역할이 각기 다른데, 바둑을 두는 두 신선과 이들을 훈수하는 두 신선 그리고 나머지 한 신선은 주인이라는 것이 그의 설명이다.[1136)

바로 이 다섯 신선이 바둑을 두는 형국에 맞추어 조선을 중심으로 4대 강국들이 전쟁을 치르면서 힘을 겨루는 형국으로 세계의 정세가 전개되리라는 해석이 가능하다.[1137) 이에 따라 한반도가 바둑판이요[1138) 조선의 백성들이

이 그의 아들인 商均이 어리석었기 때문에 바둑을 만들어 가르쳤다고 했다. 그 후 晉代 張華는 『博物誌』에서 요임금이 바둑을 만들어 丹朱를 가르쳤다고 기록했다. 唐代의 皮日休는 『原奕』이라는 글에서 요임금이 바둑을 만들었다는 설을 부정하고, 바둑은 훨씬 후대인 戰國時代에 발생한 것이라고 주장했다. 한편 우리나라에서 오래전부터 전해 오는 『棋譜』 서문에는 요임금과 순임금이 바둑을 만들어 어리석은 아들을 가르쳤다고 적혀 있다. 김용국, 『韓國圍棋史』(서문당, 1975), 13쪽~17쪽 참고.

1136) 現下大勢를 五仙圍碁의 氣靈으로 돌리노니, 두 신선은 판을 대하고, 두 신선은 각기 훈수하고, 한 신선은 주인이라. 어느 편을 훈수 할 수 없어 수수방관하고 다만 공궤만 하였나니, 年事만 큰 흠이 없어 供饋之節만 빠지지 아니하면 주인의 책임은 다한 지라. 만일 바둑을 마치고 판이 헤치면 바둑은 주인에게 돌리리니, 옛날 漢 高祖는 馬上에서 得天下하였다 하나, 우리나라는 坐上에서 得天下하리라.(『대순전경』 5장 25절)

1137) 근거가 되는 구절은 "……이제 天下大勢를 回文山 五仙圍碁形의 형세에 붙쳐 돌리노니……"라는 (『대순전경』 3장 28절) 기록이다.

1138) 당시 조선에는 전국 360州의 행정조직이 있었는데, 이는 바둑의 361점 가운데

바둑돌에 비유되기도 했다.[1139] 다섯 신선 가운데 주인이 되는 신선이 朝鮮에 비유되었던 것이다.

구체적으로 한반도를 둘러싼 러일전쟁 때에는 프랑스와 영국이 각기 훈수를 두는 형국이 전개되었고, 중일전쟁에는 소련과 독일이 훈수를 두었고, 남북전쟁에는 미국과 소련이 각기 훈수를 두는 형국으로 전개된 일이, 증산이 오선위기혈을 중심으로 하여 조선의 국운을 돌렸던 공사에 근거한다는 해석이 일부 증산교단에서 제기되고 있을 정도이다.[1140]

결국 단주의 원한을 풀 수 있는 방법은 국제정세가 바둑을 두는 형국으로 전개되도록 하는 데 있다는 해석이다. 이에 따라 증산이 五仙圍碁穴을 공사에 이용한 것이 실제적으로는 단주의 해원공사라고 믿어지는 것이다.

역사상 최초로 원한을 맺은 단주의 해원이 이루어짐으로써 비로소 그 이후 맺혀져 왔던 온갖 원한들이 해소될 실마리가 찾아졌다.[1141] 더욱이 증산은 이러한 解冤과정을 仙境인 지상천국을 건설하는 첫 걸음이라고 주장했다.

또 증산은 지상천국을 건설하려면 다음과 같은 일이 필수적으로 선행되어야 한다고 강조했다.

> ─천사 가라사대 天地를 開闢하야 仙境을 세우랴면, 만저 天地度數를 調正하며, 解冤으로써 萬古神明을 調和하고, 쏘 大地江山의 精氣를 統一하리로다. …… (『증산천사공사기』 111면)

解冤은 역사상 모든 신명을 조화하기 위함이다. 이러한 맥락에서 증산은

본체 불변수인 1을 제외한 360에 응했기 때문이라고 풀이하기도 한다. 안경전, 앞의 책, 276쪽.

[1139] 조선은 바돌판이요, 조선 인민은 바돌이라. 장차 청국과 일본이 싸우리니, 두 신선이 판을 대함과 같고, 서양 사람이 두 쪽이 되어 하나는 청국을 후원하고 하나는 일본을 후원하리라. 안경전, 위의 책, 290쪽.

[1140] 안경전, 위의 책, 274쪽-298쪽. 39도선과 38도선, 그리고 太極 모양을 상징하는 휴전선으로 한반도가 나뉘게 된 일도 증산의 공사 때문이라고 주장한다.

[1141] "解冤公事를 行하실 새 丹朱로 비롯하시니, 藥藏에 丹朱受命이라 쓰심도 이에 根因하심이러라."(『증산천사공사기』 111면)

"지금은 神明解寃時代니라."라고[1142) 말하기도 했다. 증산은 단주의 해원을 첫머리로 하고 이어서 萬古逆神의[1143) 원통과 억울함을 풀어 주는 공사를 보기도 했다.[1144)

따라서 증산은 천지신명을 해원하는 일이 仙境을 건설하는 한 방법이라고 파악했으며, 全州銅谷解寃神이라는 글을 써서 자신이 바로 원한을 풀어 주는 신이라고 자처하기도 했다.[1145) 그리고 증산에 의하면 해원시대 신명계의 우두머리는 하늘과 땅의 경계를 연 인물로 믿어지는 利馬竇이다.[1146)

한편 증산은 세상에서 학교를 세워 사람들을 교육시키는 가장 큰 이유가 신계와 인간계의 해원을 이루기 위한 것이라고 주장했다.[1147) 즉 교육받은 사람들이 천하를 문명하게 만들어 신과 인간이 오랫동안 품어 왔던 이상을 이루어나갈 것이 기대되었다. 그러나 현재의 학교 교육은 배우는 사람으로 하여금 사소한 이익이나 성공에 몰두하게 만들었다.

따라서 증산은 교육을 통한 해원을 시도하지 않고, "판 밖의 법"이라는 신비한 방법을 통해 신과 인간의 해원을 이룰 것이라고 주장한다.

또 증산은 太乙呪 주문을 사용하는 일도 이를 전수받은 신명의 해원과 통한다고 설명했다.[1148) 그리고 예전에는 그가 행한 일이 잘 알려지지 않아

1142) 『증산천사공사기』 125면.
1143) 천하를 건지려는 큰 뜻을 품었지만 시세가 이롭지 못하여 九族이 멸문당한 참화를 입은 신명이다.(『대순전경』 5장 4절) 원래 逆神은 곧 시대와 기회가 지은 바라. 그 懷抱를 이루지 못하야 원한이 하늘에 넘치거늘……(『대순전경』 5장 5절)
1144) 증산은 만물 가운데 是非가 없는 별자리로 逆神들을 보내 안정을 누리게 했다고 믿어진다.(『대순전경』 5장 5절)
1145) 『대순전경』 4장 23절에 나오는 구절이다.
1146) "利馬竇는 現 解寃時代에 神明界의 主擘이 되나니"(『증산천사공사기』 11면)
1147) ……이 세상에 學校를 넓이 세워 사람을 가르침은 장차 천하를 크게 文明하야써 天地의 役事를 붓처 神人의 解寃을 식히랴 함인데, 現下의 학교교육이 學人으로 하여곰 官吏俸祿 等 卑劣한 功利에 쌔지게 하니 그럼으로 판 밧게서 成道하게 되얏노라. ……(『증산천사공사기』 63면)
1148) ……동일한 오십 년 공부에 엇더한 사람을 解寃하리오? 崔濟愚는 庚申에 得道하야 侍天呪를 어덧는데 己酉까지 오십년이오. 金○○(忠南 庇仁人, 未詳其名)은

서 제대로 대우받지 못했던 신명에게 다른 신명들이 그 은혜에 보답하기도 한다.[1149]

나아가 증산은 원한을 맺은 신이 탄환이나 폭약이라는 구체적인 실물로 화하여 사람을 죽이고 파괴함으로써 그들의 원한을 푼다고 주장했다.[1150]

이처럼 인간의 눈으로 확인이 불가능한 차원뿐만 아니라 확인이 가능한 세계에서 실제로 일어나는 사건이나 사물을 통해서도 解冤이 이루어진다는 점이 강조되었다.

증산이 생각한 해원의 구체적인 결과는 이전에는 알려지지 않았던 인물들과 지역들이 이름도 얻고 좋은 운수가 돌아온다는 것이다.[1151] 그는 특히 여성의 해원을 강조했으며,[1152] 신분차별이 철폐될 것이라고 주장했다.[1153] 증산은 실제로 여성의 해원과 천한 사람부터 자신의 가르침을 전하겠다는 선언에 따라 巫堂들을 불러 입교의례를 벌이기도 했다.[1154]

또 증산은 相生, 報恩하는 구체적 인간행위를 통해서만이 누적된 인류의 온갖 원한이 풀어진다고 말했다.[1155] 그리고 특히 말을 조심하고 남에

오십 년 공부로 太乙呪를 어덧나니, 그 呪文을 神明의게서 어들 때에 神明이 이르되 이 呪文으로 사람을 만이 살닌다 하얏느니라. …… 『증산천사공사기』 125면. 그런데 『대순전경』에는 金京訢으로 기록되어 있다.
1149) "이제 해원시대를 당하여 모든 신명이 神農과 太公의 은혜를 보답하리라."(『대순전경』 3장 173절)
1150) 예로부터 처녀나 과부의 사생아와 그 밖의 모든 不義兒의 壓死神과 窒死神이 徹天의 冤을 맺어 탄환과 폭약으로 화하야 세상을 진멸케 하느니라.(『대순전경』 6장 46절)
1151) 이때는 解冤時代라. 사람도 이름 없는 사람이 기세를 얻고, 땅도 이름 없는 땅에 吉運이 돌아오느니라.(『대순전경』 6장 5절)
1152) 『대순전경』 6장 134절과 6장 135절이 관련 기록이다.
1153) 『대순전경』 3장 5절, 6장 6절이 관련기록이다. "상놈의 運數니 班常의 구별과 직업의 貴賤을 가리지 아니하여야 속히 좋은 세상이 되리라."(『대순전경』 3장 106절)라는 기록도 있다.
1154) 『대순전경』 7장 1절.
1155) "가해자를 恩人과 같이 생각하라."(『대순전경』 2장 63절), "半飯之恩도 必報하라."(6장 40절), 원수를 풀어 恩人과 같이 사랑하면 덕이 되어 복을 이루느니라.(6장 48절) 등이 관련 기록이다.

게 원한을 사거나 사소한 일일지라도 척을 짓지 말라고 당부했다.[1156] 또
증산은 지난 역사에서 발생한 다양한 사상과 술법들이 제 역할을 다하지
못했던 일도 자신의 공사에 의해 해원될 것이라고 주장했다.[1157]

무엇보다 증산은 지금 이 자리에서 너와 내가 화해하는 것이 천하 화평
의 시발점이라고 보았다.[1158] 이처럼 그는 주어진 매 순간마다 직접 행동
하는 적극적인 자세가 해원을 위해 요청된다고 강조했다.

증산은 일련의 구체적인 행위를 수반한 公事를 집행함으로써 개인이나
나라의 원한을 풀어주는 존재라고 믿어졌다. 그는 어릴 적에 자신과 먹 장
난을 하다가 원한을 맺은 어린 아이 신명의 해원을 위해 직접 일본 옷을
입어보이기도 했다.[1159] 여기서 증산도 자신이 미처 생각하지도 못했던 일
로 인해 다른 사람의 원한을 살 수 있다는 일이 확인된다. 그리고 원한을
풀기 위해서는 자신이 하지 못하거나 싫어하는 일을 하는 구체적인 행위를
통해 해결될 수 있다는 점도 알 수 있다.

또 증산이 종도들과 함께 주막에 머무를 때, 雜技軍들이 증산 일행의
돈을 노름으로 먹어보려고 윷판을 벌인 일이 있었다. 이에 증산이 "저 사
람들이 우리 일행 가운데 돈이 있음을 알고 雜技로 빼앗으려 함이니, 이도
解冤하리라."라고 말하고는 윷노름을 했다고 전한다.[1160] 증산은 상대방이
원하는 일을 내가 하기 싫더라도 해 주어 그 욕심을 채워주는 일도 원한
을 푸는 한 방법이라고 여긴 듯하다.

1156) "마음과 입과 뜻으로부터 일어나는 모든 죄를 조심하고 남에게 척을 짓지 말
라."(『대순전경』 5장 10절), "남에게 冤抑을 짓지 말라."(『대순전경』 6장 38절) 등
이 관련기록이다.
1157) 術數는 三國時代에 나서 解冤하지 못하고 이제야 비로소 解冤하게 되느니라.(『
대순전경』 6장 83절) 그리고 『대순전경』 3장 205절에서 증산은 "모든 術數는 내
가 쓰기 위해서 내놓은 것"이라고 말하기도 했다.
1158) 『대순전경』 3장 50절.
1159) 『대순전경』 2장 106절.
1160) 『증산천사공사기』 103면. 이때 증산이 말하는 대로 윷이 나와서 순식간에 잡기
꾼의 돈을 모두 딴 다음에 다시 돌려주면서 "이것이 다 방탕자의 일이니 속히 모
두 집에 돌아가 직업을 구하여 안도하라."라고 말해주었다고 전한다.

그리고 증산은 어차피 살아나지 못할 환자를 위해서도 약을 지어 주는 이유를 묻는 제자들에게 "만일 굳이 청하여 얻지 못하면 한을 품을 것이므로, 그 마음을 위로하기 위하여 약을 주었노라."라고 대답했다.[1161] 사람이 원하는 일을 하지 못하게 하거나 원하는 것을 얻지 못하면 원한을 맺기 때문에 주의하라는 말이다.

한편 증산은 전봉준이 잡힌 곳에 찾아가서 司命旗를 세워 주는 의식을 치러 그를 해원시켰다고 믿어진다. 그리고 그는 제자들과 함께 개정국을 먹음으로써 道家에서 먹지 않아서 생긴 원한을 풀어준다고도 주장했다.[1162]

나아가 증산은 輔國安民을 주창하였으나 속으로는 王候將相을 꿈꿨기 때문에 "안으로는 불량하고 겉으로만 꾸며대는 일"이 되고만 동학 때문에 애꿎게 죽은 수만 명 신명들의 원한을 풀어주기 위해, 자신의 제자를 우두머리로 삼아 그들을 해원을 시킨다고 주장했다.[1163]

그리고 증산은 국가와 국가 사이에도 원한이 맺힌다고 주장했다. 임진왜란 때에 일본사람이 조선에 와서 성공하지 못했기 때문에 세 가지 원한[1164]이 있다고 한다.[1165]

1161) 『대순전경』 8장 12절.
1162) 『대순전경』 4장 30절.
1163) 『대순전경』 4장 48절.
1164) 이에 대해 "⋯⋯都城에 들지 못한 恨이라 함은 임진왜란 때에 日兵이 조선의 내륙지방을 장악하지 못하고 朝鮮 初入인 南海에서 실랑이를 대다가 패전하여 돌아감을 의미하는 것이다. 水種의 恨이란 무엇인가? 日兵이 貯水池를 중심으로 하는 水利施設을 가르쳐 준 것을 의미한다. 즉 일본군의 沙也大將이 인솔한 근 만 명이 金氏 姓으로 조선에 항복 귀화해서 일본의 수리시설을 전파함을 말하는 것이다. 원래 그 근본을 따진다면 百濟의 王仁先生이 水種과 水利法을 日人에게 가르쳤던 것인데, 임진왜란을 계기로 해서 水利法이 역수입한 셈이다. ⋯⋯"라는 해석도 있다. 홍 우, 앞의 책, 120쪽.
1165) 또 가라사대 지난 壬辰亂에 일본사람이 朝鮮에 와서 성공하지 못하야 세 가지로 恨이 맺혀서 三恨堂이 있다 하나니, 먼저 都城에 들지 못하였음이 一恨이요, 人命을 많이 죽였음이 二恨이요, 水種을 가르쳤음이 三恨이라. 그러므로 이제 해원시대를 당하야 먼저 도성에 들게 됨에 一恨이 풀리고, 인명을 많이 죽이지 않게 됨에 二恨이 풀리고, 枯旱三年 白地江山에 民無秋收하게됨에 三恨이 풀리니라.(『대순전경』 3장 78절)

또 明나라가 夷狄의 칭호를 받던 淸國에게 정복되었으므로 원한이 맺혔다는 기록도 있다.[1166] 증산은 이러한 원한을 해결하기 위해서는 중국의 국토와 주권을 회복시켜 주어야 한다고 말하고, 이를 "明나라 백성의 解寃公事"라고 불렀다.

공사사상의 기본원리는 해원이다. 천하가 병들게 된 이유도 인간이 지은 원한이 쌓였기 때문이다. 지상천국이 이 세상에 건설되는 개벽이 이루어지는 것도 누적된 원한이 남김없이 사라져야 가능하다.

원한이 없었던 이상적인 상태를 다시 회복하자는 것이 원시반본사상이다. 그리고 생명이 있는 모든 존재를 살리자는 생명사상, 새 시대를 맞아 인간이 주체적으로 원한을 풀자는 인존사상, 해원을 위해 가능한 모든 방법을 합하자는 진액사상, 원한이 응결되어 발생할 병겁을 치유하자는 의통사상 등 이상을 실현하기 위한 방법론에도 해원의 원리가 적용된다. 나아가 공사를 통해 해원을 추구하는 과정이 度數로 확정되는 것이다.

이처럼 공사사상을 구성하는 이상론, 현실론, 방법론, 결과론 등의 하위사상들에 기본적으로 작용하는 원리가 解寃이다. 증산은 인류가 성장과정에서 어쩔 수 없이 쌓아 왔던 온갖 원한이 해소되는 이상사회를 이 세상에 건설하기 위해 공사를 집행했던 것이다.

3. 공사사상의 특성

이 절에서는 공사사상의 특성을 신앙적 특성과 이념적 특성으로 나누어 고찰해 보겠다.[1167] 공사사상은 기본적으로 증산이라는 한 인물의 행적에

1166) 『대순전경』 4장 105절.
1167) 김홍철은 증산사상의 특징을 후천개벽사상, 仙 우위적 종교합일사상, 민족주체
　　　사상, 인간중심사상, 사회개혁사상이라고 주장했다. 김홍철, 「증산교사상사」, 『한국

근거하여 제시된 사상이다. 그런데 증산의 가르침을 절대적인 신념체계로 믿고 따르는 신앙집단이 증산 사후에 형성되어 오늘에 이른다.

따라서 증산교단의 교조로서 숭배되는 증산의 공사사상은 기본적으로 종교적 속성을 지니고 있으므로, 먼저 그 신앙적 특성을 살펴보아야 할 것이다. 그리고 증산의 공사사상이 교단의 차원을 벗어나서 사회적으로는 어떠한 특성이 있는지는 별도로 알아보아야 할 것이다.[1168]

가. 신앙적 특성

ㄱ) 최고신 신앙

증산은 1901년 7월에 成道라는 극적인 종교체험을 했다고 전한다. 이때 그는 모든 일을 자유자재로 할 권능을 얻었다고 확신했으며, 天文과 地理

종교사상사』 증산교·대종교·巫敎篇 (연세대학교 출판부, 1992), 62쪽-83쪽. 그는 천도교, 증산교, 원불교의 공통적 특징을 후천개벽사상, 종교회통사상, 민족주체사상, 人本位사상, 사회개혁사상이라고 주장했었다. 김홍철, 『한국신종교사상의 연구』(집문당, 1989), 102쪽-216쪽. 따라서 그의 주장에 따르면 증산의 독특한 사상적 특색이 드러나지 않는다. 한편 그는 증산의 사상을 大巡思想으로 불렀는데, 그 이유는 밝히지 않았다. 이에 대해 필자는 大巡이라는 용어는 증산의 탄강을 설명하면서 단 한번만 사용되는 말이므로, 증산의 독창적인 사상을 규정짓는 명칭으로는 적합하지 않다고 생각한다.

1168) 류병덕은 한국민족종교의 공통적인 특성을 人本思想, 평등사상, 共和思想 등으로 파악했다. 특히 그는 증산의 사상을 神明思想이라고 규정지었다. 류병덕, 『개화기 일제시의 민족종교사상에 관한 연구』, 『철학사상의 제 문제』 3 (한국정신문화연구원, 1985), 249쪽. 한편 장병길은 증산의 사상을 三界의 廣濟思想이라고 표현하기도 했다. 장병길, 『민족종교들의 대두』, 『전통과 사상』 4 (한국정신문화연구원, 1990), 375쪽. 필자는 이러한 용어들은 증산의 사상을 포괄하지 못하며, 한 측면만을 강조했다고 생각한다.

는 물론 人義도 통했다고 자처했다.1169) 이후 증산은 단순한 인간이 아니라 특별한 종교적 목적을 이루기 위해1170) 이 땅에 내려온 최고신이라고 주장한다.1171) 특히 그는 자신이 九天이라는 가장 높은 하늘에서 지상으로 내려온 존재라고 주장했다.1172)

증산의 주장에 따르면 현대 문명이 발전됨에 따라 인류의 교만과 잔혹한 행동으로 인해 모든 죄악을 거리낌 없이 저지르는 혼란상이 전개되었다. 결국 神道의 권위가 떨어지고 三界가 혼란하여 天道와 人事가 度數를 어기는 위기상황에 이르렀으며, 기존의 가르침으로는 도저히 제어할 수 없는 지경에 처했다.

마침내 "모든 神聖과 佛陀와 菩薩"로 표현된 기존의 성인들이 함께 모여 九天에 하소연했다. 여기서 증산은 자신이 지난 역사의 위대한 종교적 인물들보다 우위에 있었던 존재라는 사실을 강조하는 것이다. 이때 구천에 있던 증산은 西天 西域 大法國 千階塔에 내려 와서 三界를 둘러보고 천하를 두루 돌아다니며 세계 구원의 길을 모색했다고 주장한다.

또 증산은 지상에 내려오기 전에 金山寺의 彌勒金像에 삼십년간 머무르면서 지상의 인간에게 계시를 내려 주었다고 주장했다.1173) 그는 동학을 창시한 수운 최제우에게 天命과 神敎를 내려 주었다고 믿어졌는데, 이는 증산이 수운의 종교체험에 등장하는 上帝라는 주장이다.

결국 증산은 자신을 가장 높은 하늘에 있던 인격신인 상제 즉 하느님으로 확신했다. 수운이 참다운 법을 세상에 전하지 못하자, 마침내 증산은 수운에게 내려주었던 天命과 神敎를 거두고 인간의 몸을 빌려 직접 이 땅에

1169) 예로부터 上通天文과 下察地理는 있었으나 中通人義는 없었나니, 내가 비로소 인의를 통하였노라. ……(『대순전경』 6장 76절)
1170) 天地度數를 뜯어 고치며, 神道를 바로잡아 萬古의 寃을 풀고, 相生의 道로써 仙境을 열고, 造化政府를 세워……세상을 고치리라.(『대순전경』 5장 4절)
1171) 증산은 開闢長 또는 三界大權의 主宰者라고 주장했다.(『대순전경』 4장 1절)
1172) 『대순전경』 5장 11절.
1173) 『대순전경』 5장 11절.

태어났다고 말했다.

나아가 증산은 스스로 미륵불이라고 자처했으며,[1174] 세상을 새롭게 열 開闢長이라고 주장하기도 했다.[1175] 증산은 각 종교의 핵심적인 믿음은 각기 새로운 구원자의 지상 출현으로 표현된 "耶蘇의 降臨", "미륵불의 출세", "大先生의 更生"이라고 파악했다. 그런데 증산은 "누구든지 한 사람만 오면 각기 저의 스승이라고 말하고 그를 따를 것"이라고 주장했다. 결국 증산은 자신이 바로 세계 구원의 사명을 띠고 이 땅에 내려온 절대자라고 강조한 것이다. 신계도 인간계와 마찬가지로 불완전하고 미완성된 세계라는 증산의 주장에 따르면, 최고신은 최고인간의 다른 표현이다.

증산은 자신을 유일신이라고 생각하지는 않았다. 그는 자신의 지상강림을 하소연한 여러 신성한 존재들에 대해 거론했으며, 기존 종교의 창시자들도 인정했다.[1176]

특히 증산은 造化政府라는 개념을 사용했는데,[1177] 이는 현실적인 정부 조직과도 유사한 신적인 존재들의 광범위한 의결기구로 믿어진다. 조화정부에는 동서양의 道統神과 文明神, 각 姓氏의 先靈神, 萬古寃神과 萬古逆神, 世界 地方神 등 다양한 민족과 여러 지역을 대표하는 신들이 함께 모여 인간계와 신명계를 구원할 방안을 모색하고 결정한다. 여기서 증산은 조화정부를 열어 천지의 도수를 재조정하는 존재로 믿어진다.

따라서 증산은 유일신이 아니라 여러 신을 통제하고 거느리는 최고신으로 상정되는 것이다. 즉 증산은 선천의 말기에 처한 인류를 구하기 위해 지상에 몸을 나툰 최고신이라고 해석되었다.

1174) 『대순전경』 2장 134절, 3장 40절, 4장 2절, 『대순전경』 초판 13장 1절 등이 관련기록이다.
1175) 『대순전경』 4장 1절.
1176) 仙道와 佛道와 儒道와 西道는 세계 각 족속의 文化의 근원이 되었나니……(『대순전경』 5장 9절)
1177) "造化政府를 세워 하염없이 다스림과 말없는 가르침으로 백성을 화하며 세상을 고치리라."(『대순전경』 5장 4절)

또 증산의 成道에서 "모든 일을 자유자재로 할 權能을 얻었다."는 표현
도 그가 가장 강력한 능력을 지닌 존재라는 점을 부각시킨다. 따라서 증산
은 "三界大權을 主宰하는" 존재로서, 천지의 운행질서를 전면적으로 바꾸
는 일을 주도했다고 믿어진다.[1178] 그는 상극의 인류 문명을 상생의 조화를
통해 근본적으로 변화시켜 장차 지상선경을 건설할 존재로 믿어졌다.[1179]

한편 증산은 西敎의 영향을 일정하게 받았던 인물이라고 평가되며, 서교
의 교리를 주체적이고 민족적으로 수용했다고 보인다. 특히 그는 서교의 절
대자의 지상강림과 재림이라는 모티브를 적극 채용했다고 보인다.

동학을 창시자인 수운과 上帝라는 절대자와의 문답을 통해 발생한 종교
라고 이해한다면, 증산은 스스로를 바로 그 상제라고 주장함으로써 동학을
자신의 사상체계에 편입시키고 있다. 인간계에 지상천국을 건설하려는 그의
公事가 가능한 이유도, 증산이 최고절대자로서의 권위와 능력을 갖춘 존재
라고 믿어지기 때문이다.

한편 증산은 독선적인 판단에 의해 천지도수를 결정하는 것이 아니라 대
표적인 여러 신격들과 합의하여 결정한다고 선언하였다. 그는 세계 여러 민
족의 다양한 신앙과 지역간의 문화적 차이를 모두 인정하는 입장에서, 온갖
의견을 종합하여 문제해결의 새로운 모색을 시도했다는 것이다.

물론 증산은 주재자로서 공사를 행하면서 여러 신격을 불러 참여시키고
있다고 믿어진다. 그는 신명계와 인간계의 분리가 불가능한 상호 영향 관계
를 강조하며,[1180] 신과 인간의 공동 노력에 의해서만이 末代의 천지를 전혀
새롭게 바꿀 수 있다고 주장했다.

1178) 증산은 천지를 개벽하여 새 세상을 건설한다고 주장했으며, 度數를 다시 짜는
일을 했다고 믿어진다.(『대순전경』 2장 42절) "내가 天地運路를 뜯어 고쳐 물 샐
틈 없이 度數를 굳게 짜놓았으니, 제度數에 돌아 닿는대로 새 기틀이 열리리라."
(『대순전경』 4장 173절)

1179) 天師께서 구년 동안 公事를 행하사 天地運路를 뜯어 고치시고 後天世界 人間
生活의 모든 질서를 결정하시니……(『대순전경』 4장 175절)

1180) 神人合發이라는 후대의 표현에서 잘 알 수 있듯이, 증산은 신과 인간을 서로
독립적인 존재로 보지 않았다.

나아가 증산은 신명이 인간의 행위를 감시하고 어떤 경우에는 벌을 내리기도 하지만, 인간의 구체적인 행위의 결과에 따라 신은 응할 수밖에 없는 보조적인 존재라고 강조하기도 했다.

결국 증산은 인간은 신적인 존재와 함께 살고 있으며, 자신의 의지와 결정에 따라 모든 일을 마음먹은 대로 행할 수 있다고 주장했다. 더욱이 증산은 이러한 주체적인 인간의 모습을 직접 공사를 집행함으로써 모범을 보였다.

ㄴ) 지상천국신앙

지상천국신앙은 인간이 살고 있는 이 땅 위에 이상적인 사회가 건설된다는 믿음이다. 증산은 인간이 죽은 후에 영적인 존재로 온갖 영화를 누릴 수 있다는 신앙을 인정하지 않았다. 그에 따르면 영혼의 세계인 신명계도 인간계와 마찬가지로 혼란과 재앙이 일어나고 있다.[1181] 인간계가 미완성된 상태인 것과 마찬가지로 신명계도 완성을 향한 과정을 겪고 있는 것이다. 인간계와 신명계를 지배하는 원리가 相克인 先天에서는 두 세계 모두 불완전할 수밖에 없다는 설명이다.

이제 相生의 원리가 지배하는 후천이 열리려는 때를 맞이하여 지상에 이상적인 세계가 건설될 것이며,[1182] 이를 위해서는 인간과 신명이 힘을 합쳐야 한다. 현대의 문명이 지하신이 천상에 있는 天國의 모형을 본받아 인간에게 알려줌으로써 가능했다는 증산의 설명에서, 적어도 현재의 인간계 보다는 발전된 문명을 누리고 있었던 천상의 사정을 짐작할 수 있다.

1181) "冥府의 혼란으로 인하야 세계도 또한 혼란하게 되나니라."(『대순전경』 4장 1절), "否劫에 빠진 인간과 神明"(5장 1절), "인류와 神明界의 큰 劫厄"(5장 12절) 등이 관련 기록이다.

1182) 증산의 개혁원리는 천지공사로 표현되고, 그 결과는 仙境世界로 설명된다. 권규식, 「한국종교와 사회변동의 특수성 연구」, 『현대한국종교변동연구』(한국정신문화연구원, 1993), 20쪽.

그러나 인간이 온갖 죄악을 저질렀기 때문에 그 영향이 천상에도 미쳐 결국 천상계마저도 혼란하게 되었다. 인간이 꿈꾸어 오던 이상사회는 이제 하늘 건너편에 차원이 다르게 존재하는 사회가 아니다. 결국 이상향은 인간이 스스로 만들어가야 하는 현실적인 목표가 되었다.[1183]

인간이 스스로의 존엄성을 최대한 인정하고 상대방을 존중하는 행위를 통해 이상사회를 이루어나가야 한다. 상극의 질서를 상생의 질서로 개편하는 일은, 선천과 후천의 대전환기를 맞아 神道로써 결정된 도수에 따라 이제 인간이 직접 해야 한다.

지상천국신앙은 현세에서의 복락을 추구하는 우리 민족 고유의 성향을 잘 발현시켰다고 평가할 수 있다. 증산은 이상은 현실에서 이루어져야 의미가 있다고 생각했다.

증산은 죽어서 잘되는 것보다 살아서 잘 되는 세상을 꿈꾸었으며, 그의 제자도 살아서 잘 되기를 원했다는 기록이 있다.[1184] 후천이 되어 지상천국이 건설되면 이제껏 지상에 존재했던 모든 문명이기의 장점들이 반영된 형태의 새로운 문명이 이룩될 것이다.[1185] 그리고 완성된 인간과 함께 신명들도 어울려 사는 세상이 된다.[1186] 또 자기 민족의 고유한 전통을 계승하여 삼천 국이라고 표현될 정도로 다양한 문명이[1187] 조화롭게 공존할 것이라고 전망한다.

1183) 후천에는 천하가 한 집안이 되어……청화명려한 낙원으로 화하리라.(『대순전경』 5장 16절), "앞으로 오는 좋은 세상"(5장 18절) 등에서 구체적인 이상사회의 모습이 묘사된다.

1184) 죽어서 잘 될 줄 알면 죽겠느냐는 증산의 질문에 박공우는 "살아서 잘 되려 하나이다."(『대순전경』 3장 81절)라고 대답했다.

1185) 서양 사람이 발명한 문명이기를 그대로 두는 것이 인간생활에 옳을 듯하다는 제자의 말에 증산이 동의했다.(『대순전경』 4장 123절)

1186) 후천에는 인간의 욕구에 응하여 신명들이 인간의 명을 따르는 시대이다.(『대순전경』 5장 16절) 내가 出世할 때에는 하룻저녁에 珠樓寶閣 三十六萬間을 지어 각기 닦은 공력에 따라서 앞을 자리에 들여앉혀 옷과 밥을 신명들이 받들게 하리니……(『대순전경』 5장 39절)

1187) 증산이 "文明開化三千國"이라는 글귀를 외운 적이 있다.(『대순전경』 3장 136절)

지상천국이 건설되면 사람들의 지각능력이 최대한 발현되어[1188) 과거·
현재·미래의 온갖 일을 알 수 있을 것이며,[1189) 각종 기계 문명도 극도로
발전할 것이다.[1190)

증산이 묘사한 이상사회는 매우 구체적인 형태로 제시된다. 그 대표적인
것을 나열하면 다음과 같다.

신분차별이 철폐될 것이며,[1191) 남녀차별도 사라진다.[1192) 동양과 서양문명
이 통일될 것이며,[1193) 세계가 통일된다.[1194) 그리고 세계 여러 민족의 우수
한 문화들이[1195) 고루 흡수된 형태의 새 문화가 발생할 것이다.[1196) 세계의
언어도 통일되어, 인종과 문화를 달리해도 서로 대화가 가능할 것이다.[1197)
남자 한 사람에 여자 한 사람이 짝이 되며,[1198) 남의 남편이나 부인을 탐내

1188) "나는 차등은 있을지라도 백성들까지 마음을 밝혀주어 제일은 제가 알게 할 것
이다."(『대순전경』 3장 156절)
1189) "지혜가 밝아서 과거. 미래. 현재 十方世界에 모든 일을 통달하며"(『대순전경』
5장 16절)
1190) 앞으로 産金增殖이 前古에 유례가 없게 될 터인데, 이는 다 내가 장차 거두어
쓰려고 시킨 바이라 하시니라.(『대순전경』 3장 189절)
1191) 이 뒤로는 嫡庶의 名分과 班常의 구별이 없나니라.(『대순전경』 3장 5절), 양반을
찾는 것은 그 先靈의 뼈를 오려내는 것 같아서 망하는 기운이 이르나니, 그러므로
양반의 氣習을 속히 빼고 賤人에게 우대하야야 속히 좋은 시대가 이르리라.(6장 6
절), "屠漢과 巫黨에게 賤하게 대우하지 말라."(6장 16절) 등이 관련기록이다.
1192) "男女同權時代가 되리라."(『대순전경』 3장 120절)
1193) 『대순전경』 3장 183절.
1194) 증산은 『대순전경』 4장 101절에서 世界一家統一公事를 행했다고 믿어진다. 그
리고 "후천에는 천하가 한 집안이 된다."(5장 16절)라는 기록도 있다.
1195) 서양 사람이 발명한 모든 문명이기를 그대로 둔다.(『대순전경』 4장 123절), "기
차와 輪船으로 백만 근을 운반하리라.……雲車를 타고 바람을 어거하야 만리 길
을 경각에 대이리라."(5장 21절) 등이 관련기록이다.
1196) 각 족속의 모든 문화의 진액을 뽑아 모아 후천문명의 기초를 정할지니라.(『대순
전경』 5장 8절)
1197) "천지에 水氣가 돌 때에는 만국 사람이 배우지 아니하고도 通語하게 되나니"(『
대순전경』 3장 178절), "언어도 장차 통일케 되리라."(『대순전경』 3장 183절) 등
이 관련기록이다.
1198) "一陰一陽이 후천의 原理이다."(『대순전경』 4장 47절), "後天에는 젊은 과부가
젊은 홀아3비를, 늙은 과부는 늙은 홀아비를 가려서 일가와 친구를 모두 청하

는 일이 없어진다.[1199] 자식을 두지 못하는 폐단이 없어진다.[1200] 가진 능력
에 따라 알맞은 일이 주어질 것이며,[1201] 직업의 귀천에 따른 차별도 없어진
다.[1202] 먹는 음식은 차이가 없어지며,[1203] 굶어 죽는 일도 사라지고,[1204] 새
로운 장례법이 등장한다.[1205] 각 도에는 큰 부자가 한 명씩 있을 것이며,[1206]
남의 물건을 줍거나 훔치는 일이 없어진다.[1207] 인간을 해치는 동물이나 곤
충은 모두 없어질 것이며,[1208] 기후도 순조로워진다. 병들고, 늙고, 죽는 고
통마저 사라진다.[1209] 자연계에는 재앙이 사라진다.[1210] 땅기운이 새롭게 돈

　　　야 公衆禮席을 벌리고 예를 갖추어서 改嫁하게 한다."(『대순전경』 4장 40절)
　　　등이 관련기록이다.
1199) ……남자는 3남의 여자에게 탐심을 내지 않게 하고, 여자는 남의 남자에게 탐심
　　　을 내지 않게 하며, ……(『대순전경』 3장 156절)
1200) "후천에는 팔자 좋은 사람이라야 자식 둘을 둘 것이요, 아주 못 두는 자는 없으
　　　리라."(『대순전경』 3장 193절)
1201) "벼슬아치는 직권에 따라 화권이 열리므로 분의에 넘는 폐단이 없고, 백성은 원
　　　통과 한과 상극과 사나움과 탐심과 음탕과 노여움과 모든 번뇌가 그친다."(『대순
　　　전경』 5장 16절), 또 가라사대 나의 공부는 三等이 있으니, 上等은 道術이 兼全
　　　하야 만사를 임의로 행하게 되고, 中等은 用事에 제한이 있고, 下等은 알기만 하
　　　고 用事는 못하나니, 옛 사람은 알기만 하고 用事치 못하였으므로 모든 일을 뜻
　　　대로 행하지 못하였느니라.(3장 154절) 등이 관련기록이다.
1202) "班常의 3구별과 직업의 귀천을 가리지 않아야 속히 좋은 세상이 되리라."(『대
　　　순전경』 3장 106절)
1203) 후천에는 계급이 많지 아니하나 두 계급이 있으리라. 그러나 식록은 고르리니,
　　　만일 급이 낮고 먹기까지 고르지 못하면 원통치 아니하랴? (『대순전경』 5장 17절)
1204) "이 뒤로는 굶어 죽는 폐단이 없으리라."(『대순전경』 4장 165절)
1205) "先天에는 白骨을 묻어서 葬事하였으나, 後天에는 백골을 묻지 않고 장사하나
　　　니라."(『대순전경』 2장 49절)
1206) "부자는 각 道에 하나씩 두고 그 나머지는 다 고르게 하여 가난한 자가 없게
　　　하리라."(『대순전경』 3장 193절), "빈부의 차별이 철폐되고 맛있는 음식과 좋은
　　　옷이 요구하는 대로 빼닫이 칸에서 나온다."(5장 16절) 등이 관련기록이다.
1207) ……길에 흘린 것을 줍는 자가 없게 하고, 산에는 도적이 없게 하리라.(『대순전
　　　경』 3장 156절)
1208) "사람을 해하는 물건은 다 없이 하리라." 『증산천사공사기』 63면. 『대순전경』 4
　　　장 171절.
1209) "衰病死葬을 면하야 不老不死하며"(『대순전경』 5장 16절)
1210) "水. 火. 風 三災가 없어지고 祥瑞가 무르녹아 청화명려한 낙원으로 화하리라."(『대
　　　순전경』 5장 16절)

다.1211) 사람은 기간의 차이는 있을지라도 누구나 道通한다.1212)

한편 증산은 이제 지상에 仙境이 이루어질 것이며, 인간이 신명의 도움을 받으며 지극한 복락을 누리게 된다고 주장했다. 증산은 죽음 이후의 세계에 대해서는 거의 관심이 없으며, 설명하지 않는다. 더욱이 그는 신명들도 인간 세상에 관계하며,1213) 후손들의 생명이나 성장을 위해 노력한다고1214) 말해, 인간계를 중심으로 한 신계를 설정하고 있다. 신이 인간의 다른 모습이라는 증산의 주장에 의해 이러한 생각이 가능했다고 보인다.

신계와 인간계가 뚜렷이 구별되는 독립적인 세계가 아니라, 연결되고 교류하며 상호영향을 주고받는 불가분의 관계에 있다는 것이 증산의 주장이다. 따라서 가장 인간적인 이상향이 지상에 건설되는 일이 인류가 꿈꿔왔던 천국인 것이다. 증산에 의하면 하늘나라가 멀리 따로 떨어져 있는 것이 아니며, 인간이 현재 누리고 있는 문명이 바로 천국의 모형을 본받은 것이다.

그리고 증산은 이제 급격한 재앙에 휩싸인 신계의 위기를 해결하기 위해 인간계를 중심으로 실제적인 천국건설이 시작되어야 한다고 강조했다. 인간의 실제 행동을 통해서만 새로운 변혁이 가능하기 때문이다. 인간이 죽어서 되는 신은 스스로는 창조적인 활동을 할 수 없다는 것이 증산의 생각이다.

1211) "水氣가 돌아 땅기운이 발하리라."(『대순전경』 3장 68절)
1212) "이 뒤에 일제히 그 닦은 바를 따라서 道通이 열리리라.……나는 누구나 그 닦은 바에 따라서 도통을 주리니, 上才는 칠일이요, 中才는 십사일이요, 下才는 이십일일만이면 각기 成道하게 되리라.(『대순전경』 3장 158절), "나는 차등은 있을지라도 백성까지 마음을 밝혀 주어 제일은 제가 알게 하며,……(『대순전경』 3장 156절) 등이 관련기록이다.
1213) 『대순전경』 3장 135절, 4장 3절, 4장 4절, 6장 105절, 6장 150절 등이 관련기록이다. 김탁, 『증산교의 인간관』, 앞의 책, 19쪽-23쪽의 "신명과 함께 사는 인간"이라는 부분을 참고할 것.
1214) 하늘이 사람을 낼 때에 무한한 공부를 들이나니, 그러므로 모든 先靈神들이 쓸 자손 하나씩 타내려고 육십 년 동안 힘을 들여도 못타는 자도 많으니라.……(『대순전경』 3장 87절)

ㄷ) 실천적 개벽신앙

동학의 발생 이후 한국 신종교의 기본적인 주제는 開闢이다. 이 개벽이
라는 주제가 1894년 동학혁명의 실패로 인해 일단 단절되었다. 사회적 변
혁을 시도한 동학혁명이 실패하자, 개벽이라는 주제는 한층 종교화되었다.
동학혁명의 주요 발생지역을 근거로 동학의 믿음에 심취했던 사람들을 중
심으로 하여, 후천개벽의 새로운 모색을 이루어냈던 인물이 증산이다.

水雲은 후천 오만년의 운수가 이 땅에 오고 있다고 주장했다. 그리고
一夫는 후천이라는 새로운 시간대의 기본적인 질서를 正易으로 이론화시
켰다. 증산은 후천의 도래를 자신의 권능으로 度數化시켰다고 주장했으며,
이를 실현할 인물들을 '일꾼'이라고 불렀다.

증산은 개벽은 단순히 기다리기만 해서 오는 세상이 아니라, 실천적으로
인간이 만들어가는 세상이라고 주장했다. 그는 후천의 새로운 질서인 相生의
원리를 구체적으로 실천하여 새 세상을 여는 일에 앞장 설 것을 강조했다.

증산은 개벽되는 새 세상을 만들기 위한 대국적인 틀은 자신의 힘으로
이미 완벽하게 구성되어 있는데, 이를 실제 역사로 드러내는 일은 자신의
가르침을 전수받은 일꾼들에 의해 가능하다고 말했다.

그는 무엇보다도 解冤을 강조했는데, 이는 전통적인 무속신앙의 승화로 해
석된다.[1215] 증산은 인류사에 누적된 원한을 남김없이 풀어 없애야 後天이 이
루어질 것이라고 주장했다. 그는 원한을 해소하는 적극적인 방법으로 相生의
정신을 강조했고, 아주 적은 일일지라도 報恩하는 마음을 가지라고 가르쳤다.

또 증산은 여성의 원한을 사게 했던 抑陰尊陽의 가치관을 버리고 正陰
正陽의 가치관을 정립하라고 강조했다. 그는 男女同權時代라고 선언하여
남성과 여성이 동등하게 대우받는 세상을 만들라고 가르쳤고, 이제는 상놈
의 운수라고 선언하여 신분차별과 직업의 귀천을 가리지 않는 세상을 만들

1215) 증산은 스스로를 천하일등재인이라고 자처했으며, 자신이 하는 행위를 천지굿이
라고 명명하기도 했다.

것을 요구했다.

증산은 天下事를 하는 일꾼을 중심으로 자신의 위대한 꿈이 이루어질 것이라고 믿었다. 증산의 人尊思想은 천상천하에 인간이 가장 존엄하고 존귀하다는 사상이다. 그러므로 새 세상을 지상에 이루겠다는 천지개벽도 사람들이 각자 스스로 맡은 바 역할을 다 해야 한다.

인간을 포함한 모든 생명들이 스스로 신령해지고 세상에서 하느님 대접을 받는 후천개벽을 성취하는 것이, 실현해야 할 이상이요 희망이다. 따라서 주어진 운명을 헤쳐 나가는 것은 어디까지나 인간이다. 비록 그러한 운명이 결정되어져 있고 선택받았다 하더라도, 분명한 것은 우리 인간이 실존하고 있으며 앞으로 살아야 한다는 엄연한 사실이다. 증산은 인간 중심의 새로운 가치관과 규범을 정립할 것을 역설했던 것이다.

그리고 증산은 一心을 가질 것을 강조했다. 누구라도 일심을 가지면 못할 일이 없다. 인간 한 사람 한 사람이 저마다 참된 자아를 회복하고 실현해 나갈 때, 세상에는 그토록 오랫동안 꿈꾸어 왔던 이상사회가 이룩될 것이다.

결국 그는 객관적 정세가 아무리 변화하더라도 인간의 주체적 역량으로써 혁신이 가능하다는 자기개혁정신을 선양했다. 무엇보다 인간을 "가능성의 존재"로 파악했다는 점이 증산의 인간관의 위대한 점이다.

증산은 인간 우선과 인간 본위를 강조하여, 우리가 참다운 인간이 될 때 비로소 진정한 人尊時代가 이루어질 것이라고 주장했다. 전적으로 신적인 힘은 없다. 이는 사람을 통해서만이 현실적으로 나타날 수 있는 힘에 불과하다.

증산의 公事가 신을 불러, 신의 기운을 받고, 신을 시켜서 했지만, 결국은 사람을 통해서 나타나는 것이다. 모든 주체가 되는 것은 어디까지나 인간이다.

개벽은 인간이 만들어가는 과정 속에서 움트고 자라나는 것이지, 어느 특정 시점에서 인간의 노력 여부와는 상관없이 저절로 갑자기 이루어지는

것이 아니다. 중요한 것은 객관적인 개벽의 옴이 아니라, 개개인의 마음속
에 개벽이 주관적인 열림으로 와야 한다는 점이다.[1216]

ㄹ) 역사신앙

증산은 역사의 신앙화를 추구하였는데, 특히 한국 근대사의 종교적 재평
가를 시도하였다. 그는 역사적 사건을 인간 행위의 결과로만 파악하지 않
고, 신계의 결정에 의하여 인간과 신이 함께 이루어나가는 일이라고 생각
했다. 따라서 증산은 역사 이해의 새로운 장을 열었다고 평가될 수도 있다.

증산은 이제 새 세상이 올 것이라고 주장하면서, 지나온 역사와는 전혀
다른 새로운 시대를 선포했다. 解寃時代, 開闢時代, 天地開闢時代, 天地成
功時代, 原始返本하는 시대, 神明時代, 惡을 善으로 갚아야 할 때, 거짓말
하는 자는 없이 하는 시대, 人尊時代[1217] 등이 대표적이다.

그리고 증산은 先天 英雄時代와 後天 聖人時代라는 말[1218]로써 지난
시대와 새 시대를 대비하기도 한다.

한편 증산은 자신이 결정한 천지도수가 인간계의 역사적 사건으로 전개
됨에 의해 지상에 낙원이 이루어질 것이라고 주장했다. 즉 지상선경이 이
루어질 때까지의 모든 역사적 사건과 사회적 변화를 대국적으로 틀 지웠다
는 말이다. 造化政府를 주재하는 증산이 여러 신격들과 더불어 결정한 사
안들이 실제 역사화 되는 과정이 바로 지상천국의 현실화 과정이다.

1216) "人事는 기회가 있고, 天理는 度數가 있나니, 그 기회를 지으며 도수를 짜내는
　　　 것이 公事의 규범이라. ……새 세상을 보기가 어려운 것이 아니요, 마음을 고치기
　　　 가 어려운 것이라. 이제부터 마음을 잘 고치라. 大人을 공부하는 자는 항상 남 살
　　　 리기를 생각하여야 하나니, 어찌 억조를 멸망케 하고 홀로 잘 되기를 도모함이
　　　 옳으리오? ……"(「대순전경」 2장 42절)
1217) 「대순전경」 3장 61절, 3장 78절, 3장 106절, 3장 173절, 6장 5절, 6장 134절, 7
　　　 장 1절, 3장 47절, 4장 44절, 5장 14절, 6장 124절, 6장 57절, 3장 24절, 4장 52절,
　　　 6장 119절 등이 관련 기록이다.
1218) 「대순전경」 6장 12절에 나오는 용어이다.

　이러한 그의 주장은 증산이 죽은 후에는 믿음으로 승화되었는데, 이에 따라 생전의 그의 말과 행위는 公事라고 명명되었다. 결국 증산의 언행의 세부적인 사항까지도 향후 일어나고 있거나 일어날 사건의 전개를 알 수 있는 비밀을 간직하고 있다고 믿어지기도 했다.

　그리고 증산은 대국적인 역사적 사건과 사회적 변화가 우리 민족을 중심으로 다시 정해진다는 믿음을 강조하여 민족적 선민의식을 고취시켰다. 이에 따라 한반도를 둘러싸고 전개되는 국제정세의 변화는 물론, 한반도에서 일어나는 굵직한 사건들은 모두 증산의 공사에 의해 예정되어 있었다는 해석이 내려진다. 물론 증산 사후의 해석이 대부분이지만, 증산교단에서는 지상천국이 건설될 시점까지 그의 公事가 유효하다고 믿는다.

　구체적으로 증산교단에서는 일본의 한반도 강점, 러일전쟁의 발발, 청일전쟁의 발발, 세계 제1차대전의 발발, 세계 제2차대전의 발발, 일제로부터의 해방, 한반도를 중심으로 한 4대 강국의 패권쟁탈전, 남북한의 분단과 휴전선의 확정 등의 역사적 사건이 증산의 공사에 의해 예정되었다고 믿는다. 향후 발생할 병겁과 한반도의 통일, 자연환경의 변화 등도 역시 증산의 공사에 의해 결정되어 있을 것이라는 믿음도 있다.

　그리고 사회적인 변화로는 신분차별이 없어지고 여성의 지위가 상승될 것이 증산의 공사에 의해 예정되어 있었다고 믿어진다. 물론 이러한 변화상은 이상사회가 건설되어 원한이 해소되고 진정한 인간 완성이 이루어지기까지 계속될 것이다.

　이러한 역사신앙의 긍정적인 면은 역사진행의 주체와 중심을 강조한 점, 지난 시간의 합리화, 미래지향적 사고 등을 들 수 있다.

　반면 부정적인 측면으로는 자칫하면 我田引水的인 해석에 머무르기 쉽고 결국 우물 안 개구리식의 사고에 국한된다는 점, 특정 집단의 권위를 강조하고 특히 예언에 대한 해석 집단의 우월감을 고취한다는 점, 자의적 해석이 가능하기도 하고 숙명론에 빠뜨릴 염려가 있는 점, 극단적 맹신을 부추겨 사회에 불안감을 조성하기 쉽다는 점 등을 들 수 있다.

나. 이념적 특성

ㄱ) 인간중심주의

증산의 인간관은 지금까지 인간보다 우월적인 존재로 상정해 왔던 神을 인간을 중심으로 통합했다는 점에서 독창적이다. 인간이 바로 신적인 존재라고 밝힌 다음, 증산은 인간은 누구나 죽으면 신이 된다고 말했다.

나아가 그는 현실의 인간에게도 다수의 신이 함께 더불어 산다고 설명했다. 증산은 모든 것의 초점을 인간에 두었으며, 신적이고 초월적인 논리를 거부했다. 그는 최고 주재신도 인간으로 태어난다고 설명했다.

그리고 증산은 지상에 이상사회가 이루어진다면 신이 인간에게 봉사하게 될 것이라고 강조하여, 궁극적으로 신을 인간보다 하위의 존재로 설정한다. 인간에 의해 인간의 의지에 따라 부려지는 신은 기존의 사상에서는 찾아볼 수 없던 그의 독창적인 생각이다.

"天尊과 地尊보다 人尊이 크니, 이제는 人尊時代니라."라는 증산의 말은, 이제 하늘에 산다고 믿어지던 신들이나 땅 속에 있다고 믿어지던 地靈들의 시대가 지나가고 인간이 가장 우월하고 귀한 가치를 지닌 존재로 대접받는 시대가 새롭게 열렸음을 선언한 것이다. 하늘과 땅이 인간의 섬김을 받던 시대가 지나가고, 이제 인간이 하늘과 땅 보다 우위에 위치하는 시대가 온 것이다.

신이나 영혼의 세계에 대해 인간계 보다 나은 가치를 부여하였으며, 인간을 둘러싼 산·강·바다·땅 속 등의 자연환경과 그 속에 살고 있는 동물이나 신적인 존재들을 두려워하고 신앙했던 것이 인간의 지난 역사였다. 그러나 증산은 이제는 인간이 가장 존귀한 존재로서 하늘과 땅의 섬김을 받는 새 시대가 열렸다고 주장했다.

인간이 신보다 존귀한 존재가 될 것이라는 증산의 주장은, 後天이라는 이상사회가 지상에 건설되면 "모든 일은 (인간의) 자유 욕구에 응하여 神明이 隨從든다."는 예언에 의해 뒷받침된다. 이것은 인간의 의사와 욕구에 맞추어 신들이 인간의 심부름을 하는 사회가 이 땅 위에 이룩될 것이라는 파천황적인 선언이다.

그리고 "神報가 人報만 같지 못하느니라."는[1219] 증산의 말에서 알 수 있듯이, 이제는 신에게 의지하고 그의 보답을 바라며 비는 행위는 폐기되어야 한다. 신의 보답은 인간의 보답보다도 가치가 없다. 따라서 이제는 살아 있는 같은 시대를 사는 인간들에게 잘 대접하는 일이 더욱 중요하다.

한편 증산은 인간계에서 일어나는 일이 신계에 영향을 미친다고 다음과 같이 말했다.

"敎中에나 家中에 분쟁이 일어나면, 神政이 문란해진다."(『대순전경』 2장 24절)

사람들끼리 싸우면 天上에서 先靈神들 사이에 싸움이 일어나나니, 天上 싸움이 끝난 뒤에 인간 싸움이 歸正되느니라.(『대순전경』 6장 101절)

인간의 싸움이 신계에 영향을 끼친다는 생각이다. 인간 한 사람마다 각기 그와 관계된 조상신명들이 있기 때문에, 인간 사이의 반목과 투쟁은 결국 조상신명들 사이의 갈등으로 발전하기 마련이라는 설명이다.

그리고 증산은 천상에서 조상 신명들 사이에서 먼저 분쟁이 해결되어야 인간의 싸움도 끝을 맺는다고 주장한다. 여기서 먼저 신적인 차원에서 해결책이 강구되어야 인간계의 문제가 풀려질 것이라는 믿음을 짐작할 수 있다. 증산의 "판 밖의 남모르는 법"으로 일을 꾸민다는 말은 이런 맥락에서 이해되어야 할 것이다.

증산은 한 사람의 인간이 태어나기 위해서는 그의 조상 신명들이 육십여 년 동안이나 공을 들여야 가능하다고 말했다. 사람의 탄생에 신들의 엄

청난 노력이 필요하다는 설명은 그만큼 인간의 가치가 높이 평가된 것이다.

한 사람이 지닌 가치가 수많은 조상신의 가치와 비교될 수 있는 이유는 인간의 자율성에 있다고 생각된다. 인간은 육체를 지니고 자유의지에 따라 활동할 수 있지만, 신명들은 자손이나 특정 부류의 사람들의 의사나 감정에 부수적으로 종속되는 존재이다. 물론 경우에 따라서는 신명들의 의지와 원력이 인간에게 작용하기도 하지만, 정신적 차원에서 존재하는 신명은 육체의 결손이라는 한계가 있다.

증산은 인간의 영혼에 대해 魂과 魄으로 대별하였다.[1220] 정신의 영역에 해당하는 영혼이 魂이며, 육체의 영역에 해당하는 영혼이 魄이다. 혼은 하늘로 올라가지만, 백은 땅으로 돌아간다.

나아가 증산은 4대라는 기간 동안 제사를 받는 혼은 이 기간이 지나면 靈이나 仙으로 변하며, 魄은 땅에서 4대가 지나면 鬼가 된다고 주장한다. 이러한 증산의 주장은 영혼의 존재 모습이 다양하다는 점과 함께, 인간은 정신과 육체를 모두 갖춘 존재라는 점을 잘 지적해 준다.

그리고 증산은 사람이 태어날 때에는 三神이라는[1221] 신격이 보호하며,[1222] 자손을 둔 신은 의탁할 곳이 있지만 그렇지 못한 신은 의탁할 곳이 없다고 말했다.[1223]

또 증산은 인간이 음식을 먹는 행위에 응해 신들이 자신의 생명을 유지

1220) 사람에게는 魂과 넋<魄>이 있어, 魂은 하늘에 올라가 神이 되어 제사를 받다가 4代가 지나면 靈도 되고 혹 仙도 되며, 넋은 땅으로 돌아가서 4代가 지나면 鬼가 되느니라.(『대순전경』 3장 93절)

1221) 三神은 자손을 둔 신인 黃天神이 되는 신격으로 하늘로부터 자손을 타 내리는 역할을 한다.(『대순전경』 3장 92절) 결국 삼신도 조상신으로 이해된다.

1222) 증산이 김형렬의 집에 처음 찾아갈 때 "그대의 집에 三神이 들어가니 産氣가 있을지라."라고 말한 적이 있는데, 이때 김형렬이 셋째 아들을 얻었다고 전한다.(『대순전경』 2장 3절)

1223) ……中天神은 後嗣를 두지 못한 신명이오, 黃天神은 후사를 둔 신명이라. 중천신은 의탁할 곳이 없으므로 황천신에게 붙어서 물밥을 얻어먹어 왔나니 그러므로 원한을 품었다가……(『대순전경』 4장 77절)

해 간다고 말하기도 했다.[1224] 신은 육신을 가진 후손들에게 의탁하는 존재
이며, 인간이 먹어야 그 기운을 섭취할 수 있다. 후손이 없는 신은 후손을
둔 신이 제사를 받을 때 물밥이나 얻어먹는 가련한 신세이다. 따라서 기본
적으로 신은 인간을 중심으로 이해되는 존재이다.[1225]

한편 후천에서 至尊한 존재는 신이 아니라 인간이라는 증산의 확언은,
일상적이고 先天的인 인식에 국한된 인간을 가리키는 것이 아니다. 모든
인간은 사회의 지배를 받는다. 그러나 동시에 인간은 그 사회를 개조하거
나 재창조할 수 있는 능력을 가지고 있다. 증산은 인간의 이러한 속성을
다음과 같은 말로 적극적으로 표현했다.

> 先天에는 謀事는 在人하고 成事는 在天이라 하였으나, 이제는 謀事는 在
> 天하고 成事는 在人이니라.(『대순전경』 6장 106절)

증산은 신중심주의에서 인간중심주의로의 혁명적 전환을 선언하였다. 살
아 숨쉬는 인간을 중심으로 모든 일을 풀어나가야 한다는 논리를 적극적으
로 개진한 증산은, 실로 인간지상주의자로 설명될 수 있을 정도이다.

증산은 신에게 호소하고 빌고 의지하던 인간상을 과감히 벗어버릴 것을
요구했으며,[1226] 이제는 인간이 신을 부리는 시대가 왔다고 선언했다. 증산
은 변화하는 세계의 모습들을 보면서 그 안에 흐르는 새로운 시대정신의
주요 흐름을 인간우선주의의 등장이라고 파악했던 듯하다.

각종 기계 문명의 등장, 좁아지는 세계, 다양한 문화간의 활발한 교섭,

1224) 神은 사람이 먹는 데 따라서 歆享이 되느니라.(『대순전경』 6장 100절)
1225) 이은봉은 사람의 마음이 곧 하늘로 연결된다는 증산의 사상이 天地의 中으로서
　　　의 고대적인 관념과 일맥상통한다고 보았다. 이은봉, 『한국고대종교사상』(집문당,
　　　1984), 256쪽.
1226) 동학의 人乃天思想이 인간을 신과 같이 봄으로써 인간의 자유와 권리를 자각시
　　　키려고 하였지만, 증산의 人尊思想은 더 나아가 인간을 신보다 우위에 놓음으로
　　　써 인간의 자유와 평등을 강조하려 했다는 평이 있다. 노길명, 「증산의 민중사상」,
　　　『증산사상연구』 제 12집 (증산사상연구회, 1986), 217쪽.

과학의 발달 등으로 대표되는 20세기를 주도할 사상은, 인간중심주의가 되어야 마땅하다. 인간중심주의는 증산이 사용한 人尊[1227]이라는 독특한 용어에서 극명하게 드러난다.

또 증산은 인간을 욕구충족의 존재라고 인식했다. 모든 인간은 자신의 욕망을 추구할 권리를 가지고 있으며, 또한 실제로 추구하고 있지만, 그 욕망은 영원히 충족되지 않는다. 왜냐하면 내가 추구하던 욕망이 충족되지 않아서가 아니라, 충족된 욕망보다 더욱 큰 욕망이 또 다시 생기기 때문이다. 한 가지가 충족되면 다른 욕구가 희생당할 수밖에 없다. 인간은 항상 선택의 기로에서 자신의 욕구를 충족시킬 최적의 방법을 강구해야 한다.

그러나 정신적인 행복과는 달리 육체적 · 물질적 욕구는 공유할 수가 없다. 이에 증산은 물질적 욕구가 모두 충족된 이상향을 제시했으며, 나아가 인간의 정신도 누구나 道通함으로써 완성될 것이라고 말했다. 결국 증산은 욕구가 지향하는 모든 것이 이루어진 상태를 제시함으로써, 새로운 문명의 가능성을 예고한 것이다.

그리고 후천이라는 이상사회의 지상 건설이라는 목표를 달성하기까지 증산에 의해 정해진 도수를 실행하고 이를 역사에 투영시키는 것도 인간이다. 이에 따라 신들의 의결기관으로 믿어지는 造化政府의 결정사항은 인간의 행위에 의해 구체화된다. 神人合發이지만, 행위를 할 수 있는 것은 자유의지와 신체를 가진 인간만이 가능하다.

결국 증산은 이제까지 인간보다 우위에 있다고 믿어져 왔던 모든 존재를 지상의 인간 가까이 끌어내렸다. 신들 조차도 이제는 인간의 행위에 의해 자신의 뜻을 이룰 수밖에 없으며, 신계의 혼란을 극복하기 위해서도 인간의 도움이 있어야 한다.

그렇다면 증산의 가르침이 궁극적으로 지향하는 이상적 인간은 과연 어떤 모습을 지닐까?

1227) 天尊과 地尊보다 人尊이 크니 이제는 人尊時代니라.(『대순전경』 6장 119절)

증산의 成道를 표현하는 내용에 "모든 일을 자유자재로 할 權能"이라는
표현이 있다. 증산은 자신의 가르침을 따라 수련하면 누구나 모든 일을 자
유자재로 행할 수 있는 능력을 지닐 수 있다고 말했다.[1228] 물론 一心을
가지는 일이 가장 중요하다.[1229]

그리고 증산은 자신이 주재한 公事에 적극적으로 참여할 능력을 갖춘
인간을 "모든 일에 조심하여 남에게 척을 짓지 않고 죄를 멀리하여 순결한
마음으로 天地公庭에 참여하는 사람"이라고 표현하기도 했다.[1230]

한편 증산은 자신을 "大人"이라고 자처했다.[1231] 그리고 자신의 가르침
을 따르는 사람을 "大人을 배우는 자"라고 규정했으며,[1232] 대인공부를 하
는 사람이라고 말하기도 했다.[1233] 또 그는 대인을 공부하는 자는 남을 살
리는 일을 염두에 두어야 된다고 말했다.[1234]

"남 살리기"는 증산이 특히 강조한 말인데, 그는 이를 "살리는 공
부"[1235] 또는 "活人之氣"[1236]라고 표현하기도 했다. 따라서 증산의 이상
적인 인간상은 大人이다. 이와 연관하여 증산은 자신을 大人이라고 말하
기도 했으며,[1237] 제자들에게 大人이 가져야 할 마음자세를 가르쳐 주기

1228) "너희들도 잘 수련하면 모든 일이 마음대로 되리라."(『대순전경』 2장 116절)
1229) 이제 모든 일에 성공이 없는 것은 一心가진 자가 없는 연고라. 만일 一心만 가
　　　지면 못될 일이 없느니라. ……(『대순전경』 6장 92절)
1230) 『대순전경』 2장 5절.
1231) 『대순전경』 2장 36절.
1232) 『대순전경』 2장 94절.
1233) ……너는 大人工夫를 하는 사람이라. 알지 못하는 사람이 제 노릇 하려고 하는
　　　말을 네가 嘆하야 같이 하면 너는 그와 같은 사람이 될지니 무엇으로 大人을 이
　　　루겠느냐 하시니라.(『대순전경』 3장 113절)
1234) "大人을 공부하는 자는 항상 남 살리기를 생각하여야 한다."(『대순전경』 2장
　　　42절)
1235) "나는 살릴 공부를 하리라."(『대순전경』 2장 58절)
1236) "男兒가 반드시 活人之氣를 띨 것이요, 殺氣를 띰이 불가하니라."(『대순전경』 3
　　　장 18절)
1237) 大人의 말은 九天에 사무치나니, 나의 말도 그와 같아서 늘지도 줄지도 않고
　　　符節과 같이 합하느니라.(『대순전경』 6장 80절)

도 했다.1238)

나아가 증산은 노력하지 않고 얻어지는 것은 없다고 강조했다.1239) 그는 세상을 평정하는 일은 자신이 하지만, 실제로 다스리는 일은 제자들에게 일임했다.1240)

한편 증산의 인간중심주의는 민중적 신앙을1241) 지향하고 천대받고 억압받는 사람들부터1242) 구원하겠다는 그의 말과 연관되기도 한다. 증산은 약하고 병들고 가난하고 천하고 어리석은 사람을 선택하여 자신의 공사에 참여시킬 것이라고 말했다.1243) 증산은 자신이 부귀하고 지혜롭고 권력을 가진 사람을 인정하지 않는 이유는 그들이 남의 원한을 사고 있거나 묵은 기운이 가득 차 있기 때문이라고 밝혔다.1244)

나아가 증산은 들판에서 농사짓는 사람과 산중에서 火田파는 사람과 남

1238) "大人의 공부를 닦는 자는 항상 恭謹하고 溫和한 기운을 기를지니라."(『대순전경』 6장 7절)

1239) "네가 무슨 福力으로 不勞自得한단 말인가?"(『대순전경』 6장 145절)

1240) ……平天下는 내가 하리니, 治天下는 너희들이 하라. 治天下五十年工夫니라.(『대순전경』 7장 10절)

1241) 이러한 시각에서 증산을 "한국 민족적 민중사상의 대변자"라고 평가하기도 한다. 류병덕. 김홍철. 양은용, 『韓中日 三國 신종교 실태의 비교연구』(원광대학교 종교문제연구소, 1993), 33쪽.

1242) 근대국가로 이행되는 시기에 신종교는 새로운 현실세계의 구성논리로서 신분해방이 이루어지는 사회와 도덕국가를 제시했다. 박승길, 『한일 근대초기 신종교운동과 구체제 변혁의 논리구조』(경북대학교대학원 박사학위논문, 1992), 353쪽.

1243) -天師 가라사대 나는 하늘도 쓰더 곳치고 짜도 쓰더 곳치고 사람도 神明을 그 腦中에 出入케 하야 다 곳처 쓰리라. 그럼으로 나는 弱하고 病들고 가난하고 賤하고 어리석은 者를 갈여 쓰리니, 이는 비록 草木이라도 運을 붓치면 씀이 되는 연고니라. 天師 가라사대 後天에는 弱한 者가 도음을 엇으며, 病든 者가 이러나며, 賤한 者가 놉흐며, 어리석은 者가 知慧를 엇을 것이오, 强하고 富하고 貴하고 知慧로운 者는 다 스스로 깍길지니라. …… (『증산천사공사기』 10면~11면)

1244) ……오직 어리석고 가난하고 천하고 약한 것을 편히 하여, 마음과 입과 뜻으로부터 일어나는 모든 죄를 조심하고 남에게 척을 짓지 말라. 富하고 貴하고 지혜롭고 强權을 가진 자는 모든 척에 걸려서 콩나물 뽑듯 하리니, 묵은 기운이 채워 있는 곳에 큰 運數를 감당키 어려운 까닭이라. 부자의 집 마루와 방과 곳집에는 殺氣와 災殃이 가득히 채워 있느니라.(『대순전경』 5장 10절)

에게 맞고도 대항하지 못하는 사람이 상등사람이라고 인정했다.[1245] 그리고 그는 "이 세상에 상등사람은 곧 農民이라."고[1246] 말하기도 했다.[1247]

증산의 인간중심주의는 인간의 가치를 최대한 보장하여 자율적이고 주체적인 인간상의 정립에 공헌한 반면, 인물 신앙의 길을 열어 죽은 증산을 대신하여 공사의 진행을 관장한다고 믿어지는 살아 있는 大頭目에 대한 숭배를 조장하기도 했다.

대두목 신앙은 특정인에 대한 믿음을 유발하여 특정 종교단체의 首長이 모든 일을 결정할 수 있는 능력을 지닌 인물이라고 믿는 것이다. 필자는 이를 인간을 중심으로 하여 이상사회를 건설하겠다는 증산의 사상이 특정 집단의 이기주의로 해석된 경우라고 판단한다.

ㄴ) 한민족중심주의

증산은 한민족의 미래가 매우 밝을 것이라는 내용[1248]을 중심으로 신 새벽의 도래를 알리는 사자후를 터트렸다. 그는 우리나라를 天子國이라고 여겼으며, 그 징표로 천자국에만 오는 시두 손님이라는 大神明이 자신의 공사에 참여하러 왔노라고 주장했다.[1249]

또 증산은 세계에서 우리나라가 가장 신명을 잘 이해하고 극진히 대접하였기 때문에, 모든 신명들이 그 은혜에 보답하려고 노력하고 있다고 설명했다.[1250]

1245) 『대순전경』 3장 55절.
1246) 『대순전경』 3장 130절.
1247) 증산이 세상의 난제들을 민중종교의 형성으로 해결하려 했다는 주장도 있다. 류병덕, 「민족적 민중종교의 향방」, 『증산사상연구』 제 13집 (증산사상연구회, 1987), 278쪽.
1248) 증산은 우리나라를 중심으로 한 大同社會의 건설을 지향했으며, 中華意識을 거의 극복했다는 평가가 있다. 강돈구, 『한국근대종교와 민족주의』(집문당, 1992), 129쪽~137쪽.
1249) 『대순전경』 4장 111절.

그리고 천하가 병든 상황에서 증산이 새 세상의 건설기지로 선택한 곳이
바로 東土로 표현되는[1251] 우리나라이다. 그는 자신이 살던 시기를 동양이
서양의 지배를 받기 직전의 상황이라고 인식했다.[1252] 이러한 상황에서 증
산은 조선을 세계의 상등국으로 만들기 위한 일련의 공사를 집행했다.[1253]

또 증산은 한반도를 중심으로 하여 세계의 강대국들이 격전을 벌이는
형국으로 국제정세가 전개될 것이며, 결국은 우리나라가 앉은 자리에서 천
하를 얻게 될 것이라고 예언하기도 했다.[1254]

그리고 "萬國活計南朝鮮"이라는[1255] 증산의 말은 천하의 모든 나라를
살릴 계책은 남쪽 조선에서 나온다고 풀이할 수 있다. 즉 그는 자신이 살
았던 한반도의 남쪽 지역을 중심으로 새로운 세상의 이법이 출현할 것이라
고 믿었다. 그리고 증산은 다음과 같이 단순한 지역적 개념을 넘어서 南朝
鮮에 대한 새로운 해석을 시도하였다.

> 종도들에게 일러 가라사대 시속에 南朝鮮 사람이라 이르나니, 이는 남은
> 朝鮮 사람이라는 말이라. 東西 各 教派에 빼앗기고 남은 못난 사람에게 吉運
> 이 있음을 이르는 말이니, 그들을 잘 가르치라 하시니라.(『대순전경』 3장 41
> 절)

인용문에서 증산은 남조선에 사는 사람들이 새 세상의 주역이 될 것이

1250) 이 세상에 朝鮮과 같이 神明待接을 잘 하는 곳이 없으므로, 神明들이 그 은혜
　　　를 갚기 위하여 각기 소원을 따라 꺼릴 것 없이 공궤하리니, 道人들은 아무 거리
　　　낌 없이 天下事만 생각하게 되리라.(『대순전경』 5장 38절)
1251) 『대순전경』 5장 12절.
1252) ……이제 東洋이 西洋으로 떠 넘어가는데, 공부하는 자들이 이 일을 바로 잡으
　　　려 하는 자가 없으니 어찌 한심치 아니하리오? ……(『대순전경』 3장 97절)
1253) 天師 매양 뱃소리를 하시거늘 종도들이 그 뜻을 물은대, 朝鮮을 장차 世界 上
　　　等國으로 만들려면 西洋神明을 불러 와야 할지라. 이제 배에 실어오는 화물표를
　　　따라서 넘어오게 되므로 그러하노라 하시니라.(『대순전경』 4장 168절)
1254) 現下大勢를 五仙圍碁의 氣靈으로 돌리노니……우리나라는 座上에 得天下하리
　　　라.(『대순전경』 5장 25절)
1255) 『대순전경』 3장 136절.

라고 암시하였다. 그러나 증산이 특정 지역에 사는 모든 사람을 지칭한 것은 아니다. 그가 정의한 남조선 사람은 "남은 조선사람"인데, 구체적으로는 "東西 各 敎派에 빼앗기고 남은 못난 사람"이다.

특정 사상이 태동한 지역이 그 사상체계 내에서 다른 지역보다 우대받고 높이 평가받는 일은 어쩌면 당연하다. 흔히 왜 하필이면 이 지역, 이 나라, 이 사람에 의해 새로운 사상이 나올 수 있었는가를 설명하고 강조하는 방식으로 특정 사상이 전개된다. 증산이 자신도 한 구성원이었던 한민족을 중심으로 하여[1256] 새 세상을 건설하고자 했던 것은 어쩌면 역사적 인물로서 갖는 한계라고도 평가할 수 있다.

한편 選民意識으로 볼 수도 있는 한민족중심주의는, 한민족에게 다가오는 새로운 세상을 주도할 사상을 제대로 구현해 내야 하는 막중한 임무가 부여되었다는 증산의 생각이 집약된 것이다.

실제로 증산은 1907년 12월에 고부 경무청에 의병혐의로 체포되어 고문을 당하면서, "李氏 王家를 위하여 일본에 저항하는 의병"이 아니라 "混亂 覆滅의 위기에 처한 天地를 改造하여 새 세상을 열어 큰 겁액에 처한 사람과 신명을 널리 건져 각기 安樂을 누리게 하려는 모임"이라고 자신과 제자들이 모인 취지를 밝혔다.[1257] 그는 이를 天下事를 뜻하는 자들의 모임이라고 설명하기도 했다. 그리고 증산은 자신이 제자들을 모으러 가는 여정을 "南朝鮮 뱃길"이라고 명명하기도 했다.

한편 증산은 1905년 7월에 제자들과 함께 익산에서 公事를 집행한 일이 있다. 이때 그는 "南朝鮮 배 度數"를 돌린다고 주장하였다. 증산은 칠일 동안 방에 불을 때지 않고 소머리 한 개를 삶아서 문 앞에 걸어 놓고는 "뱃질을 하여 보리라."라고 말하고, 제자를 시켜 부엌에서 중의 옷을 불사르는 상징적인 행위를 했다.[1258] 이때 "뇌성이 마치 배의 고동소리와 같이

1256) 이와 관련하여 우리 민족의 주체사상이 神敎－風流道－花郞道－東學－甑山敎로 이어지는 사상체계라는 주장도 있다. 홍범초, 『증산교개설』(창문각, 1982), 281쪽.
1257) 『대순전경』 4장 53절.
1258) 『대순전경』 4장 15절.

나며 석탄 연기가 코를 찌르며 온 집안이 큰 풍랑에 흔들리는 배의 안과 같은" 이상한 현상이 일어났다고 전한다. 이 기록을 통해 증산이 南朝鮮이라는 말에 지대한 관심을 보였으며, 독창적인 해석을 내렸고, 직접 종교적 행위를 통해 南朝鮮 배 度數를 돌렸음이 확인되었다.

증산은 남조선 배의 도사공은 동학혁명의 주창자인 전봉준이 맡았으며, 그 배에 탄 사람들은 일심을 지닌 道德君子들이라고 설명하기도 했다.[1259) 또 그는 公事를 보면서 "南朝鮮 배가 汎彼中流로다."라고 노래하고 "상륙하였으니 풍파는 없으리라."고 말한 적도 있었다.[1260)

그런데 이러한 한민족중심주의는 자칫하면 민족우월주의에 입각하여 다른 민족을 멸시하거나 무시하는 어리석음을 범할 수 있다. 그리고 국제정세를 이해하지 못하고 한반도 주변의 변화상에만 몰두하여 편협한 국수주의에 빠질 염려도 있다. 따라서 민족의 운명을 주체적으로 자각하고 실천하는 자세가 요청된다.

　ㄷ) 현세주의

증산은 죽음 뒤의 세계에 대해서는 별로 언급하지 않았다. 그에게 있어서 보다 중요한 것은 살아 있는 현재였다. 그는 인간이 죽은 다음에 간다고 믿어지는 세계에 대해 말한 적이 거의 없다.

증산이 꿈꾸었던 이상사회는 인간계와 전혀 동떨어진 세계가 아니다. 그는 인간이 발을 디디고 사는 이 땅 위에 이상사회가 이루어질 것이라고

1259) 하루는 洋紙에 二十四方位字를 둘러쓰시고 중앙에 血食千秋道德君子라 쓰신 뒤에……가라사대 이 일은 南朝鮮 뱃질이라. 血食千秋道德君子의 神明이 뱃질을 하고, 全明淑이 都梢工이 되었느니라. 이제 그 신명들에게 어떻게 하야 萬人에게 仰慕를 받으며 千秋에 血食을 끊임없이 받아 오게 된 까닭을 물은 즉, 모두 一心에 있다고 대답하니, 그러므로 一心을 가진 자가 아니면 이 배를 타지 못하리라 하시고 모든 법을 행하신 뒤에 불사르시니라.(『대순전경』 4장 118절)
1260) 『대순전경』 4장 150절.

확신했다. 증산은 초월적이거나 관념적인 생각을 거부하고, 생생히 만져질 것만 같은 이상사회를 설정했다. 모든 인간이 남과 더불어 서로를 위하며 살아갈 수 있는 세상이 바로 증산이 꿈꾸었던 이상향이었다. 이처럼 이상향을 인간계에 설정한 증산은 자연히 現世를 중요시한다.[1261]

현세는 구체적인 변화를 요구한다. 시간이 지남에 따라 자연히 나타나는 단순한 자연적인 변화와는 달리, 증산이 지향하는 변화는 인간의 노력에 의해 나타나는 변혁 또는 개혁이다.

인류 역사상 한 시대를 마감시키고 새로운 시대를 여는 혁명적 사건은 사실은 무수한 개혁을 매개로 하여 이루어진 것이다. 어떤 조그만 변화나 개혁도 혁명적 의지와 정열의 소산이다. 혁명적 의지에 의해 감행되지 않았다면 그만큼의 개혁도 성취하지 못할 것이며, 무수한 개혁에 의한 여건의 성숙이 없었다면 그 어떤 혁명도 가능하지 않다.

그러므로 역설적인 표현이지만, 우리는 혁명할 듯한 자세로 개혁에 임해야 한다. 결국 증산은 단순한 자연적 변화가 아니라 의도적인 변혁을 강조했다. 개혁의 주체로 성숙된 개개인의 의식변혁을 통해서만이 거대한 변혁이 이루어지는 것이다.

새로운 사상을 통한 진정한 사회변혁을 성취하고자, 증산은 관념적인 유희가 아니라 인간의 삶의 질을 높이려는 이상을 현실에 적용시키는 현재적 노력을 강조했다. 이것이 현세주의가 추구하는 일이며, 이를 통해서만이 이상의 실현이 비로소 가능하다.

한편 증산은 인간은 先天이라는 시대가 지닌 상극의 질서에 의해 어쩔 수 없이 불완전했던 존재였지만, 본질적으로는 완전한 존재라고 주장했다. 따라서 그는 자신이 만났던 사람들에게 새로운 시대에 맞는 새로운 사상을 자각할 것을 요구했다. 이러한 증산의 처방은 관념적이 아니

1261) 증산이 주장한 후천선경건설은 現世宗教이며, 한국 고유의 風流道의 재현이자 弘益人間思想의 결정이라는 주장도 있다. 배종호, 「한국사상의 원류와 증산사상」, 『증산사상연구』 제 11집 (증산사상연구회, 1985), 44쪽.

라 실존적이다.1262)

결국 증산은 인간에 대한 보편적인 구원, 조금도 부족함이 없는 완전한 인간성의 회복, 인간의 완벽한 완성가능성을 강조했다. 따라서 그는 現世에서 할 일과 책임을 모든 사람에게 부과한 것으로 평가할 수 있다.

그리고 증산은 일상을 벗어난 초월을 현실에서 이룰 수 있다는 희망을 제시했다. 그의 가르침에 따르면, 이 세상에 대해 보다 적극적인 삶의 자세를 가질 것이 요청된다.

반면 이러한 방향전환이 지나치게 현실 지향적이 되어서는 곤란하다. 기존의 종교와 사상이 초월에 대한 희망만을 앞세운 것은 비판받아야 마땅할 것이다. 그들이 현실보다는 이상 그리고 이승보다는 저승이 중요하다고 가르쳤기 때문에, 그를 따르는 사람들이 지나치게 내세 지향적이 되어 현실을 더욱 도피하게 만들어버리는 모순에 빠졌던 일을 경계로 삼아야 할 것이다. 현실은 이상을 가능하게 만드는 실천의 장이기에 중요하다는 점을 결코 망각해서는 안 될 것이다.

ㄹ) 통합주의

증산은 한국사상사의 중요한 특징 가운데 하나인 調和의 전통을1263) 잘 이어받았다고 평가된다. 그는 찢기고 갈래진 사상으로는 세상을 변혁시킬 수 없다고 생각했다. 증산은 그 모든 것들을 하나로 통합해야 혁명적인 힘이 발생된다는 논리를 자신의 공사사상을 통해 밝혔다.

1262) 증산사상이 현대급진사상을 비판하는 유력한 사회철학이 될 수 있다는 견해도 있다. 한승조, 「국민윤리와 증산사상」, 『증산사상연구』 제11집 (증산사상연구회, 1985), 129쪽.

1263) 흔히 한국인의 두드러진 특성으로 調和思想을 지적한다. 류병덕, 「한국현대 종교사상의 변천과 그 반성」, 『철학종교사상의 제 문제』 7 (한국정신문화연구원. 1990), 84쪽.

　이러한 그의 생각은 인류 문화의 정수를 뽑아 모아 새로운 문명을 건설
하겠다는 사상으로 집약되었다.1264) 증산은 기존 전통의 장점을 종합해
서1265) 새로운 이념에 따른 새 세상을 만들자는 목표를 달성하기 위해 노
력했던 것이다.

　증산은 전통사상을 비판했는데, 가장 큰 이유는 그들이 일부분의 사람
들만 道通시켰던 불완전한 체계여서 나머지 많은 사람의 원한을 맺었기
때문이라고 주장한다.1266) 그는 많은 보통사람들의 解寃을 내세워 기존
전통의 한계를 보완하고자 했다.

　증산은 모든 사람들이 깨닫는 세상을 만들 것이라고 주장했다.1267) 그
방법은 전통의 통합으로 요약되는데,1268) 모든 이치를 모아서 크게 이루
는 일이 증산이 이해한 개벽이다. 그리고 그는 기존의 이치를 모아 그 동
안 불완전하고 미숙했던 일이 모두 성공하여 결실을 맺는 시대가 왔다고
주장했다.

　그런데 증산은 자신이 행하는 천지개벽이 기존의 사상과는 전혀 차원

1264) "각 족속의 모든 문화의 津液을 뽑아 모아 後天 文明의 基礎를 정할지니라."(『
　　　대순전경』 5장 8절) 그런데 세속주의와 혼합주의는 신종교운동에 있어서 병행적
　　　으로 나아가는 관계에 있다는 주장이 있다. 종교는 현실 역사에서 의미 없이 여
　　　겨지는 사물이나 사건에 적절한 의미를 부여해 주는 역할을 한다는 말이다.
　　　Carsten Clope, "Syncretism and Secularization: Complementary and
　　　Antithetical Trends in New Religious Movements?," *History of Religions*,
　　　Vol.17 (2), 1977, p.173.
1265) 이러한 맥락에서 증산의 사상을 Ernst Bloch(1885~1977)의 희망의 철학과 연
　　　관시킨 연구도 있다. 김진, 「증산사상과 에른스트 블로크의 메타종교이론」, 『증산
　　　사상연구』 제 12집 (증산사상연구회, 1986), 291쪽-315쪽.
1266) ……孔子는 다만 칠십이인만 通藝를 시켰으므로 얻지 못한 자는 모두 含寃하였
　　　나니라. 나는 누구나 그 닦은 바에 따라서 道通을 주리니……(『대순전경』 3장
　　　158절)
1267) "지혜가 밝아서 과거·미래·현재 시방세계의 모든 일을 통달하며"(『대순전경』
　　　5장 16절)
1268) 이때는 天地成功時代라. ……뭇 理致를 모아 크게 이루나니, 이른바 開闢이라.
　　　……(『대순전경』 5장 14절)

을 달리하는 새로운 것이라고 강조했다.[1269] 전통의 통합이라는[1270] 방법
의 독창성은 인정될 수 있을지 모르지만, 전통의 내용 자체가 새로운 것
은 아니다. 실제로 증산의 언행에는 다양한 기존 전통사상들이 녹아있으
며, 증산의 종교체험도 이러한 통합주의와 관련하여 해석될 수 있다.[1271]

이러한 맥락에서 그는 세상에 존재하는 모든 물건과 술수가 자신이 사
용하기 위해 나온 것이라고 주장한다.[1272] 따라서 증산의 입장에서는 배
척하고 버릴 것이 없다. 온갖 종류의 물건과 생각들이 새로운 체계에 통
합되어 유용하게 활용될 가능성으로 존재한다고 믿어진다.

한편 증산이 행한 전통의 통합은 "남 모르는 법"으로 일반인이 쉽사리
알기 힘들게 이루어졌다고 믿어진다.[1273] 증산은 각 지방에 달리 존재하는
地運을 통일하고, 그 곳에 깃들어 있는 地方神을 통일하는 일이, 인류 평
화의 기초적인 일이라고 말했다. 그에 의하면 지방신과 지운이 달랐기 때
문에 지금까지 여러 민족들끼리 분란과 투쟁이 빈번하게 일어났다고 한
다.[1274] 그는 한반도에 있는 회문산과 모악산을 천하의 부모산으로 삼아

1269) ……이것이 天地開闢이라. 옛 일을 이음도 아니요, 世運에 매여 있는 일노 아니
요, 오직 내가 처음 짓는 일이라. …… (『대순전경』 5장 1절)
1270) 증산교는 氣의 聚散에 따라 생성·소멸하는 세계관을 지녔으며, 일원적인 개벽
신화에서 출발하여 일원적인 우주통일로 나아가는 논리구조를 가졌다고 보기도
한다. 박정진, 「氣철학으로 본 증산교」, 『仙道와 증산교』(일빛, 1992), 51쪽.
1271) 한편 종교혼합주의(religious syncretism)의 기본적인 동기에 대해 鄭大爲는 정
치적, 경제적, 문화적, 심리적인 요인 가운데 심리적인 요인을 가장 중요한 것으로
꼽는다. David Chung, "Religious Syncretism in Korea", Ph. D. Dissertation,
Yale University, 1959, p.132. 그러나 증산의 통합주의는 좀더 적극적으로 새로
운 전통을 확립하기 위한 일련의 작업으로 보아야 한다.
1272) 또 가라사대 앞으로 産金增殖이 前古에 類例가 없게 될 터인데, 이는 다 내가
장차 거두어 쓰려고 시킨 바이라 하시니라.(『대순전경』 3장 189절) 천사 가라사대
모든 術數는 내가 쓰기 위하야 내놓은 것이라 하시니라.(『대순전경』 3장 205절)
1273) 대범 판 안에 드는 법으로 일을 꾸미려면 세상에 들켜서 저해를 받나니, 그러므
로 판 밖에 남 모르는 법으로 일을 꾸미는 것이 완전하니라.(『대순전경』 5장 2절)
1274) 대개 예로부터 각 지방을 활거한 모든 족속들의 분란쟁투는 각 지방신과 地運
이 서로 통일되지 못함을 인함이라. 그러므로 이제 각 地方神과 地運을 통일케
함이 인류화평의 원동력이 되느니라.(『대순전경』 5장 6절)

산하의 기령을 통일시킬 것이라고 믿어진다.[1275]

어쨌든 증산은 동양과 서양도 통일하게 될 것이며, 장차 인류가 사용하는 언어도 통일하게 된다고 예언했다.[1276] 나아가 인류가 世界一家로 통일될 것이며, 증산은 이를 위한 공사를 집행하여 각 나라의 제왕이 없어지게 했다고 믿어진다.[1277]

한편 증산은 세계 여러 민족의 문화의 근원이 된 종교를 통일하였다고 주장한다. 그는 새로운 宗長을 임명하고 이들을 중심으로 각 종교 전통의 도통신과 문명신들이 모여 종교통일이 이루어진다고 주장했다.

결국 증산은 지역간의 통일과 사상의 통일을 주장했다.[1278] 증산이 예언한 통일은 전통의 장점과 핵심을 모아 바람직하게 이루어질 것이라고 믿어진다. 그러나 통합의 구심점이 자칫 독선으로 흐르거나 강제적이고 강압적 행동을 취하는 일은 경계해야 한다. 그리고 통합이 단편적이고 불완전한 잡다한 혼합주의가 되는 일도 주의해야 할 것이다. 저급한 하향통합은 결코 이상의 실현일 수 없다.

ㅁ) 실천주의

인간의 구체적인 행위로 인해 지상에 이상사회가 실현될 수 있다는 것

1275) 全州 母岳山은 淳昌 回文山과 서로 마주서서 父母山이 되었으니, 地運을 통일하려면 부모산으로 비롯할지라. 이제 모악산을 주장을 삼고 회문산을 응기시켜 써 山河의 氣靈을 통일할지니라. …… (『대순전경』 5장 7절)

1276) 하루는 어떤 사람이 계룡산 건국의 秘訣을 물으니, 가라사대 東西洋이 統一하게 될 터인데 계룡산에 건국하야 무슨 일을 하리요? 가로대 언어가 같지 아니하니 어찌 하오리까? 가라사대 언어도 장차 통일케 되리라 하시니라.(『대순전경』 3장 183절)

1277) "世界一家統一政權의 公事를 행하실 때 제자들을 앞에 업드리게 하시고, 일러 가라사대 이제 萬國帝王의 기운을 걷어버리노라 하시더니……"(『대순전경』 4장 101절)

1278) 증산의 통일사상의 가장 큰 특색은 天地人 三界의 완전통일을 강조한 점이다. 신철균, 「민족과 세계평화통일사상」, 『증산사상연구』 제12집 (증산사상연구회, 1986), 122쪽.

이 공사사상의 한 특성이다. 증산은 자신의 가르침을 현실화시킬 인물들을 일꾼이라는 토속적인 용어로 불렀다.[1279] 그는 天下事를[1280] 행하는 일꾼의 손에 의해 실천되는 행위들을 통해서만이 이상사회가 이루어질 수 있다고 강조했다.

막연히 시간만 기다리거나 특정인의 신비한 능력에 의해 이상향이 이루어진다고 믿는 것은, 증산의 원래적인 생각과 전혀 다른 것이다. 따라서 점진적인 과정으로 새 세상을 만들고자 하는 것이 증산이 가졌던 애초의 생각이었다고 볼 수 있다. 그러나 인간과 세계에 대한 발상의 대전환을 일으킨다면 그 시간이 그리 오래지는 않을 것이라는 것 또한 증산의 생각이다.

"남 잘되게 하는 공부"[1281] 또는 "남 살리기"로[1282] 표현된 증산의 생활철학이 많은 이의 공감을 형성한다면, 이상향은 그만큼 이룩된 것이다. 진취적인 기상과 신념이 바로 기적의 열쇠이다. 이상이 멀다고 현재의 노력을 게을리 한다면 이상은 결코 오지 않는다.

흔히 우리는 작은 일에 성실한 사람을 보고 큰일에도 성실하리라 믿는다. 작은 일에 최선을 다하는 사람은 큰일에도 최선을 다하리라고 믿는 것이다. 편안하고 쉽게 저절로 되는 일은 없다. 온갖 시련을 겪으면서도 결심과 각오를 거듭 새롭게 하면서 꾸준하게 자신이 원하는 목표를 향해 노력하다 보면 이루어지지 않는 일이란 없다.

증산이 말한 개벽은 인간을 둘러싼 자연환경의 엄청난 변화를 상정한

1279) 일꾼된 자 씨름판을 본받을지니 씨름판에 뜻하는 자는 판 밖에 있어서 보양물을 많이 먹고 기운을 잘 길러 끝판을 꼰으고 있느니라.(『대순전경』6장 107절) 일꾼된 자 剛柔를 겸비하여 한 편이라도 기울지 아니하여야 할지니, 天地의 大德이라도 春生秋殺의 恩威로써 이루느니라.(『대순전경』6장 109절)

1280) "일에 뜻하는 자는 넘어오는 肝을 잘 삭혀 넘겨야 하느니라."(『대순전경』6장 111절)라는 말에서 알 수 있듯이, 증산은 "일에 뜻하는 자"라는 말로 일꾼을 대신하기도 했다.

1281) "우리 일은 남 잘 되게 하는 공부니, 남이 잘 되고 남은 것만 차지하여도 우리 일은 되느니라."(『대순전경』6장 29절)

1282) "항상 남 살리기를 생각하여야 한다."(『대순전경』2장 42절)

것이지만, 그것은 결국 인간 완성을 위한 한 과정으로 이해된다. 증산은 불합리하고 미완성된 자연이 성숙되는 과정에서 그 기운을 받고 사는 인간도 함께 완성되어 간다고 주장했다.

따라서 우리는 우리가 지켜야 할 것은 굳건히 지키는 보수성을 유지하되, 변화시킬 것은 과감하게 변화시키는 개혁의 정신을 가져야 한다. 세상은 결코 그대로 있지 않고 계속 변화해 가는 것이 타고난 운명의 법칙이다. 그러므로 우리는 지키는 것만이 아니라, 불가피한 변화는 받아들이고 어떤 때는 능동적으로 변화를 받아들여야 한다.

현재 인간의 근본문제는, 개개인의 현실적 존재의 구체적 환경에서 출발하는 자기 자신에 대한 철저한 반성이다. 現世를 뛰어넘어 이탈하는 것이 아니라, 오직 이 현세 안에서 자기 한계를 확대 발전시키고 提高시켜 나가면서 끊임없이 돌파해 나가는 일과 그런 삶이 요청된다.

한편 증산은 그의 濟生醫世하는 삶의 구체적인 면모들이 후대인들의 전언과 기록을 통해 전승되는 과정에서, '세계 구원을 위해 일하는 하느님'으로 신성화되었고 그렇게 믿어졌다.

따라서 증산은 결코 단순히 신비하게 존재하는 하느님, 숨어계시는 하느님, 인간을 役事하는 하느님이 아니라, 인류의 오랜 염원인 이상사회를 인간 완성을 통해 실제로 이 땅 위에 만들어가고자 '땀 흘리시는 하느님'으로 믿어진다. 天下事를 행하는 일꾼으로서의 모범을 보여준 증산이 행한 구체적인 일이 바로 公事인 것이다.

증산은 지상선경 건설이라는 확고한 신념을 가지고 공사를 행했던 인물이다. 그는 진취적인 사고와 실제적인 행동을 겸비했던 인물로 기억되어야 할 것이다. 이상의 실현을 위해서는 현재의 노력이 있어야 한다. 부족한 모든 부분을 창의성과 진취적인 태도로 메우려는 남다른 사명감과 노력이 선행되어야, 이상의 실현이 가능하다. 결국 모든 일의 성패는 그 일을 하는 사람의 사고와 자세에 달려 있다.

확실히 지상천국 건설은 대단한 모험이자 이상의 전형이지만, 모험이 없으면 제자리걸음에 머물고 말 것이며, 제자리걸음 다음에는 기껏해야 과거의 답보 상태인 현상유지이며, 그 다음은 결국 주저앉고 말 것이다.

인류가 지나온 과거에 비해 지금 현재는 엄청난 발전과 위대한 문명을 구가하고 있다. 그러나 이 정도에 만족하고 해이해져서는 안 된다. 기적은 이론이나 공상만으로 다가오지 않는다. 기적은 생각으로 불가능한 것이 인간의 정신력과 구체적 실천으로 실현된 데 대한 변명이다. 진취적 기상으로 꺾이지 않는 신념과 열정적인 노력으로 이른바 기적을 이룰 수도 있다. 여기서 실천의 바탕이 되는 것이 바로 정신의 힘이다. 신념은 불굴의 노력을 창조할 수 있다. 그리고 이 진취적 정신이 바로 기적의 열쇠인 것이다.

인간은 지금까지 스스로 불가능하다든지 한계를 지워버린 일에 도전하며, 그것을 이루어내는 기쁨을 보람으로 삼아 위대한 문명을 건설해 왔다. 지상천국의 실현이라는 얼핏 생각하면 불가능하게 생각되는 일은, 오늘을 성실하게 살아가는 너와 나의 구체적인 행위로써 조금씩 이루어질 수 있다.

인간의 잠재력이 무한하다는 것이 바로 증산의 기본적인 생각이다. 이 무한한 인간의 잠재력은 누구에게나 무한한 가능성을 약속하고 있다. 개개인에게 주어진 잠재력을 열심히 활용하여 가능한 것을 가능하게 이루어 나가는 일은, 증산의 가르침을 진정으로 이해하는 사람들의 책임이요 몫으로 남아 있다.

목표에 대한 신념이 투철하고 이에 상응한 노력만 쏟아 부으면 누구라도 무슨 일이든지 할 수 있다. 우리는 원대한 꿈과 긍정적인 청사진을 가지고 미래를 내다보아야 한다. 인류사의 진행에 방향 설정을 통해 비전을 제시하고, 실제의 선택은 개인이 주도해 나가야 한다. 그리고 변화에 따른 자율적인 판단도 요청된다.

개개인이 자기의 역할과 책무를 자각하는 일에서 시작하여 지상천국건설을 이룩하기 위한 확고한 의지를 가질 때 그 원대한 인류의 꿈은 비로소 완성될 수 있을 것이다.

우리는 어떤 외부세력이나 변화가 개인을 향상시키거나 발전시켜 준다는 생각을 가져서는 안 된다. 그 어떤 변화가 있더라도 내가 성장하고 변하는 것은 오로지 나 자신의 노력에 의하지 않고는 안 된다. 이것이 증산의 가르침이다. 올바른 뜻을 가지고 그에 어긋나지 않게 신중을 기하여 모든 노력을 기울이는 사람이 증산이 생각한 '일꾼'의 땀 흘리는 모습일 것이다.

인류가 보다 균형이 있게 발전하면서 충실하고 질 높은 번영으로 나아가 모든 이가 만족하며 살 수 있는 세상을 만드는 일이 증산이 생각한 지상천국 건설이었다.

과연 여기에서 우리는 어떻게 증산의 공사에 기여해야 하는가? 진실이 없는 목표와 참된 노력이 없는 이상은 헛된 망상으로 끝난다. 증산은 인류가 그토록 그려왔던 이상사회를 현실의 사회로 실현시키는 일도 인간의 실천을 통해 가능하다고 생각했다. 따라서 증산은 전 세계적인 변화와 역사적인 대전환점을 인식하고 새로운 목표를 인류에 제시한 위대한 인물로서 재평가되어야 할 것이다.

V. 公事思想의 영향과 의의

증산이 창시한 공사사상은 그 개인의 전유물이 될 수는 없다. 비록 그의 인간적인 삶이 마감되더라도 공사사상은 후대의 계승자들에 의해 독자적인 생명력을 지니게 된다. 그리고 공사사상은 계승자들의 조직화와 체계화에 따라 심화된다. 시간의 흐름과 사회적 변화에 따라 공사사상이 일정한 범위의 조직체에 미치는 영향이 있을 것이며, 그 결과에 대한 평가가 뒤따른다.

이 장에서는 공사사상이 개인이나 교단 그리고 사회에 미친 실제적 영향은 무엇이며, 그를 어떻게 이해해야 할 것인가를 다루어 보겠다.

1. 증산 사후 증산에 대한 믿음의 변천과정

삶의 훌륭한 모범을 제시한 증산은 그의 죽음에 이르러 역사적 생애를 마감했다. 그러나 그의 공사사상에 대한 믿음에 힘입어 증산은 종교적 생명을 지금까지도 계속 유지하고 있다. 믿는 사람에게 있어 증산은 그들의 가슴 속에 여전히 살아 있는 존재이다.[1283]

1283) 有神論的 전통에 있어서도 神을 감지하는 것은 인간의 의식이며, 상징적인 정보형태로 받아들여져서 다른 사람들에게 전해지면서 공식화된다. 결국 개인의 의식이 드러난 말, 그림, 조각 등의 구체적 형태를 통해서 神性이 부여되고 조직화될 뿐이라는 연구가 있다. John Bowker, _The Religious Imagination and the Sense of God_, Oxford, Clarendon Press, 1978, pp.310~314.

먼저 증산이 죽은 직후에는 일부 사람들에 의해 증산은 존경할만한 先生으로 받아들여졌다. 이후 그의 공사사상이 체계화되고 그를 믿는 사람들의 생각들이 반영되면서부터, 증산은 이른바 신앙대상으로 신성화되었다.

증산이 죽은 다음에 그가 가르쳐준 주문이나 글귀를 가지고 수련하는 과정에서 신비현상이 발생하기 시작했다. 증산을 따르던 김경학이 자신의 어머니가 죽었을 때 정성껏 太乙呪를 외웠더니, 죽었던 어머니가 다시 살아났다는 소문이 퍼졌다.1284) 이로부터 태을주를 외우면 이적이 발생한다는 소문이 확산되었다.1285)

급기야 태을주를 가르쳐 주었던 인물인 증산의 과거 행적에 대해 알아보기 위해 그의 제자들이나 가족들을 만나러 구릿골로 찾아오는 사람이 생길 정도였다. 그러나 이는 산발적으로 일어난 사건이며, 집약되지 않은 개인적 관심으로 나타났을 뿐이다.

특정 인물이 죽은 후에도 지속적으로 기념되는 일은 일정한 기간에 머물거나 제한된 범위에 한정된다. 그렇지 않고 오랜 기간 동안 계속적으로 기념되는 인물은 일단 종교적 인물로 보아야 한다.

대부분의 사람들은 흔히 그가 죽은 날이 기억되고 이때 간단한 추모의 례가 베풀어진다. 그러나 극소수의 인물들은 그의 생전 활동과 연관하여 그가 태어났던 날이 기념된다.

한 인간이 죽은 다음에 그가 태어났던 날이 기념된다는 사실은, 그의 삶이 육체적 죽음으로 끝나지 않고 정신적으로 계속 유지되는 셈이다. 이러한 일은 흔히 그 사람의 삶에 대해 특별한 감동을 받은 사람들에 의해 시도된다. 그들은 죽은 사람이 특별한 목적과 사명을 가지고 태어났을 것

1284) 이정립, 『증산교사』(증산교본부, 1977), 42쪽.
1285) 유의경이라는 사람이 장티푸스에 걸려 위독해지자 김경학이 찾아가서 태을주를 외워서 낫게 해 준 일이 있었다. 유의경이 태을주를 외워서 병이 치료되는 이유에 대해 묻자, 김경학이 증산의 신성한 이적에 대해 설명하고 함께 증산의 遺蹟을 참관하였다. 이때 구릿골 약방에서 "奉命開訓"이라는 글귀를 발견했는데, 이를 증산의 가르침을 널리 펴라는 뜻으로 받아들였다. 이정립, 위의 책, 43쪽.

이라고 믿기 시작하고 이를 정기적으로 의례를 올리기 시작한다.

증산이 죽은 다음 그의 탄생일이 기념된 것은 그가 죽은 지 2년 뒤인 1911년 9월 19일의 일이었다.[1286] 당시에는 증산을 직접 모셨던 몇몇 제자들이 함께 모여 그의 생전 모습을 안타까이 그려보는 개인적인 모임에 불과했다.

그런데 증산의 탄신치성을 올린 다음날인 9월 20일에 高判禮(1880~1935)가 마당에서 졸도하여 몇 시간동안 의식불명 상태에 있다가 깨어난 사건이 있었다. 이때 그녀가 갑자기 증산의 음성으로 사람들을 부르는 이적이 일어났다고 전한다.[1287] 이러한 일은 증산의 영혼이 그녀에게 강림한 것으로 믿어졌다. 이제 증산을 대신할 현실적인 인물이 등장하게 된 것이다.

이후 고판례는 증산의 유품을 수집하고,[1288] 교단을 창립한다고 선언하고, 증산을 따랐던 세사들을 불러 모으기 시작했다. 이것이 증산교단의 성립과정이다.

교단이 성립된 초기에는 구체적인 이름조차 없는[1289] 소규모의 조직이었다. 다만 차경석의 집에[1290] 몇몇이 모여서 주문수련을 하거나 기간을 정해 놓고 함께 치성을 올리는 수준이었다.

1286) "高夫人이 京石에게 기념치성을 올릴 것을 명하니……天師의 탄신치성은 이로부터 시작되었다." 이정립, 위의 책, 48쪽.

1287) "……그 음성이 天師의 음성과 흡사하였다. 이로부터 高夫人은 神力을 通하야 신이한 기적과 명철한 지혜를 얻게 되었다." 이정립, 위의 책, 49쪽.

1288) 구릿골 약방에서 藥藏, 櫃, 약방기구, 증산이 남긴 글씨 등을 가져왔다. 藥藏을 옮기자 증산을 모시던 김형렬의 둘째딸이 사망하였고, 이 일은 증산이 생전에 고판례에게 "약장은 곧 安葬籠이니라."라고 한 말이 실현된 것으로 믿어진다. 이정립, 위의 책, 50쪽.

1289) 세간에서는 太乙呪를 읽는 교단이라는 의미로 太乙敎라고 불렀다고 전한다. 이에 대해 홍범초는 태을교라고 불렸던 다른 교단과 구별하여 原太乙敎라고 규정한다. 홍범초, 『범증산교사』(한누리, 1988), 33쪽.

1290) 차경석은 고판례의 이종사촌이며, 증산이 생전에 차경석의 집에 布政所를 정한다고 말한 적이 있다.(『대순전경』 4장 115절) 이 일에 빗대어 증산의 가르침이 퍼져 나갈 장소가 증산에 의해 예정되어 있었다고 믿어진다.

이러한 과정에서 太乙呪 修鍊을 통하여 신비체험을 하는 사람들이 조금씩 늘어났고, 치병효과를 얻었던 사람들의 입에서 입으로 증산에 대한 단편적인 이야기가 퍼져 나갔다.

일정한 정도를 넘는 사람들이 모이면 자연스레 분열이 일어나기 마련이다. 처음 교단의 본부를 개인의 집에 정했었는데, 이것이 화근이었다. 점차 몰려드는 사람들을 수용하기에는 태부족이었다. 車京石(1880~1936)은 이를 자신의 야망을 달성하기 위한 기회로 삼았다. 차경석은 고판례를 찾아오는 사람들을 통제하기 시작하여, 먼저 자신을 만나서 확인 절차를 받으라고 주장했다.1291)

이러한 차경석의 처사에 불만을 품은 증산을 따랐던 제자들은, 급기야 각기 흩어져 나름대로 교단을 형성하기에 이른다.1292) 이제 그들은 생전에 자기가 보았던 증산의 모습을 기억해 내고 이러한 기억을 토대로 삼아 나름대로 교리를 정립하여 제각기 교단을 창립했다.

각자가 볼 수 있을 만큼만 보는 것이 인지상정이다. 그리고 증산을 만났던 기간도 차이가 있었으며, 증산에게 받았던 가르침의 내용도 천차만별이었다. 결국 증산의 삶과 가르침의 내용이 저마다 이해의 정도와 깊이가 달랐던 것이다.

이제 증산을 불교식으로 이해한 사람은 그를 미륵불이라고 신앙했다.1293) 증산이 도교적 수련법을 제시한 인물이라고 이해한 사람은 그를 옥황상제라고 신앙했다.1294) 그리고 증산이 동학을 완성시킨 인물이라고

1291) 1916년경에 차경석은 교인대표 24명을 선발하여 二十四方主에 임명하고, 高夫人이 거처하는 방을 禮門이라고 부를 것과 이후로는 반드시 자신의 승낙과 안내가 없이는 禮門에 출입하지 못하도록 조처했다. 이정립, 앞의 책, 57쪽.

1292) 김형렬, 안내성, 박공우, 문공신, 이치복 등이 대표적인 인물들이다.

1293) 김형렬은 증산이 죽은 후인 1909년 7월에 金山寺에 가서 치성을 올리다가 미륵불인 증산을 神眼으로 보는 신비체험을 했다. 그는 금산사의 미륵불을 증산의 靈體로 받들었으며, 1922년에는 佛敎振興會라는 이전의 교단 이름을 彌勒佛敎라고 고쳤다. 이정립, 앞의 책, 128쪽, 홍범초, 앞의 책, 183쪽.

1294) 안내성은 증산을 天皇이라고 믿었으며, 그의 후계자인 유영주는 증산을 옥황상

이해한 사람은 그를 大法天師라고 신앙했다.[1295]

한편 이러한 과정에서도 독특한 현상이 있었다. 그것은 증산이 해당 전통 사상에서 가장 높은 존재로 이해되었던 것이다. 더욱이 서로 다른 종교 전통의 최고 존재에 대한 호칭도 증산 한 사람을 가리키는 용어로 사용하였다. 즉 증산은 彌勒佛이자 하느님이며 上帝요 天師로서 신앙되었던 것이다.[1296]

증산교단의 창립에 있어서 새로운 길을 열어준 사건은 趙哲濟(1895~ 1958)가 증산의 계시를 받았다고 주장한 일이다. 조철제는 만주에 있을 때 증산의 영이 자신에게 계시를 내려 주었다고 주장하고,[1297] 국내로 돌아와 증산의 가족들을 만나고 증산의 유품을 모으고 1921년에는 無極道라는 교단을 창립했다.[1298] 그는 증산을 직접 만나지 못했던 인물로서 교단을 조

제라고 믿었다. 안내성은 1929년경에 자신의 교단을 甑山大道敎라고 명명했는데, 홍범초는 그의 교파를 仙道라고 규정한다. 홍범초, 앞의 책, 200쪽~202쪽. 그리고 大巡眞理會에서는 증산을 九天應元雷聲普化天尊으로 신앙하는데, 이는 도교의 경전인 『玉樞經』의 主神의 호칭과 같다.

1295) 보천교에서는 증산을 大法天師(1929년 3월 15일에 낙성한 十一殿의 상량문) 또는 天師<『普天敎誌』(1964)>라고 호칭했다. 물론 보천교에서는 증산을 惟皇上帝 <『敎祖略史』(1935), 1면>, 玉皇上帝<『普天敎誌』(1964), 458면>, 上帝<『三變要綱』(1969), 4면> 등으로 호칭하기도 했다. 범증산교연구원, 『월간 천지공사』 제44호 (1992년 6월), 논단 참고.

1296) 三德敎에서는 증산을 大聖師, 三界大道師, 彌勒佛, 後天天地直先祖, 새한울님, 九宮天道無極上帝, 天師 등으로 호칭하였다. 그리고 東道法宗敎金剛道에서는 증산을 檀君天仙, 彌勒天佛, 玉皇天儒로 호칭하였다. 또 甑山法宗敎에서는 증산을 聖父, 天父天君, 彌勒世尊聖祖, 後天 하나님, 眞主, 하느님 등으로 불렀다. 범증산교연구원, 앞의 책, 논단 참고. 후대 교단의 가장 대표적인 예로는 甑山道의 心告文을 들 수 있다. 정기적인 의례 때마다 교인대표에 의해 읽혀지는 심고문에 "육신의 옷을 입고 사람으로 오신 전능하신 창조주 하느님이시며, 미륵존불이시며, 삼계대권을 주재하옵신 증산 상제님이시여."라는 구절이 있다. 안경전, 앞의 책, 398쪽.

1297) 태극도 편찬위원회, 『眞經全書』(1987), 240쪽-251쪽. 대순진리회 교무부, 『典經』 (대순진리회 출판부, 1974), 192쪽.

1298) 이때 조철제는 자신이 구천상제인 증산의 도통계승자라는 점을 天命, 天書, 天寶를 얻었던 사실을 들어 강조하고, 스스로를 無極大道主라고 주장하였다. 태극도편찬위원회, 위의 책, 282쪽.

직한 최초의 인물이다.

이제 증산은 특정한 인물에게 계시를 내리는 존재로도 믿어졌다. 이러한 주장에 힘입어 후대에는 증산을 만나볼 수 없었던 인물들에 의해서도 독자적인 교파를 조직하는 일이 가능했다.

물론 대부분의 증산교단들은 증산의 가르침이 전해져 온 연원을 강조하여 자파의 입장을 밝히고 있지만, 이른바 정통이라는 주장을 뒷받침하기 위해 증산으로부터의 계시를 근거로 들기도 한다.

증산교단의 초기 발전사에서 확인되는 사실은 현실적으로 道通을 이룰 수 있다는 믿음이다. 초기 교단의 창립자들은 거의 한 사람도 빠짐없이 도통을 이루었다고 주장했으며, 이러한 자기 확신을 근거로 교단을 창립했다. 그들이 강조한 점은 자신이 가르치는 대로 수련하기만 하면 신비한 이적이 일어나고 몸과 마음의 병을 고칠 수 있다는 내용이었다. 이때 그들이 신자들에게 요구한 일은 함께 의례를 올리고 주문을 외우는 일이었다.

한편 증산을 믿는 사람들이 점차 많아지고 조직이 전국적으로 확대되기에 이르자, 이를 통제하는 조직망이 구체화되기 시작한다. 차경석은 1919년 10월에 경남 대황산 아래에서 치성을 행한 후 曆書式에 의거하여 60방주의 간부를 임명하여 조직화에 주력하였다.[1299] 그는 증산이 중요하다고 강조했던 書傳序文을 열심히 읽었으며, 마침내 자신이 後世主人이라고 자처했다.[1300] 즉 차경석은 이제 죽은 증산을 대신할 살아 있는 인물인 자신이 이상사회 건설을 위한 새로운 임무를 맡았다고 주장한 것이다. 이와 연관하여 그는 鄭鑑錄 등의 비결을 이용하여 자신의 주장을 합리화시키고 이를 중심으로 포교활동을 확산해 나갔다.[1301] 결국 점 조직에 의한 교세

1299) 이정립, 앞의 책, 74쪽.
1300) 차경석은 자신을 主人丈이라고 부르게 했는데, 이는 증산이 큰 운수를 받으려는 자는 書傳 序文을 많이 읽으라고 말했던 사실에 빗댄 것이다. 당시 교인들이 서전서문을 읽을 때는 원문의 後世人主를 後世主人이라고 고쳐서 읽었다고 한다. 홍범초, 앞의 책, 88쪽.
1301) 이정립, 앞의 책, 62쪽~63쪽. 홍범초, 앞의 책, 75쪽~83쪽.

의 급격한 확장이 이루어졌다.[1302]

이제 증산을 믿는 교단에는 몇 사람의 敎說만으로는 어찌 할 수 없을 정도로 많은 사람들이 모여들기 시작했다. 그러자 자연히 증산의 가르침을 체계적으로 전달할 효과적인 방법이 모색되기 시작했다.

그 때까지는 증산의 언행에 대한 이야기들이 무분별하게 자의적으로 퍼져 나감으로써, 같은 교단에서 전하는 교리마저도 서로 다른 지경이었다.[1303] 결국 이러한 상이한 교설이 교단에 미치는 악영향이 감지되었던 것이다.

이에 따라 증산의 언행에 대한 단편적인 기록들이 수집되기 시작했다. 교단의 목적을 알리기 위한 잡지도 만들어지기 시작했고, 신문 지상에도 증산교단들의 활동이 알려지기 시작하면서,[1304] 점차 교리가 체계화되기 시작했다.

한편 일제강점기에는 증산이 조선을 독립시켜 새로운 왕조를 세울 존재라고 믿어졌다.[1305] 민족적 감정에 부응한 이러한 이해와 믿음은 교세 확장의 결정적인 근거가 되었다. 독립된 왕조에서 각자 수련한 만큼 爵位를 받아 행복을 누릴 수 있을 것이라는 욕망을 충족시키기 위해, 일부 사람들이 그들이 가진 모든 재산을 처분하여 증산교단에 투신하는 사례가 점차

1302) 1919년에 曆書式에 의한 60方主를 임명하였다. 60방주 아래에는 代理, 6任, 12任, 8任 등이 각기 하부조직으로 이루어졌다. 이 조직 활동은 3년이나 걸렸는데, 총 인원은 간부 교인의 숫자만 55만 7천 7백 명에 이르는 방대한 조직이었다. 李英浩,『普天敎沿革史』上 (1935), 9면-14면.

1303) 보천교중앙본소,『普光』창간호 (보광사, 1923), 29쪽~34쪽에 있는『答客難』에는 文字로 만들어진 經典이 없다는 사실을 오히려 자랑스럽게 여기고 있다.『甑山天師公事記』(1926)의 저작자인 李祥昊(1888~1967)는 1922년 무렵부터 경전 편찬 작업에 착수하여 증산을 직접 만났던 제자들을 일일이 방문하여 자료를 수집하였다.

1304) 가장 대표적인 기사는『동아일보』1922년 2월 21일부터 25일까지의 보천교관련 특집기사이다. 동아일보에 나오는 증산교단 관련기록은 김탁,『증산교 교리와 종교적 예언』, 앞의 책, 330쪽~345쪽에 자세하다.

1305) 이 부분은 김탁, 앞의 책, 292쪽~303쪽을 참고하시오.

늘어났다. 이러한 일을 이른바 彈竭이라고 부르고 고무시키는 경향도 있었을 정도였다.1306)

여러 차례의 예언이 빗나가고 예정된 독립 왕조의 꿈이 헛된 것으로 사라지는 조짐이 보이자, 普天敎에 대한 혁신운동이 일어났다. 혁신운동을 일으킨 사람들은 애초의 증산의 가르침으로 되돌아가자는 주장을 제기하였다.

그들은 증산의 행적을 자세히 수집하여 보존하는 작업에 착수했다. 이러한 노력은 『증산천사공사기』(1926)의 간행으로 나타났다. 그 후 『대순전경』 초판(1929)이 간행되기에 이르러서는 이러한 일도 증산의 公事에 의한 결정이었다고 믿어졌다.1307)

결국 이러한 구체적인 사안들이 다시 교리로 정착되면서, 증산이 현실적인 모든 일에 관여한다는 믿음이 배태되기 시작한 것이다. 이제 증산은 교단의 운영 상황은 물론이며 사회 변화의 모든 일을 통제하는 강력한 존재로 믿어지기 시작했다.

1936년 차경석의 사망 후에 단행된 일제의 증산교단해산령에 의해1308) 증산교단들은 약 10여 년 동안 공식적인 사회활동이 불가능하게 되었다.1309)

1945년 해방이 되자 증산교단은 이전의 침체기를 벗어나 새롭게 조직되기 시작했다.1310) 당시의 혼란했던 사회상황과 남북한의 대결구도도 증산

1306) 홍범초, 앞의 책, 125쪽 참고.

1307) ……출판허가를 신청하였더니 총독부에서는 時諱에 저촉되는 구절을 많이 삭제한 후 己巳年 三月 十六日에 출판을 허가하니, 天師께서 "큰 운수를 받으려는 자는 書傳序文을 많이 읽으라."하시고 또 "大學經 一章 章下를 많이 읽으라."하신 말씀이 應驗되었다.……이정립, 앞의 책, 169쪽. 서전서문이 씌어진 날짜가 3월 16일이었다는 점을 들어 증산이 『대순전경』이 나올 것을 미리 정했다고 믿는 것이다.

1308) 차경석의 사망 직후에 당시 경찰에서는 誠義金을 거두는 일은 무허가 기부행위로 처벌했으며, 보천교 본소 건물을 경매에 붙였으며, 포교와 집회 활동을 금지하였다.

1309) 일제는 국내의 사상통제를 목적으로 甑山信徒는 민족의식을 고집하는 準民族運動으로 규정하여 1936년 4월에 總督府는 증산계 각 교단에 大暴壓命令을 내렸다. 이에 따라 각 지역 경찰서에서 증산교단의 여러 교파에게 교단의 해체와 포교금지를 명했다. 이정립, 앞의 책, 296쪽. 홍범초, 앞의 책, 518쪽.

1310) 無極道는 太極道로 교명을 바꾸었다(태극도편찬위원회, 앞의 책, 330쪽).

의 공사에 의한 결정이라고 믿었던 것이다.[1311] 한편 이 시기에 증산이 남긴 가르침의 핵심이 어떤 형태로든 실물로 존재한다는 믿음도 구체화된다. 이른바 醫統이 일부 증산교단에서 유통되었다.[1312]

1960년대의 일부 신종교 교단이 일으킨 사회적 물의가 빌미가 되어 신종교 운동이 약화되고 지탄되었을 때, 증산교단도 정부의 정책 방향에 부응하여 통합교단을 운영하려는 시도가 있었다.[1313] 그러나 이러한 일은 각 교단간의 이해의 폭이 깊지 못해 실패했으며, 전반적으로 증산교단은 소강상태에 이르렀다.

그러나 1970년대에 접어들면서는 사정이 달라졌다. 교단을 주도했던 세대의 교체가 이루어졌던 것이다. 여전히 증산은 최고절대자로 신앙되고 있었지만, 뚜렷이 달라진 점은 이제는 大頭目으로 불리는 현실적인 교단 대표자에게 신앙이 집중되는 경향이 보이기 시작한다는 것이다. 여러 증산교단에서 증산의 인행을 가르치는 실제적인 목적은, 증산이 현재 자기 교단의 대표에게 천지를 개벽하고 이상사회를 건설할 성스러운 임무를 맡겼음

1311) 태극의 중심핵이 되는 우리나라에 각양각색의 敎와 宗이 난립하여 亂法의 상황이 전개될 것이라고 주장하기도 했다.(태극도편찬위원회, 위의 책, 331쪽.) 일본이 물러갈 때 우리나라는 모든 질서가 무너져서 큰 혼란에 빠질 것이므로 신앙적 지도세력을 결성하자는 움직임이 1942년경부터 준비되고 있었으며, 공산주의의 확산을 막기 위한 세력으로서 東亞興産社라는 조직이 이루어지기도 했다. 이정립, 앞의 책, 304쪽-307쪽. 그러나 이 조직은 구성원들이 이른바 不逞鮮人이라는 제보에 의해 전원 구속되어 '종교통일에 의한 조선독립 음모단체사건'으로 규정되기되 했다. 홍범초, 앞의 책, 522쪽. 이 사건에 연루되었던 인물들은 해방 후에는 大法社라는 단체를 조직하였다.
1312) 醫統印牌가 大法社에서 1950년부터 1951년에 집중적으로 제작된 것으로 추정된다. 護身符와 印牌가 따로 만들어졌으며 鏡面朱砂가 중요한 재료였다. 당시 시국의 급격한 변화와 함께 의통구호단이 조직되기도 했다. 홍범초, 앞의 책, 862쪽 -863쪽 참고.
1313) 당시 혁명정부에서 자생 신흥종교를 東道敎라는 이름으로 통합하려는 시도가 있었다. 1961년에 甑山大道會는 東道敎 甑山敎會라는 교명으로 정부에 등록하기도 했다. 그러나 1963년 11월 16일에 종교단체등록법이 무효화되었다. 증산종단친목회, 『증산종단개론』(대순백주년기념회, 1971), 110쪽.

을 확인하는 작업이라고 여겨졌다.

그 후 증산을 신봉하는 각 교단이 나름대로 독립적인 운영체제를 지향하여 난립된 모습을 보이고 있어서 통합적인 교단 운영은 불가능할 정도이다. 증산교단들은 증산을 신앙대상으로 한다는 사실만 일치할 뿐, 교조에 대한 호칭은 물론이며 의례와 교리도 각기 다르게 형성되어 있는 실정이다.

이른바 정통과 이단은 절대적 개념이 아니라 상대적 개념이다. 따라서 시대가 요청하는 문제를 잘 해결하는 교파가 후대의 시점에서 주류를 이루었던 교파로 평가될 것이다. 결국 당대인들이 요구하는 문제가 무엇이며 이를 어떻게 해결해 나가야 할 것인지에 대해 노력하는 교파만이 전체 증산교단의 주도세력이 될 수 있는 것이다.

종교는 항상 현재적 상황을 염두에 두는 단체이므로 현재적 시점에서 자파의 입장만을 강조하고 다른 교파를 비난하는 일은 있을 수도 있다. 그러나 교단 전체의 발전을 위해서는 결코 바람직하지 않은 일이다.

그러므로 증산이 시도한 이른바 '전통의 재통합'은 그의 사후에, 현실적으로는 종교단체로 조직화되었으며, 정신적으로는 그에 대한 다양한 믿음을 불러 일으켰다.

시간이 흘러가면서 증산의 공사사상에 대한 해석의 차이로 인해 증산교단은 수많은 교파로 분열되었다. 이에 따라 공사사상 자체도 다양한 형태로 나뉘어 전개되기에 이른다. 이러한 현상이 일어난 것은 증산의 공사에 대해 나름대로의 입장에서 각기 다르게 재해석한 결과로 보인다.

현재도 증산의 공사사상은 계속하여 제기되는 새로운 시대적 요청에 따라 재해석되면서 끊임없이 변하고 있다. 증산이 말한 "새 세상"이 이 땅위에 현실화되기까지, 그의 공사사상 자체도 항상 새롭게 해석될 여지를 지닌 채, 역사의 무대에서 나름대로의 역할을 수행할 것이다.

한편 증산에 대한 호칭의 변화과정을 살펴보면, 그의 죽음 이후 증산이 후대인들에 의해 어떻게 인식되었는지를 쉽게 이해할 수 있다. 경전이나 교단 관련 서적에 보이는 증산에 대한 공식적인 호칭은 『증산천사공사기』

(1926)에서는 天師, 『대순전경』 초판(1929)에서는 先生, 2판(1933)에서는 당신이었다가 3판(1947) 이후에는 다시 天師라는 호칭으로 불린다. 그리고 『증산종단개론』(1970)에서는 大聖, 『증산도도전』(1992)에서는 상제님이라고 부른다.

2. 증산에 대한 다양한 신앙들

증산이 통합했던 다양한 전통사상들의 종류만큼이나 증산은 다양하게 신앙된 존재이다. 증산을 유교식으로 이해하기도 했으며, 천지 굿을 주재한 큰 무당으로 믿었던 경우도 있다. 증산은 미륵불의 화신으로 믿어지기도 했으며, 구천응원뇌성보화천존의 화신으로 강림했다고도 믿어졌다. 또 증산은 남조선에 태어난 眞人으로 海印을 전해준 인물로 믿어지기도 했다.

한편 증산교단의 분열을 유형별로 분류하기도 했는데,[1314] 뚜렷한 기준이 제시되지 않았으며 자의적 판단에 의존한다는 한계가 있다.

증산에 대한 신앙이 다양하게 이루어졌다는 사실은 그에 대한 호칭이 50여 가지나 된다는 점에서 잘 확인된다. 그만큼 증산은 믿는 이들에게 있어 至高의 存在로 숭앙받았다.

대표적인 호칭으로는 아버님, 聖父, 天師아버님, 天父, 증산 어머니, 天

1314) 증산교단의 분열유형을 윤이흠은 신성가족형, 從徒系位形, 신비체험형, 聖物形, 사상전통형의 5가지 유형으로 분류하였다. 윤이흠, 『종교집단내의 갈등 해소 대책 -증산교 분열원인의 유형을 중심으로-』, 『철학종교사상의 제 문제』(한국정신문화연구원, 1990), 191쪽-240쪽. 그는 이들 요인 가운데 하나 혹은 둘 이상의 지배적인 원인이 복합적으로 작용하여 하나의 종단이 형성된다고 보았다.

父天君, 할아버지, 聖祖父, 彌勒世尊聖祖님, 先生, 大先生, 天先生, 聖師, 大聖, 大聖師, 三界大導師, 大法尊師, 大法師, 天師, 大法天師, 神聖, 後天國祖, 後天天地直先祖, 天皇, 하누님, 새 한울님, 후천하나님, 九宮天道無極上帝 새 한울님, 上帝, 甑山上帝, 姜聖上帝, 惟皇上帝, 皇皇上帝, 玉皇上帝, 統天上帝, 九天上帝, 天地上帝, 甑山聖王上帝, 天地人大判主玉皇上帝, 九天應元雷聖普化天尊姜姓上帝, 龜珠運祖皇極元師 德世天尊 戊聖上帝, 彌勒世尊, 彌勒佛, 彌勒世尊聖祖님, 彌勒尊佛, 九天彌勒佛, 尊佛, 九天大元造化主神, 普化天尊, 天主, 眞主, 太乙天上元君 등이 있다.[1315]

1974년에 증산종단연합회에서도 증산에 대한 다양한 호칭의 통일 원칙을 세우려 노력했지만, 결국 "道祖의 존칭을 상제, 미륵불, 大聖, 하느님(한울님, 하나님, 하누님, 한님), 천주로 한다."라고 결정할 수밖에 없었다. 이것은 증산에 대한 존칭의 통일이 매우 어려운 일임을 반영해 주는 단적인 예이다. 증산에 대한 호칭의 복합성은 다음과 같은 기록으로도 잘 알 수 있다.

>……甑山님께서는 바로 天主님이시요, 하느님이시요, 九天上帝님이시요, 兜率天上帝님이시요, 玉皇上帝님이시요, 彌勒尊佛이시요, 眞人 바로 그 어른이시다. ……[1316]

어쨌든 증산은 다양한 신격으로 믿어졌지만, 전통사상에서는 대립적이었던 신격이 증산이라는 한 존재에 무리가 없이 공통적으로 부여된다는 점이 독특하다.

1315) 홍범초, 『甑山教概說』(창문각, 1982), 282쪽-285쪽에 어느 교단에서 어떤 호칭을 사용했는지를 자세하게 밝혔다. 나아가 그는 『道祖의 존칭 통일에 관한 연구』에서 각 교파의 創敎主에 대한 칭호도 상세히 다룬 바 있다. 범증산교연구원, 『월간 천지공사』 제 44호 (1992년 6월).
1316) 홍우, 앞의 책, 15쪽-16쪽.

3. 공사사상에 대한 해석의 차이와 결과

증산교단은 세계종교사에서도 그와 비슷한 사례가 없을 정도로 수많은 교파들이 있으며, 오늘날에도 분파를 거듭하고 있는 실정이다.

왜 증산교단은 이처럼 분파를 거듭하는가?

필자는 증산의 공사사상에 대한 해석의 차이 때문이라고 생각한다. 증산의 공사가 실제로 어떻게 해석되느냐에 따라 각자의 입장을 고수하는 과정에서, 분열을 계속해 왔던 것이 증산교단의 80여년의 역사이다.

증산에 대한신앙만 일치될 뿐, 그에 대한 호칭도 다르며, 더욱이 그를 이해하는 방식도 다르다. 서로 자파의 주장만 강조하여 증산교단은 통합될 기미조차 보이지 않는 혼란상을 노출시킨다.

더욱이 증산이 現世救援을 약속했다는 짐 자체가 교파 분열의 중심 원인이 되었다. 신앙대상인 증산이 교단의 변화는 물론 사회의 변화마저 公事로 결정해 놓았다는 믿음이다. 이에 따라 각자 자신이 바라보는 관점에서 증산의 공사를 해석하기에 이른다.

독자적인 판단에 의한 해석은 반드시 상대방과의 입장 차이를 불러일으켰으며, 이는 현상적으로는 교파의 분열로 나타났다. 이러한 과정에서 몇몇 사람들은 점차 자신의 해석을 정당화하기 위한 방편을 사용하였다.

일부는 자파의 입장에서 교리서를 새로 만들거나 독자적인 경전을 간행하였으며, 일부는 독특한 수련방법을 창안하여 실제적인 효과를 강조했으며, 어떤 사람은 특별한 물건을 제작하여 증산의 가르침의 핵심이 감추어진 神物이라고 주장했다. 또 어떤 이들은 특별한 장소에 교당건물을 짓고 이곳에 들어와야 말세의 병겁에서 살 수 있다고 주장하기도 했다.

이러한 경향이 생기게 된 것은 待時主義的 시한부 말세론에[1317] 입각하

1317) 이러한 관점에서 증산교단을 "反社會的 期限附 宗敎"라고 평가하기도 한다. 유병덕 편저, 『한국민중종교사상론』(시인사, 1985), 313쪽.

여 증산의 공사사상을 해석한 결과이다. 공사사상의 본질을 알려고 하지 않고 드러난 현상으로서의 지상천국만 강조하는 일부 증산교단은, 실은 현재 그 교단의 지도자에 대한 신앙을 증산신앙에 가탁한 것이다.

증산이 말한 바 있는 大頭目이 바로 자신이라는 확신을 가진 일부 증산교단 지도자들의 信行은 증산교단의 발전에 촉진제 역할을 하기도 했다. 반면 해당 교단의 신도들은 실제로는 증산을 대신하고 있다고 여겨지는 자파의 교단지도자를 숭앙하고 있는 것이다. 결국 증산교단의 많은 분파들은 서로 공통적으로 합칠 수 있는 요인들을 상실해 가고 있는 것이다. 이러한 경향은 발전적인 외양 속에 빈약한 실세를 결과할 뿐이다.

4. 한국종교사에서의 공사사상의 자리매김

증산은 동학의 三敎合一 정신을 계승하여 보다 포용성이 있는 입장에서 다양한 전통을 통합하고자 했다. 증산은 통합을 통한 조화를 강조하여 분열된 것을 일원화시키고자 노력했다.[1318]

증산은 세계 구원을 실현하려는 종교적 이상을 이루기 위한 방법으로서 기존 전통의 통합을 모범적으로 실현해 보였다. 그러므로 그는 당대인들이 지닐 수 있었던 거의 모든 사상체계의 핵심을 통합하여 나름대로 새로운 사상체계를 일정하게 제시했으며, 조화를 강조하는 전통을 가진 한국인의 종교적 심성[1319]을 잘 반영하였다고 평가할 수 있다.

1318) 유럽적 균열과 대비되는 한국적 화합을 잘 드러낸 대표적인 사상으로 증산사상을 꼽고, 증산이 남성원리와 여성원리가 조화를 이루는 세계를 지향한 것으로 파악한 연구도 있다. 김상일, 「증산사상의 우주사적 의미」, 『증산사상연구』 제 17집 (증산사상연구회, 1991), 209쪽-232쪽.

증산의 통합적 사고는 모든 것을 수용하여 그 장점을 살리자는 입장이다. 이러한 점에서 그는 전통을 단순히 모았던 것이 아니라 창조적 종합의 지혜로 한데 어우러지는 멋을 창출했다고 볼 수 있다.

반면 이러한 통합적 사고는 두루뭉술하게 되어 자칫하면 저급한 혼합주의나 독창적인 의견이 없음을 결과할 수도 있다. 그리고 일원론적인 통일을 추구하는 사고방식은 분열된 현실 자체를 무시하거나 소홀히 하는 이상주의로 흐를 위험도 항상 지닌다. 결국 원리 없는 통합은 특성화나 전문화마저도 약화될 소지가 있으므로 사상의 지속적 계승과 발전을 위해서는 항상 유의해야 할 것이다.

증산은 앞으로 우리가 지향해 나가야 할 역사의 전망을 일정하게 시도했으며, 자신이 받아들일 수 있었던 당대의 모든 사상을 주체적으로 흡수하고 소화하여 역사의 진행방향을 제시했던 인물로 평가할 수 있다. 즉 그는 미래의 비젼(Vision)을 감지하고 동시대인들의 각성을 불러일으키고자 노력했던 인물로 보아야 한다.

그리고 신도 인간과 마찬가지로 불완전한 존재라는 증산의 주장은 그의 生長斂藏이라는 세계관에 근거한다. 그는 신도 뜻을 못 이루었으며, 이제 인간을 통해 뜻을 이루려 하며, 나아가 인간과 신이 함께 완성을 추구한다고 이해했다. 증산은 神性과 人性의 본질적 동일성을 강조했고, 신과 인간 사이의 유기체적 연관 관계를 설정했다. 그는 신과 인간은 교류를 통하여 최고인간이 곧 최고신이 되는 연속적 발전체계를 가지고 있다고 보았다. 더욱이 그는 완성된 인간과 신을 위해서는 무엇보다도 신과 인간의 화해가 요청되며, 해원을 통해서 이러한 일이 가능하다고 파악했다.

또한 증산은 인간에 대한 독창적인 인식을 가짐으로써 새로운 윤리관을 제시했다. 그에 따르면 그 자신이 천하의 선함과 악함도 함께 가진 존재이다.[1320]

1319) 한국인은 다종교의 공존논리에 근거하여 새로운 종교적 승화를 이룩한 전통을 지니고 있다는 연구 성과가 있다. 김종서, 『종교집단간의 상호이해 -종교간 대화를 중심으로』, 『철학종교사상의 제 문제』(한국정신문화연구원, 1989), 234쪽.

또 증산은 "도적질하는 자도 나누어 먹는 것이 德이 되어 혹 살아나는 자가 있느니라."[1321] 라고 말하여, 악한 일을 행한 사람도 後天이라는 이상사회에 살 수 있다고 강조했다. 나아가 증산은 "惑世誣民者와 欺人取物者도 亦受天地之氣也니라."[1322]라고 말하여 일반인의 선악에 대한 이해를 벗어났다.

한편 『현무경』에 "充者, 慾也. 以惡充者, 成功. 以善充者, 成功."이라는 구절이 있다. 증산은 인간의 마음속에 무엇인가 가득 찬 것은 욕망이라고 파악했던 듯하다. 그런데 그는 惡으로 가득 찬 사람도 성공할 것이며, 善으로 가득 찬 사람도 성공할 것이라고 주장했다.

증산은 선과 악의 이원적인 분별을 가리지 않는 입장에서 인간이 품고 있는 욕망이 이루어진다면 결과적으로 성공하게 될 것이라고 강조한 것이다. 그러므로 증산에게 있어서 일반적인 선과 악의 잣대는 폐기되고 만다.

한편 증산은 "지금 천하가 混亂無道하야 善惡을 가리기 어려우니 마땅히 속히 殄滅하고 새 운수를 엷이 옳습니다."라는 제자의 말에 대해, "대저 濟生醫世는 聖人의 道요, 災民革世는 雄覇의 術이라. 이제 천하가 웅패에게 괴롭힌 지 오래된지라. 내가 相生의 도로써 萬民을 교화하며 세상을 편안케 하려 하노니 새 세상을 보기가 어려운 것이 아니요, 마음을 고치기가 어려운 것이다."라고 대답해 주었다.[1323] 결국 증산은 선과 악을 가리자는 제자의 주장에 대해 相生의 道로써 모두 함께 살릴 것을 주장한 것이다.

이러한 증산의 견해는 "이제는 惡을 善으로 갚아야 할 때라. 만일 惡을 惡으로 갚으면 되풀이 되풀이로 後天에 惡의 씨를 뿌리는 것이 되나니, 너희들이 나를 따르려면 그 마음을 먼저 버려야 할지니 잘 생각하라."라는 그의 말

로도 확인된다.1324) 그리고 증산은 다음과 같은 말을 강조하기도 했다.

> "나쁘게 보아서 제거하고자 들면 풀 아닌 것이 없고, 좋게 보아 취하고자
> 하면 모두 꽃이니라. 惡將除去無非草요, 好取看來總是花니라."(『대순전경』 3
> 장 6절)

증산은 인간의 가치 판단에 따라 좋은 것과 나쁜 것이 결정될 따름이라
고 이해했던 것이다. 이러한 그의 견해에 따르면 자신의 마음을 고치기에
따라 선과 악의 기준이 다시 제고되어야 한다. 영원히 좋고 영원히 나쁜
것은 없다는 설명이다.

증산이 雄霸의 術과 聖人의 道를 대별하여 말한 적이 있다. 그러나 증
산은 제자들에게 바람직한 인간상을 다음과 같이 제시해 주었다.

> "德으로만 處事하기는 어려우니, 聖과 雄을 합하여야 하나니라."(『대순전경』
> 3장 110절)

이처럼 증산에게 있어서 항상 어느 한 쪽 편을 지지하고 강조하려는 생
각은 없다.

최선은 최악을 전제로 한다. 결국 최선은 끊임없는 추구를 통해서만 이
루어질 수 있을 것이다. 따라서 최선은 영원히 미완성으로 남을 개념이며,
대립과 갈등의 논리를 지닌다.

최선을 강조하는 윤리관에서 선과 악은 반대되는 개념이며, 자칫하면 흑
백논리로 귀결된다. 이러한 윤리관을 가진 사람은 자연스레 독선적인 입장
에 서게 되며, 나 아닌 상대방을 악이라고 규정짓는 오류를 범하기 마련이
다. 즉 제거해야 할 악을 미리 상정하고 나서 이를 공격함으로써, 결국은
악이 존재하는 현실 자체를 부정하게 된다.

이러한 삶의 자세는 현실도피나 彼岸 갈망으로 연결될 수밖에 없다. 그

1324) 『대순전경』 3장 24절.

러나 증산은 선악의 대립과 갈등을 상정하지 않고 주어진 상황에 가장 적합한 상태를 만들어가자는 最適의 윤리관을 제시했다. 그는 순간순간 실현가능한 윤리규범을 제시하여, 현실을 긍정하는 자세를 보였다.

> ……말은 마음의 소리요, 行事는 마음의 자취라. 말을 좋게 하면 복이 되어 점점 큰 복을 이루어 내 몸에 이르고, 말을 나쁘게 하면 재앙이 되어 점점 큰 재앙을 이루어 내 몸에 이르나니라.(『대순전경』 3장 6절)

인용문은 인간의 말이 복과 화의 근본원인으로 작용한다는 뜻이다. 인간의 행동으로 인해 모든 재앙과 행복이 결정된다는 것이 이미 운명적으로 모든 인간사가 정해져 있다는 논리와는 차원이 다르다.

그러면서도 증산은 惡에 맞대응하는 일을 피하라고 가르쳤다.[1325] 나아가 증산은 남에 대해서 옳으니 그르니 시비를 가리는 일을 삼가라고 당부하기도 했다.[1326]

그는 인간관계에 있어서 삶의 자세를 다음과 같이 밝혀 주기도 했다.

> ……너희들은 모든 사람을 대할 때에 그 長處만 취하여 好意를 가질 것이요, 혹 短處가 보일지라도 잘 용서하야 미워하는 마음을 두지 말라 하시니라. ……(『대순전경』 4장 92절)

증산은 항상 남의 좋은 점을 취하여 상대방을 평가할 것이고 용서하는 마음을 지니라고 가르쳤다.

따라서 위의 논의를 종합하면 증산은 상황에 따라 입장에 따라 유연하게 인간과 사회를 이해하고 살아가라는 새로운 윤리관을 제시했다고 평가할 수 있다. 어느 한 측면만을 고수하여 이를 굳건히 지키는 정통의 입장에 서지 않

1325) 惡을 惡으로 갚으면 피로 피를 씻기와 같으니라.(『대순전경』 6장 49절)
1326) 어떤 사람이 남의 일을 비방하거늘 일러 가라사대 각기 제 노릇을 제가 하는데 어찌 남의 是非를 말하나뇨?(『대순전경』 6장 55절)

았다는 점에서 증산의 윤리관은 어떠한 상황에도 열려져 있다고 볼 수 있다.

한편 증산은 한반도를 세계의 중심으로 이해하여 이곳에서부터 새 질서가 이루어질 것이라고 믿었다.[1327] 그는 한국사의 전개 과정을 통해 우주의 역사가 바뀔 것이라는 믿음을 유발하여, 한민족에게 희망찬 미래의 꿈을 불어넣었다.[1328]

한반도를 중심으로 세계의 모든 문제들이 해결될 것이라는 증산의 예언은 온갖 어려움을 겪은 한국 근대사에 대한 재해석을 내리게 했다. 실로 한반도라는 공간과 최근세의 한국사라는 시간은, 인류사의 난제들이 한데 어울려 복잡하게 얽혀 있는 대표적인 예이다. 문제가 있는 곳에 반드시 해답이 있다는 격언의 가르침대로, 장차 한반도를 기점으로 하여 온갖 문제들에 대한 해결의 실마리가 열릴 것이며 그 주역은 한국인이 될 것이라는 믿음이 증산에 의해 강조된 것이다.

우리 민족이 21세기를 여는 주도적인 역할을 할 것이라는 증산교인들의 믿음은, 그 타당성 여부와는 관계없이, 한국인의 가슴속에 희망찬 앞날을 향한 염원과 선택받은 민족이라는 자부심을 가지게 했다는 점에서 일정한 의의가 있다.

또 증산은 한국적 메시아니즘의 새로운 전통을 확립하였다.[1329] 스스로

1327) 증산의 정치사회관을 정치사회체제의 共同善을 실현하기 위한 解寃相生의 정치사회관으로 규정하기도 한다. 정연선, 『한국신흥종교의 정치사상적 의의』(고려대학교 대학원 박사학위논문, 1982), 118쪽.

1328) 증산사상이 한국지성사에서 뿌리가 깊은 抵抗의 이념을 벗어나 새 시대를 적극적으로 여는 創造의 이념에 더 큰 비중을 두고 있다는 평가가 있다. 김형효, 『증산사상의 창조성』, 『증산사상연구』 제 9집 (증산사상연구회, 1983), 75쪽.

1329) 이러한 맥락에서 증산이 인류와 한민족 구원의 메시아적 위상을 정립하였다는 평가가 있다. 이현희, 『증산도 출현의 역사적 배경』, 『증산도사상연구』 제 3집 (대원출판사, 1994), 252쪽. 그는 특히 증산이 "민중구원의 메시아적 구도정신"을 지녔던 인물이며, 외래적 요소의 침투에 허덕이는 민중에게 민족주체의식을 불러 일으켰다고 평했다. 또 이현희는 증산이 스스로를 彌勒이라고 강조하면서 구세주신앙과 메시아사상을 자신과 연결하여, 본래의 檀君國祖思想으로 原始返本되어야만 한민족이 세계의 우등 국민으로 발전할 수 있다는 신념을 가졌다고 주장했다.

를 神界의 主宰權을 지닌 존재로 확신한 증산은 인물 중심의 구원을 강조하였다.[1330]

한국종교사에 있어서 스스로를 최고신이라고 자처한 최초의 인물은 증산이다. 이후 증산의 영향을 받은 몇몇 인물들도 자신의 위격을 그렇게 주장하기도 했다. 아울러 그들도 公事를 집행한다고 주장하면서 갖가지 종교적 행위를 행했다.

이처럼 엄청난 주장을 할 정도로 한국인의 종교적 담력이 커지게 된 것은, 명백히 증산의 영향이다. 이제 한국인은 웬만한 종교적 주장에 대해서는 관심을 갖지도 않고, 귀를 기울이지도 않으며, 놀라지도 않는다. 이처럼 한국인의 종교적 담력이 커진 일은 한국인의 종교적 상상력이 그 어느 나라의 국민들보다도 풍부하다는 점을 뒷받침한다.

반면 종교적 상상력의 우월성은 때로는 종교적 가르침을 일상생활에서 실천하는 일은 소홀히 하거나 무시한다는 점에서 비판받을 수 있다.

증산의 공사사상은 특정인이나 특정 집단의 독선적 지위를 인정할 수 있다는 점에서 권위적이다. 증산의 가르침을 실천하기 보다는 특정 교단의 지도자를 잘 따르는 일이 강조되는 것이 현재 증산교단의 실상이다. 결국 증산이 집행한 공사를 보는 시각이 굳어져, 누가 그리고 어느 집단이 주도하느냐는 문제로만 귀결되어 버린 것이다.

한편 인간을 중심으로 세계를 이해하고, 一心만 가지면 모든 일이 가능하다는 증산의 가르침은 신에게 의존하는 태도를 거부한다. 이러한 생각은

그러나 증산이 檀君과 직접 연결될 실마리는 증산의 언행을 기록한 문헌을 통해서는 발견할 수 없다.

1330) 증산이 당시에 면면히 계승되던 민중들의 하느님 신앙을 잘 부각시켰으며, 믿는 이들에게 하느님 또는 上帝로 받아들여졌었음이 엄연한 현실이라고 주장하기도 한다. 최동희, 「한국사상사의 맥락에서 고찰한 증산사상의 위상」, 『증산사상연구』 제 19집 (증산사상연구회, 1993), 295쪽. 나아가 그는 이러한 하느님 신앙을 온 인류가 받아들일 때 비로소 세계의 모든 종교가 통일될 것이라고 주장했다. 최동희, 「세계사상사적 맥락에서 고찰한 증산사상의 위상」, 『증산사상연구』 제 20집 (증산사상연구회, 1994), 227쪽.

무엇이나 스스로 해결한다는 생활자세로 연결된다.

인간 역사의 창조적 지향을 위해 신명들이 수종을 든다는 증산의 주장은 신에게 책임을 돌리는 무책임한 입장이 아니라, 인간 스스로가 자신의 일에 책임져야 한다는 말이다. 그러므로 증산의 공사사상은 사회개혁사상으로서 인류의 미래에 새로운 이념과 방향을 제시해 준 혁신적 사상이라는 점에서 일정한 의의가 있다.

한편 증산은 현세에서 문제 해결의 방법이 없었기 때문에 사후세계가 필요했다는 입장에서 기존 종교의 교리를 비판하였다.[1331]

그리고 지나치게 역사적 사건이나 사회적 변화에 주목하는 일도 공사사상의 영향이다. 장차 한민족을 중심으로 세상이 변화할 것이라는 증산의 주장에 힘입어, 낙관적이고 우월한 입장에서 세계정세와 사회변동을 이해하는 것이다.

그러나 이러한 태도는 낭만적인 세계관에 치우치게 되어 자칫하면 실속도 없이 허세를 부리는 격이 될 수도 있다. 이러한 생각은 실제 얻을 것이 아무 것도 없다는 점에서 관념적이라고 비판되어야 할 것이다.

현세구원을[1332] 강조한 것은 사회문제에 더욱 많은 관심과 적극적인 태도를 유발시키기도 한다. 그러나 말세론적 입장은[1333] 역사에 대한 맹신을

1331) 반면 이은봉은 증산사상을 神明思想이라고 규정하고, 가장 한국적인 특색으로 현세적 성격을 들고 있다. 그는 한국종교의 특색은 물질성과 현세적인 것이 강한 데 비하여 좀더 靈化의 기회를 갖지 못했다고 평한다. 이은봉, 「증산도의 한국종교사적 위상 ―신명사상을 중심으로―」, 『증산도사상연구』 제 3집 (대원출판사, 1994), 288쪽.

1332) 한국 종교사상의 특색이 현세적이며, 이는 내세지향적이며 염세적 종교에 대한 무의식적인 저항에서 생겨난 것이라는 주장도 있다. 여동찬, 「미륵하생사상과 증산선생의 五萬年仙境論」, 『증산사상연구』 제 7집 (증산사상연구회, 1981), 49쪽.

1333) 증산교단을 신비적 종말주의의 대표적 형태로 이해하기도 한다. 윤이흠, 「민족종교 ―민족종교의 사회변화에 대한 대응태도를 중심으로―」, 『사회변동과 한국의 종교』(한국정신문화연구원, 1987), 212쪽. 반면 선천과 후천은 시대의 단절이 아니라 역사 전환의 구별이라는 주장도 있다. 장병길, 「증산의 종교윤리관」, 『증산사상연구』 제 4집(증산사상연구회, 1978), 96쪽.

부추기기도 한다.1334)

결국 이러한 태도는 집단이기주의의 발로에 불과하다. 더욱이 말세론적 교리 해석에 몰두하는 단체는 결코 이 사회의 추진세력이 될 수 없으며 항상 특정 시점만 기다리는 待時主義로 흐르기 쉽다. 때로는 가정사와 학업마저도 포기하는 극단적 경향을 보이기도 한다.

이러한 부정적인 경향을 비판하여 증산의 공사는 항상 현재진행형으로 이해해야 하며 인간의 자율성을 기초로 하여 이루어진다는 주장이 있다.1335)

증산의 공사는 현실적인 사회개혁을 강조했다는 점에서 이해되어야 한다. 이는 인간의 주체적인 개혁의지의 실현이 公事로 집약되었다고 평가할 수 있다. 구체적이고 실현 가능한 사회개혁의 의지가 전제되지 않는다면, 증산이 행한 公事의 成事는 요원한 환상에 그칠 뿐이다.1336) 증산이 제시한 開闢은 피동적인 인식으로 깨닫거나 도달할 수 있는 세계가 아니다. 어디까지나 실천하는 삶의 자세에서 자연스레 이루어지는 세상인 것이다.

한편 증산교단에서 강조하고 있는 인물 중심의 교리는 교주를 숭배하여 신격화시킨다. 이는 독선적 주장이어서 객관성을 상실한 것이 대부분

1334) 증산교단은 현실적인 정치적, 사회적 저항이 거의 없었는데, 그 이유를 증산사상의 무저항적 성격, 지나친 주술성, 조직의 미비 등에서 찾기도 한다. 권규식, 앞의 글, 23쪽. 한편 증산사상의 본질을 파악하지 못한 채 시한부 예언이나 잘못된 지식으로 맹신하는 현상을 비판한 글도 있다. 변찬린,「노스트라다무스의 예언과 후천개벽」,『증산사상연구』제 7집(증산사상연구회, 1981), 207쪽-209쪽.
1335) 이을호,「강증산의 인간론」,『증산도사상연구』(대원출판사, 1992), 232쪽~237쪽. 그는 인간으로서의 증산의 면모를 중심으로 증산사상을 이해해야 함을 역설했고, 天地改造公事는 上帝의 소관이 아니라 오늘의 우리 자신의 책임이라는 사실을 알아야 한다고 강조했다. 나아가 그는 仙境은 인간의 꾸준한 희원과 노력에 의해 이루어지는 세계이며, 인간적 존재를 도외시한 선경은 아무런 의미가 없다고 주장했다.
1336) 증산교가 신비적 종교에 머물지 않고 사회적 현실성을 갖는 종교라는 점은 내세가 아닌 현세의 사회개혁으로 인류공생의 길을 모색했다는 점에서 잘 나타난다는 주장이 있다. 김태곤,「증산도와 민족종교의 맥」,『증산도사상연구』제 3집(대원출판사, 1994), 299쪽-300쪽. 특히 그는 증산의 사상 解寃, 相生, 報恩이라는 인간 자신에 의해 실천될 수 있는 현실적인 사회개혁에 초점이 모아진다고 강조했다.

이다. 여성운동과[1337] 신분차별철폐 등을 진정하게 실현하는 길이 증산이 주장한 人尊時代를 이 땅에 구현하는 방법이라는 점이 다시 한번 되새겨져야 할 것이다.

증산교단의 민족주의적인 성향은 외세를 배격하고 조상숭배 등의 전통문화를 강조한다. 그들은 조상신을 모시는 일을 무엇보다 중시했으며, 이에 따라 사회 전반적으로 조상숭배의 전통이 널리 확산되는데 일익을 담당하였다. 일부 증산교단에서는 한복을 입고 의례에 참가하는 전통을 수립하였으며, 개개인의 책임 아래 행하는 수련을 중요시한다. 이러한 맥락에서 증산교는 민족주체성을 확립하는 데 일정한 기여를 했다.[1338]

나아가 증산교는 한국인 중심의 역사를 강조하여 중화의식을 탈피하고, 서양을 추종하는 경향을 탈피하는 원동력이 되기도 했다.[1339] 그리고 증산을 믿는 사람들은 자신들이 바로 21세기의 주역이라는 믿음을 선양하여 민족사의 앞날에 희망을 제시했다.

그러나 과거사를 합리화하고 순응하게 만드는 태도는 비판받아야 할 것이며, 그들의 해석은 어떤 측면에서는 일제시대나 미국의 문화적 침투를 합리화시키는 경향도 있다는 단점이 보인다.

어떤 사상이 갖는 의미나 역사성은 그 당시 주어져 있는 역사적 과제를 어떤 식으로 해결하고 또 미래사회의 건설에 대해 어떤 대안을 제시하는가에 있다고 볼 수 있다.

1337) 지나친 여성의 독립을 주장하는 서구적 여성운동의 한계를 벗어나 증산이 이상적인 가정운동론을 예시한 선각자라는 평가도 있다. 박용옥, 『세계여성운동 역사상에서 본 증산의 남녀평등사상』, 『증산사상연구』 제 20집 (증산사상연구회, 1994), 298쪽.

1338) 김홍철, 『일제하 증산교의 민족운동에 관한 연구』, 『증산사상연구』 제14집 (증산사상연구회, 1988), 327쪽~352쪽이 대표적인 연구이다. 최동희도 『한국의 전통적 신앙과 甑山道』, 『증산도사상연구』 제 4집 (대원출판사, 1994), 176쪽~178쪽에서 증산이 민중 속에 나타난 하느님이며, 이는 우리 민족 고유의 하늘 신앙이 반영된 것이라고 주장했다.

1339) 이러한 관점에서 증산교의 민족적 주체성은 과거의 慕華思想 등의 민족의 정신적 갈등을 해소시켜주는 길이 되었다는 연구가 있다. 김태곤, 앞의 글, 301쪽.

　이러한 관점에서 증산의 공사사상은 구체적인 미래사회에 대한 대안제시가 소극적이었다고 비판받는다. 즉 우리 사회 내부를 제도적으로 어떻게 개혁해야 할 것인가라는 구체적인 발상이 나올 여지가 부족하다. 지나치게 우주론적이고 보편적인 논리구조를 지니고 있으며 종교적 이상사회도 추상화된 형태로 제시되어 관념화되어 있다고 비판받을 수 있다.

　그렇지만 증산이 사상적인 도약의 틀을 제공했으며 이러한 그의 이상이 인간의 현재적 노력에 따라 실제화 될 수 있다는 점을 강조했음은 긍정적으로 평가되어야 할 것이다.

　증산이 당시의 민족 문제나 사회개혁 문제를 해결하기 위해 절실히 요청되었던 과학적 사고나 제도의 개혁 등의 구체적인 문제에 대한 인식이 결여되었던 점은 지적될 수 있지만, 그는 사회개혁을 시도한 것이 아니라 사상개혁을 시도했다는 점이 주목되어야 할 것이다.

　증산은 현실 문제의 해결을 추구한 것이 아니라, 종교적 이상과 구원의 길로 나아간 것이다. 특정 사상이 가지는 발생적 의미와 그것을 누가 어떻게 현실에 적응하느냐 하는 것은 별개의 문제이다.

　어쨌든 증산은 당대에 제기된 여러 문제들은 종래의 가치관과 질서에 의해서는 타개될 수 없다는 사실을 분명히 인식했으며, 이를 대신할 새로운 가치체계의 창출과 질서를 구상했다. 그는 거대한 변혁의 시대를 살고 있다고 자각했던 선구자였으며, 총체적 변혁의 상상력의 요구에 대한 응답으로서 희망찬 이상을 제시했던 인물이다.

　그는 축적되고 있고, 계속 변화하고 있으며, 그러면서도 부서지고 또한 이루어져 가는, 되어가는 전체의 움직임 속에서 나를 파악하고 사회를 파악하는 총체적이고 유동적인 시점에서 문제 해결의 실마리를 찾고자 했다.

　그러나 증산이 문제를 너무 궁극적으로 총괄하여 제기하면서 근원적인 해결을 주장한다는 점에서도 비판받을 수 있다. 이는 문제를 보는 시야를 크게 열어놓기도 하지만, 반면 당면한 절박한 문제에 대한 초점을 흐려놓을 수 있기 때문이다. 증산은 구체적인 현실 속에서 실천적으로 어떤 방향으로 어떻게 전개되고 적용될 수 있을지는 제시하지 않았으며, 후대의 일꾼들에게 책임을 돌렸던 것이다.

어쨌든 현실을 개혁하기 위한 의도적이고 인위적이고 주체적인 실천을 외면하고 無爲而化나 度數에 의해 이미 완결된 형태로 이상사회의 노정이 결정되어 있다는 주장만 고수한다면, 증산의 공사사상은 경직화되어 活潑潑한 약동의 기운이 사라질 것이다. 인간의 삶을 근본적으로 바꾸는 개벽에 대한 소망이 강렬하게 살아있는 이 땅에서 증산은 나름대로 자신의 역할에 충실했다.

증산이 현대문명의 미래에 대한 예견력과 그 극복의 비젼을 제시하고 있지만, 그것은 현대적인 세계 상황 안에서 보다 구체적으로 보다 과학적으로 다시 이해되고 재인식되어야 할 것이다.

요약하면 증산은 거대한 문명사적 전환을 인식하고, 민중적 삶 가운데 거대한 우주적 상상력을 열어놓았다는 가치를 지닌다.

VI. 결　론

증산은 당시 그가 접할 수 있었던 거의 모든 전통사상들인 유교, 불교, 도교, 야소교, 동학, 정역사상, 민간신앙, 설화, 속담, 의술, 한시 등을 자신의 公事에 이용하여, 다원화된 전통들을 극복하고 새로운 사상체계를 형성하였다.

증산은 자신이 역사상 처음으로 中通人義를 통한 인물이라고 확신했으며, 스스로를 神界 최고의 神格인 상제로 생각했다. 이러한 그의 확신은 "모든 법은 내가 쓰기 위하여 세상에 내놓은 것이다.", "각 민족들 사이에 나타난 여러 갈래 문화의 정수를 뽑아 모아 통일케 한다."라는 말을 통해 잘 드러나며, 향후 전통의 재통합에 있어서 근거가 된다.

여기서 다원화된 전통을 통일하는 것은 "각 족속의 모든 문화의 津液을 뽑아 모아 後天 文明의 기초를 정할지니라."는 증산의 말에 따라 새 세상을 만들기 위한 과정의 하나로 인정된다.

결국 증산은 하늘과 땅의 운행질서를 자신의 권위와 능력에 의해 새롭게 바꾼다는 公事를 집행함으로써, 온갖 나눠진 기존의 전통들을 다시 통합하여 새 사상을 제시할 수 있었다.

그리고 증산은 무엇보다 현실문제의 해결을 모색하는 과정에서 자신의 사상을 정립하였다. 그는 불완전하고 미숙한 전통사상들을 현세구원의 목적 아래 재통합했던 것이다.

증산은 이상의 현실화를 주장했으며, 지상에 仙境을 이룩하겠다는 의지를 표명한다. 그는 여러 종교의 핵심을 구원의 절대자를 기다리는 것이라고 파악하고, 자신이 바로 모든 종교에서 기다리던 '그 사람'이라는 확신을 가지고 자신의 가르침을 따르라고 주장했다.

따라서 증산이 행했던 종교적 행위는 지상낙원을 건설하기 위한 구체적인 일이라고 믿어졌으며, 곧 현실화될 것으로 기대되었다. 이에 따라 증산의 공사는 역사에 적극적으로 참여하는 일로 이해되었고, 역사의 전개가 증산이 정한 度數에 따라 실현되는 과정이라고 신앙한 것이다.

당대의 문제해결을 위해 이루어진 증산의 공사사상은 동시대의 많은 사람들의 호응을 얻었다. 그의 사후에는 공사사상에 근거하여 이를 각기 주체적으로 재통합한 계승자들에 의해 다양한 신앙을 특징으로 하는 이른바 증산교단을 이루게 되었다.

증산교단사를 살펴보면, 임박한 구원을 약속했던 수많은 교파들이 명멸했다. 이러한 사실은 증산의 공사사상이 제각기 재해석되었던 결과이며, 당내의 시대적 요청이기도 했다. 물론 시대의 흐름과 요구에 부응하지 못했던 교단들은, 일정기간이 지난 후에는 다시 새로운 교파에 의해 통합의 한 요인으로 흡수되었다.

현재 한국 사회에 있어서 증산의 공사사상은 여전히 많은 사람들에게 의미 있는 신념체계로 작용하고 있으며, 한반도가 세계 구원의 중심지이며 한국인들이 그 핵심적인 역할을 수행할 선택받은 일꾼이라는 믿음을 기본으로 한 다양한 증산신앙이 이루어지고 있다.

신종교에 대한 연구는 종교의 발생 과정을 검증해 볼 수 있다는 점에서 중요하다. 필자는 이 글에서 신종교 발생이론의 가설의 하나로 기존 전통의 재통합과정을 제시하여, 증산교의 경우를 예로 들어 그 타당성을 고찰해 보았다.

아노미이론, 르상티망이론, 상대적 박탈감이론, 문화접변이론, 재생이론, 대체가족이론, 이외에도 정신병리적 요인이라든가 기성종교들이 종교의 기능을 충분히 수행하지 못함으로써 신종교가 발생된다는 다양한 이론들이 있다.

그러나 전체적으로 볼 때 기존의 신종교 발생이론들은 거의 모두 결과론적 해석에 그치고 있다. 그리고 대부분의 설명들은 주체적으로 신종교의 발생을 설명하려는 이론이 아니라, 신종교 발생을 가능하게 만드는 다양한 배경적 요인을 부분적으로 설명하고 있을 따름이다. 즉 필요조건만 언급하고 있지, 충분조건은 전혀 언급하지 않았다.

신종교의 발생은 매우 복합적인 요인들이 작용한다고 말할 수 있겠지만, 어쨌든 신종교의 발생을 좀더 적극적으로 설명하려는 시도가 있어야 할 것이다.

창시자의 종교체험의 중요성과 이를 계승한 추종자들의 역할을 충분히 강조할 수 있으며, 나아가 역사의 토대 위에서 명멸해 왔으며 현재에도 생생하게 살아 움직이는 종교를 일정하게 설명해 줄 수 있는 이론 틀인 재통합과정이 신종교 발생에 관한 이론의 하나로 제기될 수 있을 것이다.

공사사상에 대한 역사적 탐구의 결과 증산의 공사사상은 20세기 초에 증산의 어록의 형태로 출현하였음을 알 수 있다. 그리고 그 사상적 기원을 당시의 종교 상황과 관련하여 고찰해 보면, 증산의 공사사상은 당시 한반도에 유입되거나 존재했던 거의 모든 종교적 전통을 바탕으로 하여 발생했다는 것이 검증되었다.

공사사상은 초기에는 여러 종교 가운데 하나로서 미약했었으나, 점차 다양한 전통의 창조적 수용과 통합을 통해 한국인의 종교적 심성을 잘 반영하여 토착화에 성공하였다. 결국 공사사상은 증산교라는 한국의 새로운 민족종교로 정립되고 발전하여 오늘날에도 많은 한국인들의 믿음의 터전이 되고 있다.

그리고 공사사상은 조화를 강조한 한국인의 종교적 심성을 토대로 하여 성립되었으며, 공사사상 자체가 조화정신의 결정체라고 평가할 수 있다. 우리는 더불어 살아야 하고, 서로를 완성시켜야 하며, 함께 생각해야 한다. 서로를 이해하지 못하면 공동체는 죽고 만다.

특히 증산은 解寃을 기본원리로 삼아 여러 전통을 재해석했으며, 새로운 자각과 인간 스스로의 실천력에 의해 새 세상이 지상에 만들어질 것이라는 종교적 선언을 선포했다.

증산의 역사적인 생애는 병든 사람과 세상을 치료하는 사람으로 규정 지을 수 있을 것이다. 그는 濟生醫世의 삶을 통해 그가 만났던 많은 사람들의 질병과 고통을 해소해 주었다. 그의 이러한 삶은 公事사상이라는 새 세상을 만드는 구체적 행위를 유발하는 이념 틀로서 구체화되었다.

증산이 죽은 다음 후대인들에 의해 그는 '일하는 하느님' 즉 활동하는, 살아있는, 실천하는 존재로 믿어졌으며, 단순히 구원을 선포한 것이 아니라 구체적으로 실행하고 실천한 인물로 숭앙되었다. 그러므로 인간 증산 →스승 증산→증산 하느님으로 신앙의 전개가 이루어졌다.

한편 증산의 전통의 재통합과정은 지상낙원을 건설하려는 이상의 실현이라는 형태로 이루어졌다. 따라서 증산의 계승자들에 있어서 재통합과정은 증산의 공사를 자신들이 실제로 맡아 행하는 책임을 가지고 있다는 확신을 통해 역사적으로 전개되었다.

증산은 개인의 수양과 변혁을 통한 사회변혁을 추구했으며, 神人合一의 이상적인 인간관을 제시하여 이상사회 건설에 확신을 심어주었다. 결국 증산은 점진적이면서 인간중심의 전혀 새로운 구원관을 제시했다는 점에서 기존의 종교사상과 구별된다.

증산의 공사사상은 한국종교사에서 일정한 몫과 특유한 위치를 차지하고 있다. 공사사상은 내면적으로는 동학의 정신을 계승하여 완성시키고자 한국인의 종합정신과 조화관을 반영했다는 의의를 지니며, 현실적으로는 민중구원의 구체적 실천운동이라는 적극적인 의의를 지닌다.

공사사상이 지향하고 있는 진정한 의미에서의 이상향건설은 내면세계에 있어서는 인간완성을 목적으로 하며, 밖으로는 개인과 사회의 조화로운 공존을 추구한다. 따라서 공사사상의 이상향 건설이라는 주제가 의미하는 것은 자기완성의 치열한 추구이며, 인간의 종교적 상상력을 현실화시키고자 했던 실천이었다.

그리고 증산은 종교의 제도화와 독선화를 거부하고 인간의 실제 능력의 힘을 믿었던 인물로 평가할 수 있다. 그 자신 후대에는 상제로 숭배되기도 했지만, 증산의 실제 삶은 그가 말했던 '천하사를 하는 일꾼'의 땀 흘리는 모습이었다.

특정 종교의 창시자가 그 종교를 믿었을 리가 없다. 그들은 다만 자신의 생각에 따라 당대인들에게 새로운 삶의 모범을 보여주고 실천했을 따름이다.

시간이 흘러 창시자를 만나볼 수 없었던 사람들에게 그의 가르침을 알리기 위한 방편으로, 그의 생애가 신성화되고 결국 그는 신격화되었던 것이다.

증산이 원래 보여주고 가르치고자 했던 행동과 생각이 과연 무엇이었는가를 역사의 장에서 되돌아보는 작업으로서 이 연구는 진행되었다. 향후 증산교단사와 연관하여 증산의 가르침이 현재 어떻게 유포되고 있으며 실제화되고 있는지를 알아보아야 할 것이다. 이러한 작업을 통해서 우리는 하나의 사상이 독자적인 생명력을 지닌 채, 시대의 요청에 부응하여 계속 변하는 역동적인 모습을 고찰해 볼 수 있을 것이다.

참고문헌

증산교단 간행자료

『玄武經』

金甲眞. 『順天敎沿革』. 順天敎敎化部, 1973.

金洛元. 『龍華典經』, 1972.

金炳徹. 『中和經』. 甑山天師法文硏究會, 1955.

金炳徹. 『華恩堂實記』. 大韓甑山仙佛敎會本部, 1960.

金三一. 『甑山大道全經』. 淸道大亨院敎務部, 1970.

金烘奎. 『二師傳書』. 普天敎中央總正, 1948.

大巡宗敎文化硏究所. 『증산의 생애와 사상』. 대순진리회 출판부, 1979.

大巡宗敎文化硏究所. 『대순사상의 현대적 이해』. 대순진리회 출판부, 1984.

대순진리회 교무부. 『典經』. 大巡眞理會 출판부, 1974.

朴母山. 『順天道法文典經』. 장원문화사, 1979.

朴相來. 『한민족의 眞路인 증산교 座標』. 경인출판사, 1986.

범증산교연구원, 월간 天地公事 (창간호 1988년 10월-제 65호 1995년 2월)

보화교교화부. 『普化敎誌』 제1호~제5호. 보화교 출판부, 1965~1967.

普化敎本部. 『普化敎沿革』. 보화교 출판부, 1968.

보천교중앙본소. 『普光』 창간호~제4호. 보광사, 1923~1924.

徐內玖. 『東道三德敎會沿革』. 1976.

徐相范. 『南松先生實記』. 1948.

徐相范. 『生化正經』. 三德敎敎化部, 1954.

李沅璋. 『愛國巨佛』. 彌勒佛敎 總本部, 1976.

李祥昊. 『甑山天師公事記』. 相生社, 1926.

李祥昊. 『大巡典經』 초판. 東華敎會道場, 1929.

李祥昊. 『大巡典經』 2판. 동화교회도장, 1933.

李祥昊. 『大巡典經』 3판. 大法社 編輯局, 1947.

李祥昊. 『大巡典經』 4판. 대법사 편집국, 1949.

李祥昊. 『大巡典經』 5판. 甑山大道會本部, 1960.

李祥昊. 『大巡典經』 6판. 東道敎 甑山敎會本部, 1965.

李祥昊. 『大巡典經』 7판. 甑山敎會本部, 1975.

李英浩. 『敎祖略史』, 1935.

李英浩. 『普天敎沿革史』 上,下. 普天敎 編輯局, 1935.

李正立. 『高夫人神政記』. 증산교본부, 1963.

李正立. 『甑山敎史』. 증산교본부, 1977.

李重盛. 『天地開闢經』. 大道硏修院 附設 龍鳳出版, 1992.

鄭東燦. 『時正』, 1955.

鄭鳳陽 외 3인. 『普天敎誌』, 1964.

甑山道 道典編纂委員會. 『甑山道道典』. 대원출판사, 1992.

太極道敎化部. 『宣道眞經』. 靑文社, 1965.

태극도편찬위원회. 『眞經全書』. 1987.

許眅. 『三德敎史』. 1973.

증산교에 대한 연구서

가. 단행본

김탁. 『증산교學』. 미래향문화, 1992.

裵容德. 『증산이념과 천지공사』. 1973.

裵容德. 『증산이념과 여성관』. 1973.

裵容德. 『하느님의 강세와 천지공사』. 1975.

裵容德. 『한민족과 천지공사』. 1976.

裵容德, 林泳暢. 『증산신학개론』(상), 1982.

裵容德, 林泳暢. 『증산신학개론』(중.하), 1984.

安耕田. 『증산교의 진리』. 대원출판사, 1984.

安耕田. 『이것이 개벽이다』 상, 하, 1982.

安原田. 『甑山道의 세계』 상, 하. 대원출판사, 1994.

李正立. 『大巡哲學』. 大法社編輯局, 1947.

李正立. 『증산사상의 이해-대동사회의 건설을 위하여』. 인동, 1986.

李正立. 『甑山敎史』. 증산교본부, 1977.

李正立. 『高夫人神政記』. 甑山大道會本部, 1963.

張秉吉. 『大巡宗敎思想』. 대순진리회 출판부, 1976.

張秉吉. 『천지공사론』. 대순종교문화연구소, 1987.

이효진. 『증산사상연구-천지공사론』. 필사본, 1981.

이효진. 『大聖經集』. 장학출판사, 1986.

丁永奎. 『대순전경해설』. 원광사, 1984.

丁永奎. 『해설 春山採芝歌』. 甑山敎本部, 1985.

증산도교수신도회. 『甑山道思想硏究』 제1집~제4집. 대원출판사, 1991~1994.

증산사상연구회. 『증산사상연구』 제1집~제 20집. 1974~1994.

증산종단친목회. 『증산종단개론』. 대순백주년기념회, 1971.

洪凡草. 『증산교개설』. 창문각, 1982.

洪凡草. 『범증산교사』. 한누리, 1988.

洪又. 『東學入門』. 일조각, 1974.

나. 논문

김형효. 『증산사상의 창조성』. 『증산사상연구』 제9집. 증산사상연구회, 1983.

김홍철. 「증산교사상사」. 『한국종교사상사』 증산교. 대종교. 巫敎篇. 연세대
　　　학교 출판부, 1992.

김탁. 『강증산의 원시반본사상』. 『한국종교』 제18집. 원광대학교 종교문제 연구소, 1993.

김탁. 『한국종교사에서의 유교와 증산교의 만남』. 『석산 한기두박사 화갑기념 한국종교사상의 재조명』. 원광대학교 출판국, 1993.

김탁. 『한국종교사에서의 불교와 증산교의 만남』. 『卷宇 洪贊裕先生 八耋紀念論叢』. 동양고전학회, 1994.

김정태. 『증산 강일순의 체육사상에 관한 연구』. 청주대학교 대학원 석사학위 논문. 1993.

노길명. 『증산교 발생배경에 대한 사회학적 연구』. 『증산사상연구』 제2집. 증산사상연구회, 1976.

노길명. 『신흥종교 창시자와 추종자의 사회적 배경과 그들 간의 관계-증산교를 중심으로』. 『증산사상연구』 제3집. 증산사상연구회, 1977.

노길명. 『증산의 민족주체사상』. 『증산사상연구』 제6집. 증산사상연구회, 1980.

안후상. 『보천교운동연구』. 성균관대학교 교육대학원 석사학위논문. 1992.

윤이흠. 『종교집단내의 갈등해소대책 -증산교 분열원인의 유형을 중심으로-』.

윤이흠, 『철학종교사상의 제 문제』. 한국정신문화연구원, 1990.

윤재근. 『증산사상의 교육원리에 관한 연구』. 동국대학교 교육대학원 석사학위논문, 1991.

이용찬. 『玄武經의 符와 후천개벽사상에 대한 연구』. 건국대학교 대학원 석사학위논문, 1992.

Dwan Sean. _Autobiography of a New Korean Religion_, Ph. D. Dissertation. Chicago University, 1985.

Joon Sik Choi. _The Development of the "Three-Religion-are-One" Principle From China to Korea: A Study in Kang Chungsan's Religious Teachings as Exemplifying the Principle_. Ph. D. Dissertation. Temple University, 1988.

한국종교에 대한 논문과 연구서

강돈구. 『신종교연구서설』. 『종교학연구』 제6집. 서울대학교 종교학연구회, 1987.

강돈구. 『한국 근대종교와 민족주의』. 집문당, 1992.

권규식. 『한국종교와 사회변동의 특수성 연구』. 『현대한국종교변동연구』. 한
　　국정신문화연구원, 1993.

김종서. 『韓末, 日帝下 韓國宗敎 硏究의 전개』. 『한국사상사대계』 6. 한국정
　　신문화연구원, 1993.

김종서. 『종교집단간의 상호이해-종교간 대화를 중심으로』. 『철학종교사상의
　　제 문제』. 한국정신문화연구원, 1989.

김종서, 박승길, 김홍철 공저. 『현대 신종교의 이해』. 한국정신문화연구원, 1994.

김탁. 『한국신종교에서 본 그리스도교』. 『종교신학연구』 제6집. 서강대 종교
　　신학연구소, 1993.

김탁. 『이능화의 한국신종교연구』. 『종교연구』 제9집. 한국종교학회, 1993.

김홍철. 『한국 신종교 사상의 연구』. 집문당, 1989.

노길명. 『한국의 신흥종교』. 가톨릭신문사, 1988.

류병덕. 『개화기·일제시의 민족종교사상에 관한 연구』. 『철학사상의 제문제』
　　3. 한국정신문화연구원, 1985.

류병덕. 『한국현대 종교사상의 변천과 그 반성』. 『철학종교사상의 제문제』 7.
　　한국정신문화연구원. 1990.

류병덕. 『한국신흥종교』. 원광대학교 종교문제연구소, 1992.

류병덕. 『민족적 민중종교의 향방』. 『증산사상연구』 제13집. 증산사상연구회, 1987.

류병덕, 김홍철, 양은용 공저. 『韓中日 三國 신종교실태의 비교연구』. 원광대
　　학교종교문제연구소, 1993.

박승길. 『한일 근대초기 신종교운동과 구체제 변혁의 논리구조』. 경북대학교
　　대학원 박사학위논문, 1992.

양은용. 『근대한국의 도참사상』. 『한국근대종교사상사』. 원광대학교출판국, 1984.

윤이흠. 『민족종교-민족종교의 사회변화에 대한 대응태도를 중심으로-』. 『사회변동과 한국의 종교』. 한국정신문화연구원, 1987.

윤이흠 『한국종교연구』 I · II · III. 집문당, 1986 · 1988 · 1991.

이강오. 『한국신흥종교의 개관』. 『대계 최일훈박사 회갑기념논문집』. 류림출판사, 1975.

이강오. 『한국신흥종교총감』. 한국신흥종교연구소, 1992.

이은봉. 『한국고대종교사상』. 집문당, 1984.

이정호. 『정역과 일부』. 아세아문화사, 1985.

이정호. 『정역연구』. 국제대학출판부, 1976.

장병길. 『민족종교들의 대두』. 『전통과 사상』 4. 한국정신문화연구원, 1990.

정연선. 『한국신흥종교의 정치사상적 의의』. 고려대학교 대학원 박사학위논문. 1982.

정진홍. 『한국종교문화의 전개』. 집문당, 1986.

천도교사편찬위원회. 『천도교백년략사』 상권. 미래문화사, 1981.

한국민족종교협의회. 『한국민족종교총람』. 한누리, 1992.

황선명. 『민중종교운동사』. 종로서적, 1980.

황선명. 『근세한국종교문화와 후천개벽사상에 관한 연구』. 서울대학교 대학원 박사학위논문, 1987.

외국논문

R. N. Bellah. *Beyond Belief*, New York: Harper & Row, 1970.

Carsten Clope. "Syncretism and Secularization: Complementary and Antithetical Trends in New Religious Movements?," *History of Religions*, Vol.17 (2), 1977.

Cristiano Grottanelli and Bruce Lincoln. *A Brief Note on (Future) Research in the History of Religions*, Center for Humanistic Studies, College of Liberal Arts, University of Minnesota, 1985.

David Chung. "Religious Syncretism in Korea", Ph.D. Dissertation, Yale University, 1959.

H. B. Earhart. "Toward a Unified Interpretation of Japanese Religion," *The History of Religions: Essays in the Problem of Understanding*, ed., Joseph M. Kitagawa (Chicago University press, 1967),

H. B. Earhart, "The New Religions of Korea: A Preliminary Interpretation," *Transactions Royal Asiatic Society Korea Branch*, Vol.XLIX, 1974.

James Huntley Grayson. *Korea-A Religious History*, Oxford, Clarendon Press, 1989.

John A. Saliba. *Social Science and The Cults, An Annotated Bibliography*, New York & London, Garland Publishing, INC., 1990.

John Bowker. *The Religious Imagination and the Sense of God*, Oxford, Clarendon Press, 1978.

Judith A, Berling. *The Syncretic Religion of Lin Chao-en*, New York, Columbia University Press, 1980.

Kenelm Burridge. *New Heaven, New Earth*, New York, Scocken Books, 1969.

Kim Chongsuh. Religious Pluralism and the Concept of Religious Revalorization. Doctor's thesis, Santa Barbara, University of Califonia, 1983.

V. Lantenari, *The Religions of the Oppressed: A Study of Modern Messianic Cults*, trans. L. Sergio, New York, The New American Library, 1965.

저자 김탁

약력 1962년 경상북도 의성군 출생,
대구 영남고등학교, 1985년에 한양대학교 경제학과를 졸업
1985년부터 한국정신문화연구원(현 한국학중앙연구원) 부설 한국학대학원에서
한국종교를 연구하여, 1995년에 『증산 강일순의 공사사상』이라는 논문으로 철
학박사 학위를 취득
천도교 종학대학원, 중앙승가대학교, 경희대학교, 강남대학교, 원불교 영산대학
교, 목원대학교 등에서 한국종교에 관한 다양한 주제들을 중심으로 강의 중

저서 『증산교학』(1992), 『한국종교사에서의 동학과 증산교의 만남』(2000), 『한국의
관제신앙』(2004), 『정감록』(2005) 출간 외 약 40여 편의 논문 저술

증산 강일순

- 인 쇄 일 | 2006년 9월 1일
- 발 행 일 | 2006년 9월 1일

- 지 은 이 | 김탁
- 펴 낸 이 | 채종준
- 펴 낸 곳 | 한국학술정보㈜
경기도 파주시 교하읍 문발리
파주출판문화정보산업단지 526-2
전화 031) 908-3181(대표) · 팩스 031) 908-3189
홈페이지 http://www.kstudy.com
e-mail(e-Book사업부) ebook@kstudy.com

- 등   록 | 제일산-115호(2000. 6. 19)
- 가   격 | 35,000원

ISBN   89-534-5644-4 93290 (Paper Book)
89-534-5645-2 98290 (e-Book)